알고리듬Ⅱ

이렇게 하면 나도 프로그램을 잘 만들 수 있다

이해하기 쉬운 알고리듬은 어떻게 만들까?

김석현 지음

머리말

알고리듬은 프로그램의 주춧돌입니다.

많은 알고리듬 책들이 출간되어 있습니다. 어떻게 알고리듬을 만드는지를 설명하는 것이 아니라 이미 선배들에 의해서 만들어진 많은 정렬과 검색 알고리듬을 개념적으로 설명합니다. 그리고 특정 프로그래밍 언어로 코드를 구현해 놓고, 빅오 표기법 (Big-Oh Notation)으로 알고리듬의 수행 소요시간에 대한 수학적인 평가만을 강조하고 있습니다.

보통 사람들을 위해 쓰인 책이 아니라 소위 천재라고 하는 사람들을 위해 쓰인 책이라는 느낌이 듭니다. 알고리듬 책을 읽다 보면, 잘 이해가 되지 않습니다. 따라서 모든 알고리듬을 외우고자 합니다. 이러한 상황이다 보니 알고리듬은 어려운 것이고 프로그래밍과 상관이 없는 것처럼 보이고, 등한시하는 경향이 있습니다.

실제 예로 컴퓨터 공학 전공 학생에게 알고리듬 과목은 전공 필수 과목인데도 기피과목 중 하나가 되어 버렸습니다. 학생들 사이에는 흔히 "학점 받고 싶으면, 알고리듬은 듣지 마라.", "프로그램을 만드는 데 쓸모도 없는 걸 왜 배우는지 모르겠다.", "외우고, 산술계산만 잘하면 성적은 나올 것이다." "어차피 회사 가면 알아서 배운다." 등등 말들이 나돌고 있고, 알고리듬 과목은 매우 지루하고 단순한 암기 과목에 불과하다는 인식이 팽배합니다.

매우 잘못된 생각입니다. 왜냐하면, 프로그래밍은 문제를 풀어 알고리듬을 만들고, 만들어진 알고리듬으로 프로그래밍 언어를 사용하여 프로그램을 만드는 일입니다. 따라서 프로그래밍과 알고리듬을 떼려야 뗄 수 없는 것입니다. 프로그래밍을 잘하기 위해서는 먼저 알고리듬을 잘 이해해야 합니다. 그리고 문제를 풀어 알고리듬을 만들 수 있어야 합니다. 알고리듬은 프로그래밍의 기초입니다. 알고리듬은 프로그래밍의 시작이자 프로그램의 주춧돌이고 받침돌입니다.

이 책은 왜 알고리듬이 중요한 것인지, 어떻게 문제를 풀어 알고리듬을 만드는지, 어떻게 알고리듬으로 프로그램을 만드는지를 누구나 이해할 수 있도록 설명하고 있습니다. 그래서 나만의 프로그램을 만들고자 하는 사람이면, 나이, 성별, 학력, 전공과 상관없이 누구나 알고리듬을 만드는 방법을 배워 훌륭한 프로그램을 만들어 보다 편한 세상을 만들 수 있기를 바라는 것입니다.

이 책을 집필하는 데 있어 많은 분에게 도움을 받았습니다. 그분들에게 지면을 통해서라도 감사하다는 말씀을 드리고 싶습니다.

2015년 1월

김 석 현

"이렇게 하면 나도 프로그램을 잘 만들 수 있다(나프잘)" 시리즈로 공부란?

나프잘 시리즈로 공부한다는 것은 소프트웨어 개발 분야를 체계적으로 배우고 자주 경험하여 문제를 익숙하게 잘 다루는 방법과 문제 해결 능력을 갖추도록 하는 것입니다.
시험을 대비해서 성적을 잘 받기 위해 많은 문제 유형의 패턴을 머리로 외워서 정답을 찾는 능력을 갖추도록 하는 것이 아닙니다. 우리가 살아가는 데 있어 부닥치는 복잡한 문제를 풀어 컴퓨터가 처리하도록 하는 프로그램을 만들어 보다 편한 세상을 만드는 법을 배우는 것입니다.
따라서 새로운 방법으로 공부해야 합니다. 나무를 보고 숲을 보고자 했다면, 숲을 보고 나무를 보는 방법으로 바꾸어야 합니다.

1. 나에게 투자하십시오.

공부하려고 하면 책은 사야 합니다. 공부하고자 하면서 책은 사지 않으려고 합니다. 이미 공부할 마음이 없는 것입니다. 하다가 어렵고 힘들면 하지 않겠다는 생각이면 공부할 마음이 없는 것입니다. 처음 하는 것이라 낯설어서 익숙하지 않으므로 어려운 것은 당연합니다. 또한, 어려우므로 배우는 것 아닙니까.
끝까지 최선을 다하지 못하고, "어렵다!", "어렵다!"라면서 자신에게 최면을 걸다 보면, 어느 순간 어렵다는 이유로 변명하고 도중에 그만두게 됩니다. 이러한 생각이면 시작하지 마십시오. 돈, 시간, 노력 낭비입니다. 차라리 다른 분야를 공부하는 것이 좋습니다.
익숙해지는 데 시간과 노력이 필요합니다. 책도 사고, 많은 시간 동안 노력해야 합니다. 자신에게 투자해야 합니다. 투자 없이 이익을 챙기고자 한다면, 도둑놈이거나 사기꾼입니다. 세상에 공짜는 없다는 것을 명심하십시오.

2. 나 자신을 알아야 합니다.

누구나 자신은 항상 천재라고 생각하는 경향이 있습니다. 처음이라면서 한 번 읽으면 이해해야만 한다고 생각하는 것 같습니다. 소설이나 만화책처럼 누구나 알고 있는 지식과 경험으로 읽으면 머릿속에 그림이 그려지면서 이해가 잘 되면 얼마나 좋겠습니까?
누구나 알고 있는 지식과 경험만으로 이해할 수 없는 전문분야를 다루는 책을 한 번 읽고 이해하려는 것은 과욕입니다. 내가 알고 있는 지식과 경험으로 이 책을 보는 데 한참 부족하다는 것을 인정하십시오.

3. 내 것인 체하지 마십시오.

책을 사서 책꽂이에 장식한다고 내 것이 되지 않습니다. 책을 읽고 머리로만 이해했다고 내 것이 되지 않습니다. 책을 읽고 읽어 머리로 이해하고, 몸으로 실천할 수 있어야 비로소 책은 내 것이 됩니다.

4. 숲을 봅시다.

정독하지 마시고, 빠르게 훑어보기로 여러 번 읽도록 하세요. 전체 그림을 그려야 합니다. 최소한 세 번 이상을 빠르게 읽어 어떠한 내용이 어떠한 순서로 어디에 있는지를 확인하고, 자신에 맞게 어떠한 내용을 어떠한 순서로 읽어야 하는지를 목차로 만드십시오. 또한, 용어들에 익숙해지도록 해야 합니다. 용어 사전을 만들어 보는 것도 좋은 방법입니다.

5. 나무를 봅시다.

책의 내용을 개략적으로 이해했다면, 문제를 풀어 생각을 정리한 결과물을 만들어 내십시오.
문제를 풀어 결과물을 만들 때 모르는 부분이 있으면 나무를 보듯이 책에서 관련 부분을 찾아 정독하고 적용하십시오.
아는 것이 없어 못 한다든지, 모르기 때문에 못한다든지 핑계를 대지 마십시오. 책에서 제시하는 대로 따라서 해 보세요. 도전하십시오. 도전하지 않으면, 절대 하나도 얻지 못합니다.
그리고 문제를 풀 때 머리로 다 푼 다음 종이와 연필로 정리하지 마십시오.
논리는 상식, 세계인이 이해하도록 하고자 하면, 보편적 사고에 맞게 정리된 것을 말합니다.
결과물을 만들 때는 상식에 맞게 생각하고 정리되는지를 점검하십시오.
알고 있는 범위에서 최고의 결과물을 만든다는 생각으로 최선을 다하세요. 설령 결과물이 책의 내용과 많이 다를지라도 결과물을 만들 때는 나 자신을 바치세요.

6. 발표합시다.

자신이 만든 결과물을 사람들에게 이야기해 보세요. 환자와 학생이 가져야 하는 자세는 나의 상태를 의사나 선생에게 정확하게 알리는 것입니다. 책에서 제시한 것에 따라 만든 결과물을 친구, 선배 혹은 선생에게 발표하세요. 발표할 때는 가르친다는 생각으로 하세요. 가장 많이 배울 수 있는 것은 내 생각을 다른 사람에게 정확하게 전달해 보는 것입니다. 다시 말해서 가르치는 것입니다. 따라서 가르치는 것은 배우는 것입니다.

7. 피드백을 즐겨야 합니다.

나의 결과물을 본 사람에게 반드시 느낌이나 조언을 구하세요. 설령 칭찬이 아니라 쓴소리일지라도 조언을 구하세요. 칭찬보다는 쓴소리를 달게 받아들여야 합니다. 이때는 조용히 듣기만 하세요.
그렇게 함으로써 결과물에서 잘된 부분과 잘못된 부분, 비효율적인 부분과 효율적인 부분을 명확하게 찾을 수 있을 것입니다. 다시 말해서 내가 아는 것과 모르는 것을 명확하게 구분할 수 있을 것입니다. 또한, 남의 생각을 듣다 보면 새로운 생각을 할 수 있게 됩니다.

8. 시나브로 되풀이하십시오.

피드백으로 알게 된 잘못된 부분과 비효율적인 부분을 바로 잡거나 개선해야 합니다. 그렇게 하려면, 이해하지 못한 것을 집중적으로 공부해야 합니다. 이때 책에 관련 내용을 찾아 정독하고 적용하십시오.
잘못된 부분과 비효율적인 부분을 없애고자 하거나 피드백에서 얻은 새로운 생각으로 문제를 풀기 위해서 4, 5, 6, 7번을 반복해야 합니다. 이렇게 여러 번 하게 되면, 책의 내용이 머리로 기억되는 것이 아니라 몸으로 기억하게 될 것입니다. 따라서 몸으로 기억하기 위해서는 많은 노력과 시간이 필요합니다. 몸으로 기억하면, 작업 환경이 만들어 지면, 몸이 스스로 움직이게 되고, 훌륭한 결과물을 만들어 내게 됩니다. 창의적인 혹은 창조적인 작업은 이러한 방식으로 순환적입니다.
사람의 기억력이란 영원하지 않는데, 몇 시간 공부하고, 며칠 후에 머리에 기억되어 있는지 없는지를 확인하는 바보 멍청이가 되지 않도록 하십시오.

9. 나만의 방법을 만듭시다.

책에서 배운 방법이 가장 효율적인 것이 아닐 것입니다. 많은 문제에 적용해 보면, 비효율적인 부분이 발견되거나, 적용되지 않을 수 있습니다. 이럴 때는 책에서 배운 방법을 개선하거나 재구성해서 효율적인 나만의 방법을 만들어야 합니다.

10. 우리를 사랑합시다.

성공하고자 하거나 삶의 의미를 찾고자 한다면, 나를 위해 살기 보단 다른 이들을 위해 살아야 합니다. 다른 이들을 위하다 보면 좋은 아이디어를 찾을 수 있습니다. 좋은 아이디어를 찾았으면, 다른 이들을 위해 "내가 하지 않으면 누구도 할 수 없다"는 의무감을 갖고, 나만의 방법으로 일을 즐겨야 합니다. 그래서 소비적인 가치보다는 생산적인 가치를 만들어, 우리 모두 더 살기 좋은 세상을 만들도록 노력하십시오.

>> 일러두기

1. 이 책을 읽기가 어렵다고 생각되시면, "C & JAVA 프로그래밍 입문" 편 세 권을 먼저 읽어 보세요. 최소한 1권인 노랑은 반드시 읽어 보고, 알고리듬 편을 읽을 때 찾아 읽고 적용하도록 하십시오.
2. 발표와 피드백은 네이버 카페 "프로그래밍을 배우자"를 이용하십시오. cafe.naver.com/parkcom1990
3. C언어나 JAVA언어 같은 프로그래밍 언어를 공부하는 방법은 1장부터 마지막 장까지 정독하지 마십시오. 미친 짓입니다. 기필코 1장부터 마지막 장까지 정독하면서 공부하고자 한다면, 프로그래밍 언어를 배울 때는 어떠한 기능을 언제, 어떻게 사용하는지를 공부하십시오. "왜 이렇게 해야 할까?"라는 생각을 완전히 지우십시오. 왜냐하면, 문법은 반드시 지켜야 하는 약속이기 때문입니다.
4. 나프잘로 공부할 때 C언어나 JAVA언어로 구현하는 부분에서 C언어나 JAVA언어의 문법을 모른다고 C언어나 JAVA 언어의 문법부터 공부하고 하겠다는 생각을 버리고 철저하게 제시되는 알고리듬마다 구현 방법에 집중하십시오. 이때 C언어나 JAVA언어 같은 프로그래밍 언어로 알고리듬을 프로그램으로 변환할 때 필요한 기능을 설명하고 구현 방법을 설명하고 있습니다. 필요한 기능에 대해 설명이 부족하다고 생각되면, 그때 C언어나 JAVA언어 책에서 찾아 읽고 적용하도록 하십시오. 그렇게 많은 문제를 C언어나 JAVA언어로 구현해 보면 C언어나 JAVA언어의 문법이 몸에 체득되어 있을 것입니다.

Contents

Chapter 3 배열을 이용한 정렬 모델 235

알고리즘은 만들어 지면 그것으로 생을 마감하는 것이 아니다. 계속해서 진화해야 한다. 특히 소프트웨어 개발에서는 작업의 효율성을 높이고, 유지 보수할 때는 기능을 변경하거나 추가하기가 쉬워야 한다는 것은 오늘날이나 미래 소프트웨어 산업에서 가장 중요한 요소이다.

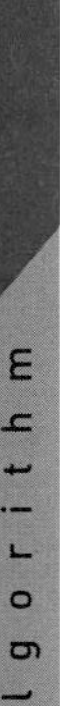

CHAPTER 1

대소 비교 경우의 수 모델

01 대소 비교 경우의 수 모델

| CHAPTER |

알고리듬은 만들어 지면 그것으로 생을 마감하는 것이 아니다. 계속해서 진화해야 한다. 특히 소프트웨어 개발에서는 작업의 효율성을 높이고, 유지 보수할 때는 기능을 변경하거나 추가하기가 쉬워야 한다는 것은 오늘날이나 미래 소프트웨어 산업에서 가장 중요한 요소이다.

따라서 알고리듬은 읽기 쉽고, 잘 이해할 수 있어 고치기 쉬워야 한다. 이러한 관점에서 알고리듬을 분석하는 기준을 단순성(Simplicity)이라고 한다. 또한, 간결성이라고도 한다. 단순성이라는 것은 알고리즘의 전체적인 구조나 흐름이 읽기 쉽고, 잘 이해할 수 있어 고치기가 쉬운가를 분석하는 기준이다. 가능하면 적은 처리 단계, 적은 제어구조 기호, 적은 연산으로 구성되는지에 대한 기준이 아니라, 간결하면서 읽기 쉽고 이해하기 쉬운지에 대한 기준이다.

단순성이 좋은 알고리듬을 만들어 가는 과정을 이해하도록 하자. 그러면서 우리가 해야 하는 일이 무엇인지를 정확히 이해하자. 그리고 지식 사회에서 어떻게 지식이 가치로 매겨지는지를 이해하여 지식사회에서 우리가 얼마나 중요한 역할을 하고 있는지를 생각해보자.

알고리듬을 평가하는 기준으로 읽기 쉽고, 잘 이해되어 고치기 쉬운 정도에 대한 기준인 단순성(Simplicity)을 이해하면서 프로그래밍의 의미와 절차를 다시 한 번 생각해 보자.

문제

세 개의 수를 입력받아 큰 수, 중간 수 그리고 작은 수 순으로 출력하라. 입력과 출력에 대해서 다음과 같이 제시한다.

[입력]
세 개의 수를 입력받아야 한다. 입력되는 수는 정수이어야 한다. 세 수중 같은 수는 없는 것으로 한다.

[출력]
큰 수, 중간 수 그리고 작은 수 순서대로 출력한다.

[예시]
1 2 3 Enter ↵
3 2 1
1 3 2 Enter ↵
3 2 1
2 3 1 Enter ↵
3 2 1
3 2 1 Enter ↵
3 2 1

제시된 문제에 대해 알고리듬을 작성해 보아라. 문제를 직접 풀어보고 책을 계속해서 읽기 바란다. 문제를 풀지 않고, 책을 읽는 사람은 당장 문제를 풀고 책을 읽도록 하자.

아이디어가 없는가? 그러면 모든 대소 비교의 경수의 수를 생각하고 큰 수, 중간 수 그리고 작은 수를 결정해 보자.

1.1. 모델 구축

제시된 문제에 대해 누구나 쉽게 생각할 수 있는 모델로 입력된 수들 간의 대소 비교에 대해, 모든 가능한 경우의 수를 찾고, 경우의 수에 맞게 큰 수, 중간 수 그리고 작은 수를 결정해 보자.

알고리듬을 작성하기 위해서는 문제를 정확하게 이해해야 한다. 문제를 정확하게 이해하기 위해서 종이와 연필로, 다시 말해서 수작업으로 문제를 풀어 보아야 한다. 이렇게 문제를 이해하는 단계를 거쳐야 어떻게 문제를 풀지를 정하여 해결 모델을 만들 수 있다.

출력되는 데이터는 세 개이며, 큰 수, 중간 수 그리고 작은 수로 출력될 것이다. 이러한 처리를 하기 위해서는 반드시 세 개의 수가 입력되어야 한다. 입력되어 출력되는 수의 자료형은 소수점이 없는 정수형으로 제한하도록 하자.

문제를 이해하는 데 있어 필요한 지식이 있는지 확인해 보자. 이 문제에 대해서는 딱히 문제와 관련된 사전 지식에 대한 수집과 정리가 필요치 않을 것 같다. 정수와 정수의 대소 비교에 대한 지식과 경험은 여러분이 가지고 있는 것으로 충분할 것이다.

>> 조언

여러분에게 충고하는데, 자신이 알고 있는 지식과 경험만으로 문제를 해결하려고만 하지 마라. 문제를 해결하는데 필요한 지식과 경험이 부족하다 생각되면, 문제를 해결하기 전에 필요한 지식을 수집하고 정리하는 시간을 갖도록 하자. 경험이 필요하다면 직접 체험하는 시간을 갖도록 해야 한다. 다시 말해서 공부를 해야 한다. 반드시 필요한 작업이다.
대개는 문제를 제시하면, 내가 알고 있는 지식과 경험만으로 문제를 해결하려 한다. 그런데 제시된 문제가 내가 알고 있는 지식과 경험으로는 풀 수 없다면, 어렵다고 하고 그만 포기하는 경향이 일반적이다. 그렇게 하다 보면 내가 할 수 있는 일은 없다.
따라서 지금부터는 내가 알고 있는 지식과 경험만으로 문제를 해결하려고 하는 자세는 버려야 한다. 문제를 해결하는데 다양한 지식과 경험이 필요한데, 이러한 지식과 경험의 습득 없이 문제를 해결하고자 하는 것은 문제를 해결하지 않겠다는 생각일 것이다. 그러한 생각이면 당장 때려치워야 한다.

그러면 문제를 풀어 보자. 당신은 어떠한 모델로 문제를 풀고자 하는가? 이 문제에 대해서 누구나 생각할 수 있는 모델로 풀자. 대부분 사람은 당장 문제를 풀어야 한다는 강박감으로 방법적인 관점에서 문제를 풀고자 한다. 따라서 입력된 세 개의 수에 대해 서로 대소 비교를 할 수 있는 모든 경우의 수를 생각하고, 경우의 수에 따라 큰 수, 중간 수 그리고 작은 수를 구하는 단순한 모델을 적용할 것이다.

문제를 해결하는 데 있어 개념적인 측면보다 방법적인 측면에서 생각한 모델이다. 큰 수, 중간 수 그리고 작은 수 순으로 출력하고자 한다면 대소 비교를 해야 가능하다는 방법적인 부분에 집중한 모델이다. 개념적인 측면에서 생각한다면 기준에 따라 데이터들을 다시 배치하는 개념인 정렬(Sort)을 사용한 모델일 것이다. 정렬 모델은 뒤에서 설명하도록 하겠다.

종이와 연필로 문제를 풀어보자. 표를 이용하는 것도 좋지만, 다음과 같이 여러 입력에 따라 어떠한 처리를 해야 하는지를 자연어로 서술해 보는 것도 좋은 방식이다.

□ 3, 2, 1이 입력되었을 때
1. 첫 번째 수와 두 번째 수를 대소 비교한다.
2. 큰 수는 첫 번째 수이기 때문에 첫 번째 수와 세 번째 수를 대소 비교한다.
3. 큰 수는 첫 번째 수이기 때문에 두 번째 수와 세 번째 수를 대소 비교한다.
4. 두 번째 수가 큰 수이기 때문에 큰 수는 첫 번째 수, 중간 수는 두 번째 수 그리고 작은 수는 세 번째 수이다.

□ 2, 3, 1이 입력되었을 때
1. 첫 번째 수와 두 번째 수를 대소 비교한다.
2. 큰 수는 두 번째 수이기 때문에 두 번째 수와 세 번째 수를 대소 비교한다.
3. 큰 수는 두 번째 수이기 때문에 첫 번째 수와 세 번째 수를 대소 비교한다.
4. 첫 번째 수가 큰 수이기 때문에 큰 수는 두 번째 수, 중간 수는 첫 번째 수 그리고 작은 수는 세 번째 수이다.

□ 1, 3, 2가 입력되었을 때
1. 첫 번째 수와 두 번째 수를 대소 비교한다.
2. 큰 수는 두 번째 수이기 때문에 두 번째 수와 세 번째 수를 대소 비교한다.
3. 큰 수는 두 번째 수이기 때문에 첫 번째 수와 세 번째 수를 대소 비교한다.
4. 세 번째 수가 크기 때문에 큰 수는 두 번째 수, 중간 수는 세 번째 수 그리고 작은 수는 첫 번째 수이다.

□ 1, 2, 3이 입력되었을 때
1. 첫 번째 수와 두 번째 수를 대소 비교한다.
2. 큰 수는 두 번째 수이기 때문에 두 번째 수와 세 번째 수를 대소 비교한다.
3. 큰 수는 세 번째 수이기 때문에 첫 번째 수와 두 번째 수를 대소 비교한다.
4. 두 번째 수가 큰 수이기 때문에 큰 수는 세 번째 수, 중간 수는 두 번째 수 그리고 작은 수는 첫 번째 수이다.

문제를 이해했는지 그렇지 않은지는 특히 입력이 있는 경우는 여러 입력의 경우에도 문제를 해결하는 단계가 규칙적이고, 고정되어 있는가 따라 결정된다. 문제를 해결하는 단계가 규칙적이고, 고정되었다면 문제를 이해한 것이다.

위에서 보는 것처럼 대소 비교하고, 결과에 따라 다음번 대소 비교하여, 큰 수, 중간 수 그리고 작은 수를 결정하는데, 언제나 네 번의 단계를 거치면 끝나고 있다. 따라서 제대로 "문제를 이해하였다"고 할 수 있다. 이러한 정도의 이해를 했다면 알고리듬을 작성할 수 있을 것이다. 대개는 이러한 작업 없이 알고리듬을 작성하고자 하므로 문제 해결이 힘들어지는 것이다.

이처럼 입력되는 세 개의 수에 대해 큰 수, 중간 수 그리고 작은 수를 결정할 수 있는 대소 비교의 가능한 경우의 수에 따른 해결 모델에 따라 문제를 해결해 보도록 하자.

>> 조언

너무 무식하고 단순한 모델이라고 해서 기분이 상할지 모르지만, 중요한 것은 여러분이 이러한 생각을 할 수 있느냐 하는 것이고, 이러한 생각이든 다른 생각이든 문제를 해결하려

도전하는가 하는 것이다.
대개는 처음부터 고상하고 복잡해 보이면서도 있어 보이는 모델을 찾고자 시간을 낭비하는 경향이 있다. 공식을 이용한 모델을 찾고자 하는 경향이 있다. 한 번에 해결하고자 하는 과욕이 부르는 폐단인데, 결국 찾지 못하고, 포기하는 경향이 있다.

처음부터 고상하고 누구도 생각할 수 없는 우아한 모델을 생각해 내는 것에 너무 집중하지 말라는 충고를 하기 위해 "무식하고 단순한"이란 용어를 선택한 것이다. 문제가 제시되면, 먼저 문제를 해결할 수 있어야 하는 것이 중요하다. 그리고 검토와 평가로 비효율적인 부분을 찾아 효율적으로 개선하도록 하자. 이러한 과정을 반복하다 보면, 최상의 효율적인 알고리듬을 작성할 수 있게 된다. 이 책에서 여러분에게 이해시키고자 하는 내용이다.

1.2. 분석

1.2.1. 배경도 작도

배경도를 작도하여 문제를 명확하게 정의해 보자. 문제 이름을 짓고, 입력데이터와 출력데이터를 명시하여 문제를 명확하게 정의하면 된다.

가운데에 타원을 그린다. 모델 구축으로 정리된 내용은 세 개의 수가 입력되면, 세 개의 수를 크기순으로 출력하면 된다. 추상화하여 타원에 문제 이름을 적는다. 방법적인 의미가 아니라 개념적인 의미로, 세 개의 수가 입력되면, 내림차순으로 출력해야 하므로, "정리하다"라고 적자. 문제 이름은 동사형으로 짓도록 하자.

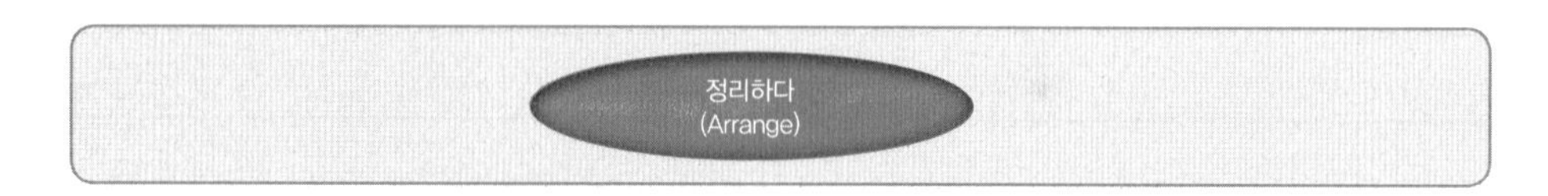

다음은 입력 데이터와 출력데이터를 명확하게 정해야 한다. 입력데이터와 출력데이터에 대해서는 실제 값을 적는 것이 아니라 의미있게 이름을 짓도록 해야 한다. 여러 개이면 쉼표로 구분하여 적는다.

입력데이터가 있으면, 타원의 왼쪽에 타원으로 향하는 화살표를 그리고, 화살표가 시작하는 곳에 입력 데이터들을 쉼표로 구분하여 적는다.

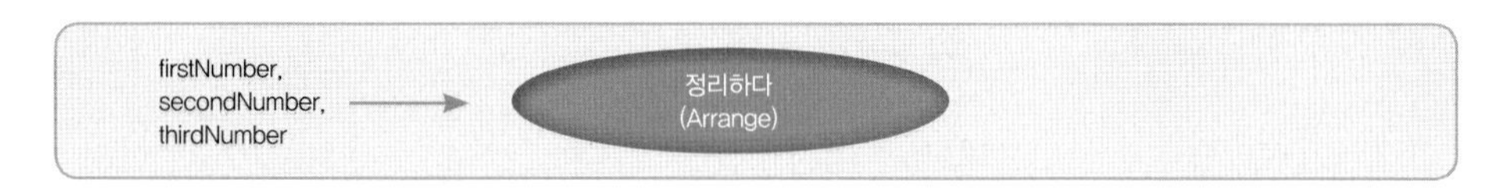

출력데이터가 있으면, 타원의 오른쪽에 타원에서 멀어지는 화살표를 그리고, 화살표 끝에 출력 데이터들을 쉼표로 구분하여 적는다.

모델을 구축할 때, 입력데이터와 출력데이터를 정리했을 것이다. 입력되는 세 개의 수에 대해 첫 번째 수, 두 번째 수, 세 번째 수로, 출력되는 세 개의 수에 대해 큰 수, 중간 수, 작은 수로 이름을 붙이도록 하자. 한글 이름을 사용해도 된다.

1.2.2. 시스템 다이어그램 작도

적합한 입력에 대해 정확한 출력을 하지 못하는 알고리듬은 알고리듬이 아니다. 따라서 알고리듬의 정확성에 집중해야 한다. 그래서 키보드로 입력할 때 발생할 수 있는 오류를 처리하기 위한 제어 논리를 배제하고, 모니터에 정보를 출력하는 제어 논리를 배제하기 위해서 시스템 다이어그램을 작도하자. 배경도로 정의된 문제에서 입력과 출력을 배제하고 연산에 집중하기 위해서 시스템 다이어그램을 작도하자.

배경도를 보면, 세 개의 수를 입력받아야 하므로 입력 기능을 Input 모듈로, 모니터에 세 개의 수를 출력하여야 하므로 출력 기능을 Output 모듈로 기능을 나누자. 따라서 배경도에서 작도된 Arrange 모듈은 입력 기능과 출력 기능이 배제된 연산 모듈이 된다.

배경도에서 작도된 하나의 모듈이 세 개의 모듈로 나누어졌지만 세 개의 모듈이 서로 관련이 있으므로 모듈 간의 관계를 표현해야 한다. 세 개의 모듈이 정확하게 작동하는지를 감시하고 세 개의 모듈의 실행 순서를 제어해야 하는 모듈이 하나 더 필요하다. 그래서 시스템 다이어그램에서는 가장 위쪽에 제어 모듈인 Main 모듈을 작도한다. 모듈 간의 관계는 모듈마다 입력과 출력을 화살표로 그리고, 입력데이터와 출력데이터를 정하여 화살표의 적당한 위치에 적어 표현하도록 한다.

가장 위쪽에 타원을 그리고, 타원에 Main이라고 적는다. 다음은 실행 순서에 따라 아래쪽에 왼쪽에서 오른쪽으로 타원을 세 개 그리고, 각각의 타원에 Input, Arrange, Output을 적는다.

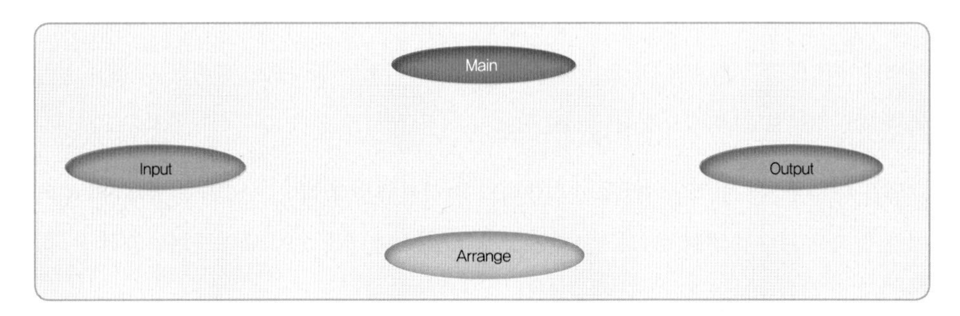

다음은 Input 모듈에 대해 입력데이터와 출력데이터를 정한다. 사용자가 키보드로 입력하는 데이터를 출력해야 하는 모듈이다. Input 모듈에는 입력데이터는 따로 없다. 출력데이터는 있다. 따라서 Input 모듈에서 멀어지는 화살표를 작도한다. Input 모듈에서 출력된 데이터는 Arrange 모듈에 입력되어야 한다. 그래서 화살표가 Arrange 모듈로 향하도록 작도하면 되겠지만, 그렇게 하지 않고, 제어 모듈인 Main 모듈로 향하도록 작도한다. 그리고 화살표 근처 적당한 위치에 출력데이터 이름을 적는다. 데이터가 여러개이면 쉼표로 구분하여 적어야 한다. 사용자가 입력한 세 개의 수가 출력되어야 하므로 순서상인 의미 있는 이름들, firstNumber, secondNumber, thirdNumber라고 짓자.

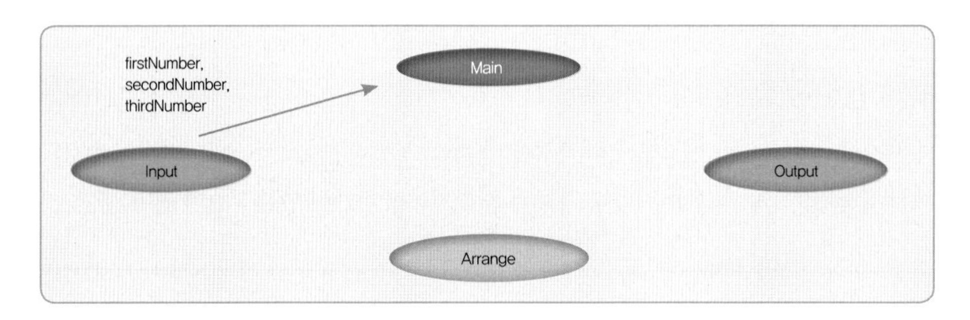

다음은 Arrange 모듈에 대해 입력데이터와 출력데이터를 정한다. Arrange 모듈에서는 Input 모듈에서 Main 모듈로 출력된 데이터들을 입력데이터로 하고, Arrange 모듈에서 구해진 데이터들을 출력데이터로 해야 한다.

Main 모듈로부터 Arrange 모듈로 향하는 화살표를 작도한다. 그리고 작도된 화살표의 왼쪽에 입력데이터 이름을 적는다. Input 모듈에서 Main 모듈로 출력된 데이터들이기 때문에 Input 모듈에서 사용한 데이터 이름을 그대로 사용한다.

Arrange 모듈로부터 Main 모듈로 향하는 화살표를 작도한다. 마찬가지로 작도된 화살표의 오른쪽에 출력데이터 이름을 적는다. 내림차순으로 출력되는 세 개의 데이터이므로 첫 번째 출력데이터는 largeNumber, 두 번째 출력데이터는 middleNumber, 세 번째 출력데이터는 smallNumber라고 적자.

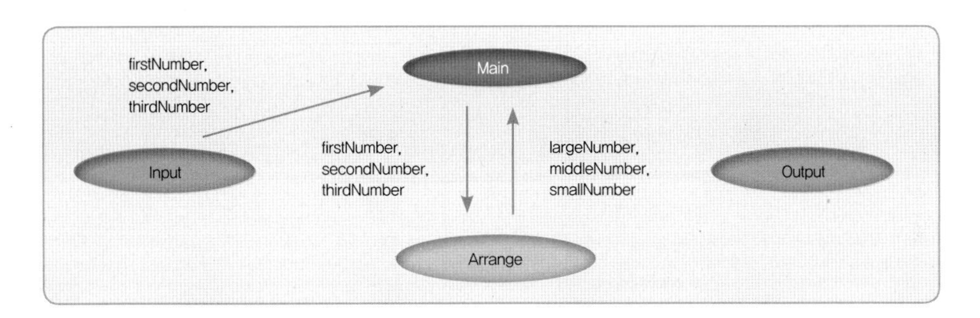

다음은 Output 모듈에 대해 입력데이터와 출력데이터를 정하자. Output 모듈은 정렬된 세 개의 수를 모니터에 출력해야 한다. 입력데이터는 있지만, 출력데이터는 없다. Main 모듈로부터 Output 모듈로 향하는 화살표를 작도한다. 작도된 화살표 오른쪽에 Arrange 모듈에서 출력된 데이터들의 이름을 적는다.

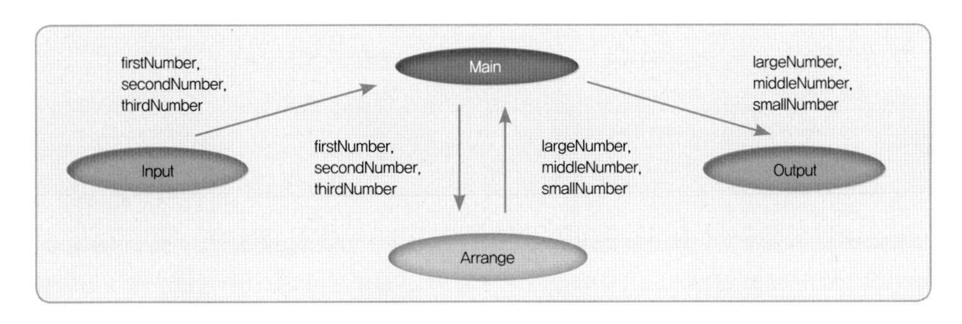

이렇게 하면, 시스템 다이어그램의 작도가 끝난다.

사용자로부터 세 개의 수를 입력하는 기능은 Input 모듈로, 모니터에 정렬된 세 개의 수를 출력하는 기능을 Output 모듈로 기능 분할을 하도록 했다. 그래서 알고리듬을 적용하는 연산 모듈 Arrange에 집중하도록 하자. 키보드로 입력한 세 개의 수를 입력받아 큰 수, 중간 수, 작은 수를 구하는 데만 집중하도록 하자.

이제는 연산 모듈 Arrange에 대해 자료명세서와 처리 과정을 작성하자.

1.2.3. 자료명세서 작성

물론 자료명세서는 시스템 다이어그램을 작도할 때부터 설계할 때까지 작성된다. 시스템 다이어그램을 보면, 연산모듈 Arrange에 세 개의 출력 데이터와 세 개의 입력 데이터가 있다. 따라서 표로 정리하면 다음과 같다.

번호	명칭		자료유형	구분	비고
	한글	영문			
1	큰 수	largeNumber		출력	
2	중간 수	middleNumber		출력	
3	작은 수	smallNumber		출력	
4	첫 번째 수	firstNumber		입력	
5	두 번째 수	secondNumber		입력	
6	세 번째 수	thirdNumber		입력	

각각의 데이터에 대해 자료유형을 정하여야 하는데, 소수점이 없는 숫자로 정수이다.

번호	명칭		자료유형	구분	비고
	한글	영문			
1	큰 수	largeNumber	정수	출력	
2	중간 수	middleNumber	정수	출력	
3	작은 수	smallNumber	정수	출력	
4	첫 번째 수	firstNumber	정수	입력	
5	두 번째 수	secondNumber	정수	입력	
6	세 번째 수	thirdNumber	정수	입력	

다음은 처리 과정에서 사용되는 데이터들에 대해 자료명세서를 작성해 보자. 처리 과정을 작성한 후 처리단계의 명칭에서 사용된 목적어를 찾는다. 목적어가 있으면, 처리단계가 처리될 때 필요한 데이터로 자료명세서에 정리하면 된다. 따라서 먼저, 처리 과정을 작성해 보자.

1.2.4. 처리 과정 작성

문제 풀이에서 작성된 표나 기술 문서를 참고하여 먼저 순차 구조로 처리 과정을 작성하자.

알고리듬으로 성립되기 위한 조건으로 입력이 있는데, 입력은 있을 수도 있고, 없을 수도 있다. 있으면 처리 과정에서는 첫 번째 처리단계로 적어야 한다. 이번 문제에서는 입력이 있으므로 첫 번째 단계는 세 개의 수를 입력받는 것이다. 그래서 처리단계의 번호를 1로 매긴다. 그리고 입력받은 수들에 대해 명확하게 의미를 주고, 처리 명칭을 "입력받는다" 혹은 "입력한다"고 짓자. 처리단계의 이름을 지을때 자료명세서에 정리된 데이터들을 적극 활용하자.

1. 첫 번째 수, 두 번째 수 그리고 세 번째 수를 입력받는다.

다음 번째 단계는 첫 번째 수와 두 번째 수에 대해 대소 비교를 해야 한다. 따라서 처리단계의 번호를 2로 매기고, 처리단계를 작성한다.

1. 첫 번째 수, 두 번째 수 그리고 세 번째 수를 입력받는다.
2. 첫 번째 수와 두 번째 수에 대해 대소 비교한다.

다음 번째 단계는 2단계에서 이루어진 대소 비교의 결과에 따라 대소 비교할 수들을 결정하여 대소 비교하여야 한다. 처리단계의 번호를 3으로 매기고, 처리단계를 작성한다.

1. 첫 번째 수, 두 번째 수 그리고 세 번째 수를 입력받는다.
2. 첫 번째 수와 두 번째 수에 대해 대소 비교한다.
3. 2단계의 대소 비교의 결과에 따라 대소 비교할 수들을 결정하여 대소 비교한다.

다음 번째 단계는 2, 3단계의 결과에 따라 대소 비교할 수들을 결정하여 대소 비교를 해야 한다. 따라서 처리단계의 번호를 4로 매기고, 처리단계를 작성한다.

1. 첫 번째 수, 두 번째 수 그리고 세 번째 수를 입력받는다.
2. 첫 번째 수와 두 번째 수에 대해 대소 비교한다.
3. 2단계의 대소 비교의 결과에 따라 대소 비교할 수들을 결정하여 대소 비교한다.
4. 2단계와 3단계의 대소 비교의 결과에 따라 대소 비교할 수들을 결정하여 대소 비교한다.

다음 번째 단계는 2, 3, 4단계의 결과에 따라 큰 수, 중간 수 그리고 작은 수를 정하여야 한다. 따라서 처리단계의 번호를 5로 매기고, 처리단계를 작성한다.

1. 첫 번째 수, 두 번째 수 그리고 세 번째 수를 입력받는다.
2. 첫 번째 수와 두 번째 수에 대해 대소 비교한다.
3. 2단계의 대소 비교의 결과에 따라 대소 비교할 수들을 결정하여 대소 비교한다.
4. 2단계와 3단계의 대소 비교의 결과에 따라 대소 비교할 수들을 결정하여 대소 비교한다.
5. 2단계, 3단계 그리고 4단계의 대소 비교의 결과에 따라 큰 수, 중간 수 그리고 작은 수를 정한다.

지금까지 작성된 것은 컴퓨터에 의해서 문제를 해결하기 위한 절차를 기술하는 것이다. 어떠한 연산을 어떠한 순서로 처리해야 하는지를 기술한 것이다. 다음은 알고리듬으로 작성하기 위해서는 알고리듬이 성립되기 위한 몇 가지 조건에 맞게 작성되어야 한다.

알고리듬이 되기 위해서는 반드시 출력이 있어야 한다. 다시 말해서 출력 데이터는 한 개 이상 있어야 하므로 다음 단계는 출력에 대한 처리단계를 작성해야 한다. 처리단계의 번호는 6으로 매겨져야 하고, 출력할 값(들)에 대해 의미를 부여한 이름(들)으로 "출력한다"고 처리단계의 명칭을 짓자.

1. 첫 번째 수, 두 번째 수 그리고 세 번째 수를 입력받는다.
2. 첫 번째 수와 두 번째 수에 대해 대소 비교한다.
3. 2단계의 대소 비교의 결과에 따라 대소 비교할 수들을 결정하여 대소 비교한다.
4. 2단계와 3단계의 대소 비교의 결과에 따라 대소 비교할 수들을 결정하여 대소 비교한다.
5. 2단계, 3단계 그리고 4단계의 대소 비교의 결과에 따라 큰 수, 중간 수 그리고 작은 수를 정한다.
6. 큰 수, 중간 수 그리고 작은 수를 출력한다.

또한, 알고리듬의 조건에서 유한성에 맞도록 마지막 처리단계는 "끝내다" 혹은 "종료한다"고 하는 처리단계를 반드시 작성해야 한다.

1. 첫 번째 수, 두 번째 수 그리고 세 번째 수를 입력받는다.
2. 첫 번째 수와 두 번째 수에 대해 대소 비교한다.
3. 2단계의 대소 비교의 결과에 따라 대소 비교할 수들을 결정하여 대소 비교한다.
4. 2단계와 3단계의 대소 비교의 결과에 따라 대소 비교할 수들을 결정하여 대소 비교한다.
5. 2단계, 3단계 그리고 4단계의 대소 비교의 결과에 따라 큰 수, 중간 수 그리고 작은 수를 정한다.
6. 큰 수, 중간 수 그리고 작은 수를 출력한다.
7. 끝내다.

그런데 약간 정리되지 않은 처리 과정이다. 처리 과정에 정리된 처리단계들에 대해 반복구조와 선택구조를 추가해야 한다.

2단계, 3단계 그리고 4단계는 처리 과정의 명칭들을 보더라도 서로 관련이 있다. 처리단계 3의 명칭에서 "2단계의 대소 비교의 결과에 따라"에서 알 수 있듯이 처리단계 3은 처리단계 2의 하위 단계가 되어야 한다. 하위 단계를 갖는 제어구조는 선택구조와 반복구조만이 갖는데, 여기서는 선택구조라는 것을 알 수 있다. 왜냐하면, 대소 비교의 결과에 따라 처리되지만 여러 번 처리되는 것이 아니라 한 번 만 처리되기 때문이다.

하위 단계로 작성하는 방법은 다음과 같다. 들여쓰기하고 처리 단계의 번호는 상위 단계의 번호를 먼저 적고, 구두점을 적고, 다시 1부터 순서대로 번호를 매긴다. 따라서 처리 단계 3은 한 번 들여 쓰이고, 처리번호는 상위 단계 번호인 2를 적고, 구두점을 적고, 첫 번째 처리 단계이므로 1을 적고 처리 단계 명칭에서 "2단계의"를 생략하고 그대로 옮겨 적는다.

```
1. 첫 번째 수, 두 번째 수 그리고 세 번째 수를 입력받는다.
2. 첫 번째 수와 두 번째 수에 대해 대소 비교한다.
  2.1. 대소 비교의 결과에 따라 대소 비교할 수들을 결정하여 대소 비교한다.
4. 2단계와 3단계의 대소 비교의 결과에 따라 대소 비교할 수들을 결정하여 대소 비교한다.
5. 2단계, 3단계 그리고 4단계의 대소 비교의 결과에 따라 큰 수, 중간 수 그리고 작은 수를 정한다.
6. 큰 수, 중간 수 그리고 작은 수를 출력한다.
7. 끝내다.
```

같은 방식으로 처리 단계 4에 대해서도 선택구조를 적용하여 정리되어야 한다. 처리 단계 4는 "2단계와 3단계의"에서 알 수 있듯이 처리 단계 2.1의 하위 단계로 작성되어야 한다. 따라서 들여쓰기를 두 번 하고, 처리 단계의 번호는 우선 상위 처리 단계 번호 2.1을 적고, 구두점을 적고, 다시 첫 번째 처리단계이므로 번호는 1을 매기고, "2단계와 3단계의"를 없애고, 명칭을 그대로 적자.

```
1. 첫 번째 수, 두 번째 수 그리고 세 번째 수를 입력받는다.
2. 첫 번째 수와 두 번째 수에 대해 대소 비교한다.
  2.1. 대소 비교의 결과에 따라 대소 비교할 수들을 결정하여 대소 비교한다.
    2.1.1. 대소 비교의 결과에 따라 대소 비교할 수들을 결정하여 대소 비교한다.
5. 2단계, 3단계 그리고 4단계의 대소 비교의 결과에 따라 큰 수, 중간 수 그리고 작은 수를 정한다.
6. 큰 수, 중간 수 그리고 작은 수를 출력한다.
7. 끝내다.
```

또다시 같은 방식으로 처리 단계 5에 대해서도 선택구조를 적용하여 정리되어야 한다. 처리 단계 5는 "2단계, 3단계 그리고 4단계의"에서 알 수 있듯이 처리 단계 2.1.1의 하위 단계로 작성되어야 한다. 따라서 들여쓰기를 3번 하고, 처리 단계의 번호는 우선 상위 처리 단계 번호 2.1.1을 적고, 구두점을 적고, 다시 첫 번째 처리단계이므로 번호는 1을 매기고, "2단계, 3단계 그리고 4단계의"를 없애고, 명칭을 그대로 적자.

```
1. 첫 번째 수, 두 번째 수 그리고 세 번째 수를 입력받는다.
2. 첫 번째 수와 두 번째 수에 대해 대소 비교한다.
  2.1. 대소 비교의 결과에 따라 대소 비교할 수들을 결정하여 대소 비교한다.
    2.1.1. 대소 비교의 결과에 따라 대소 비교할 수들을 결정하고 대소 비교한다.
      2.1.1.1. 대소 비교의 결과에 따라 큰 수, 중간 수 그리고 작은 수를 정한다.
6. 큰 수, 중간 수 그리고 작은 수를 출력한다.
7. 끝내다.
```

처리단계 6과 처리단계 7에 대해서 처리단계의 번호를 3부터 다시 매긴다. 같은 레벨의 위쪽 처리단계의 번호가 2이므로 순서대로 매겨야 하므로 3, 4가 된다.

```
1. 첫 번째 수, 두 번째 수 그리고 세 번째 수를 입력받는다.
2. 첫 번째 수와 두 번째 수에 대해 대소 비교한다.
  2.1. 대소 비교의 결과에 따라 대소 비교할 수들을 결정하여 대소 비교한다.
    2.1.1. 대소 비교의 결과에 따라 대소 비교할 수들을 결정하고 대소 비교한다.
      2.1.1.1. 대소 비교의 결과에 따라 큰 수, 중간 수 그리고 작은 수를 정한다.
3. 큰 수, 중간 수 그리고 작은 수를 출력한다.
4. 끝내다.
```

작성된 처리 과정을 검토해 보자. 처리단계 1을 실행하면 세 개의 수를 입력받아야 한다. 그래서 1단계가 적힌 줄의 오른쪽에 입력된 세 개의 수를 적자.

```
1. 첫 번째 수, 두 번째 수 그리고 세 번째 수를 입력받는다. 1, 2, 3
2. 첫 번째 수와 두 번째 수에 대해 대소 비교한다.
  2.1. 대소 비교의 결과에 따라 대소 비교할 수들을 결정하여 대소 비교한다.
    2.1.1. 대소 비교의 결과에 따라 대소 비교할 수들을 결정하고 대소 비교한다.
      2.1.1.1. 대소 비교의 결과에 따라 큰 수, 중간 수 그리고 작은 수를 정한다.
3. 큰 수, 중간 수 그리고 작은 수를 출력한다.
4. 끝내다.
```

순차 구조이므로 아래쪽으로 이동하여 처리단계 2를 실행한다. 첫 번째 수와 두 번째 수를 대소 비교한다. 처리단계 2가 적힌 줄에 첫 번째 수와 두 번째 수로 첫 번째 수가 두 번째 수보다 큰지 관계식 1 〉 2를 적고, 평가된 값, 거짓을 옆에 적는다.

```
1. 첫 번째 수, 두 번째 수 그리고 세 번째 수를 입력받는다. 1, 2, 3
2. 첫 번째 수와 두 번째 수에 대해 대소 비교한다. 1 〉 2, 거짓
  2.1. 대소 비교의 결과에 따라 대소 비교할 수들을 결정하여 대소 비교한다.
    2.1.1. 대소 비교의 결과에 따라 대소 비교할 수들을 결정하고 대소 비교한다.
      2.1.1.1. 대소 비교의 결과에 따라 큰 수, 중간 수 그리고 작은 수를 정한다.
3. 큰 수, 중간 수 그리고 작은 수를 출력한다.
4. 끝내다.
```

다음은 처리단계 2.1을 실행한다. 거짓이므로 두 번째 수와 세 번째 수로 두 번째 수가 세 번째 수보다 큰지 관계 2 〉 3을 적고, 평가한 값, 거짓을 적는다. 따라서 큰 수는 3이다.

```
1. 첫 번째 수, 두 번째 수 그리고 세 번째 수를 입력받는다. 1, 2, 3
2. 첫 번째 수와 두 번째 수에 대해 대소 비교한다. 1 〉 2, 거짓
  2.1. 대소 비교의 결과에 따라 대소 비교할 수들을 결정하여 대소 비교한다. 2 〉 3, 거짓
    2.1.1. 대소 비교의 결과에 따라 대소 비교할 수들을 결정하고 대소 비교한다.
      2.1.1.1. 대소 비교의 결과에 따라 큰 수, 중간 수 그리고 작은 수를 정한다.
3. 큰 수, 중간 수 그리고 작은 수를 출력한다.
4. 끝내다.
```

다음은 처리단계 2.1.1을 실행한다. 거짓이므로 첫 번째 수와 두 번째 수로 첫 번째 수가 두

번째 수보다 큰지 1 > 2 관계식을 적는다. 그리고 평가한 값, 거짓을 관계식 옆에 적는다.

```
1. 첫 번째 수, 두 번째 수 그리고 세 번째 수를 입력받는다. 1, 2, 3
2. 첫 번째 수와 두 번째 수에 대해 대소 비교한다. 1 > 2, 거짓
  2.1. 대소 비교의 결과에 따라 대소 비교할 수들을 결정하여 대소 비교한다. 2 > 3, 거짓
    2.1.1. 대소 비교의 결과에 따라 대소 비교할 수들을 결정하고 대소 비교한다. 1 > 2, 거짓
      2.1.1.1. 대소 비교의 결과에 따라 큰 수, 중간 수 그리고 작은 수를 정한다.
3. 큰 수, 중간 수 그리고 작은 수를 출력한다.
4. 끝내다.
```

다음은 처리단계 2.1.1.1을 실행한다. 1이 2보다 크지 않고, 2가 3보다 크지 않고, 1이 2보다 크지 않으므로 큰 수는 3이고, 중간 수는 2이고 작은 수는 1이다.

```
1. 첫 번째 수, 두 번째 수 그리고 세 번째 수를 입력받는다. 1, 2, 3
2. 첫 번째 수와 두 번째 수에 대해 대소 비교한다. 1 > 2, 거짓
  2.1. 대소 비교의 결과에 따라 대소 비교할 수들을 결정하여 대소 비교한다. 2 > 3, 거짓
    2.1.1. 대소 비교의 결과에 따라 대소 비교할 수들을 결정하고 대소 비교한다. 1 > 2, 거짓
      2.1.1.1. 대소 비교의 결과에 따라 큰 수, 중간 수 그리고 작은 수를 정한다. 3, 2, 1
3. 큰 수, 중간 수 그리고 작은 수를 출력한다.
4. 끝내다.
```

처리단계 2가 실행되었다면, 다음은 처리단계 3을 실행한다. 처리단계 2.1.1.1에 적힌 결과를 처리단계 3 오른쪽에 그대로 적는다.

```
1. 첫 번째 수, 두 번째 수 그리고 세 번째 수를 입력받는다. 1, 2, 3
2. 첫 번째 수와 두 번째 수에 대해 대소 비교한다. 1 > 2, 거짓
  2.1. 대소 비교의 결과에 따라 대소 비교할 수들을 결정하여 대소 비교한다. 2 > 3 거짓
    2.1.1. 대소 비교의 결과에 따라 대소 비교할 수들을 결정하고 대소 비교한다. 1 > 2 거짓
      2.1.1.1. 대소 비교의 결과에 따라 큰 수, 중간 수 그리고 작은 수를 정한다. 3, 2, 1
3. 큰 수, 중간 수 그리고 작은 수를 출력한다. 3, 2, 1
4. 끝내다.
```

다음은 처리단계 4를 실행하여 처리 과정을 완료한다. 입력된 세 개의 수, 1, 2, 3에 대해 큰 수 3, 중간 수 2, 작은 수 1이 출력되었으므로 처리 과정이 정확하다는 것을 확인할 수 있다. 여러분은 모델 구축에서 사용한 데이터들로 직접 검토해 보자.

이렇게 해서 처리 과정이 작성되면, 자료명세서를 다시 작성해야 한다. 처리 과정의 처리단계 명칭에서 식별되는 목적어(들)를 자료명세서에 추가해야 한다. 작성된 처리 과정에 대해서는 이미 자료명세서에 정리된 것을 알 수 있다. 그래서 따로 추가할 데이터가 없다.

자료명세서와 처리 과정이 작성되면, 어떠한 데이터를 어떠한 처리에서 사용할 것인지를

정리하였다. 처리 과정과 자료명세서를 정형화된 문서로 정리하자. 모듈 기술서가 작성되어야 한다.

모듈 기술서		
명칭	한글	세 수를 입력받아 크기 순으로 출력한다.
	영문	Arrange
기능		세 수를 입력받아 내림차순으로 출력한다.
입 · 출력	입력	첫 번째 수, 두 번째 수, 세 번째 수
	영문	큰 수, 중간 수, 작은 수
관련 모듈		

자료 명세서					
번호	명칭		자료유형	구분	비고
	한글	영문			
1	큰 수	largeNumber	정수	출력	
2	중간 수	middleNumber	정수	출력	
3	작은 수	smallNumber	정수	출력	
4	첫 번째 수	firstNumber	정수	입력	
5	두 번째 수	secondNumber	정수	입력	
6	세 번째 수	thirdNumber	정수	입력	

처리 과정

1. 첫 번째 수, 두 번째 수 그리고 세 번째 수를 입력받는다.
2. 첫 번째 수와 두 번째 수에 대해 대소 비교한다.
 2.1. 대소 비교의 결과에 따라 대소 비교할 수들을 결정하여 대소 비교한다.
  2.1.1. 대소 비교의 결과에 따라 대소 비교할 수들을 결정하고 대소 비교한다.
   2.1.1.1. 대소 비교의 결과에 따라 큰 수, 중간 수 그리고 작은 수를 정한다.
3. 큰 수, 중간 수 그리고 작은 수를 출력한다.
4. 끝내다.

1.3. 설계

1.3.1. 나씨-슈나이더만 다이어그램 작도

다음은 모듈 기술서를 참고하여 컴퓨터의 실행 원리, 기억장소의 원리, 제어구조를 이용해서 방법적인 관점에서 알고리듬을 다시 작성하자. 나씨-슈나이더만 다이어그램을 작도하자. A4 용지 한 장을 꺼내어 놓고 따라서 해보자.

첫 번째로 알고리듬의 유한성에 대한 처리단계 "4. 끝내다."에 대해 작도해 보자. 가장 위쪽과 가장 아래쪽에 순차 구조 기호를 작도하고, 위쪽 순차 구조 기호에 start를 적고, 아래쪽 순차 구조 기호에 stop을 적는다.

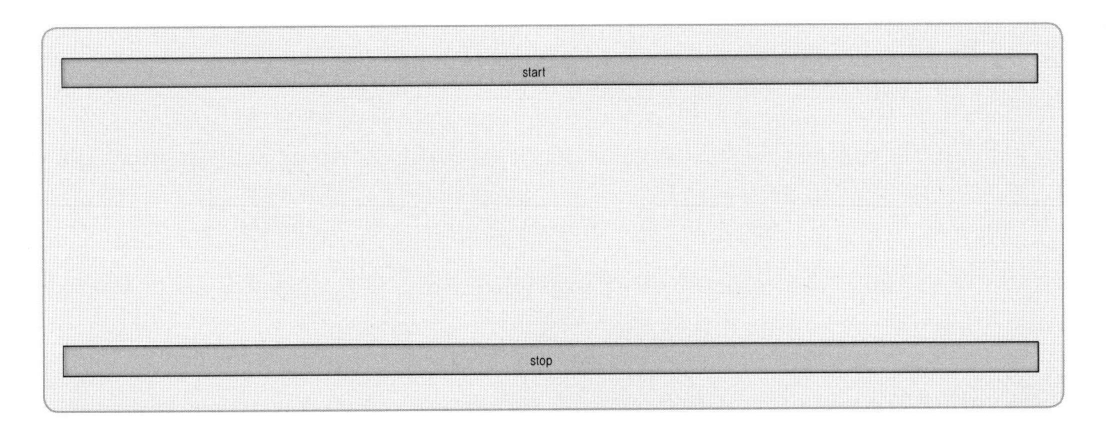

자료명세서에 정리된 데이터(들)에 대해 변수(들)를 선언하여야 한다. start 순차 구조 기호 바로 아래에 순차 구조 기호를 그리고, 자료명세서에 정리된 순서대로 쉼표를 구분하여 적는다.

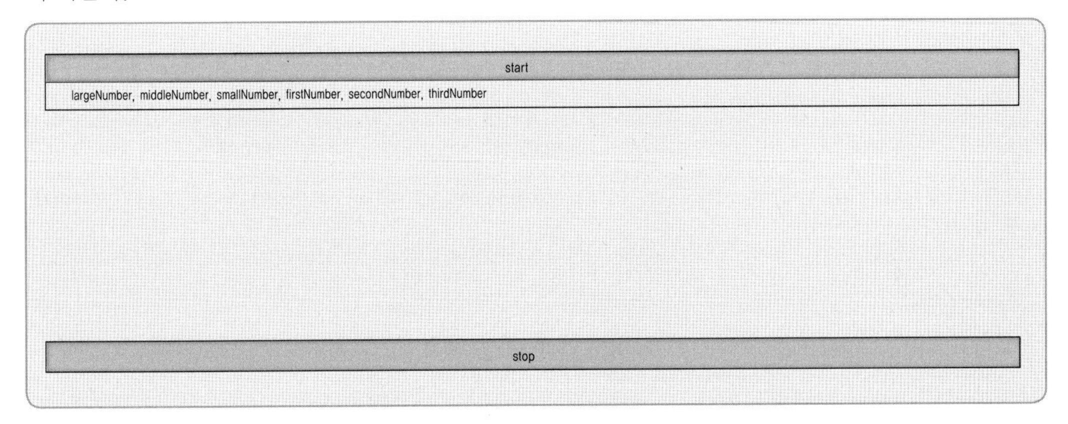

이제부터는 처리 과정을 참고하여 처리단계마다 어떻게 해야 할지 표현해야 한다. 첫 번째로 처리단계마다 어떠한 컴퓨터 기본 기능이 사용되는지 확인하자. 다음과 같이 확인할 수 있을 것이다.

처리 과정
1. 첫 번째 수, 두 번째 수 그리고 세 번째 수를 입력받는다. (입력) 2. 첫 번째 수와 두 번째 수에 대해 대소 비교한다.(제어 : 선택) 2.1. 대소 비교의 결과에 따라 대소 비교할 수들을 결정하여 대소 비교한다.(제어 : 선택) 2.1.1. 대소 비교의 결과에 따라 대소 비교할 수들을 결정하고 대소 비교한다. (제어 : 선택) 2.1.1.1. 대소 비교의 결과에 따라 큰 수, 중간 수 그리고 작은 수를 정한다. (기억) 3. 큰 수, 중간 수 그리고 작은 수를 출력한다.(출력) 4. 끝내다.

나씨-슈나이더만 다이어그램에서 입력, 기억, 산술 연산 그리고 출력은 순차 구조로, 제어는 반복 구조와 선택 구조로 표현해야 한다.

"1. 첫 번째 수, 두 번째 수 그리고 세 번째 수를 입력받는다." 처리단계에 대해 작도해 보자.

"1. 첫 번째 수, 두 번째 수 그리고 세 번째 수를 입력받는다." 처리단계는 명칭에서 알 수 있듯이 입력 기능이다. 따라서 순차 구조 기호를 변수를 선언하는 순차 구조 기호 아래쪽에 그린다. 그리고 read를 적고, 입력받은 값을 저장할 변수를 개수만큼 쉼표로 구분하여 적는다.

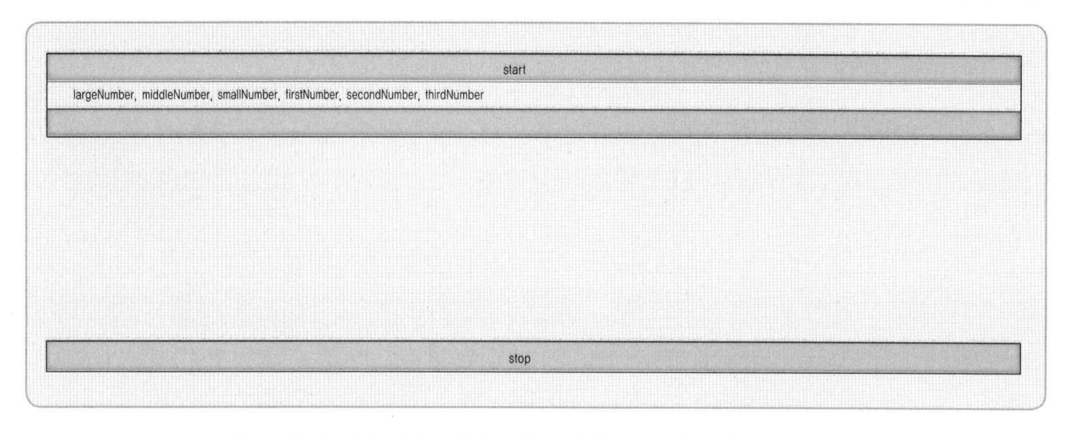

read를 적고, 한 칸 띄운 다음, 처리단계에 의하면 세 개를 입력받아 저장해야 하므로 선언한 firstNumber, secondNumber 그리고 thirdNumber를 차례대로 쉼표로 구분하여 적는다.

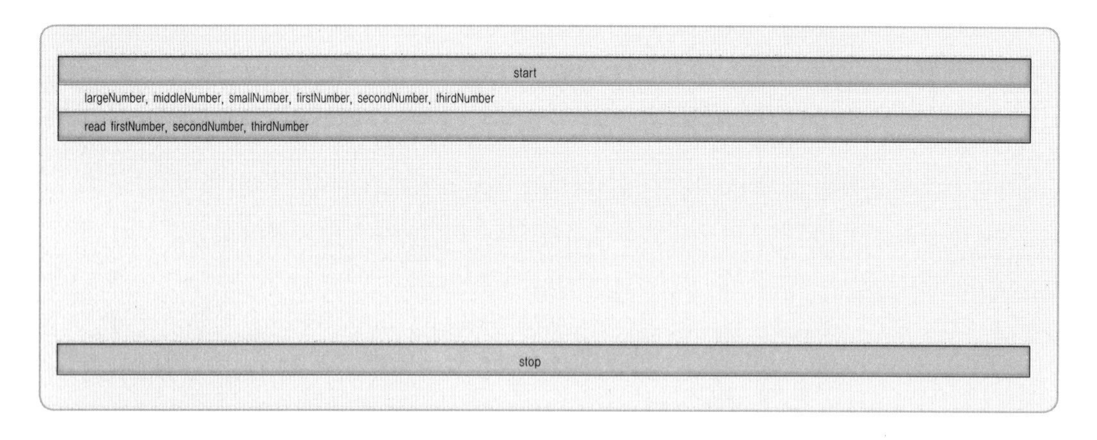

다음은 "2. 첫 번째 수와 두 번째 수에 대해 대소 비교한다." 처리단계에 대해 작도해 보자.

"2. 첫 번째 수와 두 번째 수에 대해 대소 비교한다." 처리단계는 명칭에서 "대소 비교"를 한다고 하므로 관계 연산이다. 관계 연산이나 논리 연산이 사용되는 컴퓨터 기본 기능은 제어 기능이다.

나씨-슈나이더만 다이어그램에서 제어 기능은 반복 구조나 선택 구조로 표현된다. 따라서 어떠한 제어 구조를 사용해야 할지 결정해야 한다. 처리단계가 여러 번 처리되는 것이 아니라 한 번 처리된다. 따라서 반복 구조가 아니라 선택 구조이다. 따라서 입력하는 순차 구조 기호 아래쪽에 선택 구조 기호를 작도한다. 입력하는 순차 구조 기호의 크기에 맞게 순차 구조 기호를 그리고, 아래쪽에 적당한 위치를 정하고, 왼쪽 위쪽으로 사선을 그리고, 오른쪽 위쪽으로 사선을 그린다. 그러면 사각형에 세 개의 삼각형이 그려지게 된다.

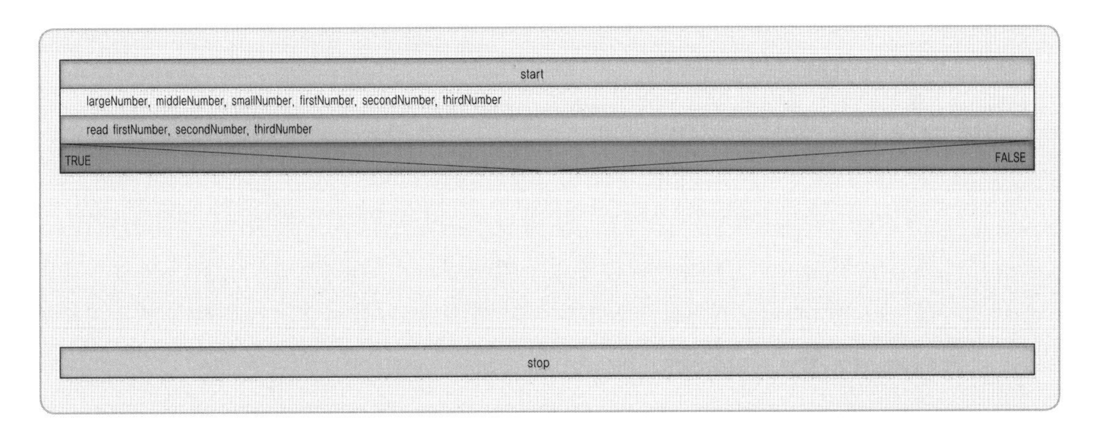

선택 구조는 조건에 따라 실행 순서를 결정하는 제어 구조이다. 따라서 선택 구조에는 조건식이 있다. 조건식을 평가한 결과에 따라 처리해야 하는 식을 결정해야 한다. 그리고 조건식을 평가했을 때 참인 경우, 처리는 왼쪽에, 거짓일 때 처리는 오른쪽에 두도록 하자. 선택 구조 기호에서 왼쪽에 TRUE, 오른쪽에 FALSE를 적자.

"2. 첫 번째 수와 두 번째 수에 대해 대소 비교한다." 처리단계의 명칭을 참고하면 첫 번째 수와 두 번째 수간의 대소 비교하는 관계식을 조건식으로 작성하여야 한다.

대소 비교 관계 연산은 크다(〉), 크거나 같다(≥), 작다(〈, 작거나 같다(≤) 연산이다. 여기서는 큰 수부터 먼저 구해야 하므로 크다(〉) 연산을 이용해야 한다. 따라서 firstNumber 〉 secondNumber 라는 관계식이 작성되어야 한다. 조건식을 선택 구조 기호의 가운데 거꾸로 그려진 삼각형 영역에 적으면 된다.

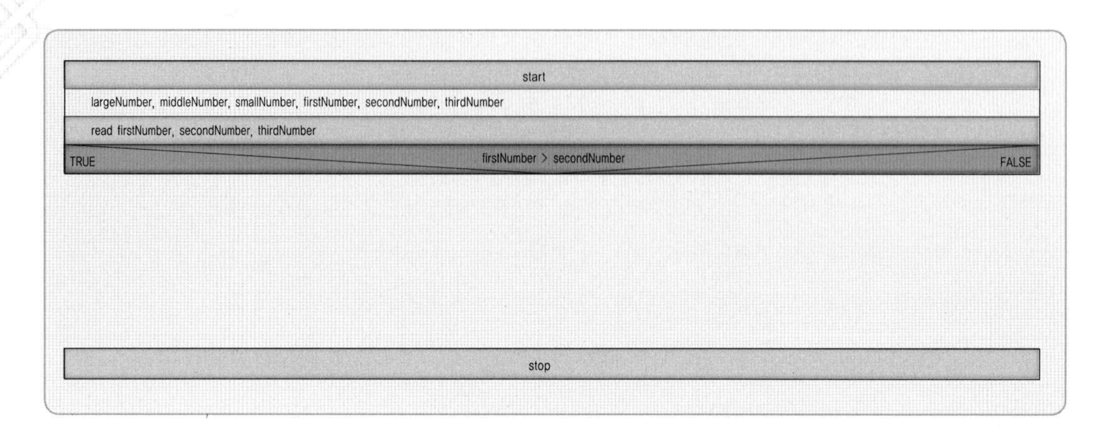

다음은 "2.1. 대소 비교의 결과에 따라 대소 비교할 수들을 결정하여 대소 비교한다." 처리단계를 나씨-슈나이더만 다이어그램에 작도해보자.

처리단계의 번호 "2.1"에 의하면 처리단계의 번호 "2"의 선택구조에 작도되어야 하는 제어구조이다. 처리단계의 명칭에 의하면, 대소 비교하고, 한 번만 실행되는 제어구조이므로 역시 선택구조이다. "대소 비교의 결과에 따라 대소 비교할 수들을 결정하여 대소 비교한다."에 의하면, **대소 비교의 경우의 수가 두 개이므로** 참일 때 한 개의 선택구조와 거짓일 때 한 개의 선택구조가 작도되어야 한다.

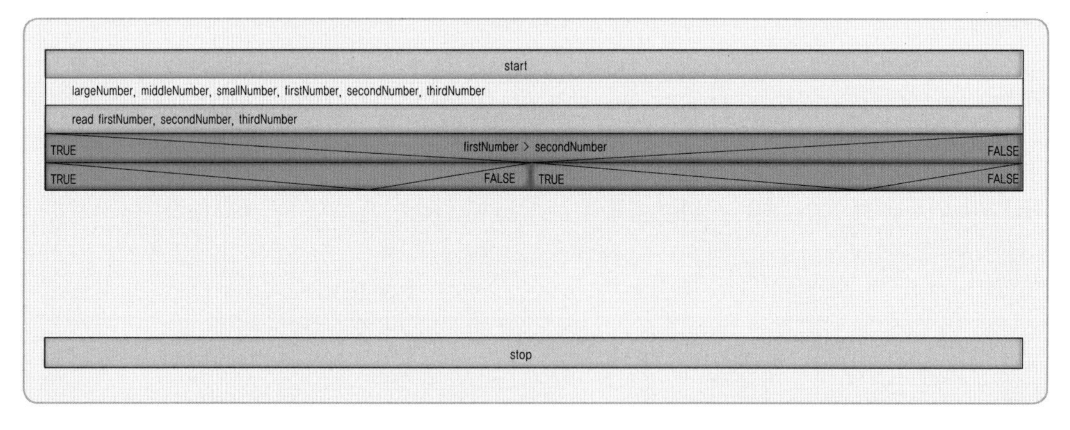

관계식 firstNumber 〉 secondNumber 대소 비교의 결과에 따라 대소 비교할 수들을 결정해서 대소 비교 관계식을 작성해야 한다. 첫 번째 수가 두 번째 수보다 크다면, 즉 관계식을 평가했을 때 참이면 대소 비교할 수들은 첫 번째 수와 세 번째 수를 대소 비교하여 큰 수를 결정하면 된다. 따라서 왼쪽 선택구조의 조건식은 firstNumber 〉 thirdNumber이어야 한다.

그리고 첫 번째 수가 두 번째 수보다 작거나 같다면, 즉 관계식을 평가했을 때 거짓이면, 대소 비교할 수들은 두 번째 수와 세 번째 수를 대소 비교하여 큰 수를 결정하면 된다. 따라서 오른쪽 선택구조의 조건식은 secondNumber 〉 thirdNumber이어야 한다.

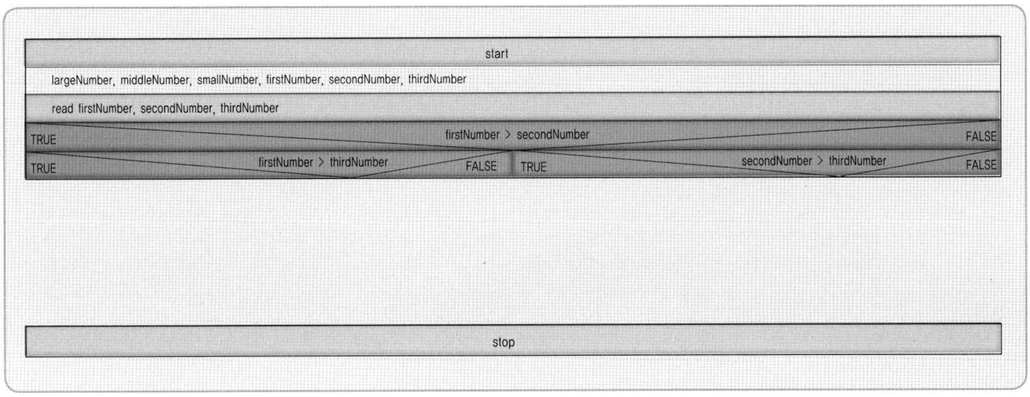

start
largeNumber, middleNumber, smallNumber, firstNumber, secondNumber, thirdNumber
read firstNumber, secondNumber, thirdNumber
TRUE firstNumber > secondNumber FALSE
TRUE firstNumber > thirdNumber FALSE
TRUE secondNumber > thirdNumber FALSE
stop

다음은 "2.1.1. 대소 비교의 결과에 따라 대소 비교할 수들을 결정하고 대소 비교한다." 처리단계를 작도해보자.

처리단계의 번호 "2.1.1"에 의하면 처리단계의 번호 "2.1"의 선택구조에 작도되어야 하는 제어구조이다. 처리단계의 명칭에 의하면, 대소 비교하고, 한 번만 실행되는 제어구조이므로 역시 선택구조이다. 이제 대소 비교할 경우의 수가 한 번이기 때문에 한 개의 선택구조만이 필요하다. 참일 때만 선택구조를 추가하면 될 것이다. 그래서 왼쪽과 오른쪽 선택구조 내부에 TRUE 쪽에 선택구조 기호를 작도한다. FALSE 쪽은 선택구조 기호를 작도하지 않는다.

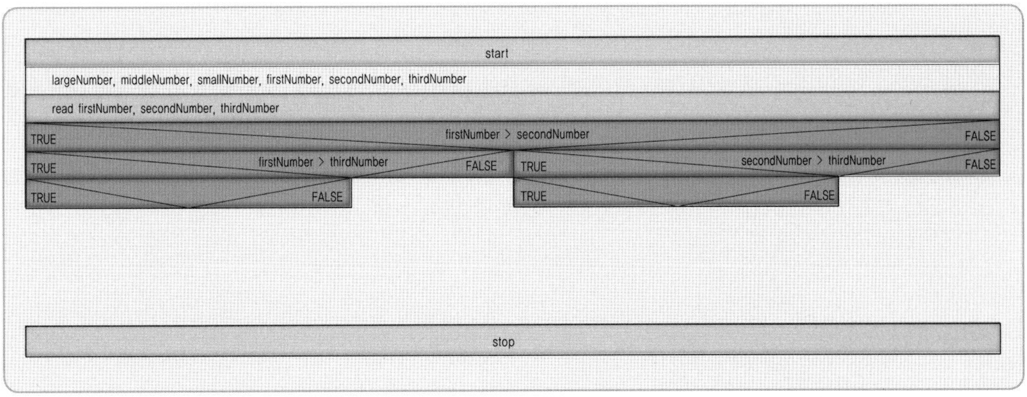

start
largeNumber, middleNumber, smallNumber, firstNumber, secondNumber, thirdNumber
read firstNumber, secondNumber, thirdNumber
TRUE firstNumber > secondNumber FALSE
TRUE firstNumber > thirdNumber FALSE
TRUE secondNumber > thirdNumber FALSE
TRUE FALSE
TRUE FALSE
stop

그리고 선택구조의 조건식을 작성해서 거꾸로 그려진 삼각형 영역에 적으면 된다. 왼쪽 선택구조의 조건식은 앞에서 첫 번째 수와 두 번째 수 그리고 첫 번째 수와 세 번째 수에 대해 대소 비교를 했으므로 이제 남은 대소 비교할 수들은 두 번째 수와 세 번째 수에 대해 대소 비교를 하여야 한다. 따라서 조건식은 secondNumber 〉 thirdNumber 관계식이어야 한다.

그리고 오른쪽 선택구조의 조건식은 앞에서 첫 번째 수와 두 번째 수 그리고 두 번째 수와 세 번째 수를 비교했기 때문에 이제 남은 대소 비교할 수들은 첫 번째 수와 세 번째 수이다. 따라서 조건식은 firstNumber 〉 thirdNumber 관계식이어야 한다.

start
largeNumber, middleNumber, smallNumber, firstNumber, secondNumber, thirdNumber
read firstNumber, secondNumber, thirdNumber
TRUE firstNumber 〉 secondNumber FALSE
TRUE firstNumber 〉 thirdNumber FALSE
TRUE secondNumber 〉 thirdNumber FALSE
TRUE secondNumber 〉 thirdNumber FALSE
TRUE firstNumber 〉 thirdNumber FALSE
stop

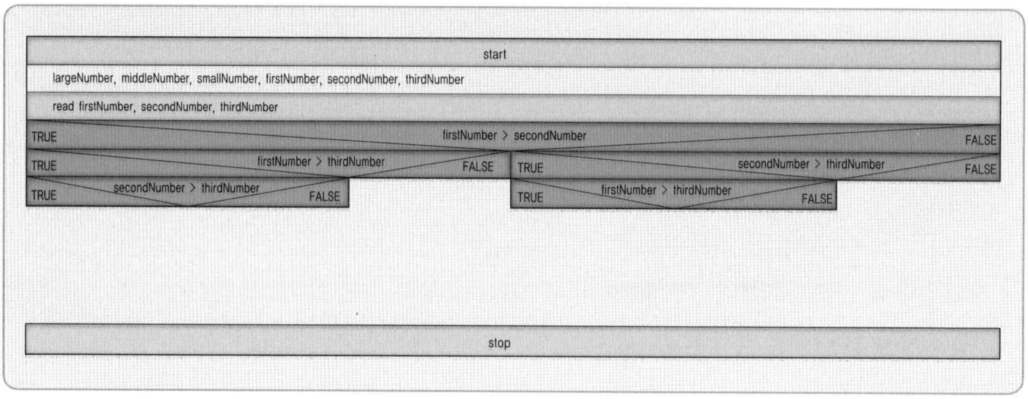

다음은 "2.1.1.1. 대소 비교의 결과에 따라 큰 수, 중간 수 그리고 작은 수를 정한다." 처리단계를 작도해보자. 마찬가지로 처리 단계의 번호에 의하면 처리단계 번호 "2.1.1" 선택구조에 작도되어야 하는 제어구조이다. 처리단계의 명칭에 의하면 큰 수, 중간 수 그리고 작은 수를 기억할 변수들에 입력받은 값을 저장하는 기억 기능이다. 따라서 순차 구조이다. 각각의 변수에 입력받은 값을 저장하는 치환식을 작성해야 하므로 세 개의 순차 구조 기호를 작도해야 한다.

세 개의 순차 구조 기호를 그리고, 각각의 순차 구조 기호에 큰 수부터 중간 수 그리고 작은 수 순으로 차례로 치환식을 작성하여 적는다.

가장 왼쪽의 경우, 첫 번째 수가 두 번째 수보다 크고, 첫 번째 수가 세 번째 수보다 크고, 두 번째 수가 세 번째 수보다 크면, 큰 수는 첫 번째 수, 중간 수는 두 번째 수 그리고 작은 수는 세 번째 수로 정하는 식을 적을 수 있도록 세 개의 순차 구조 기호를 위쪽에서 아래쪽으로 작도한다.

start
largeNumber, middleNumber, smallNumber, firstNumber, secondNumber, thirdNumber
read firstNumber, secondNumber, thirdNumber
TRUE firstNumber > secondNumber FALSE
TRUE firstNumber > thirdNumber FALSE
TRUE secondNumber > thirdNumber FALSE
TRUE secondNumber > thirdNumber FALSE
TRUE firstNumber > thirdNumber FALSE
stop

그리고 위쪽에서 아래쪽으로 큰 수를 정하는 식, 중간 수를 정하는 식 그리고 작은 수를 정하는 식을 작성해서 적는다. 이번 경우는 큰 수는 첫 번째 수이다. 따라서 첫 번째 입력된 수를 큰 수를 저장할 변수에 저장하도록 표현하면 된다. largeNumber 변수에 firstNumber에 저장된 값을 저장하도록 치환식을 작성하면 된다. 치환 연산자인 등호(=)를 이용하여 복사할 기억장소는 등호의 왼쪽에 적고, 복사할 값은 등호의 오른쪽에 적으면 치환식이 작성된다. 첫 번째 순차 구조 기호에 작성되어 적혀야 하는 식은 largeNumber = firstNumber이다.

똑같은 개념과 원리로 두 번째 수가 세 번째 수보다 크기 때문에 중간 수는 두 번째 수이어야 한다. 따라서 두 번째 순차 구조 기호에 적혀야 하는 식은 middleNumber = secondNumber이다. 큰 수와 중간 수가 결정되었기 때문에 작은 수는 자동으로 남은 세 번째 수가 되어야 한다. 따라서 마지막 순차 구조 기호에 적혀야 하는 식은 smallNumber = thirdNumber이다.

start
largeNumber, middleNumber, smallNumber, firstNumber, secondNumber, thirdNumber
read firstNumber, secondNumber, thirdNumber
TRUE firstNumber > secondNumber FALSE
TRUE firstNumber > thirdNumber FALSE
TRUE secondNumber > thirdNumber FALSE
TRUE secondNumber > thirdNumber FALSE
TRUE firstNumber > thirdNumber FALSE
largeNumber = firstNumber
middleNumber = secondNumber
smallNumber = thirdNumber
stop

이번에는 두 번째 경우, 첫 번째 수가 두 번째 수보다 크고, 첫 번째 수가 세 번째 수보다 크지만 두 번째 수가 세 번째 수보다 크지 않은 경우이다. 따라서 큰 수는 첫 번째 수이고, 중간 수는 세 번째 수이고, 작은 수는 두 번째 수이다.

secondNumber 〉 thirdNumber 관계식을 조건식으로 하는 선택 구조의 FALSE 쪽 아래에 세 개의 순차 구조 기호를 작도한다.

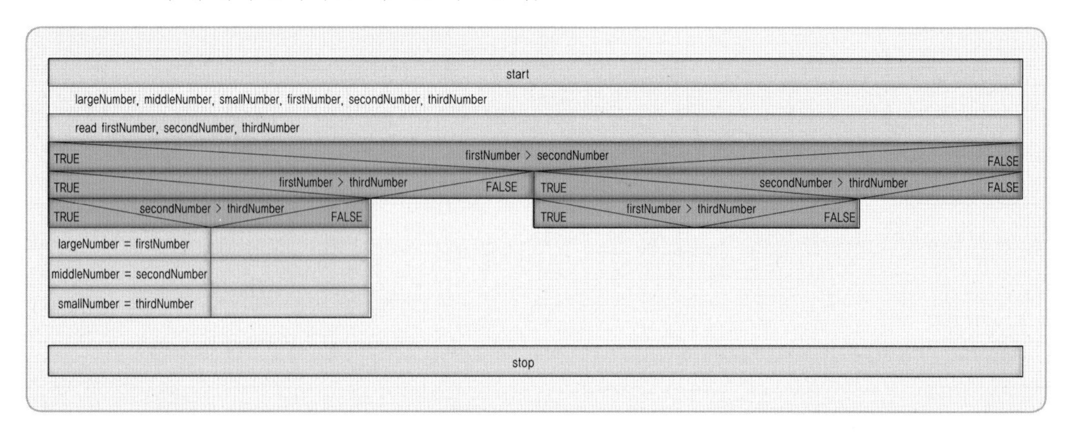

그리고 첫 번째 순차 구조 기호에 largeNumber = firstNumber 치환식을 적고, 두 번째 순차 구조 기호에 middleNumber = thirdNumber 치환식을 적고, 마지막 순차 구조 기호에 smallNumber = secondNumber 치환식을 적는다.

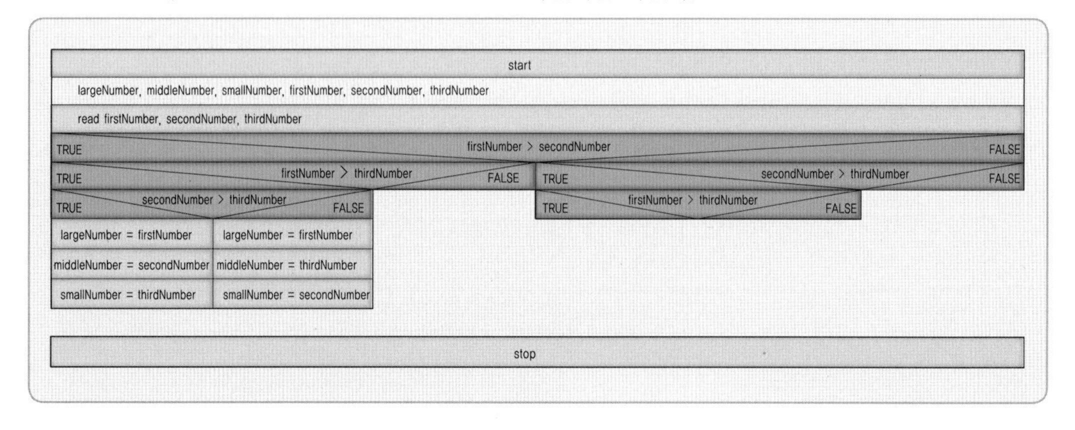

이번에는 세 번째 경우, 첫 번째 수가 두 번째 수보다 크고 첫 번째 수가 세 번째 수보다 작은 경우이다. 따라서 첫 번째 수가 두 번째 수보다는 크지만 세 번째 수보다 크지 않아 큰 수는 세 번째 수이고, 첫 번째 수가 두 번째 수보다 커서 중간 수는 첫 번째 수이고, 작은 수는 두 번째 수이다.

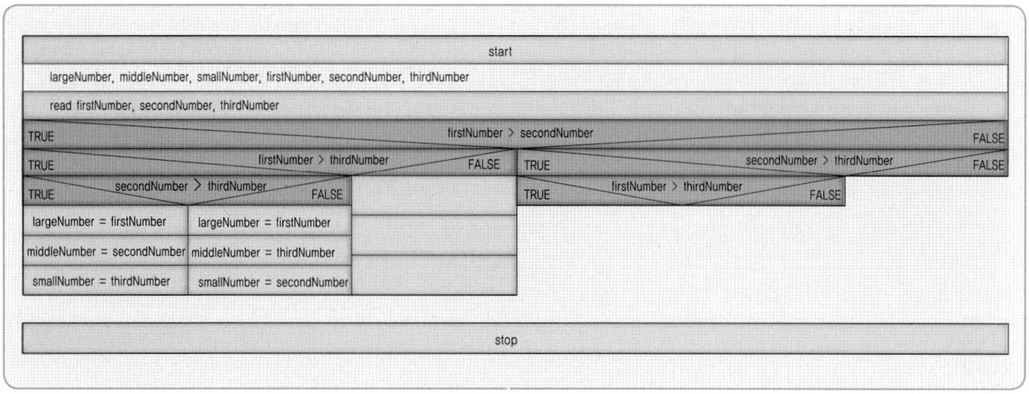

start
largeNumber, middleNumber, smallNumber, firstNumber, secondNumber, thirdNumber
read firstNumber, secondNumber, thirdNumber
TRUE firstNumber 〉 secondNumber FALSE
TRUE firstNumber 〉 thirdNumber FALSE
TRUE secondNumber 〉 thirdNumber FALSE
TRUE secondNumber 〉 thirdNumber FALSE
TRUE firstNumber 〉 thirdNumber FALSE
largeNumber = firstNumber | largeNumber = firstNumber
middleNumber = secondNumber | middleNumber = thirdNumber
smallNumber = thirdNumber | smallNumber = secondNumber
stop

firstNumber 〉 thirdNumber 관계식을 조건식으로 하는 선택 구조에서 거짓인 FALSE 쪽 아래에 세 개의 순차 구조 기호를 작도한다. 그리고 차례대로 순차 구조 기호에 largeNumber = thirdNumber, middleNumnber = firstNumber 그리고 smallNumber = secondNumber 치환식을 적는다.

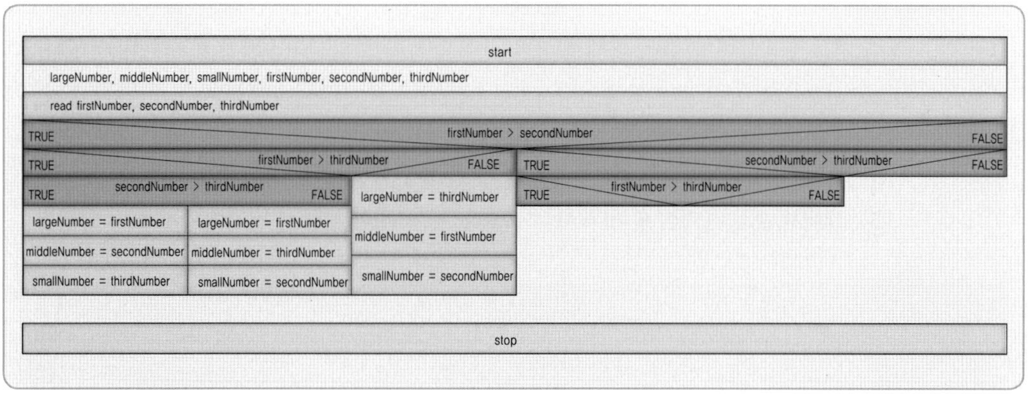

start
largeNumber, middleNumber, smallNumber, firstNumber, secondNumber, thirdNumber
read firstNumber, secondNumber, thirdNumber
TRUE firstNumber 〉 secondNumber FALSE
TRUE firstNumber 〉 thirdNumber FALSE
TRUE secondNumber 〉 thirdNumber FALSE
TRUE secondNumber 〉 thirdNumber FALSE
TRUE firstNumber 〉 thirdNumber FALSE
largeNumber = firstNumber | largeNumber = firstNumber | largeNumber = thirdNumber
middleNumber = secondNumber | middleNumber = thirdNumber | middleNumber = firstNumber
smallNumber = thirdNumber | smallNumber = secondNumber | smallNumber = secondNumber
stop

여러분이 직접 같은 개념과 원리로 firstNumber 〉 secondNumber 관계식을 조건식으로 하는 선택 구조에서 조건식을 평가했을 때 거짓인 쪽의 세 개의 경우에 대해 작도 해보자.

다음은 "3. 큰 수, 중간 수 그리고 작은 수를 출력한다." 처리단계를 작도해보자. 처리단계의 이름으로 알 수 있듯이 출력 기능이다. 순차 구조이다. 처리단계의 번호가 3이므로 선택 구조의 작도가 끝난 다음에 바로 순차 구조 기호를 작도한다.

그리고 print를 적고, 출력할 데이터들을 쉼표로 구분하여 나열하여 적는다. 여기서는 출력할 데이터들이 largeNumber, middleNumber, smallNumber이므로 쉼표로 구분하여 적는다.

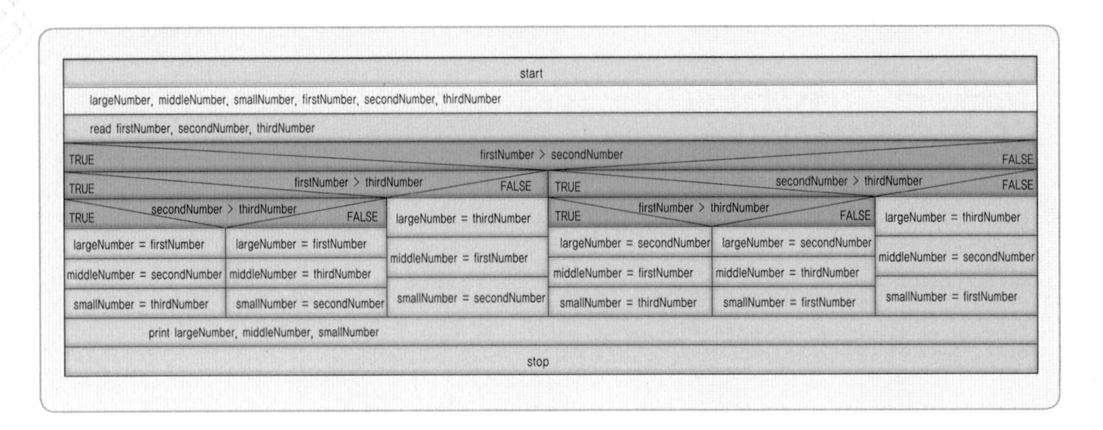

이렇게 해서 컴퓨터의 실행 원리, 기억장소의 원리, 식과 제어구조를 이용하여 컴퓨터가 어떻게 처리해야 하는지에 대한 관점에서 알고리듬이 작성되었다.

1.4. 검토

알고리듬은 적합한 입력에 대해 올바른 출력을 해야 한다. 다시 말해서 정확해야 한다. 따라서 정확성에 대해 검토는 필수이다.

검토용 나씨-슈나이더만 다이어그램을 준비하자. 식 수준에서 위쪽에서 아래쪽으로 그리고 왼쪽에서 오른쪽으로 실행 순서를 번호로 매겨 제어 흐름을 정리하자.

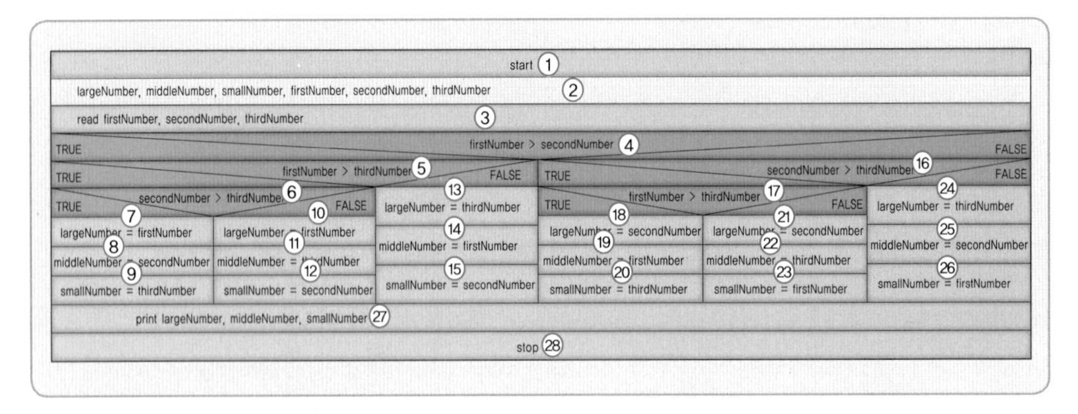

다음은 검토표를 작성하자.

변수를 선언하는 순차 구조 기호에 적힌 변수의 개수에 하나 더한 개수만큼 줄을 그린다. 순차 구조 기호에 적힌 변수의 개수는 여섯이다. 따라서 일곱 개의 줄을 그린다. 변수 이름을 적을 칸과 초깃값을 적을 칸 그리고 검토횟수만큼의 칸을 그린다. 나씨-슈나이더만 다이어그램을 보면 경우의 수가 여섯개이므로 최소한 여섯 번은 검토해야 하므로 이름과 초깃값을 적는 칸까지 포함하여 여덟 개의 칸을 만든다. 첫 번째 줄의 칸에 칸의 이름을 적는다. 왼쪽에서 오른쪽으로 "이름", "초기", 그리고 검토횟수를 적는다. 순차 구조 기호에 적힌 순서로 첫 번째 열에 위쪽에서 아래쪽으로 변수 이름을 적는다.

이름	초기	1	2	3	4	5	6
largeNumber							
middleNumber							
smallNumber							
firstNumber							
secondNumber							
thirdNumber							

다음은 입력 데이터들을 설계하자. 입력데이터들에 대해서는 모델 구축에서 사용된 데이터들을 사용하자. 여기서는 세 개의 수가 입력될 때 대소 비교의 경우의 수에 맞게 입력 데이터들을 설계했다.

횟수	첫 번째 수	두 번째 수	세 번째 수	경우의 수(예상)
1	3	2	1	
2	2	3	1	
3	1	3	2	
4	1	2	3	
5	3	1	2	
6	2	1	3	

여러분이 직접 나씨-슈나이더만 다이어그램을 보고, 대소 비교의 경우에 맞게 어떠한 제어 흐름을 탈지를 결정해 보자. 나씨-슈나이더만 다이어그램에서 왼쪽부터 오른쪽으로 1, 2, 3, 4, 5, 6으로 번호를 매겼다 하고, 마지막 열에 어떠한 제어 흐름을 탈지를 번호를 적어 보자.

이제 추적해 보자. 나씨-슈나이더만 다이어그램에서 ① 번 start 순차 구조 기호부터 시작하여 기본적으로 위쪽에서 아래쪽으로 그리고 왼쪽에서 오른쪽으로 제어 흐름을 추적해야 한다. 따라서 다음은 ② 번 변수를 선언하는 순차 구조 기호로 이동한다. 여기서는 검토표에서 초기 열에 값들을 설정한다. 변수 다음에 등호가 있고, 상수로 값이 적혀 있으면, 즉 초기화되어 있으면 초깃값으로 설정한다. 여기처럼 초기화가 되어 있지 않으면 이전 프로그램으로 저장된 값, 즉 쓰레기이므로 물음표를 적는다.

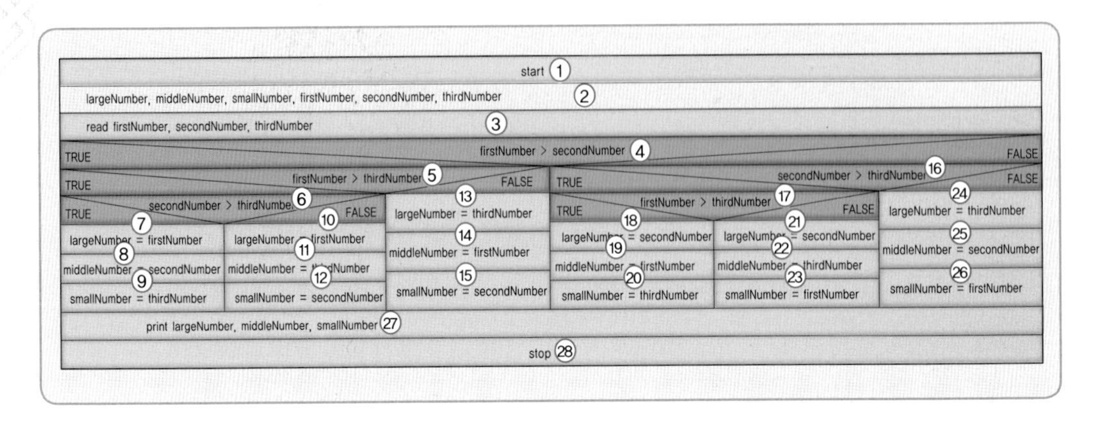

이름	초기	1	2	3	4	5	6
largeNumber	?						
middleNumber	?						
smallNumber	?						
firstNumber	?						
secondNumber	?						
thirdNumber	?						

순차 구조이므로 아래쪽으로 이동하여 ③ 번 입력하는 순차 구조 기호로 이동한다. read로 입력되는 값들을 나열된 firstNumber, secondNumber 그리고 thirdNumber에 저장한다. 여기서는 검토표에 입력 데이터로 설계된 값을 초기 열 다음에 열 명칭 1이 적힌 열의 각각의 변수에 적는다. 입력이면 검토표가 바뀌어야 한다.

입력 데이터 설계 표에서 횟수 1에 적혀져 있는 줄의 데이터들, 3, 2, 1을 각각 firstNumber, secondNumber, 그리고 thirdNumber 칸에 적는다.

이름	초기	1	2	3	4	5	6
largeNumber	?						
middleNumber	?						
smallNumber	?						
firstNumber	?	3					
secondNumber	?	2					
thirdNumber	?	1					

따라서 입력으로 값이 저장되는 변수를 초기화할 필요가 없다는 것도 반드시 기억하자.

순차 구조이므로 다시 아래쪽으로 이동하여 선택 구조를 만나고, 조건식인 ④ 번 관계식을 평가해야 한다. 즉 관계식에 대해 참인지 거짓인지를 결정해야 한다.

관계식을 평가하기 위해서는 관계식에 사용되는 데이터들을 레지스터로 복사해야 한다. 따라서 관계식에 사용된 모든 데이터는 오른쪽 값이다. 오른쪽 값은 레지스터에 저장된 값이고, 검토표에 있는 값은 주기억장치에 있는 값, 즉 왼쪽 값이다. 따라서 오른쪽 값은 왼쪽 값을 복사하기 때문에 검토표에 정리된 왼쪽 값은 절대 변경되지 않는다.

그러면 ④ 번 관계식을 평가해보자. firstNumber라는 의미는 firstNumber에 저장된 값 3이다. 따라서 secondNumber는 2이다. 3과 2를 읽어 레지스터에 복사하고, 3이 2보다 크면 TRUE, 그렇지 않으면 FALSE를 구하는 것인데, 3은 2보다 크기 때문에 TRUE를 구한다.

조건식을 평가했을 때 참이면 왼쪽으로 이동한다. 따라서 아래쪽으로 이동하여 ⑤ 번 관계식이 적힌 선택 구조 기호로 이동한다. 이렇게 조건에 따라 제어 흐름이 결정되는 제어 구조를 선택 구조라고 한다.

선택 구조이므로 ⑤ 번 관계식을 평가해서 제어 흐름을 결정해야 한다. firstNumber에 저장된 값인 3과 thirdNumber에 저장된 값인 1을 읽어 3이 1보다 큰지에 대해 참인지 거짓인지를 결정해서 값을 구해야 한다. 3은 1보다 크기 때문에 구해지는 값은 TRUE이다.

따라서 조건식을 평가해서 구한 값이 TRUE이므로 왼쪽으로 이동하여 아래쪽으로 이동하면 ⑥ 번 관계식을 갖는 선택 구조 기호로 이동한다. 선택 구조이므로 우선 조건식을 평가해야 한다. ⑥ 번 관계식에 의하면 secondNumber에 저장된 값인 2와 thirdNumber에 저장된 값인 1을 읽어 2가 1보다 큰지에 대해 대소 비교를 했을 때 구해지는 값이 TRUE일까 아니면 FALSE일까? 2가 1보다 크기 때문에 TRUE가 구해진다. 따라서 왼쪽으로 이동하여 아래쪽으로 이동하게 된다.

그래서 ⑦ 번 치환식이 적힌 순차 구조 기호로 이동하게 된다. 치환식이란 오른쪽 값으로 왼쪽 값을 덮어쓰기 하여 기존 왼쪽 값을 없애고 오른쪽 값을 유지하게 하는 것이다. 치환식에 의하면 왼쪽 값은 largeNumber이고, 오른쪽 값은 firstNumber이다. 즉 firstNumber에 저장된 값이 레지스터로 복사된 값을 말한다. 그래서 ⑦ 번 치환식에서 오른쪽 값은 3이다. 3을 왼쪽 값인 largeNumber에 저장된 값인 쓰레기에 대해 덮어쓰기 하여 저장하도록 한다. 따라서 검토표에서 largeNumber의 값이 바뀌어야 한다. 1 열의 largeNumber 칸에 3을 적는다.

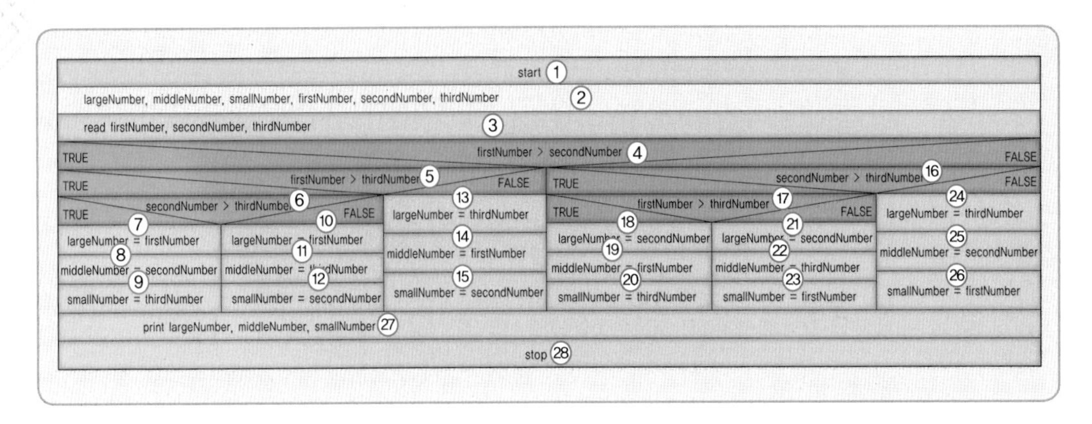

이름	초기	1	2	3	4	5	6
largeNumber	?	3					
middleNumber	?						
smallNumber	?						
firstNumber	?	3					
secondNumber	?	2					
thirdNumber	?	1					

따라서 치환으로 값을 저장하는 변수는 초기화할 필요가 없다는 것도 기억하도록 하자. 또한 입력과 치환에 의해서만 검토표가 바뀐다는 것도 기억하도록 하자.

순차 구조이므로 치환식이 평가되었으면, 아래쪽으로 이동하여야 한다. 따라서 ⑧ 번 치환식을 갖는 순차 구조 기호로 이동하게 된다. 1 열의 middleNumber 칸에 secondNumber에 저장된 값인 2를 적는다.

이름	초기	1	2	3	4	5	6
largeNumber	?	3					
middleNumber	?	2					
smallNumber	?						
firstNumber	?	3					
secondNumber	?	2					
thirdNumber	?	1					

순차 구조이므로 식의 평가가 끝나면, 아래쪽으로 이동하게 된다. 따라서 ⑨ 번 치환식을 갖는 순차 구조 기호로 이동한다. 그리고 ⑨ 번 치환식을 평가해야 하는데, 오른쪽 값과 왼쪽 값의 개념과 원리에 의해서 1열 smallNumber 칸에 thirdNumber에 저장된 값인 1을 적는다.

이름	초기	1	2	3	4	5	6
largeNumber	?	3					
middleNumber	?	2					
smallNumber	?	1					
firstNumber	?	3					
secondNumber	?	2					
thirdNumber	?	1					

순차 구조이므로 아래쪽으로 이동하게 된다. 따라서 ㉗ 번 출력하는 순차 구조 기호로 이동하게 된다. print에 의해서 largeNumber, middleNumber, smallNumber에 저장된 값들인 3, 2, 1을 출력하게 된다.

순차 구조이므로 출력이 끝나면 아래쪽으로 이동하여 ㉘ 번 stop 순차 구조 기호를 만나게 된다. 따라서 알고리듬이 끝나게 되는 것이다.

입력된 수들 3, 2, 1에 대해서 큰 수 3, 중간 수 2, 그리고 작은 수 1이 출력되었으므로 알고리듬은 정확하다는 것을 확인할 수 있다.

이렇게 한 번으로 정확하다고 하는 것은 매우 위험하다. 최소한 3회 이상 그리고 작성된 알고리듬처럼 여러 개의 제어 흐름이 존재하는 경우에는 모든 경우에 대해 추적해야 한다. 따라서 작성된 알고리듬에 대해서는 6개의 다른 제어 흐름이 있으므로 입력 데이터 표에 설계된 횟수만큼은 해야 한다. 여러분이 횟수 2, 3, 5, 6에 대해서 직접 해보자.

네 번째 경우에 대해서 다시 추적해보자. 입력 데이터들이 1, 2, 3이다. 나씨-슈나이더만 다이어그램에서 ① 번 start 순차 구조 기호부터 시작하자. 순차 구조이므로 아래쪽으로 이동하여야 한다. 따라서 ② 번 변수를 선언하는 순차 구조 기호로 이동한다. 여기서는 검토표에서 초기 열에 값들을 설정한다. 모든 변수에 대해 초기화가 되지 않았으므로 값은 이전 프로그램으로 저장된 값, 즉 쓰레기이다. 따라서 초기 열의 모든 칸에 물음표(?)를 적는다.

이름	초기	1	2	3	4	5	6
largeNumber	?	3					
middleNumber	?	2					
smallNumber	?	1					
firstNumber	?	3					
secondNumber	?	2					
thirdNumber	?	1					

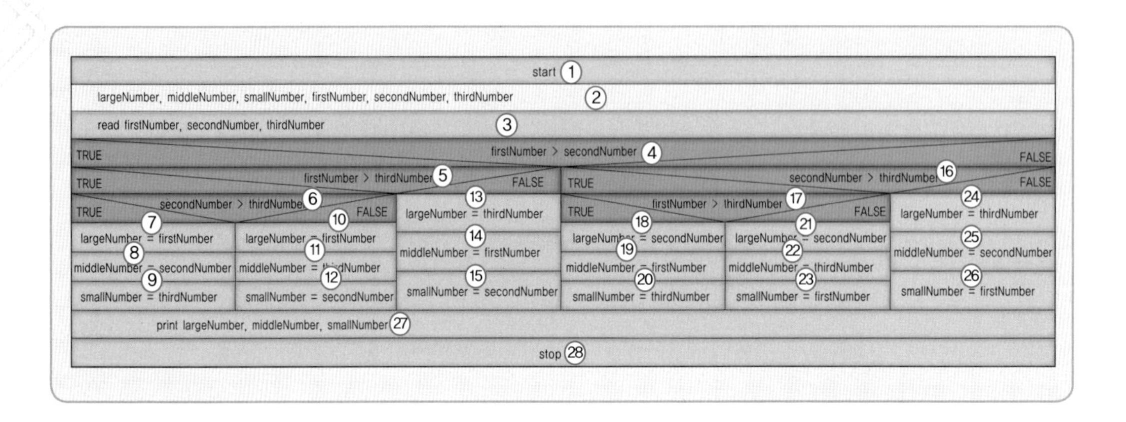

순차 구조이므로 아래쪽으로 이동하여 ③ 번 입력하는 순차 구조 기호로 이동한다. read로 입력되는 값들을 나열된 firstNumber, secondNumber 그리고 thirdNumber에 저장한다. 따라서 두 번째이므로 검토표에 입력 데이터로 설계된 값을 열 명칭 2에 각각의 변수에 적는다.

입력 데이터 설계 표에서 횟수 4가 적혀져 있는 줄의 데이터들, 1, 2, 3을 각각 firstNumber, secondNumber, 그리고 thirdNumber 칸에 적는다.

이름	초기	1	2	3	4	5	6
largeNumber	?	3					
middleNumber	?	2					
smallNumber	?	1					
firstNumber	?	3	1				
secondNumber	?	2	2				
thirdNumber	?	1	3				

순차 구조이므로 다시 아래쪽으로 이동하여 선택 구조를 만나고, 조건식인 ④ 번 관계식을 평가해야 한다. 즉 관계식에 대해 참인지 거짓인지를 결정해야 한다.

관계식을 평가하기 위해서는 관계식에 사용되는 데이터들을 레지스터로 복사해야 한다. 따라서 관계식에 사용된 모든 데이터는 오른쪽 값이다. 오른쪽 값은 레지스터에 저장된 값이고, 검토표에 있는 값은 주기억장치에 있는 값, 즉 왼쪽 값이다. 따라서 오른쪽 값은 왼쪽 값을 복사하므로 검토표에 정리된 왼쪽 값은 절대 변경되지 않는다.

그러면 ④번 관계식을 평가해보자. firstNumber 변수에 저장된 값 1과 secondNumber에 저장된 값인 2를 읽어 레지스터에 복사하고, 1이 2보다 크면 TRUE, 그렇지 않으면 FALSE

를 구하는 것인데, 1이 2보다 크지 않으므로 FALSE를 구한다. 따라서 조건식을 평가한 결과가 거짓이므로 오른쪽으로 이동한다. 그리고 아래쪽으로 이동하여 ⑯ 번 관계식을 갖는 선택 구조 기호로 이동한다.

선택 구조이므로 ⑯ 번 관계식을 평가해서 제어 흐름을 결정해야 한다. secondNumber에 저장된 값인 2와 thirdNumber에 저장된 값인 3을 읽어, 2가 3보다 큰지에 대해 참인지 거짓인지를 결정해서 값을 구해야 한다. 2는 3보다 크지 않으므로 구해지는 값은 FALSE이다.

따라서 조건식을 평가해서 구한 값이 FALSE이므로 오른쪽으로 이동하여 아래쪽으로 이동하면 ㉔ 번 치환식을 갖는 순차 구조 기호로 이동하게 된다. ㉔ 번 치환식에 의하면 왼쪽 값은 largeNumber이고, 오른쪽 값은 thirdNumber이다. 즉 thirdNumber에 저장된 값이 레지스터로 복사된 값을 말한다. 그래서 ㉔ 번 치환식에서 오른쪽 값은 3이다. 3을 왼쪽 값인 largeNumber에 저장된 값인 쓰레기에 덮어쓰기 하여 저장하도록 한다. 따라서 검토표에서 largeNumber의 값이 바뀌어야 한다. 2 열의 largeNumber 칸에 3을 적는다.

이름	초기	1	2	3	4	5	6
largeNumber	?	3	3				
middleNumber	?	2					
smallNumber	?	1					
firstNumber	?	3	1				
secondNumber	?	2	2				
thirdNumber	?	1	3				

순차 구조이므로 치환식이 평가되었으면 아래쪽으로 이동하여야 한다. 따라서 ㉕ 번 치환식을 갖는 순차 구조 기호로 이동하게 된다. 같은 개념과 원리로 2열의 middleNumber 칸에 secondNumber에 저장된 값인 2를 적는다.

이름	초기	1	2	3	4	5	6
largeNumber	?	3	3				
middleNumber	?	2	2				
smallNumber	?	1					
firstNumber	?	3	1				
secondNumber	?	2	2				
thirdNumber	?	1	3				

순차 구조이므로 식의 평가가 끝나면, 아래쪽으로 이동하게 된다. 따라서 ㉖ 번 치환식을 갖

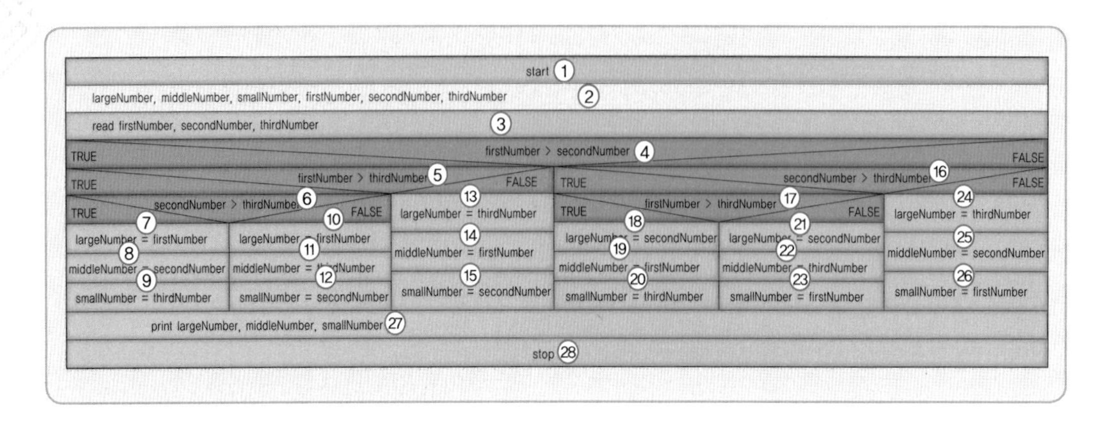

는 순차 구조 기호로 이동한다. 그리고 ㉖ 번 치환식을 평가해야 하는데, 오른쪽 값과 왼쪽 값의 개념과 원리에 의해서 2열 smallNumber 칸에 firstNumber에 저장된 값인 1을 적는다.

이름	초기	1	2	3	4	5	6
largeNumber	?	3	3				
middleNumber	?	2	2				
smallNumber	?	1	1				
firstNumber	?	3	1				
secondNumber	?	2	2				
thirdNumber	?	1	3				

순차 구조이므로 아래쪽으로 이동하게 된다. 따라서 ㉗ 번 출력하는 순차 구조 기호로 이동하게 된다. print에 의해서 largeNumber, middleNumber, smallNumber에 저장된 값들인 3, 2, 1을 출력하게 된다.

출력이 끝나면 순차 구조이므로 아래쪽으로 이동하여 ㉘ 번 stop 순차 구조 기호를 만나게 된다. 따라서 알고리듬이 끝나게 되는 것이다.

입력된 수들 1, 2, 3에 대해서 큰 수 3, 중간 수 2, 그리고 작은 수 1이 출력되었으므로 알고리듬은 정확하다는 것을 확인할 수 있다.

마찬가지로 제시한 2, 3, 5, 6번째에 대해서 여러분이 직접 검토해보자. 그러면 알고리듬이 정확하다는 것을 확인할 수 있을 것이다.

다음은 이렇게 작성된 알고리듬을 평가해야 한다. 정확성은 확인되었지만, 알고리듬을 평가하는 여러 개의 기준에 대해서도 검토해보자. 소요 시간(시간 복잡도)과 사용되는 기억장소의 용량(공간 복잡도)에 대해서 너무 단순한 알고리듬이므로 검토할 내용은 없다.

그렇지만 단순성에 대해서는 한 번 정도 생각해보자. 입력된 세 개의 수에 대해 가능한 대소 비교를 파악하고, 각각에 대해 큰 수, 중간 수 그리고 작은 수를 정하는 것이므로 이해하기 쉬운 것으로 착각하는 경향이 있다.

그렇지만 단순성은 이해하기 쉬워 알고리듬을 고치기도 쉬워야 하는 기준이다. 따라서 작성된 알고리듬을 가지고, 네 개의 수가 입력되었을 때 쉽게 적용되는가? 하는 것이다. 여러분이 직접 네 개의 수가 입력되었을 때 입력된 수들에 대해 가능한 대소 비교 연산을 찾고, 가장 큰수, 큰 수, 중간 수 그리고 작은 수를 정하는 알고리듬을 작성해보자.

간단하지 않을 것이다. 가능한 대소 비교 연산을 정리한다는 것이 그렇게 쉽게 정리할 수 있지 않을 것이다. 따라서 알고리듬이란 어떠하든 문제를 해결하는 방법만을 말하는 것이 아니고, 논리적이고 합리적인 방법을 말하는 것이다.

이 책의 목적이 단순성을 이해하기 위한 것이므로 논리적이고 합리적인 방법은 뒤에 계속해서 생각해보자.

1.5. 구현

알고리듬이 성립되기 위한 조건인 유효성을 확인하기 위해 종이와 연필로 검토하였다. 그래서 알고리듬이 실행되고 정확하다는 것을 검증했다. 알고리듬의 평가 기준인 정확성을 평가했다. 따라서 검증된 알고리듬은 컴퓨터에서도 정확하게 실행되어야 한다.

컴퓨터에서 알고리듬이 실행되는지를 확인하기 위해서 알고리듬을 특정 프로그래밍 언어로 구현하여 프로그램을 만들어야 한다. 물론 이때 어떠한 프로그래밍 언어를 사용할 것인지에 대한 결정도 프로그래밍에서 중요한 사항이다. 그런데 이 책에서는 C 언어를 사용한다.

프로그래밍 언어로 프로그램을 작성하는 과정은 프로그래밍 언어에서 제공하는 모듈들을 차례대로 만들어 가는 과정이다. 따라서 세 개의 수를 입력받아 내림차순으로 출력하는 알고리듬을 C 언어로 프로그램을 만드는 과정에서 사용되는 모듈들을 정리하자.

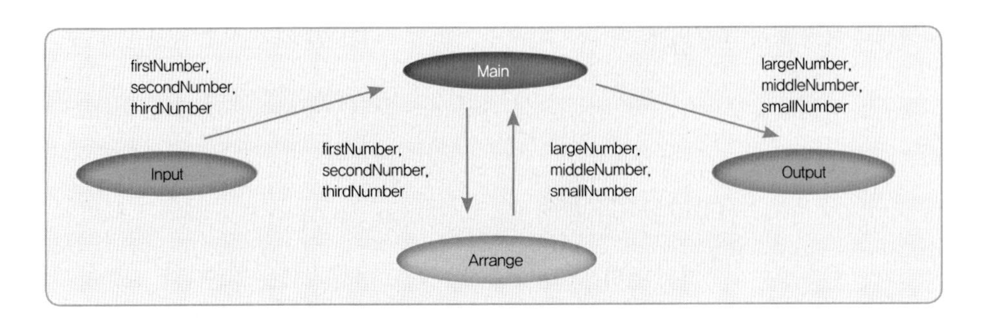

시스템 다이어그램에서 정리된 논리적 모듈은 함수(Function)로 구현되고, 물리적 모듈은 원시 코드 파일, 목적 코드 파일 그리고 실행 코드 파일로 한 개씩 만들어야 한다.

시스템 다이어그램을 보면 네 개의 모듈이 그려져 있다. 따라서 각 모듈에 한 개의 함수가 작성되어야 하므로 네 개의 함수가 작성되어야 한다. Main 모듈에 대해서는 C 언어로 작성된 프로그램이 실행되기 위해서 반드시 작성되어야 하는 main 함수로 작성해야 한다. 그리고 물리적 모듈은 연산 모듈인 Arrange를 이름으로 하여 만들면 된다. 따라서 다음과 같이 모듈들이 정리된다.

	구분	명칭
논리적 모듈	함수(Function)	main, Input, Arrange, Output
물리적 모듈	원시 코드 파일	Arrange.c
	목적 코드 파일	Arrange.obj
	실행 코드 파일	Arrange.exe

첫 번째로 원시 코드 파일을 만들어야 한다. 연산 모듈 Arrange를 파일 이름으로 하는 원시 코드 파일을 만들자. 원시 코드 파일에 첫 번째 줄은 한 줄 주석으로 파일 이름을 적자. 두 번째 줄부터 블록 주석(/* 시작해서 */ 로 끝나는 코드 영역)을 이용하여 모듈 기술서에서 작성된 개요로 프로그램에 대해 설명을 적도록 하자.

명칭	한글	세 수를 입력받아 크기 순으로 출력한다.
	영문	Arrange
기능		세 수를 입력받아 내림차순으로 출력한다.
입 · 출력	입력	첫 번째 수, 두 번째 수, 세 번째 수
	영문	큰 수, 중간 수, 작은 수
관련 모듈		

C코드

```
// Arrange.c
/* ******************************************************************************
 파일이름 : Arrange.c
 기    능 : 세 수를 입력받아 내림차순으로 출력하다.
 작 성 자 : 김 석 현
 작성일자 : 2013년 4월 23일
 *****************************************************************************/
```

다음은 논리적인 모듈인 함수를 만들어야 한다. "C 언어로 프로그래밍한다"는 것은 프로그램을 구성하는 함수(들)를 만들어 사용한다는 것이다. 함수를 만들어 사용하는 절차는 다음과 같다.

1. 함수를 선언(Declaration)한다.
2. 함수를 정의(Definition)한다.
3. 함수를 호출(Calling)한다.

함수를 만들 때는 만드는 것이 함수라는 것을 컴파일러에 알리는 작업부터 해야 한다. 그래서 함수를 만들 때 첫 번째로 해야 하는 작업이 함수를 선언하는 작업이다. C언어에서 함수를 선언하는 형식은 다음과 같다.

C코드

```
반환형 함수이름([매개변수목록]);
매개변수 목록 = {매개변수}
매개변수 = 자료형 이름
```

시스템 다이어그램을 참고하여 위쪽에서 아래쪽으로 그리고 왼쪽에서 오른쪽으로 모듈 하나당 함수 하나씩 선언해야 한다.

선언하기 위해서는 반환형과 매개변수를 선언할 때 사용하는 자료형을 정해야 하므로, C언어에서 제공하는 자료형을 먼저 정리하자. 필요하면 자료형을 설계하도록 하자.

자료 명세서

번호	명칭		자료유형	구분	비고
	한글	영문			
1	큰 수	largeNumber	정수	출력	
2	중간 수	middleNumber	정수	출력	
3	작은 수	smallNumber	정수	출력	
4	첫 번째 수	firstNumber	정수	입력	
5	두 번째 수	secondNumber	정수	입력	
6	세 번째 수	thirdNumber	정수	입력	

이때는 모듈 기술서에서 자료명세서를 참고해야 한다. 자료명세서에 정리된 데이터의 자료 유형이 모두 정수이다. 따라서 C언어에서 제공하는 정수 자료형의 키워드를 정리해야 한다. C언어에서 정수 자료형에 대해 사용할 수 있는 키워드들은 다음과 같다.

부호 비트 사용 유무	기억장소(Word) 크기	자료형
unsigned signed(default)	short(2byte) long(4byte)	int

이러한 키워드들을 조합해서 기억장소의 크기 그리고 표현할 수 있는 값의 범위를 결정할 수 있다. 다음은 정수 자료형의 크기와 표현 범위를 정리한 것이다.

	구분	크기	명칭
1	signed short int	2	-32768 – 32767
2	signed long int	4	-2147483648 – 2147483647
3	unsigned short int	2	0 – 65535
4	unsigned long int	4	0 – 4294967295

이 문제에서 사용해야 하는 자료형은 음수도 포함해서 최대의 범위를 갖도록 한다면, signed long int로 결정하자.

자료 명세서

번호	명칭		자료유형	구분	C 언어 자료형
	한글	영문			
1	큰 수	largeNumber	정수	출력	signed long int
2	중간 수	middleNumber	정수	출력	signed long int
3	작은 수	smallNumber	정수	출력	signed long int
4	첫 번째 수	firstNumber	정수	입력	signed long int
5	두 번째 수	secondNumber	정수	입력	signed long int
6	세 번째 수	thirdNumber	정수	입력	signed long int

반환형이나 변수를 선언할 때 signed long int를 사용하는 것이 번거롭지 않도록 typedef 키워드로 Long으로 자료형 이름(Type name)을 만들어 사용하자.

C코드

```
typedef signed long int Long;
```

C코드

```
// Arrange.c
/* ************************************************************************
 파일이름 : Arrange.c
 기    능 : 세 수를 입력받아 내림차순으로 출력하다.
 작 성 자 : 김석현
 작성일자 : 2013년 4월 23일
 ************************************************************************/
// 자료형 이름(Type name) 선언
typedef signed long int Long;
```

선언하는 데 필요한 자료형이 정리되었다. 그러면 시작해 보자. Main 모듈에 대해 함수를 선언해 보자. 앞에서 이미 언급했지만, Main 모듈은 main 함수로 선언해야 한다.

main 함수는 관습적으로 따로 선언하지 않고, 바로 정의하여 사용한다. 그러하다고 선언할 수 없다는 것도 아니고, 정의 다음에 선언을 하는 것도 아니다. 왜냐하면, 정의는 선언을 포함하기 때문이다. 그리고 선언은 함수 머리를 만드는 작업이므로 함수를 정의할 때는 반드시 함수 머리부터 만들어야 해서 정의보다 먼저 선언을 하는 것이다. 이 책에서는 함수를 만드는 절차를 학습하게 하려고 main 함수도 선언한다.

main 함수는 운영체제에 의해서 호출되는 함수이다. 따라서 이미 약속된 반환형과 매개변수 목록이 있다. 다시 말해서 권장하는 함수 원형이 있다는 것이다. main 함수에 대해서 권장된 함수 원형으로 선언과 정의만 하면 된다는 것이다. 호출 할 필요가 없다.

C코드

```
int main( int argc, char *argv[] );
```

C코드

```
// Arrange.c
/* ************************************************************************
 파일이름 : Arrange.c
 기    능 : 세 수를 입력받아 내림차순으로 출력하다.
 작 성 자 : 김석현
 작성일자 : 2013년 4월 23일
 ************************************************************************/
// 자료형 이름(Type name) 선언
typedef signed long int Long;

// 함수(Function) 선언
int main( int argc, char *argv[] );
```

시스템 다이어그램을 보고, 다른 모듈들에 대해 각각 함수를 선언해보자. C언어에서는 출력 데이터가 한 개인 함수를 선언하는 절차는 다음과 같다.

1. 출력 데이터의 자료형으로 반환형을 줄의 맨 처음에 적는다.
2. 함수 이름을 적고, 함수임를 강조하기 위해 소괄호를 여닫는다.
3. 입력 데이터가 있는 경우 매개변수로 매개변수 목록을 작성한다. 매개변수는 자료형을 적고 한 칸 공백을 두고 이름을 적는다. 여러 개면 쉼표로 구분하여 나열하면 된다.
4. 선언은 문장으로 처리되어야 하므로 닫는 소괄호 뒤 줄의 끝에 세미콜론을 적는다.

기본적으로 함수는 한 개의 데이터를 출력하는 연산이다. 따라서 출력하는 데이터를 한 개 갖는 알고리듬을 함수로 구현하는 경우, 위에서 정리한 절차에 따라 선언해야 한다.

Main 모듈에 대해 main 함수를 선언했다면, 다음은 Input 모듈에 대해 Input 함수를 선언해야 한다. 위에서 정리된 전형적인 함수 선언 절차로 선언하자.

반환형을 결정해야 한다. 출력데이터가 한 개이면 출력데이터의 자료형을 사용하면 된다. 그러나 Input 모듈처럼 세 개이면, 어떠한 데이터의 자료형을 사용해야 할까? 데이터의 자료형이 모두 다를 때는 매우 어려운 문제이다. 그런데 Input 모듈에서 출력되는 세 개의 데이터 모두 정수형이므로 반환형을 정수형으로 정하면 된다. 반환형은 Long이다.

반환형을 적고 한 칸 띄우고 함수 이름을 적고 소괄호를 여닫도록 하자. 입력데이터가 없으므로 매개변수 목록은 없다. 따라서 소괄호는 비우면 된다. 줄의 마지막에 세미콜론을 적어 문장으로 처리되도록 한다.

C코드

```
// Arrange.c
/* ************************************************************************
 파일이름 : Arrange.c
 기    능 : 세 수를 입력받아 내림차순으로 출력하다.
 작 성 자 : 김 석 현
 작성일자 : 2013년 4월 23일
 ************************************************************************/
// 자료형 이름(Type name) 선언
typedef signed long int Long;

// 함수(Function) 선언
int main( int argc, char *argv[] );
Long Input( );
```

어차피 문제가 있는 코드이다. 어떠한 문제가 있는지를 확인하기 위해서 main 함수와 Input 함수를 정의해보자. C언어에서 함수를 정의하는 형식은 다음과 같다.

C코드

```
반환형 함수이름([매개변수 목록]) // 함수 머리
{ // 함수 몸체 시작
      [ 자동변수 선언문장(들)]
      [제어문장(들)]
      [return문장]
} // 함수 몸체 끝
```

main 함수를 정의해 보자. 우선 권장하는 함수 원형을 그대로 적고 세미콜론을 지우자. 그러면 함수 머리가 작성된다. 다시 main 함수를 선언했다. 중괄호를 여닫아 함수 블록을 설정하여 함수 몸체를 만들자.

C코드

```
// Arrange.c
/* ****************************************************************************
 파일이름 : Arrange.c
 기    능 : 세 수를 입력받아 내림차순으로 출력하다.
 작 성 자 : 김 석 현
 작성일자 : 2013년 4월 23일
 ****************************************************************************/
// 자료형 이름(Type name) 선언
typedef signed long int Long;

// 함수(Function) 선언
int main( int argc, char *argv[] );
Long Input( );

// 함수 정의
int main( int argc, char *argv[] ) {
}
```

프로그램이 정상적으로 끝날 때 운영체제로 0을 반환해야 하므로 맨 마지막 처리로 return 문장을 작성하자.

C코드

```
// Arrange.c
/* ****************************************************************************
 파일이름 : Arrange.c
 기    능 : 세 수를 입력받아 내림차순으로 출력하다.
 작 성 자 : 김 석 현
 작성일자 : 2013년 4월 23일
 ****************************************************************************/
// 자료형 이름(Type name) 선언
typedef signed long int Long;

// 함수(Function) 선언
int main( int argc, char *argv[] );
Long Input( );
```

```
// 함수 정의
int main( int argc, char *argv[] ) {
     return 0; // return 문장
}
```

시스템 다이어그램을 보고, Input 모듈에서 출력되어 Main 모듈에 입력되는 데이터들에 대해 자동변수들을 선언 및 정의하자. C언어에서 자동변수를 선언 및 정의하는 형식은 다음과 같다.

C코드

```
auto 자료형 변수이름[= 초기값];
```

auto는 할당되는 기억장소의 위치가 스택이라고 명시하는 키워드이다. auto를 적지 않으면 컴파일러에 의해서 자동으로 삽입된다고 한다. 따라서 보통 생략한다. 기억장소의 크기와 표현할 값의 범위를 명시하는 자료형을 적어야 한다. 변수 이름은 적고 줄의 마지막에 세미콜론을 적어 문장으로 처리되도록 한다. 자동변수는 선언과 정의를 분리할 수 없다. 따라서 선언과 정의가 동시에 이루어진다. 초기화해야 한다면 변수 이름 뒤에 등호를 적고 초깃값을 지정하면 된다.

Main 모듈로 입력되는 데이터가 세 개이므로 세 개의 자동변수를 선언해야 한다. C언어에서는 변수를 선언하는 위치가 정해져 있다. 첫 번째로 적히는 식보다는 먼저 선언되어야 한다. 따라서 함수 블록의 시작 줄부터 먼저 자동변수 선언문을 작성한다.

C코드

```
// Arrange.c
/* ***************************************************************************
 파일이름 : Arrange.c
 기    능 : 세 수를 입력받아 내림차순으로 출력하다.
 작 성 자 : 김 석 현
 작성일자 : 2013년 4월 23일
 *****************************************************************************/
// 자료형 이름(Type name) 선언
typedef signed long int Long;

// 함수(Function) 선언
int main( int argc, char *argv[] );
Long Input( );

// 함수 정의
int main( int argc, char *argv[] ) {
     // 자동 변수 선언문들
```

```
    auto Long firstNumber;
    auto Long secondNumber;
    auto Long thirdNumber;

    return 0; // return 문장
}
```

다음은 Main 모듈과 Input 모듈 간의 관계를 표현해야 하는 데 Input 함수 호출 문장을 작성해야 한다. 함수 호출 문장은 출력하는 데이터가 있으면 치환식과 호출식으로 구성된다. 호출된 함수에서 반환하는 데이터를 저장하기 위해서 치환식을 작성하고, 치환식에서 오른쪽 값으로는 호출식이 작성된다. 그리고 마지막에 세미콜론을 적어 문장으로 처리되도록 한다.

한 개의 함수 호출 문장으로 세 개의 데이터를 출력하여 저장하도록 한다면, 개념적으로 차례로 변수 이름을 쉼표로 구분해서 적고, 치환 연산자인 등호(=)를 적고 오른쪽에 함수 호출식을 적으면 된다. 입력데이터가 없으므로 괄호는 비운다. 마지막에 세미콜론을 적는다.

C코드

```
// Arrange.c
/* ************************************************************************
 파일이름 : Arrange.c
 기    능 : 세 수를 입력받아 내림차순으로 출력하다.
 작 성 자 : 김 석 현
 작성일자 : 2013년 4월 23일
 ************************************************************************/
// 자료형 이름(Type name) 선언
typedef signed long int Long;

// 함수(Function) 선언
int main( int argc, char *argv[] );
Long Input( );

// 함수 정의
int main( int argc, char *argv[] ) {
    // 자동 변수 선언문들
    auto Long firstNumber;
    auto Long secondNumber;
    auto Long thirdNumber;

    firstNumber, secondNumber, thirdNumber = Input( );

    return 0; // return 문장
}
```

다음은 Input 모듈에 대해 Input 함수를 정의하자. 먼저 시스템 다이어그램을 참고하여

Input 함수에 대해 설명을 달자.

C코드
```
/*************************************************************************
 함수 이름 : Input
 기    능 : 사용자가 키보드로 입력한 데이터들을 출력한다.
 입    력 : 없음
 출    력 : 첫 번째 수, 두 번째 수, 세 번째 수
 *************************************************************************/
```

Input 함수는 사용자가 키보드로 입력한 데이터를 main 함수로 반환하여 출력한다. 키보드 입력 기능은 C언어에서 제공하지 않아 컴파일러 개발자에 의해서 작성된 라이브러리 함수 scanf 함수를 사용하여야 한다. 라이브러리 함수를 사용하는 절차에 따라 작성하면 된다.

[C 코드 : 라이브러리 함수 사용하는 절차]

1. 함수원형을 복사하도록 지시하기 위해 헤더 파일을 지정하는 매크로를 작성한다.
2. 함수 호출 문장을 작성한다.

작성하고 있는 원시 코드 파일에서 scanf 함수 호출 문장이 적히는 줄보다 앞에 적절한 위치에 scanf 함수 원형을 복사하도록 지시해야 한다. 이때 전처리기 지시자 #include를 사용하여 매크로를 작성한다. 위치는 대부분 주석 단락 바로 다음에 한 줄에 하나씩 작성해야 한다. 매크로 형식은 다음과 같다.

C코드
```
#include <헤더파일이름.h>
```

scanf 함수 원형이 작성되어 있는 헤더 파일은 stdio.h이다.

C코드
```
// Arrange.c
/* ************************************************************************
 파일이름 : Arrange.c
 기    능 : 세 수를 입력받아 내림차순으로 출력하다.
 작 성 자 : 김 석 현
 작성일자 : 2013년 4월 23일
 *************************************************************************/
// 헤더 파일 지정 매크로
#include <stdio.h>

// 자료형 이름(Type name) 선언
typedef signed long int Long;

// 함수(Function) 선언
```

```
int main( int argc, char *argv[] );
Long Input( );

// 함수 정의
int main( int argc, char *argv[] ) {
    // 자동 변수 선언문들
    auto Long firstNumber;
    auto Long secondNumber;
    auto Long thirdNumber;

    firstNumber, secondNumber, thirdNumber = Input( );

    return 0; // return 문장
}
```

다음은 함수 원형을 참조하여 함수 호출 문장을 작성하면 된다. scanf 함수 호출 문장을 작성하기 위해서는 Input 함수를 먼저 정의해야 한다. 마지막에 적힌 세미콜론을 빼고 함수 원형을 적어 함수 머리를 만들고, 중괄호를 여닫아 함수 몸체를 만든다.

C코드

```
// Arrange.c
/* ************************************************************************
 파일이름 : Arrange.c
 기    능 : 세 수를 입력받아 내림차순으로 출력하다.
 작 성 자 : 김 석 현
 작성일자 : 2013년 4월 23일
 ************************************************************************/
// 헤더 파일 지정 매크로
#include <stdio.h>

// 자료형 이름(Type name) 선언
typedef signed long int Long;

// 함수(Function) 선언
int main( int argc, char *argv[] );
Long Input( );

// 함수 정의
int main( int argc, char *argv[] ) {
    // 자동 변수 선언문들
    auto Long firstNumber;
    auto Long secondNumber;
    auto Long thirdNumber;

    firstNumber, secondNumber, thirdNumber = Input( );

    return 0; // return 문장
}
```

```
/******************************************************************************
 함수 이름 : Input
 기    능 : 사용자가 키보드로 입력한 데이터들을 출력한다.
 입    력 : 없음
 출    력 : 첫 번째 수, 두 번째 수, 세 번째 수
 ******************************************************************************/
Long Input( ) {
}
```

다음은 사용자가 입력한 데이터를 저장할 자동변수를 선언해야 한다. 사용자가 입력하는 데이터의 개수가 세 개이므로, 세 개의 자동변수를 선언해야 한다. 시스템 다이어그램에서 세 개의 출력 데이터이다. auto를 생략했다. 컴파일러에 의해서 자동으로 추가된다. 그래서 프로그래머는 자동변수를 선언하는 경우 기억 부류 지정자 auto를 대개 생략한다.

C코드

```
// Arrange.c
/* ****************************************************************************
 파일이름 : Arrange.c
 기    능 : 세 수를 입력받아 내림차순으로 출력하다.
 작 성 자 : 김 석 현
 작성일자 : 2013년 4월 23일
 ******************************************************************************/
// 헤더 파일 지정 매크로
#include <stdio.h>

// 자료형 이름(Type name) 선언
typedef signed long int Long;

// 함수(Function) 선언
int main( int argc, char *argv[] );
Long Input( );

// 함수 정의
int main( int argc, char *argv[] ) {
	// 자동 변수 선언문들
	auto Long firstNumber;
	auto Long secondNumber;
	auto Long thirdNumber;

	firstNumber, secondNumber, thirdNumber = Input( );

	return 0; // return 문장
}

/******************************************************************************
 함수 이름 : Input
 기    능 : 사용자가 키보드로 입력한 데이터들을 출력한다.
 입    력 : 없음
 출    력 : 첫 번째 수, 두 번째 수, 세 번째 수
 ******************************************************************************/
```

```
Long Input( ) {
     // 자동 변수 선언문들
     Long firstNumber;
     Long secondNumber;
     Long thirdNumber;
}
```

다음은 scanf 함수 호출 문장을 작성해야 한다. scanf 함수 원형을 참고해야 한다.

C코드

```
int scanf( const char *format [, argument]... );
```

반환하는 값은 입력받은 데이터 개수라고 한다. 반환하는 값을 따로 사용할 필요가 없다. 따라서 반환하는 값을 저장할 자동변수를 선언하지 않겠다. 이렇게 반환하는 값을 사용하지 않겠다고 결정하면 자동변수를 선언할 필요가 없으며, 치환식도 작성할 필요가 없다. 그냥 함수 호출식만을 작성하면 된다.

함수 이름 scanf를 적고 함수 호출 연산자인 소괄호를 여닫아야 한다. 첫 번째 인수는 서식 형식 문자열로 입력되는 데이터의 개수와 자료형을 지정해야 한다. 입력되는 데이터의 개수만큼 % 기호를 적는다. 그리고 입력받는 데이터의 자료형이 정수이므로 자료형 변환 문자 d를 각각 % 기호 다음에 적는다. 물론 입력데이터가 여러 개일 때 한 칸씩 띄지 않아도 되지만, 이해하기 쉽도록 한 칸씩 띄우도록 하자. 이렇게 만들어진 문자열을 끝 따옴표로 싸서 적는다.

그리고 두 번째 인수부터 % 기호 개수만큼 자료형이 맞게 입력받은 데이터를 저장할 변수를 식별하는 값인 주소를 구하는 식을 쉼표로 구분하여 적는다. 변수의 주소를 구하는 식은 변수 이름 앞에 주소연산자 &를 적어 작성하면 된다.

여기서 반드시 기억할 내용은 C언어에서는 변수 한 개에 대해 두 개의 값을 갖는다는 것이다. 하나는 변수 이름이 의미하는 변수에 저장된 값(내용)이고 하나는 변수를 컴퓨터가 식별할 때 사용하는 값(주소)이다. 주소는 변수 이름 앞에 주소연산자 &를 적으면 된다.

C코드

```
변수이름 : 저장된 값(내용)
&변수이름 : 식별하는 값(주소)
```

그리고 마지막에 문장으로 처리되도록 세미콜론을 적는다. 그러면 호출식만으로 작성된 함수 호출 문장을 작성할 수 있다.

C코드

```
// Arrange.c
/* ************************************************************************
 파일이름 : Arrange.c
 기    능 : 세 수를 입력받아 내림차순으로 출력하다.
 작 성 자 : 김 석 현
 작성일자 : 2013년 4월 23일
 ************************************************************************/
// 헤더 파일 지정 매크로
#include <stdio.h>

// 자료형 이름(Type name) 선언
typedef signed long int Long;

// 함수(Function) 선언
int main( int argc, char *argv[] );
Long Input( );

// 함수 정의
int main( int argc, char *argv[] ) {
	// 자동 변수 선언문들
	auto Long firstNumber;
	auto Long secondNumber;
	auto Long thirdNumber;

	firstNumber, secondNumber, thirdNumber = Input( );

	return 0; // return 문장
}

/*************************************************************************
 함수 이름 : Input
 기    능 : 사용자가 키보드로 입력한 데이터들을 출력한다.
 입    력 : 없음
 출    력 : 첫 번째 수, 두 번째 수, 세 번째 수
 ************************************************************************/
Long Input( ) {
	// 자동 변수 선언문들
	Long firstNumber;
	Long secondNumber;
	Long thirdNumber;

	scanf("%d %d %d", &firstNumber, &secondNumber, &thirdNumber);
}
```

다음은 이렇게 사용자가 입력한 데이터를 main 함수로 반환하도록 하면 된다. return 문장으로 firstNumber, secondNumber 그리고 thirdNumber에 저장된 값을 출력하도록 한다. 쉽게 생각하면 한 개의 데이터를 반환하기 위해서 다음과 같이 세 개의 return 문장을 하면 될 것 같다.

C코드

```
/******************************************************************************
 함수 이름 : Input
 기    능 : 사용자가 키보드로 입력한 데이터들을 출력한다.
 입    력 : 없음
 출    력 : 첫 번째 수, 두 번째 수, 세 번째 수
 ******************************************************************************/
Long Input( ) {
     // 자동 변수 선언문들
     Long firstNumber;
     Long secondNumber;
     Long thirdNumber;

     // 함수 호출 문장
     scanf("%d %d %d", &firstNumber, &secondNumber, &thirdNumber);

     return firstNumber;
     return secondNumber;
     return thirdNumber; // return 문장
}
```

컴파일하면 문법 오류와 링크 오류없이 실행 파일이 만들어 지게 되지만, 논리 오류가 생길 것이다. return 문장이 실행되면, 함수가 끝나기 때문이다. 따라서 첫 번째 return 문장이 실행되고 난 후 함수가 끝나게 된다. 따라서 두 번째와 세 번째 return 문장은 실행도 되지 않는다.

return 문장은 한 번 실행되어야 한다. 따라서 return 키워드를 적고, 연달아 쉼표로 구분하여 변수 이름을 적고 마지막에 세미콜론을 적어 문장으로 처리되도록 해야 한다.

C코드

```
// Arrange.c
/* ****************************************************************************
 파일이름 : Arrange.c
 기    능 : 세 수를 입력받아 내림차순으로 출력하다.
 작 성 자 : 김 석 현
 작성일자 : 2013년 4월 23일
 ******************************************************************************/
// 헤더 파일 지정 매크로
#include <stdio.h>

// 자료형 이름(Type name) 선언
typedef signed long int Long;

// 함수(Function) 선언
int main( int argc, char *argv[] );
Long Input( );
```

```
// 함수 정의
int main( int argc, char *argv[] ) {
     // 자동 변수 선언문들
     auto Long firstNumber;
     auto Long secondNumber;
     auto Long thirdNumber;

     // 함수 호출 문장
     firstNumber, secondNumber, thirdNumber = Input( );

     return 0; // return 문장
}

/**************************************************************************
 함수 이름 : Input
 기    능 : 사용자가 키보드로 입력한 데이터들을 출력한다.
 입    력 : 없음
 출    력 : 첫 번째 수, 두 번째 수, 세 번째 수
 **************************************************************************/
Long Input( ) {
     // 자동 변수 선언문들
     Long firstNumber;
     Long secondNumber;
     Long thirdNumber;

      // 함수 호출 문장
     scanf("%d %d %d", &firstNumber, &secondNumber, &thirdNumber);

     return firstNumber, secondNumber, thirdNumber; // return 문장
}
```

컴파일하면 오류 없이 정상적으로 처리되어 목적 코드 파일을 만들게 된다. 링크하면 오류 없이 실행 코드 파일을 만들게 된다.

28번째와 48번째 printf 함수호출문장들처럼 실행되는 값들을 확인하기 위해 디버깅 코드를 삽입하자. 이러한 코드는 실제 프로그램을 만들 때 자주 사용하는 팁이다. 기억해 두자.

C코드

```
01 : // Arrange.c
02 : /* ************************************************************************
03 :  파일이름 : Arrange.c
04 :  기    능 : 세 수를 입력받아 내림차순으로 출력하다.
05 :  작 성 자 : 김 석 현
06 :  작성일자 : 2013년 4월 23일
07 :  ************************************************************************/
08 : // 헤더 파일 지정 매크로
09 : #include <stdio.h>
```

```
10 :
11 : // 자료형 이름(Type name) 선언
12 : typedef signed long int Long;
13 :
14 : // 함수(Function) 선언
15 : int main( int argc, char *argv[] );
16 : Long Input( );
17 :
18 : // 함수 정의
19 : int main( int argc, char *argv[] ) {
20 :    // 자동 변수 선언문들
21 :    auto Long firstNumber;
22 :    auto Long secondNumber;
23 :    auto Long thirdNumber;
24 :
25 :    // 함수 호출 문장
26 :    firstNumber, secondNumber, thirdNumber = Input( );
27 :    // 디버깅 코드
28 :    printf("main 함수 : %d %d %d\n", firstNumber, secondNumber, thirdNumber);
29 :
30 :    return 0; // return 문장
31 : }
32 :
33 : /******************************************************************
34 :  함수 이름  : Input
35 :  기     능 : 사용자가 키보드로 입력한 데이터들을 출력한다.
36 :  입     력 : 없음
37 :  출     력 : 첫 번째 수, 두 번째 수, 세 번째 수
38:  ******************************************************************/
39 : Long Input( ) {
40 :    // 자동 변수 선언문들
41 :    Long firstNumber;
42 :    Long secondNumber;
43 :    Long thirdNumber;
44 :
45 :     // 함수 호출 문장
46 :    scanf("%d %d %d", &firstNumber, &secondNumber, &thirdNumber);
47 :    // 디버깅 코드
48 :    printf("Input 함수 : %d %d %d\n", firstNumber, secondNumber, thirdNumber);
49 :
50 :    return firstNumber, secondNumber, thirdNumber; // return 문장
51 : }
```

다시 컴파일과 링크를 한 후 프로그램을 실행시키면 콘솔 윈도우가 출력되고 프롬프트가 깜박거리고 있으면 세 개의 수를 차례로 스페이스 키를 눌러 구분하여 입력하고 엔터 키를 입력하자.

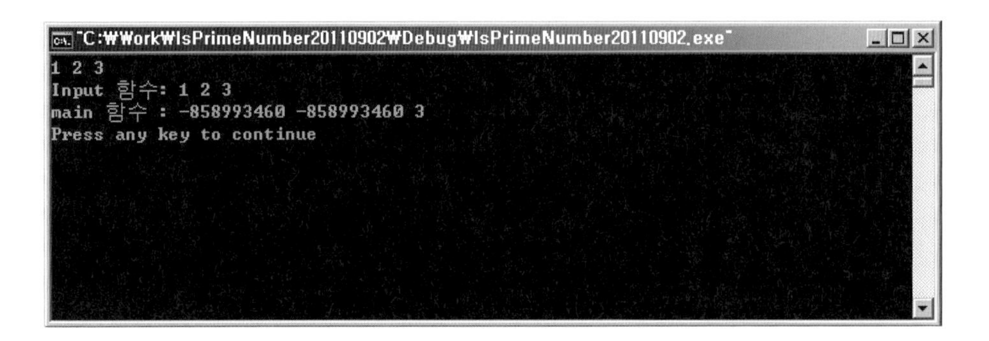

콘솔 윈도우에서 세 번째 줄을 보면, 첫 번째 입력된 값 1과 두 번째 입력된 값 2가 출력되지 않고, 쓰레기가 출력되었고, 세 번째 입력된 값 3만 제대로 출력되었다. 콘솔 윈도우의 두 번째 줄을 보면 첫 번째 입력된 값 1과 두 번째 입력된 값 2가 정확하게 출력된 것으로 보아 사용자가 정확하게 입력했지만, 콘솔 위도우의 세 번째 줄을 보면, 모니터에 쓰레기가 출력되었다. 따라서 첫 번째 입력된 값 1과 두 번째 입력된 값 2는 Input 함수에서 return에 의해서 반환이 제대로 되지 않았다는 것이다.

원하는 결과를 얻지 못했다. 논리 오류가 발생했다. 디버깅으로 프로그램이 어떻게 작동하는지를 확인해 보자. 그러면서 함수에서 여러 개의 데이터를 출력하는 방법에 대해 힌트를 얻어 보자.

시작하자. 프로그램을 실행시킬 때 메모리 맵을 작도해 보자. 정적으로 관리되는 코드 세그먼트와 DATA 데이터 세그먼트가 할당되고, 보조기억장치에 저장된 명령어와 데이터를 읽어 저장하게 된다.

먼저 코드 세그먼트가 할당된다. 첫 번째 할당되는 코드 세그먼트는 main 함수의 코드 세그먼트이다. 그리고 호출되는 순서로 Input, scanf 그리고 printf 함수에 대해 코드 세그먼트를 할당하게 된다. 따라서 메모리 맵에 main, Input, scanf 그리고 printf 함수 각각에 대해 네 개의 코드 세그먼트가 작도되어야 한다. 코드 세그먼트는 주소가 낮은 쪽에서부터 시작하여 위쪽으로 일정한 크기의 사각형을 그리고 왼쪽에 함수 이름을 적고 함수 이름으로부터 시작하여 사각형의 아래쪽으로 시작위치를 가리키는 화살표를 그린다.

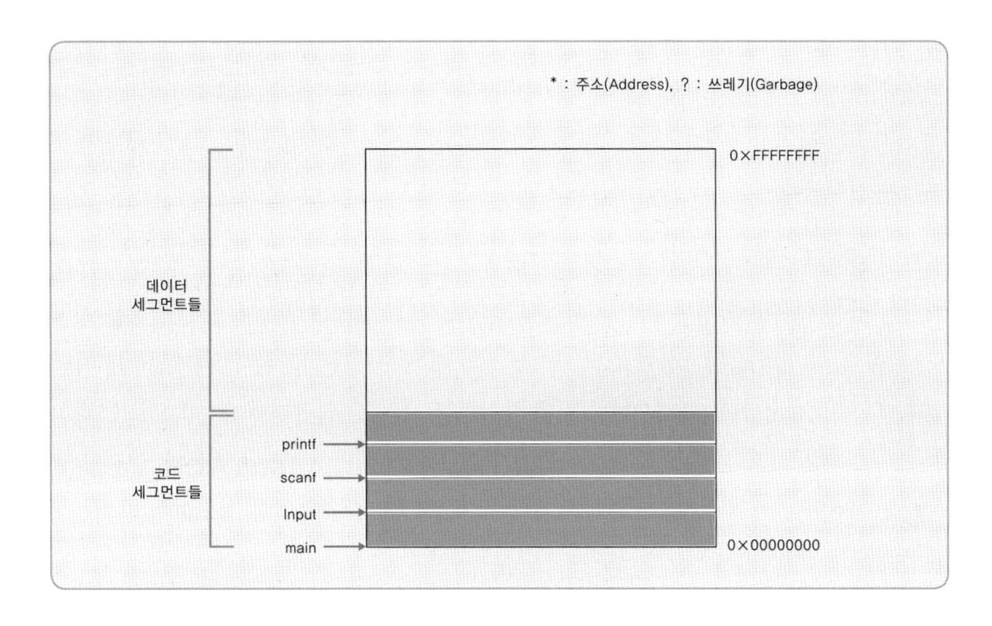

코드 세그먼트의 할당이 끝나면, 정적으로 관리되는 데이터 세그먼트인 DATA 데이터 세그먼트가 가장 위쪽 코드 세그먼트 다음에 할당된다. 그리고 문자열 리터럴에 대해 마지막에 널 문자('₩0')가 저장된 문자 배열로 할당되어 저장된다.

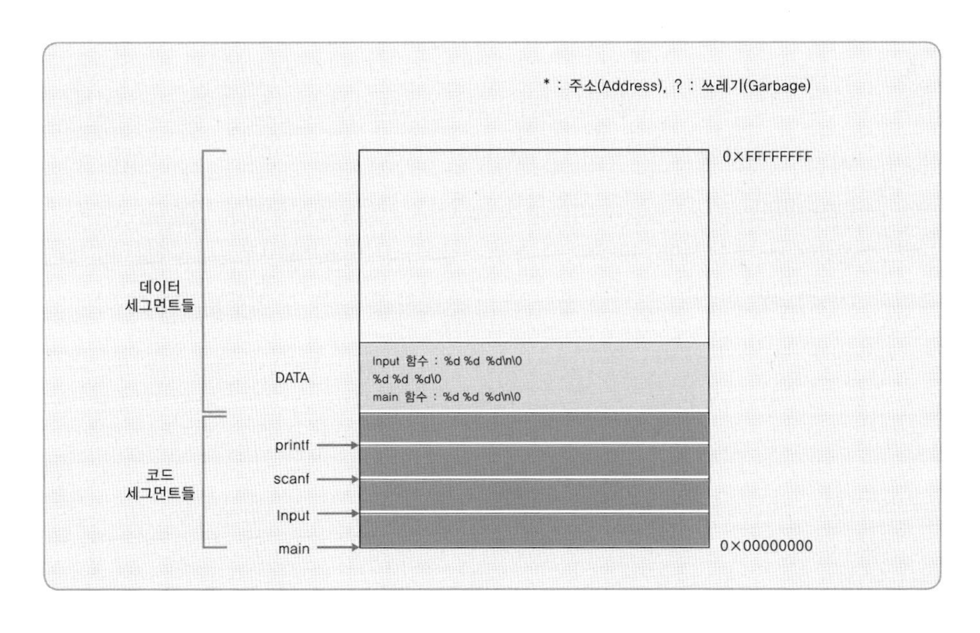

이렇게 해서 정적으로 관리되는 영역이 할당이 끝나면, 동적으로 관리되는 영역이 할당된다. 운영체제에 의해서 호출되는 main 함수가 실행되는 데 이때 main 함수에서 사용되

는 데이터를 할당할 main 함수 스택 세그먼트가 할당된다. 그리고 main 함수 스택 세그먼트에 매개변수와 자동변수 개수만큼 기억장소가 할당된다. 그리고 매개변수는 호출할 때 복사되는 값과 자동변수에 대해서는 초기화되어 있으면, 초깃값으로 그렇지 않으면 쓰레기가 저장된다.

메모리 맵에서 스택 세그먼트를 작도하는 방법은 다음과 같다. 주소가 높은 쪽으로부터 시작하여 낮은 쪽으로 일정한 크기의 사각형을 작도한다. 그리고 왼쪽에 함수 이름을 적는다. 함수 정의 영역을 참조하여 스택 세그먼트의 내부 구조를 작도한다. 매개변수와 자동변수, 다시 말해서 변수의 개수만큼 작은 사각형을 그리고, 왼쪽에서 오른쪽으로 그리고 위쪽에서 아래쪽으로 차례로 사각형 바깥쪽 적절한 위치에 변수 이름을 적는다. 그리고 호출식을 이용하여 매개변수에 저장되는 값을 적고, 자동변수 선언문을 참고하여 자동변수에 저장되는 값을 적는다.

C코드

```
19 : int main( int argc, char *argv[] ) {
20 :     // 자동 변수 선언문들
21 :     auto Long firstNumber;
22 :     auto Long secondNumber;
23 :     auto Long thirdNumber;
```

가장 위쪽에 일정한 크기의 사각형을 그리고 왼쪽에 main 함수 이름을 적는다. 그리고 스택 세그먼트의 사각형에 매개변수 argc, argv와 자동변수 firstNumber, secondNumber 그리고 thirdNumber에 대해 작은 사각형을 그리고, 사각형 위쪽에 변수 이름을 차례로 적는다. 다음은 argc에 1 그리고 argv는 주소를 저장하므로 별표(*)를 적는다. 자동변수들에 대해서는 선언문을 보면 초기화하지 않으므로, 쓰레기를 저장하고 있어 물음표를 적는다.

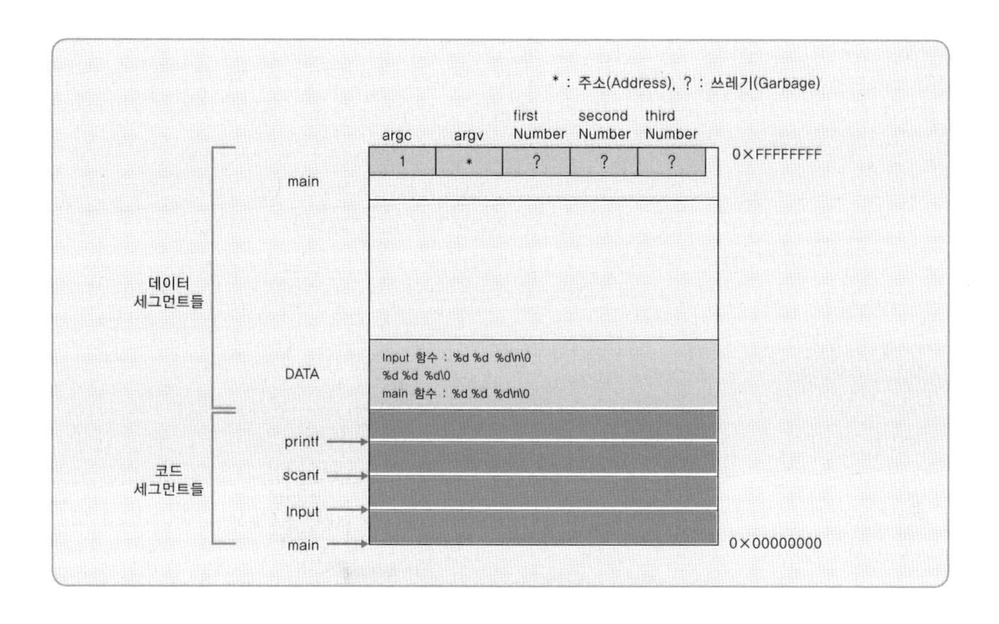

다음은 Input 함수 호출 문장이다. Input 함수가 호출되어 실행된다.

C코드

```
25 :    // 함수 호출 문장
26 :    firstNumber, secondNumber, thirdNumber = Input( );
```

Input 함수에서 사용되는 데이터를 저장할 변수에 대해 기억장소를 할당해야 한다. 따라서 Input 함수 스택 세그먼트가 할당되고, 변수의 개수만큼 기억장소가 할당되고 값이 저장된다. main 함수 스택 세그먼트 바로 아래쪽에 일정한 크기의 사각형을 그리고 왼쪽에 함수 이름 Input을 적는다.

C코드

```
39 : Long Input( ) {
40 :    // 자동 변수 선언문들
41 :    Long firstNumber;
42 :    Long secondNumber;
43 :    Long thirdNumber;
```

Input 함수 정의를 보면 세 개의 자동 변수가 선언되어 있다. 따라서 Input 함수 스택 세그먼트에 세 개의 작은 사각형을 작도하고 아래쪽에 변수 이름을 차례로 적는다. 그리고 초기화하지 않아 쓰레기가 저장되어 있으므로 물음표를 적는다. 그리고 변수 이름은 기억장소에 저장된 값을 의미한다는 것을 반드시 기억하자.

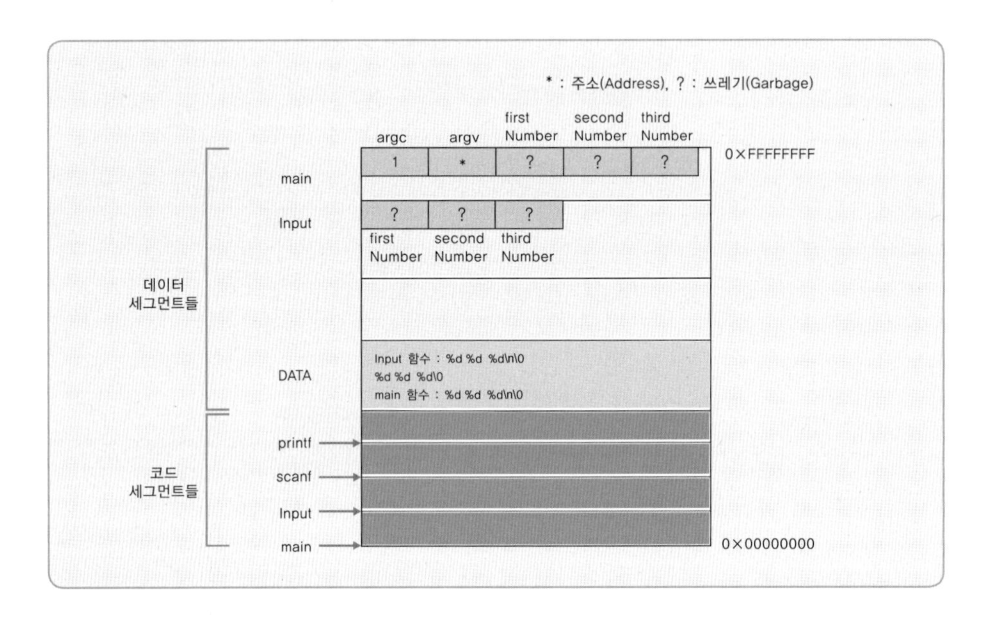

다음은 scanf함수가 호출된다. main 함수나 Input 함수가 호출될 때처럼 scanf 함수가 실행될 때 사용되는 데이터를 저장할 기억장소를 할당하기 위해서 scanf 함수 스택 세그먼트가 할당된다.

C코드

```
45 :     // 함수 호출 문장
46 :    scanf("%d %d %d", &firstNumber, &secondNumber, &thirdNumber);
```

scanf 함수는 라이브러리 함수이므로 함수 정의를 볼 수 없다. 그래서 스택의 내부 구조를 정확히 작도할 수 없다. 단지 함수 호출식에서 사용된 값은 할당되는 scanf 함수 스택 세그먼트에 저장되어야 한다. 그러므로 함수 호출식에서 쉼표로 구분되어 적힌 값들의 개수만큼 사각형을 그린다. 변수 이름은 알 수 없으므로 적을 수 없다. 그리고 호출식에서 사용된 값을 차례로 사각형에 적으면 된다.

첫 번째 값은 문자열 리터럴이 적혀 있다. C언어에서는 문자열 자료형이 없다. 따라서 문자 배열을 사용한다. 문자열 리터럴은 따라서 문자 배열이다. 단지 문자 배열과 구분하기 위해서 마지막 문자는 반드시 널 문자('₩0')가 저장되어야 한다는 약속을 지켜야 한다. 함수 호출식에 사용된 문자열 리터럴은 DATA 데이터 세그먼트에 할당되어 문자열을 저장한 배열의 시작 주소이다.

3장에서 배우겠지만, C언어에서는 배열이 입력되거나 출력될 때는 배열 자체를 복사해서 사용하는 것이 아니라 배열의 시작주소를 사용한다는 것도 반드시 기억하자. 왜? 라고 질문하면, 할 말이 없다. 왜냐하면, C언어에서는 배열 자체는 정보전달에 사용할 수 없다고 약속되어 있기 때문이다.

주소가 저장되므로 scanf 함수 스택 세그먼트에 작도된 첫 번째 사각형에 별표가 적히고 별표에서 시작하여 DATA 데이터 세그먼트에 저장된 문자열 리터럴의 첫 번째 문자 % 기호를 가리키도록 화살표를 작도한다.

그리고 두 번째, 세 번째 그리고 네 번째 값은 firstNumber, secondNumber 그리고 thirdNumber의 주소이다. 왜냐하면, 변수이름 앞에 & 주소연산자가 적혀 있기 때문이다.

계속 이야기하고 있다. 변수 하나에 대해서 값이 두 개 있다. 하나는 변수에 저장된 값인 내용이고 다른 하나는 변수를 컴퓨터가 식별할 때 사용하는 값인 주소이다. 변수 이름만 적으면 변수에 저장된 값이고, 변수 이름 앞에 &을 적으면 변수의 주소이다. 반드시 외우자. C언어와 C++언어에서 변수의 값에 대한 개념이 명확하지 않으면 C언어나 C++언어로 프로그램을 만들 수 없다.

따라서 scanf 함수 스택 세그먼트에 작도된 두 번째, 세 번째 그리고 네 번째 사각형에 별표가 적히고 별표로부터 시작하여 Input 함수 스택 세그먼트에 할당된 firstNumber, secondNumber 그리고 thirdNumber가 적힌 기억장소를 가리키도록 작도한다.

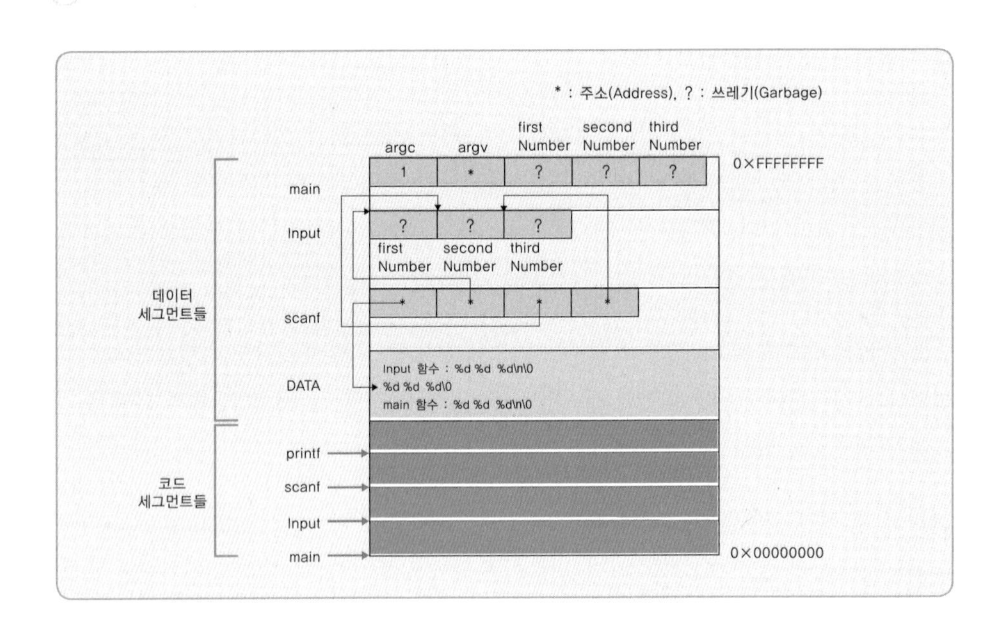

그리고 입력 대기 상태이다. 사용자가 입력할 때까지 대기하게 된다. 사용자가 키보드로 차례로 1, 2, 3을 입력했다면, Input 함수 스택 세그먼트에 할당된 기억장소에 각각 1, 2, 3이 저장된다. 그리고 입력이 끝나면 바로 scanf 함수 스택 세그먼트가 할당 해제된다. Input 함수 스택 세그먼트 아래쪽에 작도된 scanf 함수 스택 세그먼트가 없어지게 된다. 이렇게 필요할 때 할당되고 필요치 않으면 할당 해제되는 방식으로 관리되는 것을 동적 관리라고 한다. 이렇게 기억장소를 관리하면 기억장소를 보다 효율적으로 사용할 수 있다.

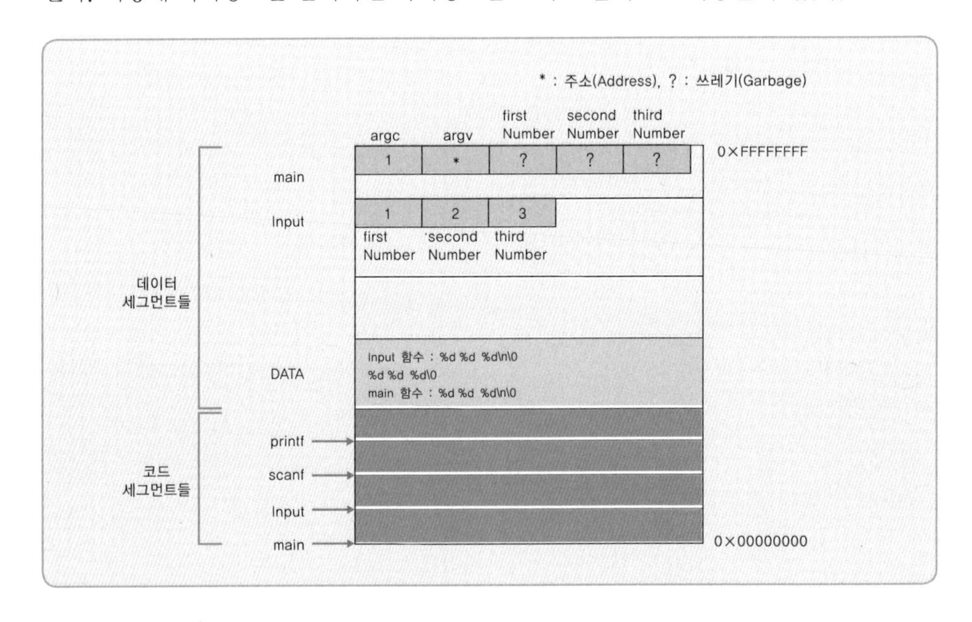

가장 아래쪽에 있는 함수 스택 세그먼트는 Input 함수 스택 세그먼트이다. 이것은 중앙처리 장치에 의해서 데이터가 읽히는 함수 스택 세그먼트라는 것이다. 따라서 실행제어가 Input 함수에 있다는 것이다. 다음은 Input 함수에서 디버깅 코드로 삽입된 printf 함수 호출 문장으로 실행 제어가 이동된다. 그래서 printf 함수를 호출한다.

C코드

```
47 :    // 디버깅 코드
48 :    printf("Input 함수 : %d %d %d\n", firstNumber, secondNumber, thirdNumber);
```

printf 함수에서 필요한 데이터들을 저장하기 위해 printf 함수 스택 세그먼트가 할당되어야 한다. Input 함수 스택 세그먼트 아래쪽에 일정한 크기의 사각형을 작도하고, 왼쪽에 printf 함수 이름을 적는다.

또한, printf 함수에서 필요한 데이터를 저장하기 위해 기억장소를 할당해야 한다. 그런데 printf 함수는 라이브러리 함수이므로 함수 정의 영역을 볼 수 없어 정확한 스택 내부 구조를 작도할 수 없다. 대신에 함수 호출식에서 사용한 데이터들은 저장해야 하므로 함수 호출식에 사용된 데이터 개수만큼 사각형을 작도한다. 가변 인자 개념을 적용하고 있어 명확하게 변수 이름이 정해져 있지 않으므로 생략하도록 한다.

그리고 호출식에서 사용된 값을 참고하여 값을 적어야 한다. 첫 번째로 적힌 값은 문자열 리터럴이다. 다시 말해서 DATA 데이터 세그먼트에 할당된 문자 배열의 시작 주소이다. 따라서 첫 번째 사각형에는 별표를 적고, 별표로부터 시작하여 DATA 데이터 세그먼트에 저장된 문자열 리터럴의 첫 번째 글자 I를 가리키도록 작도한다. 배열은 C언어에서 입력과 출력에 배열 자체가 사용될 수 없고, 반드시 배열의 시작주소를 사용해야 한다는 약속 때문이다.

그리고 두 번째, 세 번째 그리고 네 번째 사각형에는 자동변수 이름이 적혀 있으므로 변수에 저장된 값을 적으면 된다. 따라서 각각 1, 2, 3이 적혀야 한다.

앞에서 이미 언급했지만 중요하므로 다시 정리하자. C언어에서 변수는 값을 두 개 가진다. 하나는 변수에 저장된 값인 내용이고, 다른 하나는 컴퓨터에 의해서 식별할 때 사용되는 값인 주소이다. 변수 이름 자체는 내용이고, 변수 이름 앞에 주소 연산자 &가 적혀 있으면 주소이다.

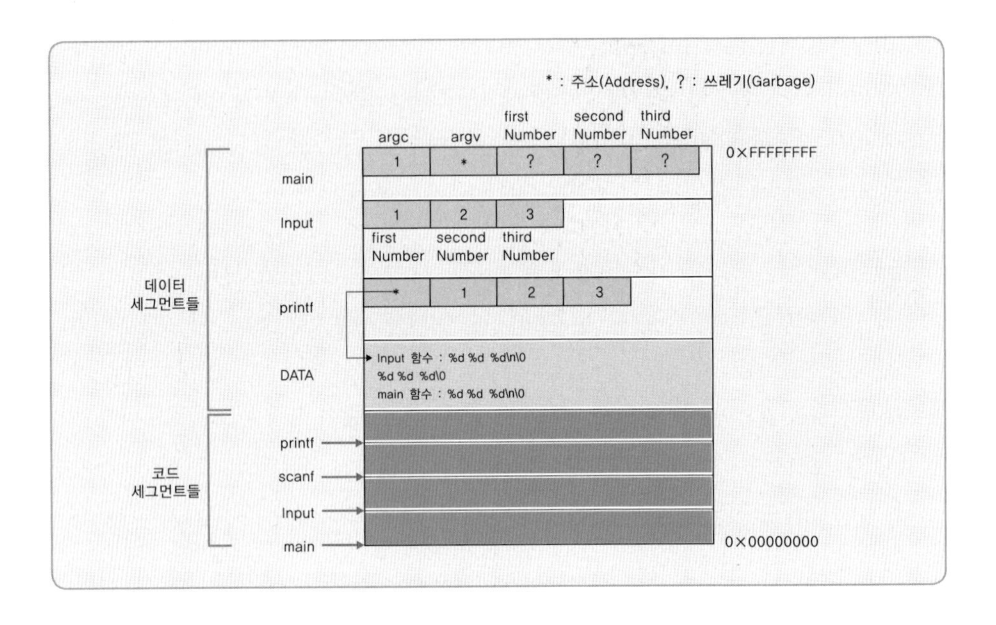

printf 함수에 의해서 앞에서 본 것처럼 콘솔 윈도우에 정확하게 "Input 함수 : 1 2 3"이라고 출력될 것이다. 사용자가 키보드로 입력한 데이터들을 scanf 함수로 정확하게 처리했다는 것이다. 콘솔 윈도우에 메시지를 출력했다면, printf 함수의 실행이 끝나게 될 것이고, printf 함수 스택 세그먼트도 할당 해제될 것이다. 메모리 맵에서는 Input 함수 스택 세그먼트 아래쪽에 작도된 printf 함수 스택 세그먼트가 없어지게 된다.

다시 Input 함수로 실행제어가 이동되고, 다음은 return 문장을 처리하게 된다.

C코드

```
50 :    return firstNumber, secondNumber, thirdNumber; // return 문장
51 : }
```

return 키워드 다음에 변수 이름들은 쉼표로 구분하여 적혀 있다. 여기서 쉼표는 구두점이 아니라 연산자이다. 쉼표 연산자(Comma Operator)라고 한다. 쉼표 연산자의 결합성에 의하면 왼쪽에서 오른쪽이다. return 키워드 오른쪽에 적힌 식들을 평가하면 가장 오른쪽에 적힌 thirdNumber에 저장된 값인 3을 구하게 된다. 그리고 return 키워드에 의해 중앙처리장치에 장착된 기억장치인 레지스터에 3을 복사하여 저장하게 된다.

그리고 실행제어가 아래쪽으로 이동된다. 함수 블록의 끝을 나타내는 닫는 중괄호를 만나게 되고, 이것은 함수의 실행이 끝난다는 것을 의미한다. 그러므로 Input 함수 스택 세그

먼트가 할당 해제된다. 메모리 맵에서는 main 함수 스택 세그먼트 아래쪽에 작도된 Input 함수 스택 세그먼트가 없어지게 된다.

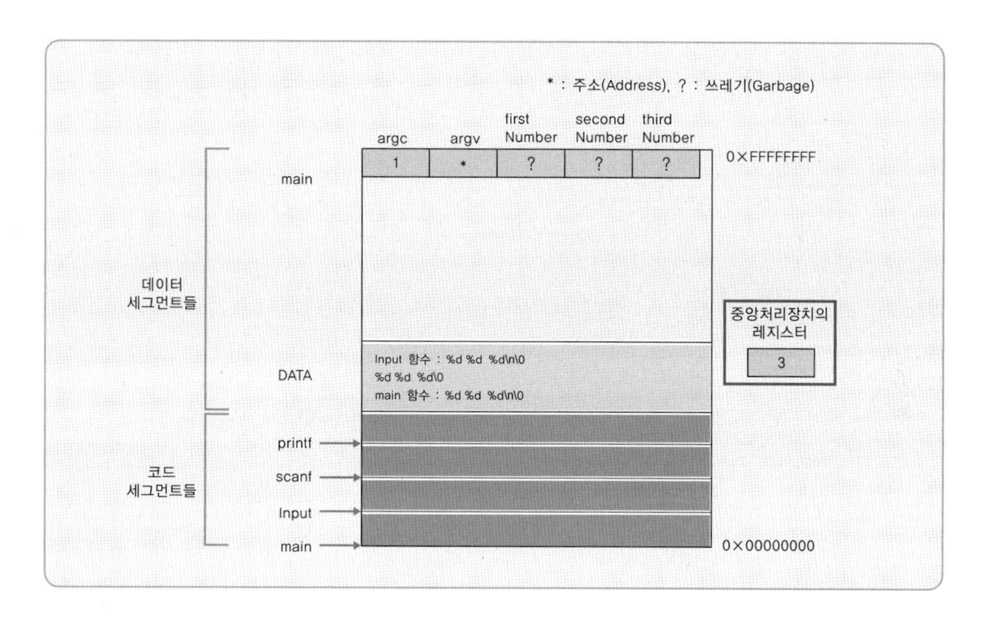

이제 메모리 맵을 보면 할당된 함수 스택 세그먼트는 main 함수 스택 세그먼트이다. 다시 말해서 중앙처리장치에 의해서 읽히고 쓸 수 있는 함수 스택 세그먼트는 main 함수 스택 세그먼트이다. 따라서 실행제어는 main 함수로 이동되었다.

C코드

```
25 :    // 함수 호출 문장
26 :    firstNumber, secondNumber, thirdNumber = Input( );
```

Input 함수 호출 문장에서 호출식이 평가되었다는 것이다. Input 함수 호출 문장을 구성하는 또 다른 하나의 식인 치환식이 이제 평가되어야 한다. 다시 말해서 Input 함수 호출식으로 평가되어 구해진 값, 즉 중앙처리장치의 레지스터에 저장된 값인 3을 읽어 main 함수 스택 세그먼트에 할당된 변수에 저장해야 한다. 그런데 여기서는 쉼표 연산자들로 표현된 복합식을 먼저 평가해야 한다. 따라서 쉼표 연산자의 결합성에 의해서 가장 오른쪽 thirdNumber에 3을 덮어쓰기 하여 저장하게 된다.

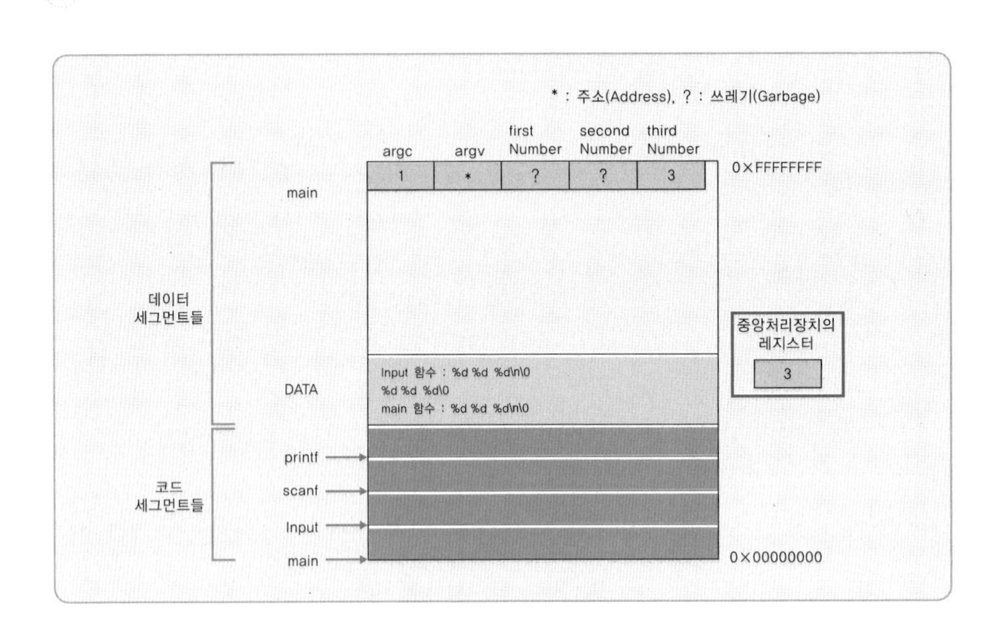

다음은 main 함수에서 아래쪽으로 실행제어가 이동하게 된다. 그래서 디버깅 코드인 printf 함수 호출 문장을 처리하게 된다.

C코드

```
27 :    // 디버깅 코드
28 :    printf("main 함수 : %d %d %d\n", firstNumber, secondNumber, thirdNumber);
```

printf 함수 스택 세그먼트가 할당되고, 함수 호출식에 사용된 값들을 저장하기 위해 기억장소가 할당되고, 값이 복사되어 저장되게 된다.

main 함수 스택 세그먼트 아래쪽에 일정한 크기의 사각형을 작도한다. 왼쪽에 printf 함수 이름을 적는다. 함수 호출식에 사용된 값들의 개수가 네 개이므로 네 개의 작은 사각형을 printf 함수 스택 세그먼트에 작도한다. 그리고 첫 번째에는 문자열 리터럴이 적혀 있어 DATA 데이터 세그먼트에 할당된 문자 배열의 시작주소이다. 따라서 첫 번째 사각형에 별표를 적고 별표로부터 시작하여 DATA 데이터 세그먼트에 저장된 문자열 리터럴의 첫 글자인 m을 가리키도록 화살표를 작도한다. 그리고 두 번째, 세 번째 그리고 네 번째는 변수 이름이 적혀 있으므로 변수에 저장된 값인 쓰레기에 대해 물음표, 쓰레기에 대해 물음표 그리고 3을 적으면 된다.

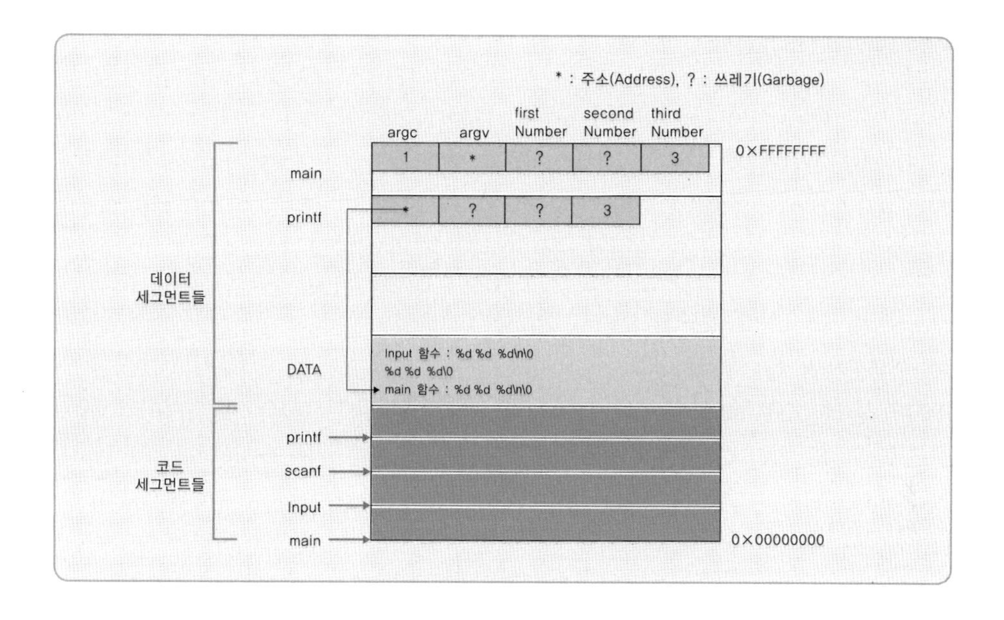

printf 함수에 의해서 앞에서 본 콘솔 윈도우에서처럼 출력될 것이다. 두 개의 값은 알 수 없는 값이고, 마지막 값만이 사용자가 키보드로 입력한 값인 3이 출력된 것을 볼 수 있다.

출력이 끝났으면, printf 함수 스택 세그먼트가 할당 해제된다. 다시 main 함수로 실행제어가 이동된다. 그리고 아래쪽으로 실행제어가 이동하여 return 문장을 처리한다. 중앙처리장치의 레지스터에 0을 복사하여 저장한다.

C코드

```
30 :    return 0; // return 문장
31 : }
```

그리고 다시 실행제어를 아래쪽으로 이동하게 된다. main 함수 블록의 끝을 나타내는 닫는 중괄호를 만나게 된다. 더는 처리할 명령어가 없으므로 main 함수 스택 세그먼트도 할당 해제된다. 따라서 프로그램이 정상적으로 끝나게 된다.

프로그램의 실행에는 이상이 없다. 그런데 결과는 문제가 있다. 사용자가 키보드로 입력한 세 개의 값이 Input 함수에서는 정상적으로 처리되었다. 그렇지만 Input 함수에서 출력되었을 때는 마지막 값만이 출력되었다. 그래서 main 함수에서는 마지막 값만이 정상적으로 모니터에 출력되고, 첫 번째와 두 번째 값은 쓰레기가 모니터에 출력되었다. 다시 말해서 Input 함수에서 한 개의 데이터만 출력되었다는 것이다. return 문장에 의해서는 단지 한

개의 데이터만을 출력할 수 있다는 것이다.

세 개의 데이터가 제대로 출력하고자 한다면, return 문장을 사용할 수 없다는 것이다. 그러면 어떻게 해야 할까? 답은 이미 제시되었다. 어디서? Input 함수에서 scanf 함수가 제대로 작동했으므로 사용자로부터 입력받은 세 개의 데이터를 정상적으로 세 개의 변수에 저장하게 되었을 것이다. scanf 함수 호출 문장을 보자. 반환을 사용하지 않고, 매개변수를 사용하였다. 매개변수는 Input 함수에 선언된 변수의 주소를 구하는 식을 이용하고 있다. 이때 scanf 함수에 입력받은 데이터를 저장할 변수의 주소를 구해서 실인수로 값 복사하여 사용하였다. Input 함수에서 scanf 함수를 호출했을 때 메모리 맵을 다시 보자.

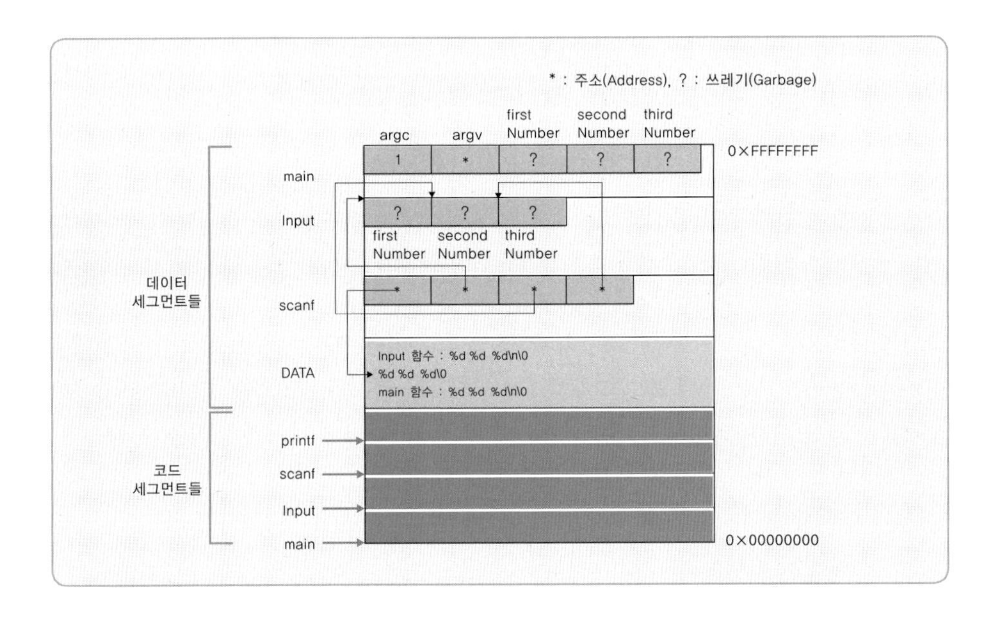

scanf 함수 스택 세그먼트를 보면 scanf 함수 스택 세그먼트에 할당된 기억장소에 주소를 저장하고 있다. 저장된 주소는 Input 함수에서 선언 및 정의된 변수, 다시 말해서 기억장소가 갖는 주소이다.

컴퓨터는 기억장소에 값을 쓰고 읽기 위해서 기억장소를 식별하기 위한 값인 주소(Address)를 사용한다. 어떤 특정 기억장소에 대해서 데이터를 쓰고 읽고자 하는 경우는 주소만을 알면 가능하다는 것이다.

scanf 함수에서 사용자가 키보드로 입력하는 데이터를 저장할 기억장소의 주소를 이용하면 원하는 기억장소에 데이터를 저장할 수 있다. 그리고 scanf 함수 스택 세그먼트가 할당 해제되었다고 해도 사용자가 키보드로 입력한 데이터가 원하는 기억장소에 저장되어 있다는 것이다. 다른 말로 하면 scanf 함수에 의해서 데이터가 출력되었다는 것이다.

그렇다면 main 함수 스택 세그먼트에 할당된 기억장소가 갖는 주소를 scanf 함수 스택 세그먼트에 할당된 기억장소에 저장시키면 어떻게 될까? 원리에 의하면, 사용자가 키보드로 입력한 값이 main 함수 스택 세그먼트에 저장될 것이다.

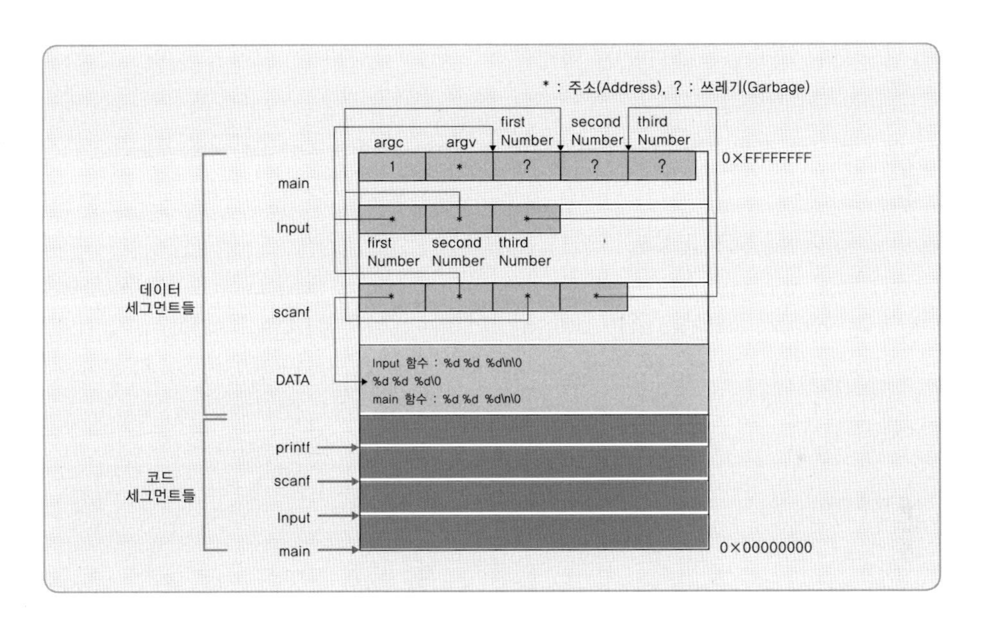

그러면 main 함수 스택 세그먼트에 할당된 기억장소가 갖는 주소를 어떻게 scanf 함수 스택 세그먼트에 할당된 기억장소에 저장시킬 수 있을까? 함수가 호출되는 순서는 main 함수, Input 함수 그리고 scanf 함수이다. 따라서 main 함수에서 Input 함수를 호출할 때 main 함수 스택 세그먼트에 할당된 기억장소의 주소를 구해서 복사하여 Input 함수 스택 세그먼트에 할당된 기억장소에 저장해야 한다. 그리고 scanf 함수가 호출될 때 Input 함수 스택 세그먼트에 할당된 기억장소에 저장된 값인 주소를 복사하여 scanf 함수 스택 세그먼트에 할당된 기억장소에 저장한다.

이렇게 실행되도록 하려면, C언어에서 어떻게 구현되어야 할까요? Input 함수 스택 세그먼트에 할당되는 기억장소는 주소를 저장하여야 한다. 저장된 주소는 main 함수 스택 세그먼트에 할당된 기억장소의 주소이다. 그래서 Input 함수 스택 세그먼트에 할당되는 기억장소는 Input 함수의 매개변수이어야 한다. Input 함수가 호출될 때 주소를 구해서 복사하여 저장하여야 하기 때문이다.

따라서 Input 함수 선언이 고쳐져야 한다. 반환형을 사용하지 않고, 주소를 저장하는 매개변수로 출력하도록 해야 한다. 주소를 갖는 매개 변수를 선언 및 정의하는 방법을 알아야 한다. C언어에서는 주소를 갖는 매개변수를 선언하는 절차는 다음과 같다.

(1) 변수 이름을 적는다.
(2) 변수 이름 앞에 별표를 적는다. 이때 별표는 변수에 저장되는 값이 주소라는 것을 강조하는 구두점이다.
(3) 별표 앞에 공백을 두고 변수에 저장된 주소를 갖는 기억장소의 자료형을 적는다.

다시 Input 함수를 선언해 보자.

반환형을 사용하지 않는다는 것은 반환형을 생략하는 것이 아니라 void로 한다는 것이다. 그래서 void를 적고 한 칸 띄우고 함수 이름을 적고 함수형이라는 것을 강조하기 위해 소괄호를 여닫는다.

C코드
```
void Input( )
```

세 개의 출력 데이터에 대해 쉼표로 구분하여 세 개의 매개변수를 선언해야 한다. 첫 번째 매개변수부터 선언해 보자.

(1) 변수 이름을 적는다. firstNumber
(2) 변수 이름 앞에 별표를 적는다. *firstNumber
(3) 그리고 별표 앞에 공백을 두고 변수에 저장된 주소를 갖는 기억장소인 main 함수 스택 세그먼트에 할당된 기억장소의 자료형 Long을 적는다. Long *firstNumber

C코드
```
void Input( Long *firstNumber )
```

쉼표로 구분하고 같은 방식으로 두 번째와 세 번째 매개변수를 선언한다. 여러분이 직접 위에서 언급한 선언하는 절차에 따라 선언해 보자.

C코드

```
void Input( Long *firstNumber, Long *secondNumber, Long *thirdNumber )
```

줄의 끝에 세미콜론을 적어 선언 문장으로 처리되도록 한다.

C코드

```
void Input( Long *firstNumber, Long *secondNumber, Long *thirdNumber );
```

다음은 main 함수에서 Input 호출 문장을 고쳐야 한다. 반환형이 void이므로 치환식을 작성할 수 없다. 함수 호출식만으로 구성되는 함수 호출 문장이어야 한다. 함수 호출식은 세 개의 값이 필요하다. 따라서 세 개의 값을 쉼표로 구분하여 적어야 한다. 값은 main 함수에 선언된 변수의 주소이어야 한다. 앞에서 언급했듯이 C언어에서는 변수 하나에 대해 두 개의 값을 가진다. 하나는 변수 이름 자체인 변수에 저장된 값이고, 다른 하나는 변수 이름 앞에 주소 연산자 &를 적는 식으로 평가되는 주소이다. 여기서는 주소이므로 변수 이름 앞에 &를 적은 식을 적어야 한다.

C코드

```
Input(&firstNumber, &secondNumber, &thirdNumber);
```

다음은 Input 함수를 다시 정의해야 한다. 함수 머리는 함수 원형을 이용하여 반환형이 void이고 매개변수 목록을 갖도록 해야 한다. 같은 이름으로 매개변수가 선언되었기 때문에 자동변수 선언문을 지워야 한다. 함수를 정의하는 영역에서 같은 이름으로 변수가 두 번 정의되면 문법 오류이다. 왜냐하면, C언어에서는 반드시 정의는 한 번이어야 한다(One Definition Rule)는 약속 때문이다.

scanf 함수 호출 문장도 고쳐져야 한다. firstNumber, secondNumber 그리고 thirdNumber에 저장된 값을 그대로 복사하여야 한다. 그렇게 하도록 해야 한다면, 변수 이름 자체가 변수에 저장된 값이므로 변수 이름을 적어야 한다.

주소를 갖는 기억장소에 저장된 값을 출력하고자 한다면, 간접 참조 지정 연산자인 별표(*)를 포인터 변수 앞에 적으면 된다. printf 함수 호출 문장에서는 출력하고자 하는 값을 적어야 한다. 그래서 포인터 변수 앞에 간접 참조 지정 연산자인 별표를 적는다. 마지막으로 반환형이 void이므로 return 문장을 지운다. 다시 고쳐진 코드는 다음과 같다.

C코드

```
/************************************************************************
 함수 이름 : Input
 기    능 : 사용자가 키보드로 입력한 데이터들을 출력한다.
 입    력 : 없음
 출    력 : 첫 번째 수, 두 번째 수, 세 번째 수
 ************************************************************************/
void Input(Long *firstNumber, Long *secondNumber, Long *thirdNumber ) {
      // 함수 호출 문장
     scanf("%d %d %d", firstNumber, secondNumber, thirdNumber); // 주소
     // 디버깅 코드
     printf("Input 함수 : %d %d %d\n", *firstNumber, *secondNumber, *thirdNumber);//내용
}
```

C코드

```
01 : // Arrange.c
02 : /* ************************************************************************
03 :  파일이름 : Arrange.c
04 :  기    능 : 세 수를 입력받아 내림차순으로 출력하다.
05 :  작 성 자 : 김 석 현
06 :  작성일자 : 2013년 4월 23일
07 :  ************************************************************************/
08 : // 헤더 파일 지정 매크로
09 : #include <stdio.h>
10 :
11 : // 자료형 이름(Type name) 선언
12 : typedef signed long int Long;
13 :
14 : // 함수(Function) 선언
15 : int main( int argc, char *argv[] );
16 : void Input(Long *firstNumber,Long *secondNumber,Long *thirdNumber);
17 :
18 : // 함수 정의
19 : int main( int argc, char *argv[] ) {
20 :     // 자동 변수 선언문들
21 :     auto Long firstNumber;
22 :     auto Long secondNumber;
23 :     auto Long thirdNumber;
24 :
25 :     // 함수 호출 문장
26 :     Input( &firstNumber, &secondNumber, &thirdNumber ); // 주소
27 :     // 디버깅 코드
28 :     printf("main 함수 : %d %d %d\n", firstNumber, secondNumber, thirdNumber); //내용
29 :
30 :     return 0; // return 문장
31 : }
32 :
33 : /************************************************************************
34 :  함수 이름 : Input
35 :  기    능 : 사용자가 키보드로 입력한 데이터들을 출력한다.
36 :  입    력 : 없음
```

```
37 :  출     력 : 첫 번째 수, 두 번째 수, 세 번째 수
38:  ***********************************************************************/
39 : void Input(Long *firstNumber,Long *secondNumber,Long *thirdNumber ) {
40 :      // 함수 호출 문장
41 :    scanf("%d %d %d", firstNumber, secondNumber, thirdNumber); // 주소
42 :    // 디버깅 코드
43 :    printf("Input 함수 : %d %d %d\n", *firstNumber, *secondNumber, *thirdNumber);//내용
44 : }
```

컴파일, 링크 그리고 실행시켜 보도록 하자. 그리고 1, 2, 3을 키보드 입력하고 엔터키를 눌러보자. 그러면 다음과 같이 결과를 볼 수 있는 콘솔 화면이 출력될 것이다.

이제는 main 함수에서도 정확하게 출력되었다. 다시 말해서 Input 함수에서 세 개의 데이터가 정확하게 출력되었다는 것이다.

어떻게 작동되었는지 다시 디버깅해보자. 프로그램이 실행되어 운영체제에 의해서 main 함수가 호출되었을 때 메모리 맵을 직접 작도해 보아라. Input 함수를 호출하기 전 메모리 맵은 다음과 같다.

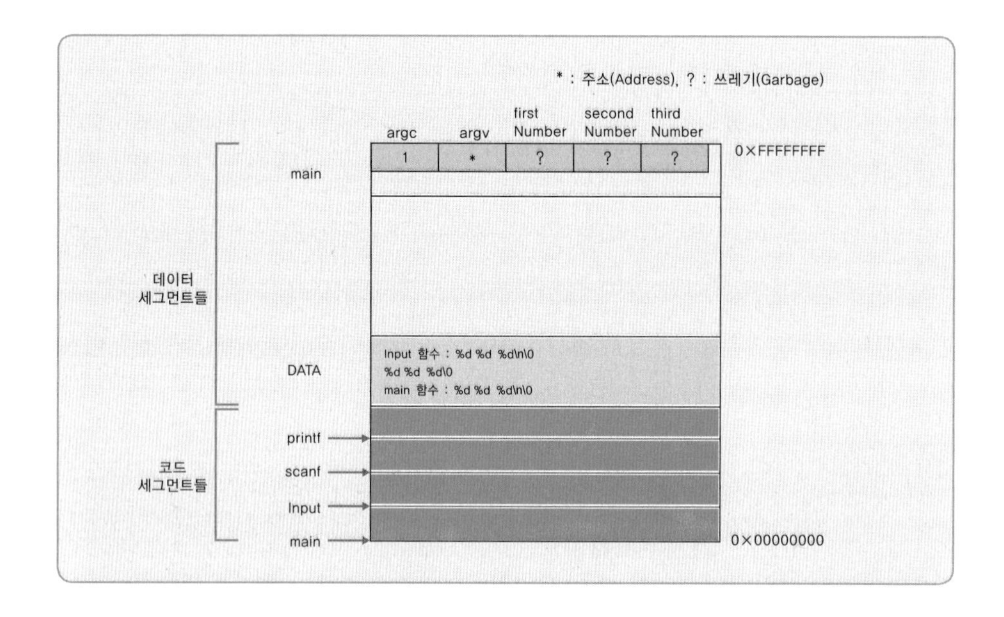

다음은 실행제어가 아래쪽으로 이동하여 Input 함수 호출 문장으로 이동한다. 그리고 Input 함수를 호출한다. Input 함수 스택 세그먼트를 할당하고, 세 개의 매개변수에 대해 세 개의 기억장소를 할당한다. 그리고 호출식에서 사용한 값을 기억장소에 저장한다.

main 함수 스택 세그먼트 아래쪽에 일정한 크기의 사각형을 그리고 왼쪽에 Input 함수 이름을 적는다. Input 함수 정의 영역을 참고하여 세 개의 매개변수에 대해 세 개의 작은 사각형을 그리고 아래쪽에 변수 이름을 적는다.

C코드

```
39 : void Input(Long *firstNumber,Long *secondNumber,Long *thirdNumber )
```

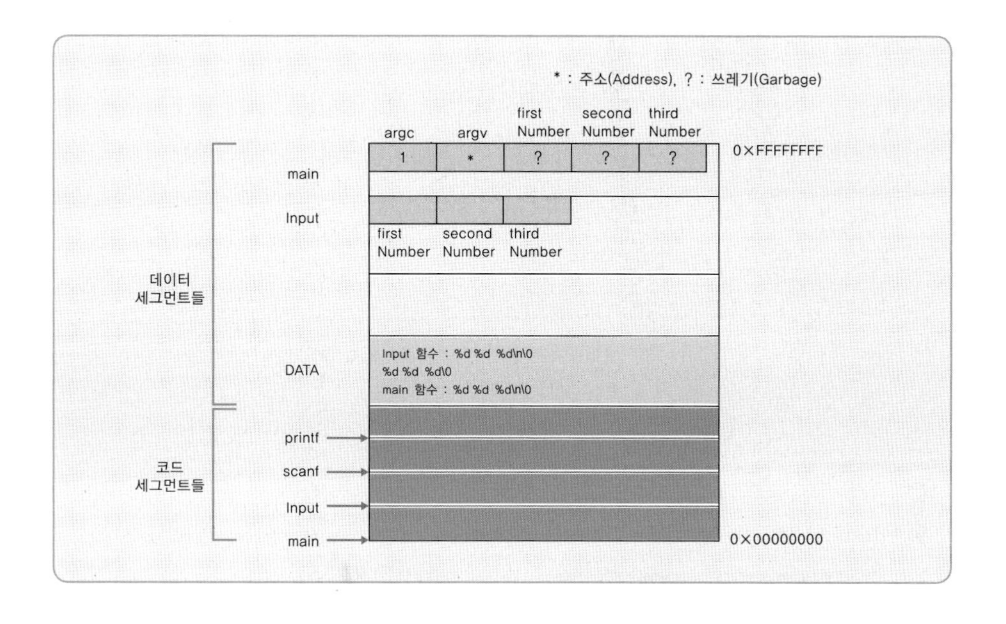

다음은 Input 함수 호출 문장을 참고하여 호출식에 적힌 식을 평가하여 값을 구한 다음 변수 이름이 적힌 사각형에 적는다.

C코드

```
25 :    // 함수 호출 문장
26 :    Input( &firstNumber, &secondNumber, &thirdNumber ); // 주소
```

세 개의 식은 변수 이름 앞에 & 주소 연산자가 적혀 있다. 따라서 식을 평가하면 각각의 변수의 주소를 구해서 복사하여 Input 함수 스택 세그먼트에 할당된 기억장소에 저장하게 된다. 첫 번째 사각형에는 main 함수에서 선언된 변수 firstNumber 의 주소를 구해서 복사하여 저장하므로 별표를 적고 별표로부터 시작하는 화살표를 작도하여 main 함수 스택 세그먼트에 할당된 기억장소 firstNumber를 가리키도록 한다. 똑같은 방식으로 두 번째 그리고 세 번째 사각형에 값을 적는다.

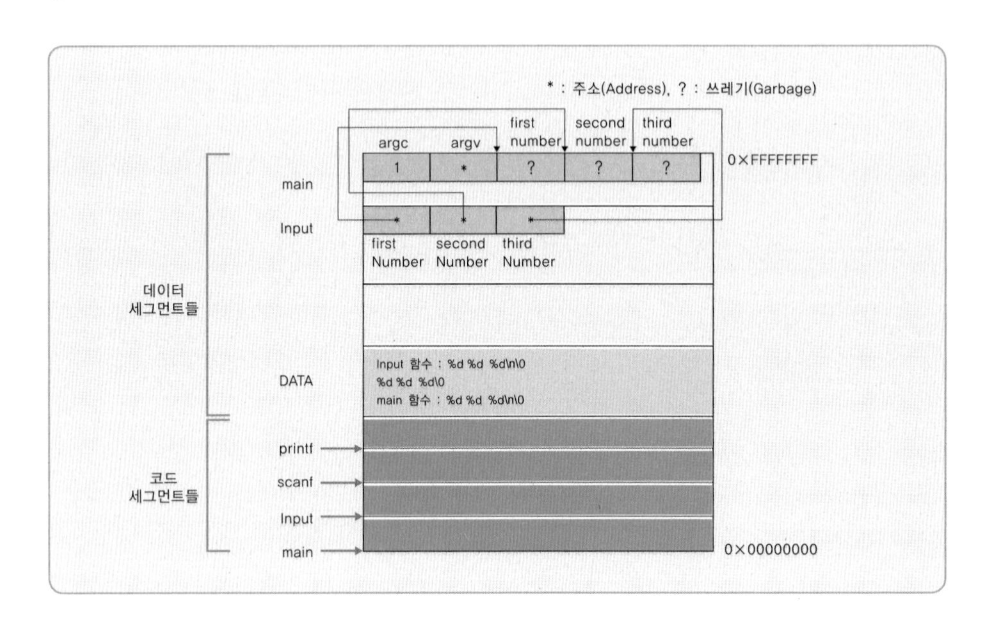

중앙처리장치에 의해서 데이터가 읽히고 쓰일 수 있는 함수 스택 세그먼트는 Input 함수 스택 세그먼트이다. 따라서 실행제어가 Input 함수로 이동하여 scanf 함수 호출 문장으로 이동한다.

C코드

```
40 :     // 함수 호출 문장
41 :    scanf("%d %d %d", firstNumber, secondNumber, thirdNumber); // 주소
```

scanf 함수가 호출되어 scanf 함수 스택 세그먼트가 할당되고, 함수 호출 문장에서 사용된 값이 네 개이므로 네 개의 기억장소가 할당되고, 함수 호출식에서 사용된 값이 복사되어 저장된다.

Input 함수 스택 세그먼트 아래쪽에 일정한 크기의 사각형을 작도한다. 그리고 왼쪽에 scanf 함수 이름을 적는다. 호출식에서 사용된 값의 개수만큼 사각형을 그린다. 그리고 첫 번째 값은 문자열 리터럴이므로 문자 배열의 시작 주소를 저장해야 한다. 첫 번째 사각형에는 별표를 적고 별표로부터 시작하여 화살표를 그려 DATA 데이터 세그먼트에 저장된 문자열의 첫 글자인 %를 가리키도록 한다. 그리고 두 번째, 세 번째 그리고 네 번째 값은 변수 이름이 적혀있다. 변수 이름은 변수에 저장된 값이므로 그대로 값을 복사하여 저장한다. 값은 주소이다. 따라서 두 번째, 세 번째 그리고 네 번째 사각형에는 별표를 적고, 별표로부터 시작하여 화살표를 그려 같은 위치를 가리키도록 한다. main함수 스택 세그

먼트에 할당된 firstNumber, secondNumber 그리고 thirdNumber를 가리키도록 한다.

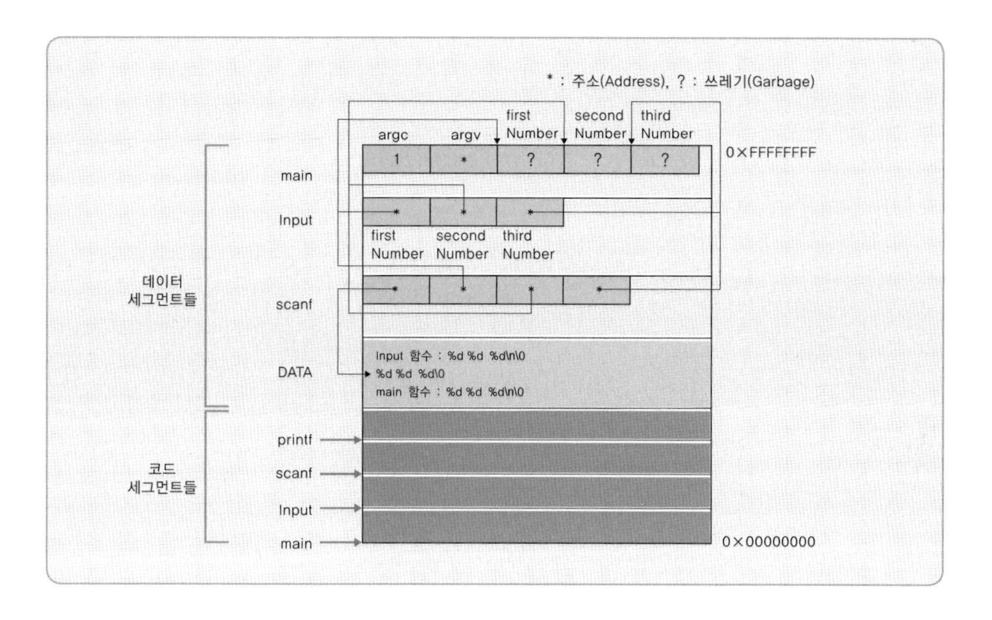

사용자가 키보드로 데이터를 입력할 때까지 대기한다. 사용자가 키보드로 1, 2 그리고 3을 입력하면, scanf 함수에서 참조할 수 있는 주소를 갖는 기억장소에 입력된 값을 저장하게 된다. scanf 함수에서 참조할 수 있는 주소는 main 함수 스택 세그먼트에 할당된 기억장소의 주소이다. 따라서 사용자가 키보드로 입력한 1, 2 그리고 3은 각각 main 함수 스택 세그먼트에 할당된 기억장소 firstNumber, secondNumber 그리고 thirdNumber에 저장되게 된다. 입력이 끝났으면 scanf 함수 스택 세그먼트는 할당 해제된다. 메모리 맵에서 Input 함수 스택 세그먼트 아래쪽에 작도된 scanf 함수 스택 세그먼트가 없어진다.

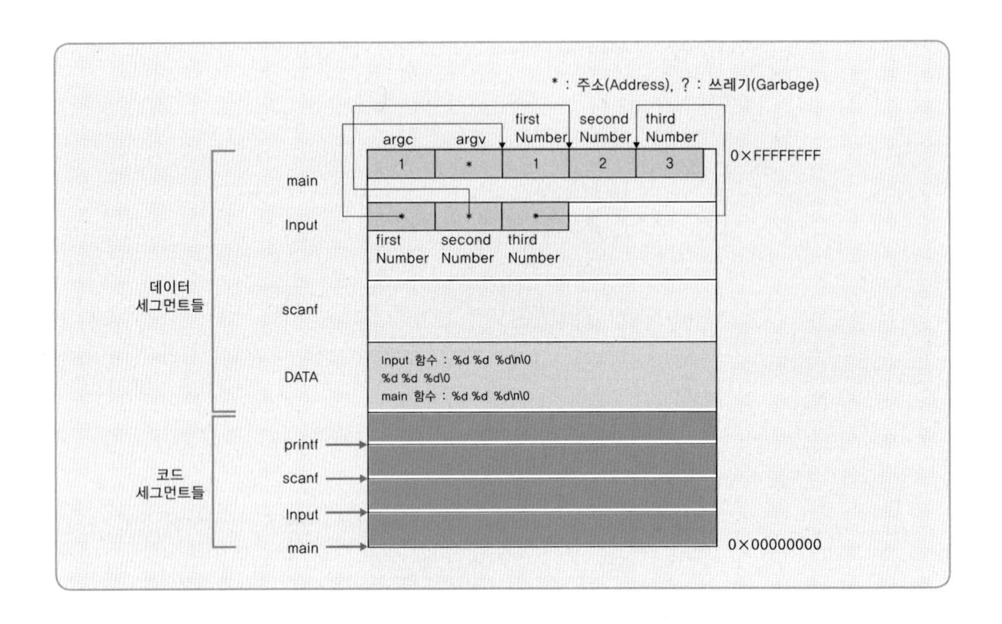

다시 실행제어가 Input 함수로 이동하여 디버깅 코드인 printf 함수 호출 문장으로 이동한다. printf 함수가 호출된다.

C코드

```
42 :    // 디버깅 코드
43 :    printf("Input 함수 : %d %d %d\n", *firstNumber, *secondNumber, *thirdNumber);//내용
```

printf 함수 스택 세그먼트가 할당되고, printf 함수 호출식에서 사용된 값을 저장하기 위해 네 개의 기억장소가 할당된다. 그리고 함수 호출식에서 사용된 값이 기억장소에 저장된다.

Input 함수 스택 세그먼트 아래쪽에 일정한 크기의 사각형을 그리고 왼쪽에 printf 함수 이름을 적는다. 함수 호출식에서 사용된 값이 네 개이므로 printf 함수 스택 세그먼트 영역에 네 개의 작은 사각형을 그린다. 첫 번째 사각형에는 별표를 적고 별표로부터 시작하는 화살표를 그려 DATA 데이터 세그먼트에 할당된 문자열 리터럴의 첫 글자 I를 가리키도록 한다. 그리고 두 번째, 세 번째 그리고 네 번째 값은 식을 평가하여 값을 구한 다음에 값을 적는다. 두 번째 적힌 식 *firstNumner을 보자. firstNumber만 적혀 있다면 firstNumber에 저장된 값을 적으면 된다. firstNumner에 저장된 값은 주소이다. main 함수 스택 세그먼트에 할당된 기억장소 firstNumner의 주소이다. 주소를 출력하고자 하는 것이 아니다. 여기서는 firstNumebr 앞에 별표가 적혀 있다. 여기서 별표는 간접 참조 지정 연산자이다.

주소를 갖는 기억장소에 저장된 값을 의미한다. firstNumber에 저장된 값은 main 함수 스택 세그먼트에 할당된 기억장소 firstNumber의 주소이다. 따라서 식을 평가하면 main 함수 스택 세그먼트에 할당된 기억장소에 저장된 값이다. 따라서 1이다. 그래서 printf 함수 스택 세그먼트에 할당된 두 번째 사각형에는 1이 적혀야 한다. 세 번째와 네 번째 식도 똑같은 원리로 2와 3이 구해져서 각각 세 번째 사각형과 네 번째 사각형에 적힌다.

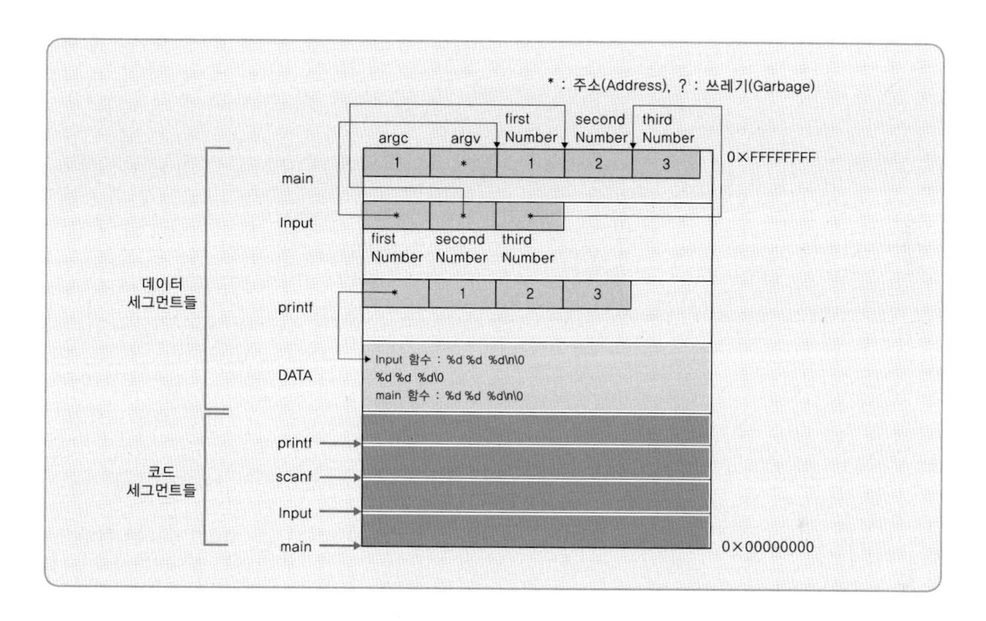

주소를 알면 간접 참조 지정 연산자 *로 주소를 갖는 기억장소에 저장된 값인 내용을 참조할 수 있다는 것도 기억하자.

이러한 상태에서 printf 함수는 콘솔 화면에 "Input 함수 : 1 2 3" 메시지를 출력한다. 그리고 출력이 끝나면 printf 함수 스택 세그먼트가 할당 해제된다. 메모리 맵에서는 Input 함수 스택 세그먼트 아래쪽에 작도된 printf 함수 스택 세그먼트가 없어진다.

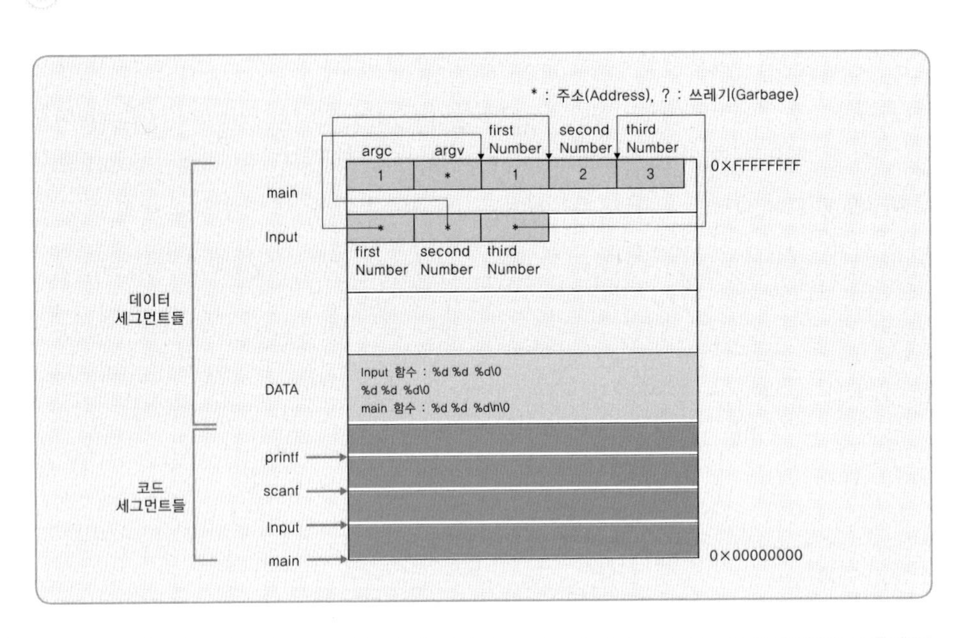

C코드

```
42 :    // 디버깅 코드
43 :    printf("Input 함수 : %d %d %d\n", *firstNumber, *secondNumber, *thirdNumber);//내용
44 : }
```

다시 Input 함수로 실행제어가 이동된다. 아래쪽으로 이동하면 Input 함수 블록의 끝을 나타내는 닫는 중괄호를 만나면, Input 함수 스택 세그먼트가 할당 해제된다. 그러면 Input 함수의 실행이 끝나게 된다. 메모리 맵에서 main 함수 스택 세그먼트 아래쪽에 작도된 Input 함수 스택 세그먼트가 없어진다.

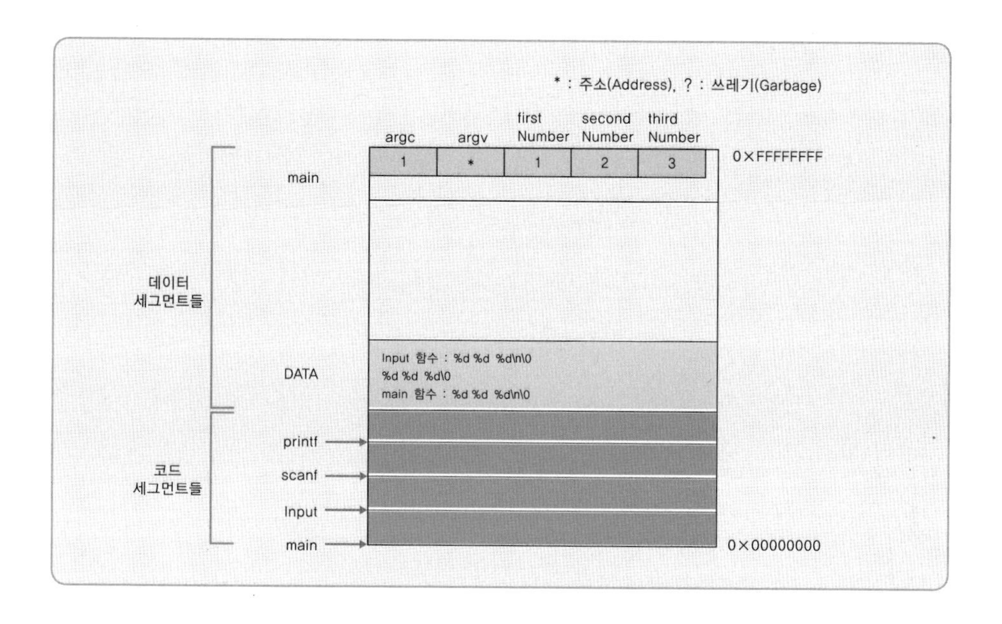

이제 남은 함수 스택 세그먼트는 main 함수 스택 세그먼트이다. 따라서 중앙처리장치에 의해서 데이터가 읽히고 쓸 수 있는 함수 스택 세그먼트는 main 함수 스택 세그먼트이다. 실행제어가 main 함수로 이동되었다는 말이다.

다음은 아래쪽으로 실행제어가 이동하여 디버깅 코드인 printf 함수 호출 문장으로 이동한다. printf 함수를 호출한다.

C코드

```
27 :     // 디버깅 코드
28 :     printf("main 함수 : %d %d %d\n", firstNumber, secondNumber, thirdNumber); //내용
```

printf 함수 스택 세그먼트가 할당되고, 함수 호출식에서 사용된 값을 저장하기 위해 기억장소가 할당되고, 할당된 기억장소에는 값이 복사되어 저장된다.

main 함수 스택 세그먼트 아래쪽에 일정한 크기의 사각형을 그린다. 그리고 함수 호출식에 적힌 값들의 개수만큼 작은 사각형을 그린다. 네 개의 값이 적혀 있으므로 네 개의 사각형이 그려진다. 첫 번째 값은 문자열 리터럴이므로 주소이다. 첫 번째 사각형에는 별표를 적고 별표로부터 시작하는 화살표를 그려 DATA 데이터 세그먼트에 저장된 문자열 리터럴의 첫 글자인 m을 가리키도록 한다. 두 번째, 세 번째 그리고 네 번째 값은 변수 이름이 적혀 있어 변수에 저장된 값이다. 각각 1, 2 그리고 3이다. 따라서 두 번째, 세 번째 그리고

네 번째 사각형에는 1, 2 그리고 3이 적혀야 한다.

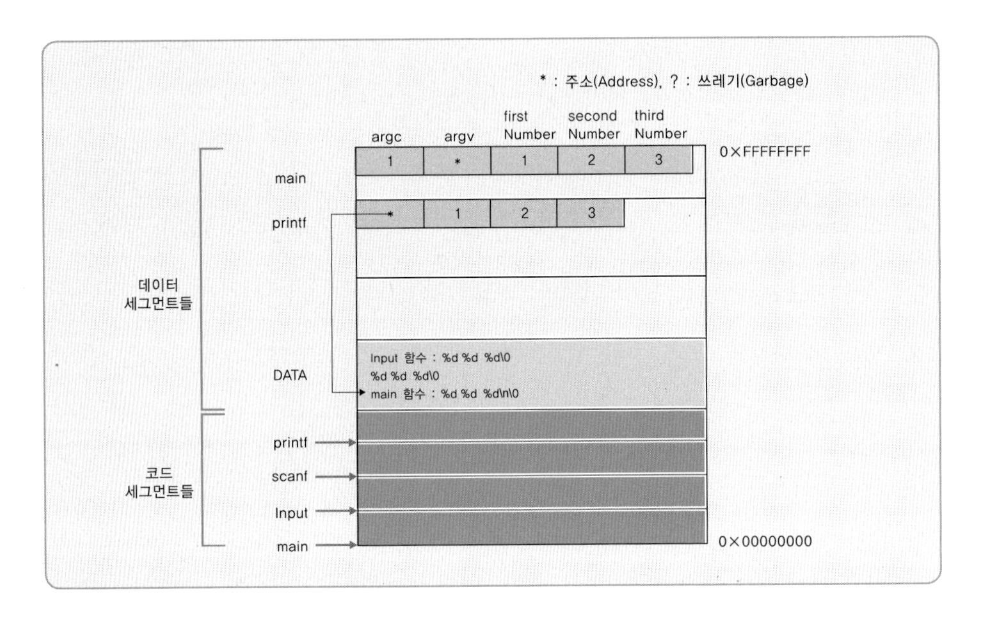

printf 함수에 의해서 콘솔 화면에 "main 함수 : 1 2 3"이 출력된다. 출력이 끝났으면 printf 함수 스택 세그먼트가 할당 해제된다. 따라서 printf 함수의 실행이 끝난다. 메모리 맵에서는 main 함수 스택 세그먼트 아래쪽에 작도된 printf 함수 스택 세그먼트가 없어진다.

다시 main 함수로 실행제어가 이동되고, 아래쪽으로 이동하게 된다.

C코드

```
30 :    return 0; // return 문장
31 : }
```

return 문장에 의해서 중앙처리장치의 레지스터에 0을 복사하여 저장한다. 그리고 아래쪽으로 실행제어가 이동되면 main 함수 블록의 끝을 나타내는 닫는 중괄호를 만나면 main 함수 스택 세그먼트가 할당 해제된다. 따라서 프로그램이 끝난다.

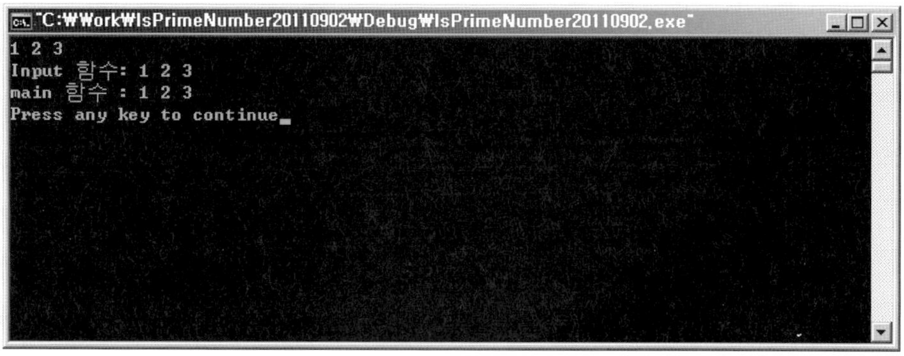

```
"C:\Work\IsPrimeNumber20110902\Debug\IsPrimeNumber20110902.exe"
1 2 3
Input 함수: 1 2 3
main 함수 : 1 2 3
Press any key to continue
```

실행 결과를 보자. 우리가 원하는 결과를 얻었다. 결론은 C언어에서는 두 개 이상의 데이터를 출력하고자 한다면, 매개변수로 구현해야 한다는 것이다. 이때 사용되는 매개변수는 주소(Address)를 저장해야 한다는 것이다. 다시 말해서 두 개 이상의 데이터를 출력하고자 한다면 주소를 저장하는 매개변수를 사용하여야 한다는 것이다. 따라서 C언어에서는 다음과 같은 기능이 제공되어야 한다.

(1) 주소를 저장하는 변수를 선언 및 정의할 수 있어야 한다.
(2) 변수의 주소를 구할 수 있어야 한다.
(3) 저장된 주소를 참조하여 주소를 갖는 기억장소에 값을 쓰고 읽을 수 있어야 한다.

당연히 C언어에서는 이러한 기능을 제공한다. 이러한 기능을 포인터(Pointer)라고 한다. 주소를 저장할 변수를 선언 및 정의하는 방법, 기억장소의 주소를 구하는 방법 그리고 마지막으로 주소를 이용하여 주소를 갖는 기억장소에 데이터를 쓰고 읽는 방법에 대한 문법적인 기능을 말한다. 이때 주소를 저장하는 변수를 포인터 변수라고 한다.

결론적으로 두 개 이상의 데이터를 출력하고자 한다면, 포인터 매개변수로 구현해야 한다는 것이다.

여기까지 제기되고 있는 문제를 다시 정리해 보자. 알고리듬은 반드시 한 개 이상 데이터를 출력해야 한다. 어떠한 알고리듬은 두 개 이상의 데이터를 출력한다. 그런데 C언어에서 사용하는 함수는 한 개의 데이터만을 출력하므로, 두 개 이상 데이터를 출력하는 알고리듬은 어떻게 C언어로 구현해야 할까?

Input 모듈과 Arrange 모듈은 출력하는 데이터들이 3개이다. 이러한 경우는 C 언어에서 어떻게 구현해야 할까? 결론은 출력하고 하는 데이터가 두 개 이상이면, 매개변수로 구현하는데 이때 매개변수는 주소를 저장하는 변수, 다시 말해서 포인터형 매개변수이어야 한다는 것이다.

정리하면 시스템 다이어그램을 보고, 출력하는 데이터들이 두 개 이상이면, 반환 개념을 사용하여 데이터들을 출력하는 것이 아니라, 주소를 이용하여 출력하도록 하자. 이때 매개변수로 포인터 변수를 선언 및 정의하자.

시스템 다이어그램을 보고, 함수를 선언하는 절차는 다시 정리하면 다음과 같다.

1. 출력 데이터가 한 개이면 출력 데이터의 자료형을 반환형으로 정하고, 출력 데이터가 두 개 이상이거나 출력이 없으면 반환형은 void로 한다. 생략하면 int 형이므로 생략하면 안된다.
2. 함수 이름을 적고 함수임를 강조하기 위해 함수 이름 뒤에 소괄호를 여닫는다.
3. 입력 데이터가 있는 경우 자료형과 이름을 쌍으로 해서 매개변수로 매개변수 목록을 작성한다.
4. 출력 데이터가 2개 이상이면 매개변수로 매개변수 목록을 작성한다. 이때 매개변수의 자료형은 포인터형이어야 한다. 포인터 변수를 선언하는 절차에 따라 매개변수를 선언한다. 포인터 매개변수를 선언하는 절차는 다음과 같다.
   (1) 매개변수 이름을 적는다.
   (2) 매개변수 이름 앞에 별표를 적는다.
   (3) 별표 앞에 공백을 두고 매개변수에 저장되는 주소를 갖는 변수의 자료형을 적는다.
5. 선언이라서 문장으로 처리해야 하므로 닫는 소괄호 뒤 줄의 끝에 세미콜론을 적는다.

시스템 다이어그램을 보고 Input 함수를 선언해보자. Input 함수를 선언하기 전에 시스템 다이어그램으로 메모리 맵을 그려 보고 함수를 선언하면 더욱더 쉽게 할 수 있다. 시스템 다이어그램으로 메모리 맵을 작도하는 방법을 알아보자.

모듈 하나에 대해 코드 세그먼트 한 개와 모듈이 실행될 때는 스택 세그먼트가 할당되고, 모듈의 실행이 끝날 때 스택 세그먼트가 할당 해제된다. 스택 세그먼트에는 출력데이터와 입력데이터에 대해서 기억장소가 할당되는데, 특별히 지정하지 않으면, 쓰레기를 저장하게 된다.

Main 스택 세그먼트에는 입력, 연산 그리고 출력 모듈에서 출력되는 데이터를 저장할 기억장소를 할당해야 한다. 입력, 연산 그리고 출력 모듈에서는 Main 모듈로부터 입력되는 데이터와 각각 모듈에서 출력하는 데이터를 저장할 기억장소를 할당해야 한다. 그런데 출력데이터가 두 개 이상이면, 입력, 연산 그리고 출력 모듈에서는 출력데이터를 저장하도록 할당된 기억장소에는 실제 출력하고자 하는 값을 적을 수 없다. 대신 저장되는 값이 주소를 나타내는 별표를 적고, 별표로부터 시작하여 출력하고자 하는 값을 실제로 저장해야 하는 Main 모듈에 할당된 기억장소를 가리키도록 작도해야 한다.

시스템 다이어그램으로 프로그램을 실행시키면, 컴퓨터 실행 원리에 의하여 코드 세그먼트가 먼저 할당되는데, 명령어와 상수가 보조기억장치로부터 복사되어 저장되게 된다. Main 모듈부터, 호출되는 순서에 따라서 Main, Input, Arrange 그리고 Output 순서대로 코드 세그먼트가 할당되었다.

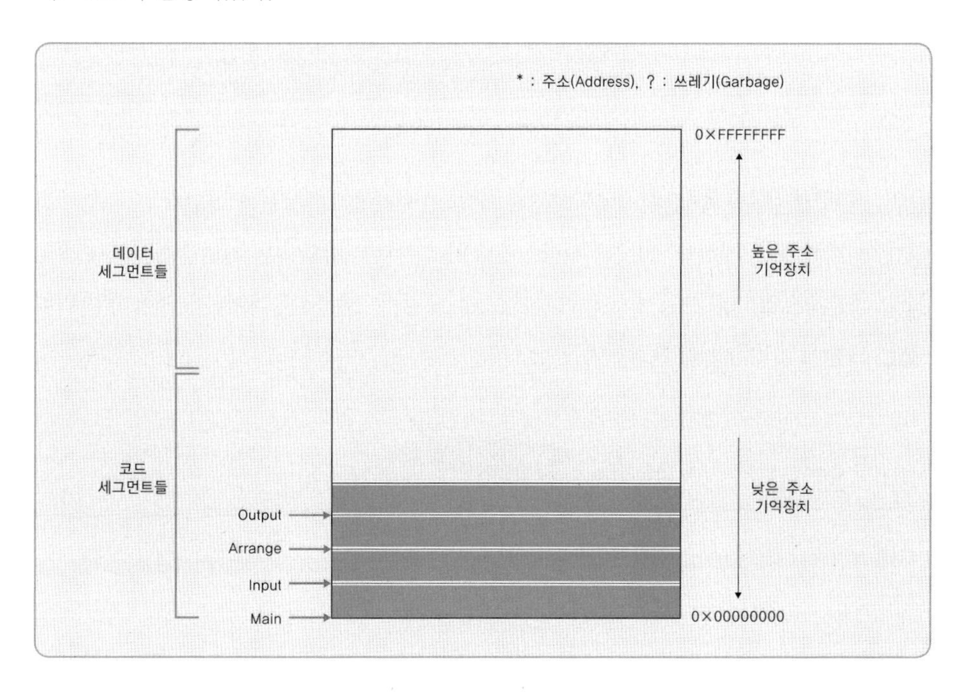

코드 세그먼트가 할당된 후 Main 모듈이 실행된다. Main 모듈이 실행될 때 사용되어야 하는 데이터를 저장하기 위해서 동적으로 관리되는 Main 스택 세그먼트가 할당되어야 한다. 메모리 맵에서 가장 높은 주소에서부터 아래쪽으로 일정한 크기의 사각형을 그리고 왼쪽에 모듈 이름을 적는다.

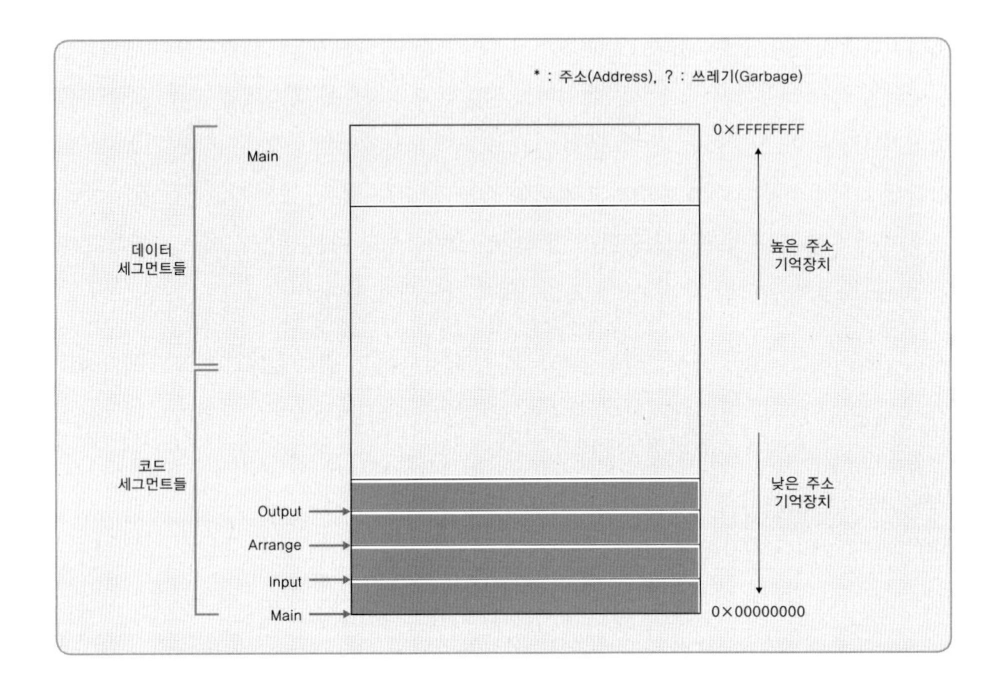

Main 스택 세그먼트에 할당된 기억장소에 대해서만 중앙처리장치에 의해서 데이터가 읽히고, 쓰이게 되는 것이다. 다음은 Main 스택 세그먼트에 할당되는 기억장소를 작도해야 한다. 기본적으로 다른 모듈에서 출력되어 Main 모듈에 입력되는 데이터를 저장하기 위해 Main 모듈에 기억장소를 할당해야 한다.

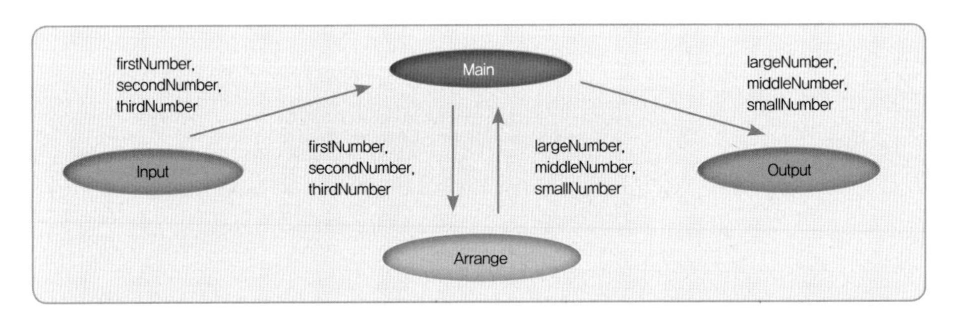

시스템 다이어그램을 보면, firstNumber, secondNumber 그리고 thirdNumber는 Input 모듈에서 출력되어 Main 모듈에 입력되는 데이터들이다. 이러한 데이터들을 저장하기 위해 Main 모듈에서 기억장소들을 할당해야 한다. Main 스택 세그먼트에 세 개의 작은 사각형을 그리고, 바깥쪽에 출력 데이터 이름을 적는다.

마찬가지로 largeNumber, middleNumber, smallNumber는 Arrange 모듈에서 출력되어 Main 모듈에 입력되는 데이터들이다. 이러한 데이터들을 저장하기 위해 Main 모듈에서 기억장소들을 할당해야 한다. Main 스택 세그먼트에 세 개의 작은 사각형을 그리고, 바깥쪽에 출력데이터 이름을 적는다.

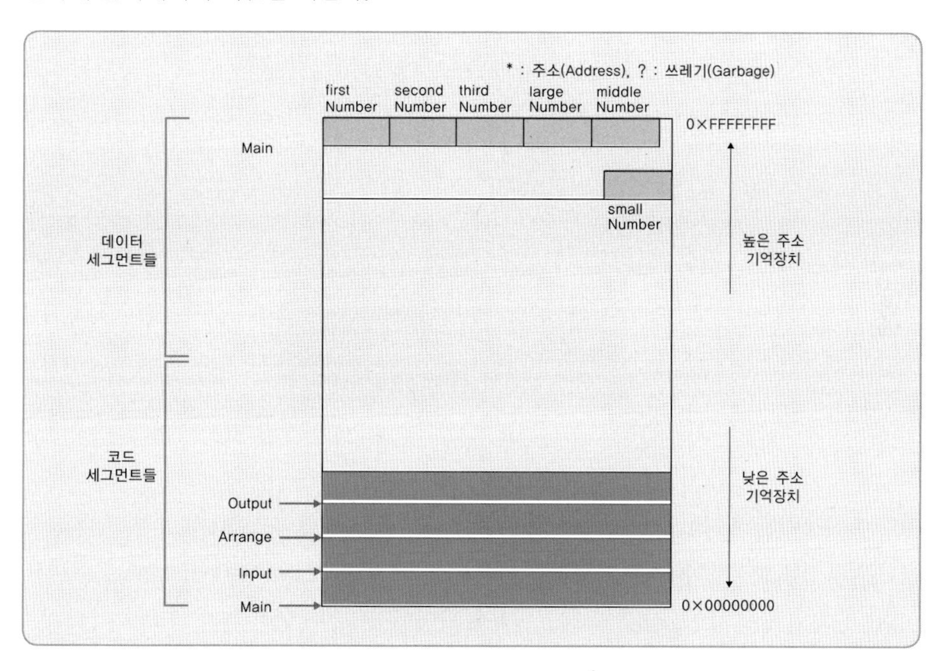

기본적으로 시스템 다이어그램에서 특정 모듈의 출력 데이터를 저장하기 위해 관련 다른 모듈에서 저장하여야 하므로 관련 다른 모듈에서 기억장소를 할당해야 한다.

다음은 Input 모듈이 실행되는데, 실행될 때 필요한 데이터를 저장하기 위해 Input 스택 세그먼트가 할당된다. 메모리 맵에서는 Main 스택 세그먼트 아래쪽에 일정한 크기의 사각형을 그리고 왼쪽에 Input 모듈 이름을 적는다. 이러한 상태에서는 중앙처리장치에 의해서 데이터를 쓰고, 읽을 수 있는 스택 세그먼트는 가장 아래쪽에 할당된 Input 스택 세그먼트에 할당된 기억장소이다.

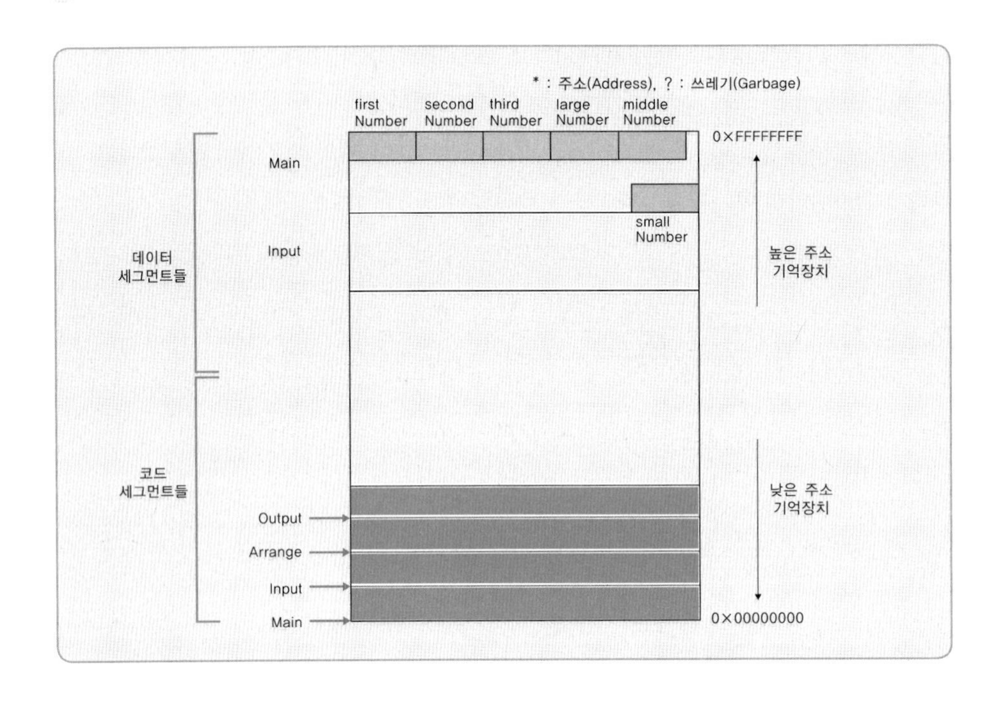

따라서 사용자가 키보드로 입력하는 데이터를 출력하기 위해서는 Input 스택 세그먼트에 기억장소를 할당해야 한다. 출력하는 데이터들, firstNumber, secondNumber 그리고 thirdNumber에 대해 Input 스택 세그먼트에 기억장소를 할당해야 한다.

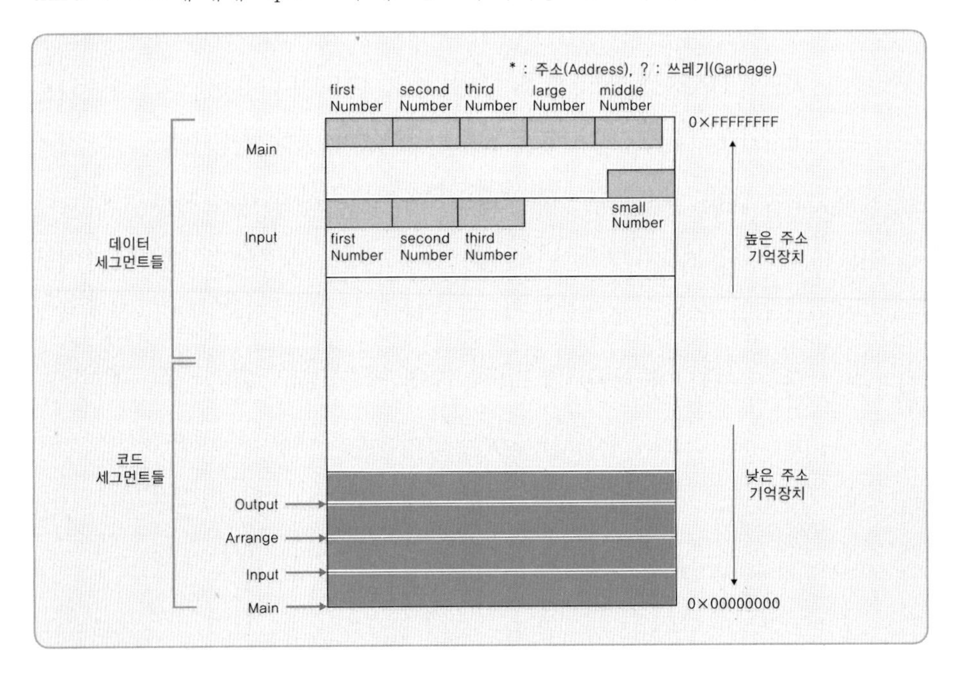

출력하는 데이터가 두 개 이상이므로 사각형에 별표를 적고 별표로부터 시작하여 화살표를 그려 Main 스택 세그먼트에 할당된 기억장소를 가리키도록 한다. 다시 말해서 Input 스택 세그먼트에 할당된 기억장소는 주소를 저장하게 된다. Main 스택 세그먼트에 할당된 기억장소의 주소를 저장하게 된다. 이렇게 해야만 중앙처리장치에 의해서 Main 스택 세그먼트에 할당된 기억장소들에 데이터를 쓰고, 읽기가 가능하기 때문이다. 기억장소의 주소를 이용하면 어떤 곳에서든, 언제든지 특정 기억장소에 데이터를 쓰고, 읽을 수 있다.

따라서 특정 기억장소가 주소를 저장할 수 있는 기능만을 가지면, 두 개 이상의 데이터를 출력할 수 있다. C 언어에서는 기억장소에 저장할 수 있는 값으로 주소를 사용할 수 있도록 하는 기능을 제공한다. 이러한 기능을 포인터(Pointer)라고 한다.

Input 스택 세그먼트에 할당된 기억장소는 주소를 저장하고, 그 기억장소에 저장되는 주소는 Main 스택 세그먼트에 할당된 기억장소, 즉 사용자가 입력한 수를 저장할 기억장소의 주소를 저장하는 방식이다.

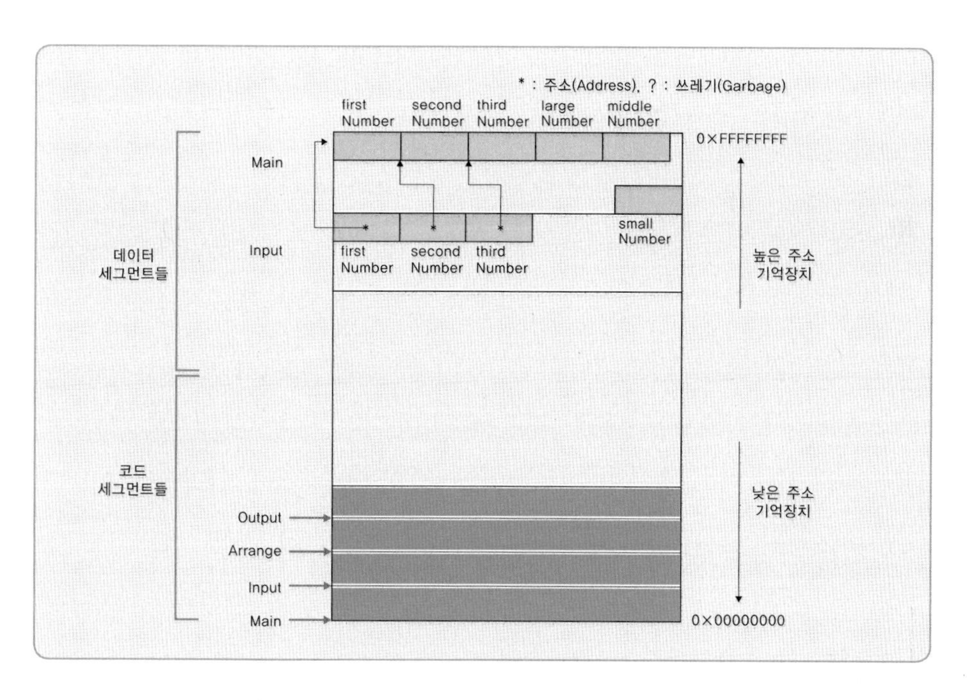

키보드로 입력되는 수를 Input 스택 세그먼트에 할당된 기억장소에 저장된 주소를 갖는 기억장소, 즉 Main 스택 세그먼트에 할당된 기억장소에 저장하도록 한다.

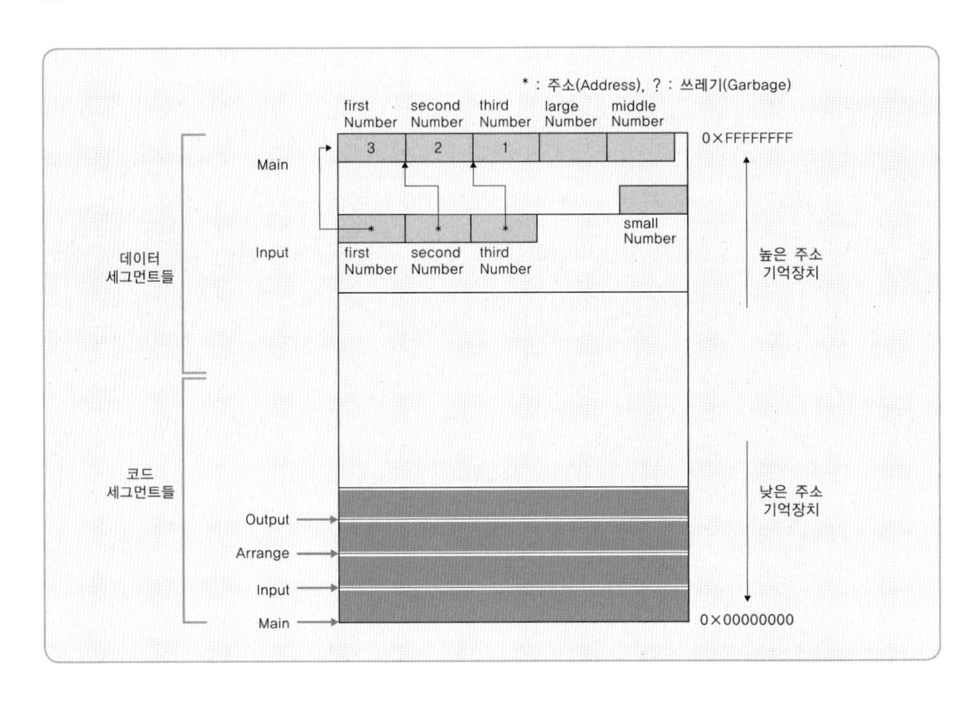

이러한 상태에서 Input 스택 세그먼트가 할당 해제되더라도 Main 스택 세그먼트의 기억장소에 입력된 값이 저장되어 있으므로 우리가 원하는 기능이 구현된다. Input 모듈에서 세 개의 데이터가 출력된 것이다.

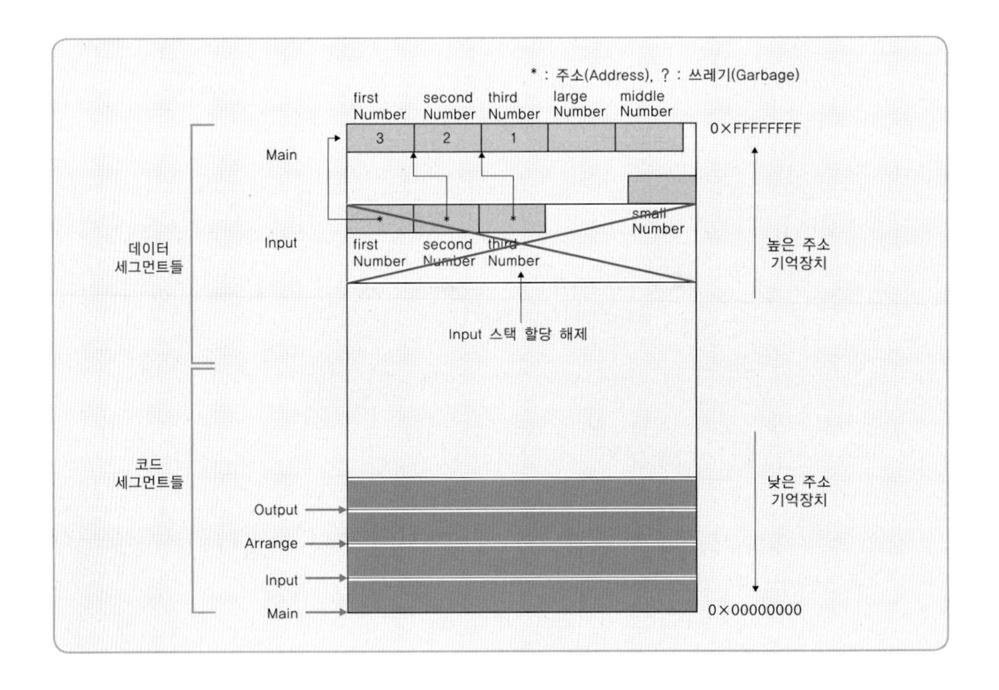

Input 함수를 선언해 보자. Input 모듈은 출력하는 데이터들이 세 개이다. 따라서 반환형을 사용하지 않도록 하자. 사용하지 않는다고 해서 생략하는 것이 아니라 반환형을 void로 처리한다. 그래서 줄의 맨 처음에 void라고 적는다. 그리고 한 칸 띄우고, 모듈 명칭을 함수 이름으로 적고, 함수임을 강조하기 위해서 소괄호를 여닫아야 한다.

C코드
```
void Input()
```

입력 데이터에 대해서는 소괄호 안에 자료형과 이름을 쌍으로 해서 개수만큼 쉼표로 구분하여 나열한다. 즉 매개변수 목록을 작성하여야 한다. 시스템 다이어그램을 보면 Input 함수에는 입력 데이터가 없다. 따라서 매개변수 목록을 작성할 필요가 없다.

그런데 출력 데이터가 두 개 이상이면, 출력 데이터에 대해 매개변수로 선언 및 정의하여 매개변수 목록을 작성해야 한다. 그런데 이때 매개변수의 자료형은 포인터형이다. 한 개의 독립된 기억장소의 주소를 저장하는 포인터 변수, 즉 일반 포인터 변수를 선언하는 절차는 다음과 같다.

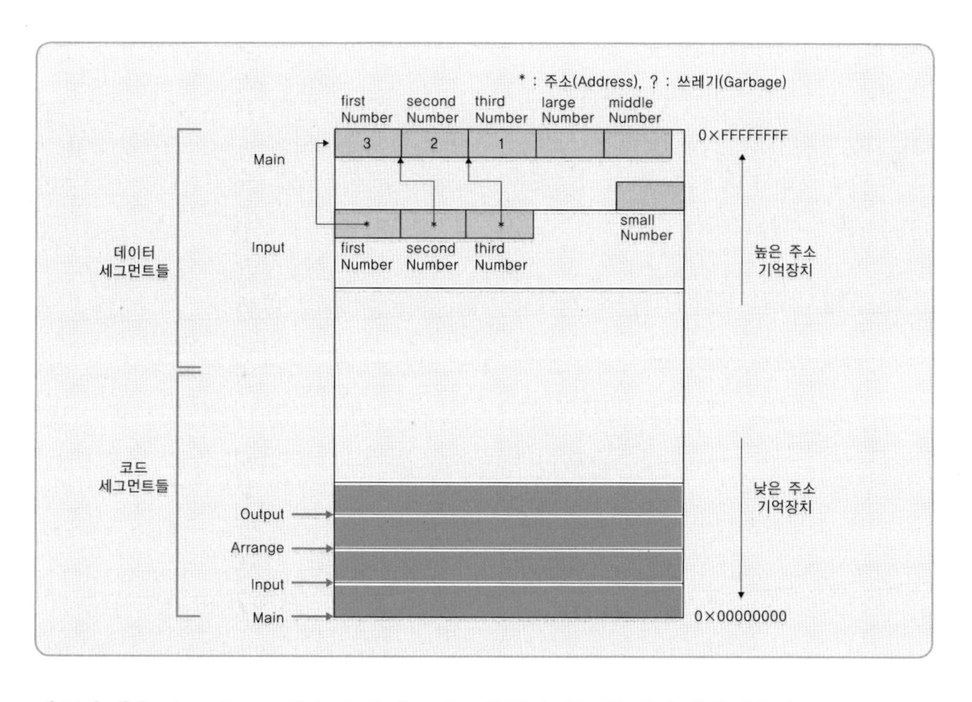

메모리 맵을 보고, Input 함수 스택 세그먼트에 할당되는 첫 번째 매개변수인 firstNumber를 선언 및 정의해보자.

1. 변수 이름을 적는다. firstNumber
2. firstNumber에 저장되는 값이 주소이므로 변수 이름 앞에 별표를 적는다. *firstNumber
3. 변수에 저장된 주소를 갖는 기억장소의 자료형, 즉 여기서는 Main 스택 세그먼트에 할당된 firstNumber 변수의 자료형인 Long를 별표 앞에 한 칸 띄고 적는다.
   Long *firstNumber
4. 매개변수이므로 마지막에 세미콜론을 적지 않는다.

메모리 맵을 보고, 똑같은 방식으로 Input 함수 스택 세그먼트에 할당된 secondNumber, thirdNumber에 대해 선언 및 정의를 해보자. 여러분이 직접 해보자.

매개변수 목록으로 작성되므로 매개변수를 구분하기 위해서 쉼표로 구분하면 된다.

C코드
```
void Input( Long *firstNumber, Long *secondNumber, Long *thirdNumber);
```

그리고 줄의 끝에 세미콜론을 적어 선언을 마무리한다.

다음은 시스템 다이어그램에서 Arrange 모듈에 대해 Arrange 함수를 선언해 보자. 메모리 맵을 작도해보자. Arrange 모듈이 실행될 때는 Input 모듈의 실행이 되어 Main 스택 세그먼트에 할당된 세 개의 변수에 사용자로부터 키보드로 입력된 값들이 저장된 후일 것이다. 다시 말해서 Input 스택 세그먼트는 이미 할당 해제되었고, Main 스택 세그먼트만이 할당된 상태이다.

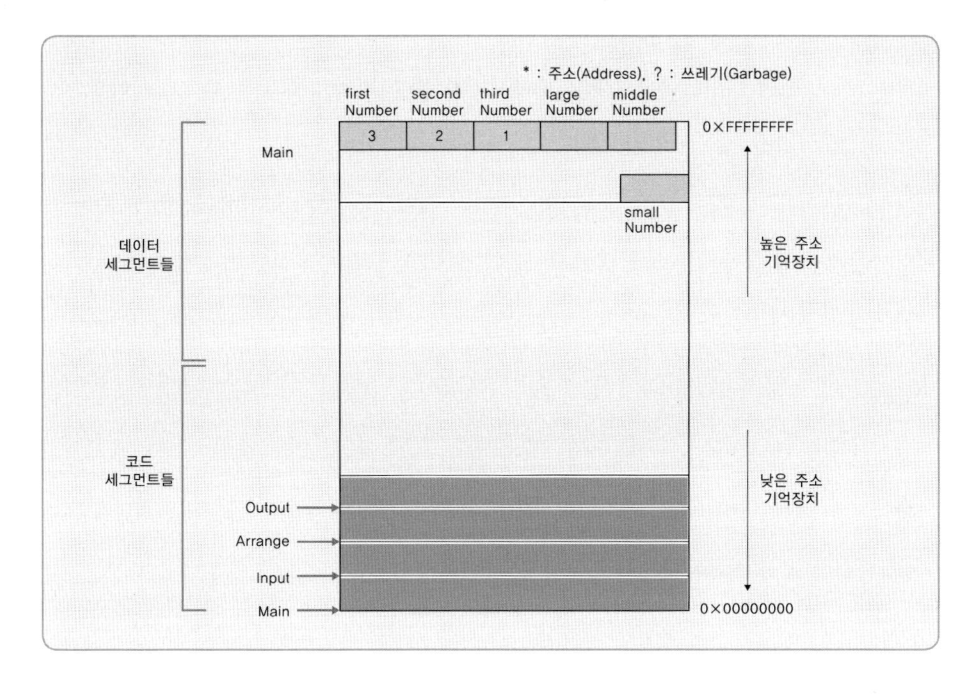

Arrange 모듈이 실행될 때, 필요한 데이터들을 저장하기 위해 Arrange 스택 세그먼트를 할당하게 된다. Main 스택 세그먼트 아래쪽에 일정한 크기의 사각형을 그리고 왼쪽에 모듈 이름 Arrange를 적는다.

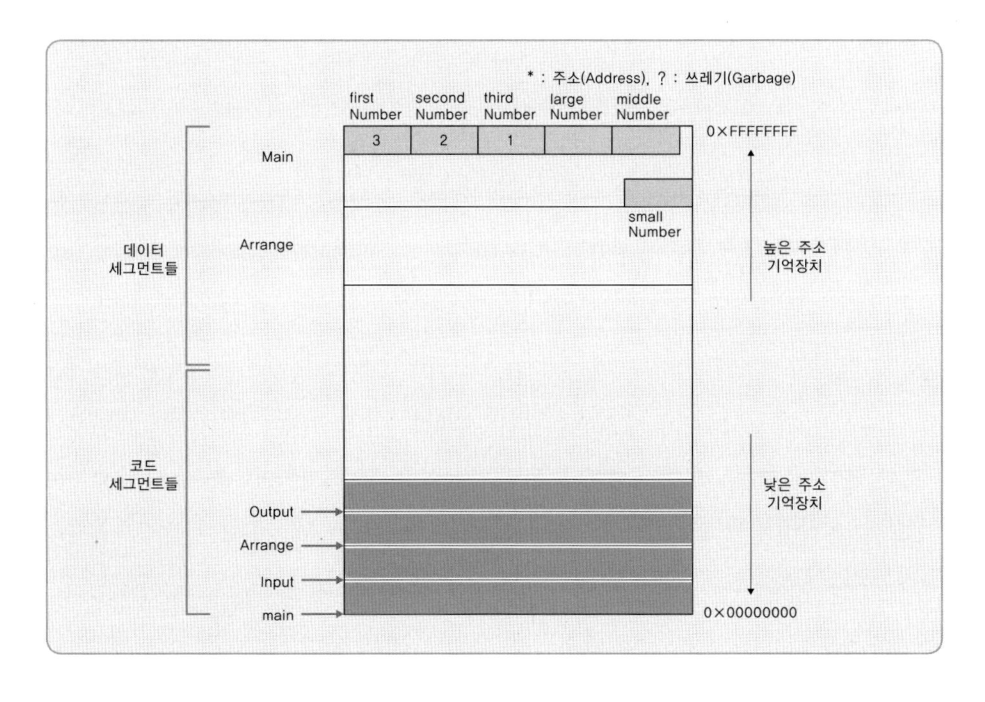

Arrange 스택 세그먼트에 할당되는 변수들로 내부를 구성해보자. 시스템 다이어그램에 의하면 3개의 입력 데이터와 3개의 출력 데이터가 있다. 따라서 이들은 Arrange 함수에서 매개변수로 선언 및 정의되어야 한다.

입력 데이터들에 대해 Arrange 스택 세그먼트에 변수들을 선언 및 정의해야 한다. 입력 데이터들은 반드시 실행되는 모듈의 스택 세그먼트에 저장되어야 하므로 실행되는 스택 세그먼트에 할당되어야 한다.

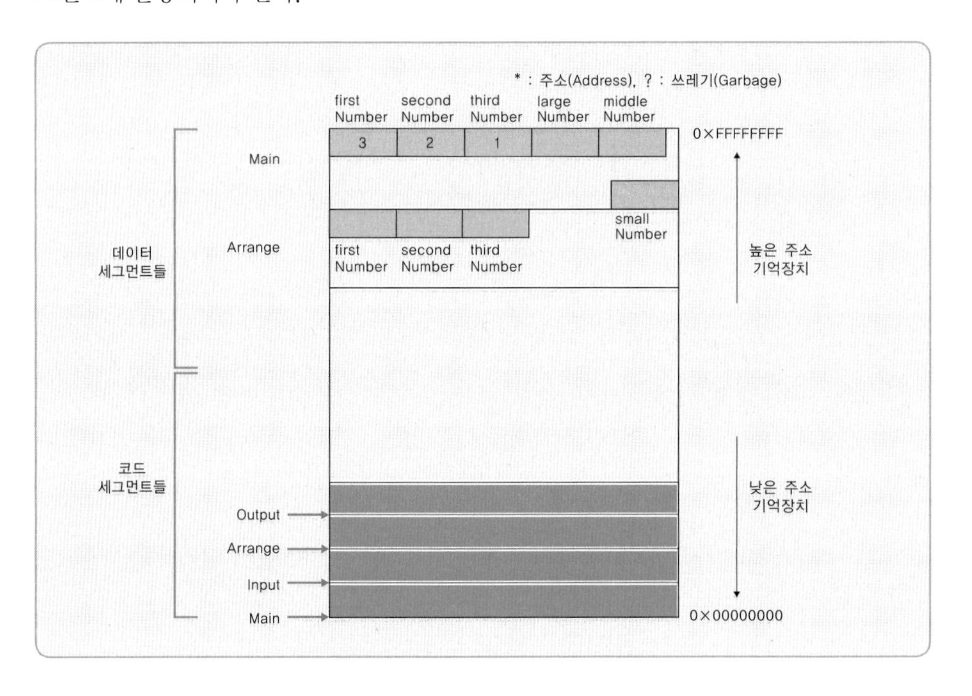

입력 데이터는 배열이 아니면 포인터형이 아니라 스칼라형(Scalar)이다는 것을 명심하도록 하자. 프로그램에서 처리해야 하는 값이어야 한다는 것이다.

다음은 출력 데이터들에 대해 메모리 맵에서 작도해보자. 출력 데이터에 대해 실행시키는 모듈의 스택 세그먼트에 기억장소를 할당해야 한다. 그래야 출력되는 데이터를 실행시키는 모듈에서 저장할 수 있기 때문이다. 또한, 실행되는 모듈에서도 기억장소를 할당해야 하는데, 한 개일 때는 스칼라 형이지만, 두 개 이상이면 포인터형이어야 한다. 다시 말해서 실행되는 모듈에서 할당된 기억장소는 주소를 저장하고, 저장된 주소를 갖는 기억장소는 실행시키는 모듈에 할당되어야 한다.

세 개의 출력 데이터를 갖기 때문에 Main 스택 세그먼트에 세 개의 기억장소를 할당해야 한다.

실행되는 모듈인 Arrange 스택 세그먼트에 출력 데이터들에 대해 세 개의 기억장소를 할당해야 한다. Arrange 스택 세그먼트에 할당된 세 개의 기억장소에는 주소를 저장하게 된다. Main 스택 세그먼트에 할당한 기억장소의 주소이어야 한다.

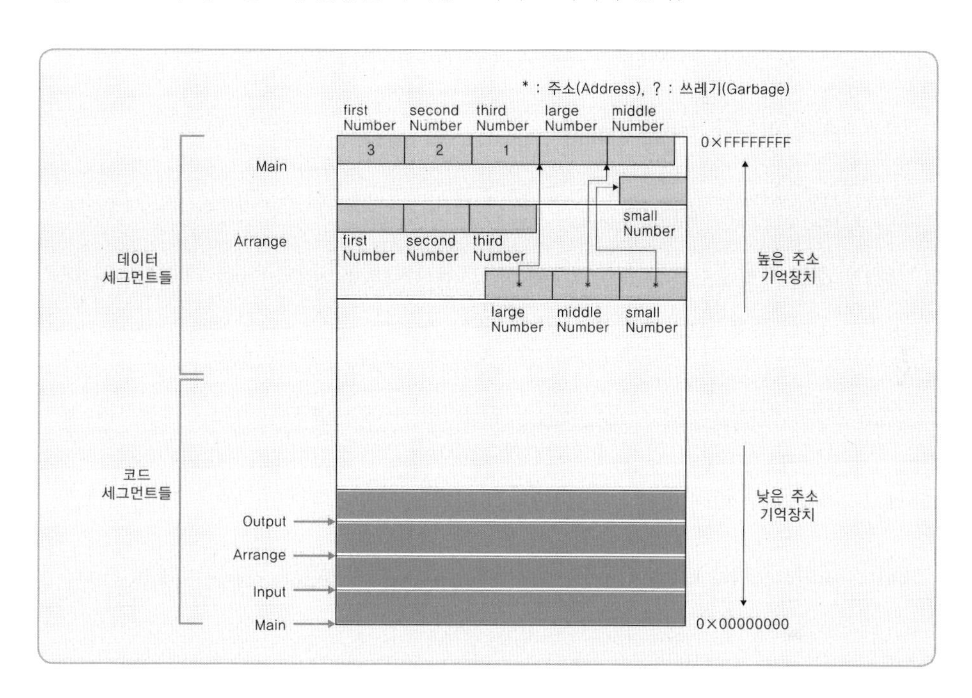

메모리 맵을 참고하여 Arrange 함수를 선언해보자. 출력 데이터가 세 개이다. 따라서 반환형을 생략할 수 없고, void로 하자. 생략하면 기본적으로 int 형이 된다. 함수 이름을 적고 함수 이름 뒤에 함수임을 강조하기 위해 구두점인 소괄호를 여닫자.

C코드

```
void Arrange()
```

입력 데이터가 세 개 있으므로 입력 데이터 각각에 대해 매개변수로 매개변수 목록을 작성하자. 매개변수는 함수임을 강조하는 구두점인 소괄호에 자료형과 이름으로 구성된다. 따라서 첫 번째 입력데이터 firstNumber는 Long firstNumber, 두 번째 입력 데이터 secondNumber는 첫 번째 매개변수와 구분하기 위해 쉼표로 구분하고 Long secondNumber, 그리고 세 번째 입력 데이터 thirdNumebr는 Long thirdNumber로 매개변수를 선언 및 정의해야 한다.

C코드

```
void Arrange( Long firstNumber, Long secondNumber, Long thirdNumber)
```

다음은 출력 데이터도 세 개이므로 매개변수로 매개변수 목록을 작성해야 한다. 출력 데이터를 저장할 변수는 포인터 변수이므로 포인터 변수를 선언 및 정의하는 절차에 따라 선언 및 정의하면 된다.

첫 번째 출력 데이터 largeNumber 변수를 선언 및 정의해보자.

1. 변수 이름을 적는다. largeNumber
2. 주소를 저장하는 변수임을 강조하기 위한 구두점인 별표를 변수 이름 앞에 적는다. *largeNumber
3. 주소를 갖는 기억장소인 Main 스택 세그먼트에 할당된 largeNumber 기억장소의 자료형인 Long를 별표 앞에 한 칸 띄우고 적는다.
4. 매개변수이므로 세미콜론을 적지 않고, 계속해서 매개변수가 있으면 쉼표를 적는다.

이러한 방식으로 Arrange 스택 세그먼트에 할당된 middleNumber, smallNumber에 대해 매개변수를 선언 및 정의해보자. 여러분이 직접 해보자.

그리고 마지막으로 닫는 소괄호 뒤에 바로 세미콜론을 적어 문장으로 처리되도록 하고, 선언을 마무리한다.

C코드

```
void Arrange( Long firstNumber, Long secondNumber, Long thirdNumber
       Long *largeNumber, Long *middleNumber, Long *smallNumber);
```

Output 모듈에 대해 Output 함수를 선언해보자.

출력 데이터가 없다. 따라서 반환형은 void이다. 함수 명칭을 적고 함수임을 강조하는 소괄호를 여닫는다.

입력 데이터들이 세 개 있으므로 매개변수로 매개변수 목록을 작성한다. 매개변수는 자료형과 이름으로 구성되고, 여러 개를 나열하는 경우는 쉼표로 구분하면 된다. 줄의 끝에 세미콜론을 적어 문장으로 처리되도록 한다. 따라서 다음과 같이 선언해야 한다.

C코드

```
void Output( Long largeNumber, Long middleNumber, Long smallNumber);
```

이렇게 해서 시스템 다이어그램에서 표현된 모듈들에 대해 각각 함수를 선언하면 된다. 여기까지 작성된 코드는 다음과 같다.

C코드

```
// Arrange.c
/* ****************************************************************
 파일이름 : Arrange.c
 기    능 : 세 수를 입력받아 내림차순으로 출력하다.
 작 성 자 : 김 석 현
 작성일자 : 2013년 4월 23일
 *****************************************************************/
// 자료형 이름(Type name) 선언
typedef signed long int Long;

// 함수(Function) 선언
int main( int argc, char *argv[] );
void Input(Long *firstNumber,Long *secondNumber,Long *thirdNumber);
void Arrange(Long firstNumber, Long secondNumber, Long thirdNumber,
     Long *largeNumber, Long *middleNumber, Long *smallNumber);
void Output(Long largeNumber, Long middleNumber, Long smallNumber);
```

다음은 시스템 다이어그램을 참고하여, 함수들을 정의해야 한다.

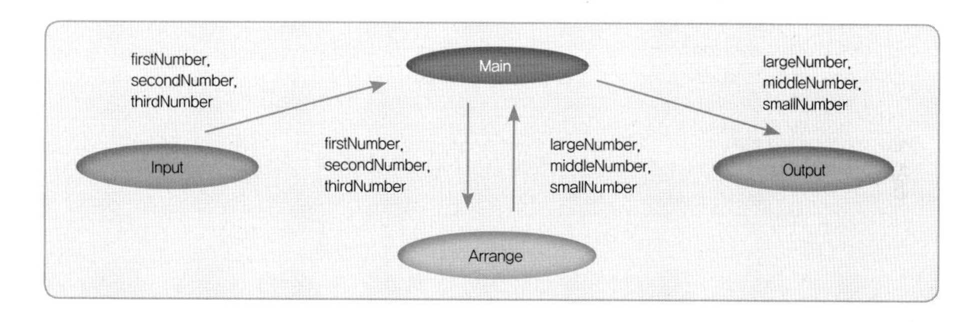

먼저 main 함수를 정의하면 된다. 앞에서 선언한 사용자 정의 함수들, Input 함수, Arrange 함수 그리고 Output 함수를 호출하는 코드를 작성하면 된다.

권장하는 main 함수 원형을 그대로 적고, 마지막에 있는 세미콜론을 지워 함수 머리를 만들고, 함수 머리가 적힌 줄에 여는 중괄호({)를 적고 다음 줄에 닫는 중괄호(})를 적어 함수 몸체를 만든다. 프로그램이 정상적으로 끝난다는 것을 운영체제에 알려야 하므로 main 함수에서 반환하는 값이 0이다. 0을 반환하는 return 문장을 main 함수에서 처리해야 하는 마지막 문장으로 작성하자.

C코드

```
int main( int argc, char *argv[] ) {
    return 0;
}
```

시스템 다이어그램을 참고하면, Input 모듈로부터 출력되는 세 개의 데이터와 Arrange 모듈로부터 출력되는 세 개의 데이터, Main 모듈에서는 여섯 개의 입력 데이터가 있다. 기본적으로 입력 데이터가 있으면, 입력되는 데이터를 저장하기 위한 기억장소를 할당해야 한다. 그래야 입력 데이터를 저장할 수 있기 때문이다. 특히, 시스템 다이어그램에서 보듯이 입력되는 데이터가 다른 모듈에서 사용되어야 한다면, 입력되는 데이터를 저장하기 위해 기억장소를 반드시 할당해야 한다. 따라서 여섯 개의 입력 데이터를 저장할 기억장소를 main 함수 스택 세그먼트에 할당해야 한다. 여섯 개의 자동변수를 선언 및 정의해야 한다.

C코드

```
int main( int argc, char *argv[] ) {
    // 자동 변수 선언문들
    Long firstNumber;
    Long secondNumber;
    Long thirdNumber;
    Long largeNumber;
    Long middleNumber;
    Long smallNumber;

    return 0;
}
```

따라서 알고리듬을 프로그램으로 작성해서 바로 실행했을 때 메모리 맵은 다음과 같다.

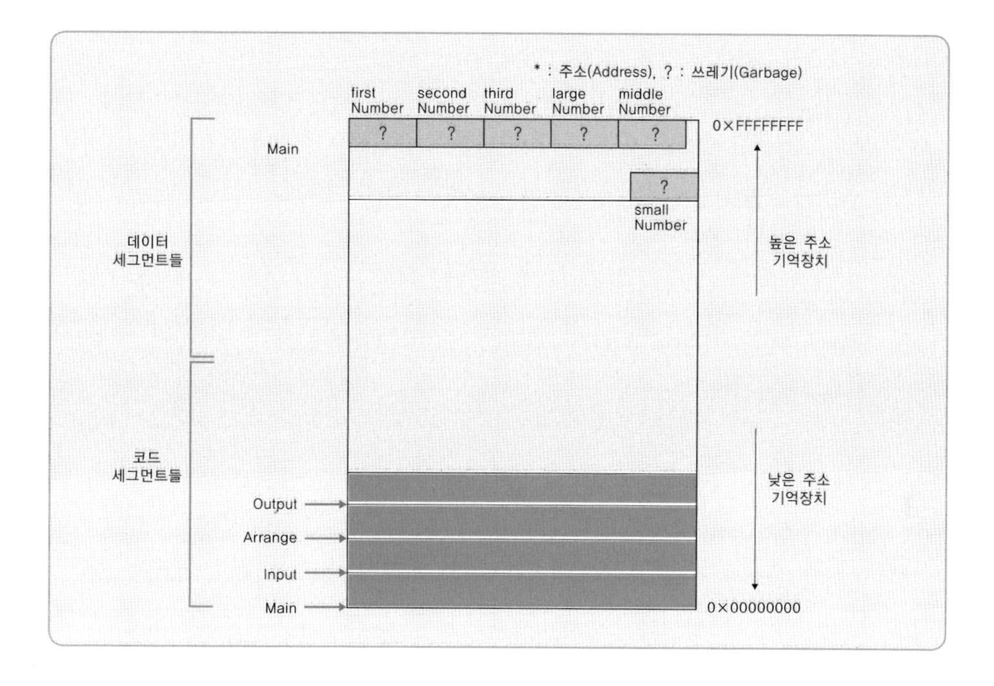

물론 권장되는 main 함수 원형에서 두 개의 매개변수를 사용하도록 하고 있기에 코드에 적용하지만, 알고리듬 구현에 집중하기 위해서 메모리 맵에서는 두 개의 매개변수는 작도하지 않겠다.

시스템 다이어그램을 보면, Input, Arrange 그리고 Output 모듈 간의 관계에 대해 main 함수에서 Input 함수, Arrange 함수와 Output 함수 호출 문장으로 구현되어야 한다.

시스템 다이어그램에 의하면 첫 번째로 호출되어야 하는 함수는 Input 함수이다. 반환형이 void이므로 치환식은 필요 없고, 함수 호출식만으로 작성하면 된다. Input 함수 이름을 적고 소괄호를 여닫고, 소괄호에 firstNumber, secondNumber 그리고 thirdNumber 변수의 주소를 구하는 식을 작성하여 쉼표로 구분하여 적고, 마지막으로 줄의 끝에 세미콜론을 적어 문장으로 처리되도록 해야 한다.

여기서 기억장소의 주소를 구하는 방법을 공부하자. 스택에 할당된 기억장소의 주소를 구하는 방법은 주소 연산자(&)를 변수 이름 앞에 적으면 된다. 그러면 식이 작성되고, 프로그램을 실행했을 때 변수 이름에 대응되는 기억장소의 주소를 구하게 된다.

C코드

```
int main( int argc, char *argv[] ) {
    // 자동 변수 선언문들
    Long firstNumber;
    Long secondNumber;
    Long thirdNumber;
    Long largeNumber;
    Long middleNumber;
    Long smallNumber;

    // 함수 호출 문장
    Input( &firstNumber, &secondNumber, &thirdNumber ); // 주소

    return 0;
```

Input 함수에 의해서 사용자가 키보드로 입력한 데이터를 main 함수로 출력해야 한다. 따라서 사용자가 키보드로 입력한 데이터가 Input 함수의 실행이 끝났을 때, main 함수에 할당된 기억장소에 저장되도록 해야 한다. 그렇게 하는 방법은 출력하는 데이터가 한 개인 경우 return에 의한 방법과 출력하는 데이터가 두 개 이상이면 포인터를 이용하는 방법이 있다. 여기서는 출력하는 데이터들이 세 개이므로 포인터를 이용하는 방법을 사용해야 한다. main 함수 스택 세그먼트에 할당된 기억장소의 주소를 구해서 Input 함수에 매개변수로 복사해야 한다.

Input 함수를 호출했을 때 메모리 맵은 다음과 같다. Main 스택 세그먼트 아래쪽에 일정한 크기의 사각형을 그린다. 왼쪽에 Input이라 함수이름을 적는다. Input 스택 세그먼트에 세 개의 작은 사각형을 그리고 사각형 아래쪽에 이름을 적는다. 그리고 사각형에는 별표를 적고, 별표로부터 시작하여 Main 스택 세그먼트에 할당된 기억장소를 가리키는 화살표를 그린다.

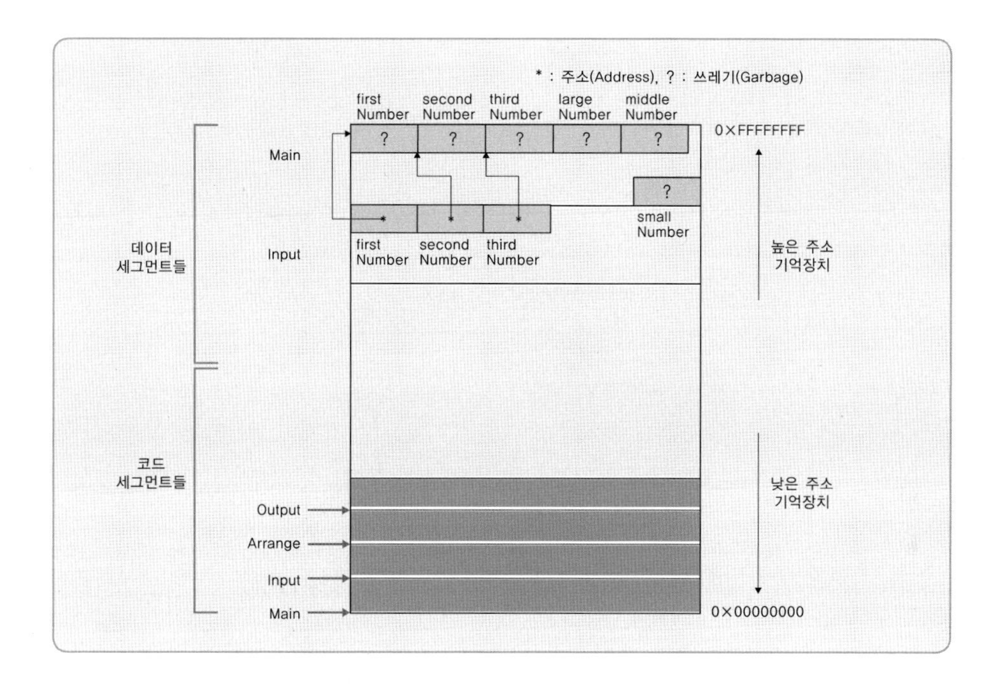

다음은 Arrange 함수를 호출해야 한다. Main 모듈과 Arrange 모듈 간의 관계를 Arrange 함수 호출 문장으로 구현해야 한다. Input 함수 호출 문장 다음에 Arrange 함수 호출 문장을 작성해야 한다. Arrange 함수가 세 개의 데이터를 출력하고 있으므로 반환형이 void이다. 치환식이 없이 함수 호출식만으로 함수 호출 문장을 작성해야 한다. 함수 이름 Arrange를 적고 함수 호출 연산자인 소괄호를 여닫아야 한다.

소괄호에 입력데이터에 대해서는 변수 이름을 적고, 출력데이터에 대해서는 변수 이름 앞에 주소 연산자 &를 적어 식으로 쉼표로 구분하여 적는다. 반드시 매개변수의 개수, 자료형 그리고 순서를 맞추어야 한다. 마지막에 세미콜론을 적어 문장으로 처리되도록 해야 한다.

C코드

```
Arrange( firstNumber, secondNumber, thirdNumber,
        &largeNumber, &middleNumber, &smallNumber);
```

Arrange 함수에서는 세 개의 입력 데이터와 세 개의 출력 데이터가 있다. 입력 데이터이면 매개변수로 값이 그대로 복사되면 된다. 변수에 저장된 값을 복사하도록 하면 된다. 따라서 변수 이름을 적으면 된다. 그러나 두 개 이상의 출력 데이터들에 대해서는 변수 이름을 적으면 되지 않고, 변수 이름 앞에 반드시 주소 연산자(&)를 적어야 한다. 그래야 변수에 저장된 값, 이 경우에는 쓰레기를 복사하지 않고, 주소를 구해서 복사하게 된다.

다음과 같이 메모리 맵이 작도된다.

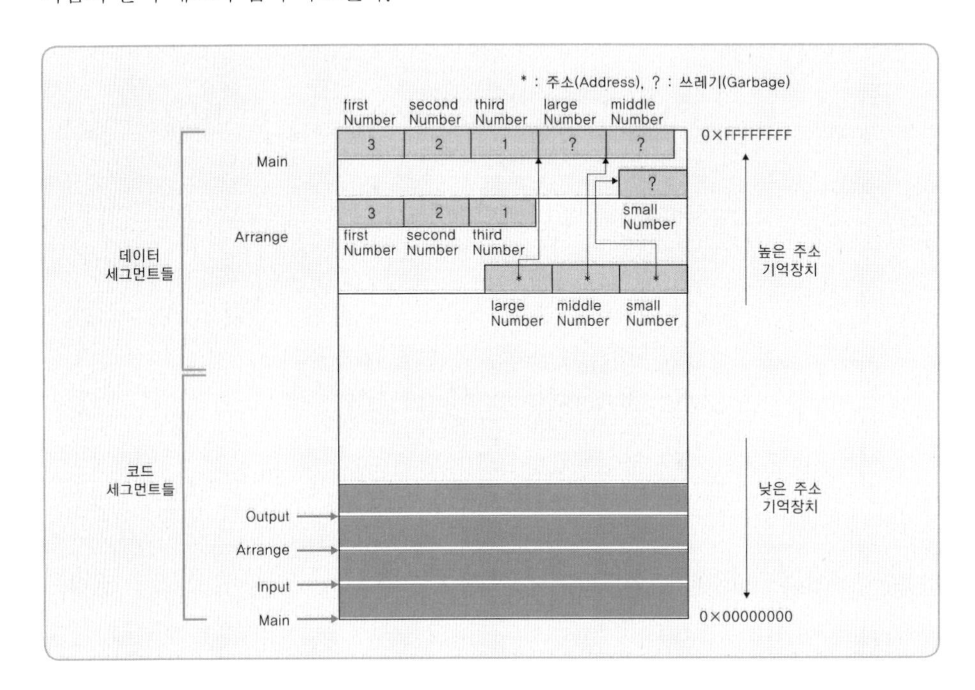

시스템 다이어그램에서 마지막으로 Main 모듈과 Output 모듈 간의 관계에 대해 Output 함수 호출 문장을 작성해야 한다. 반환형이 void이므로 함수 호출식만으로 함수 호출 문장을 작성해야 한다. 함수 이름 Output을 적고 함수 호출 연산자인 소괄호를 여닫아야 한다. 그리고 매개변수는 입력데이터이므로 변수 이름을 적어 변수에 저장된 값인 내용을 복사하여 저장하도록 한다. 그리고 줄의 끝에 세미콜론을 적어 문장으로 처리되도록 한다.

C코드

```
Output( largeNumber, middleNumber, smallNumber);
```

main 함수 스택 세그먼트에 할당된 기억장소들, largeNumber, middleNumber, 그리고 smallNumber에 저장된 값을 복사하여 Output 함수 스택 세그먼트에 할당된 매개변수들, largeNumber, middleNumber 그리고 smallNumber에 저장하도록 하면 된다. 따라서 Output 함수를 호출할 때 변수 이름을 쉼표로 구분하여 매개변수들의 개수, 자료형 그리고 순서에 맞게 나열하면 된다. 함수를 호출할 때 반드시 기억해야 하는 내용은 매개변수들의 개수, 자료형 그리고 순서에 맞게 값을 설계해서 쉼표로 구분하여 적어야 한다는 것이다.

Output 함수가 호출되었을 때 메모리 맵은 다음과 같다.

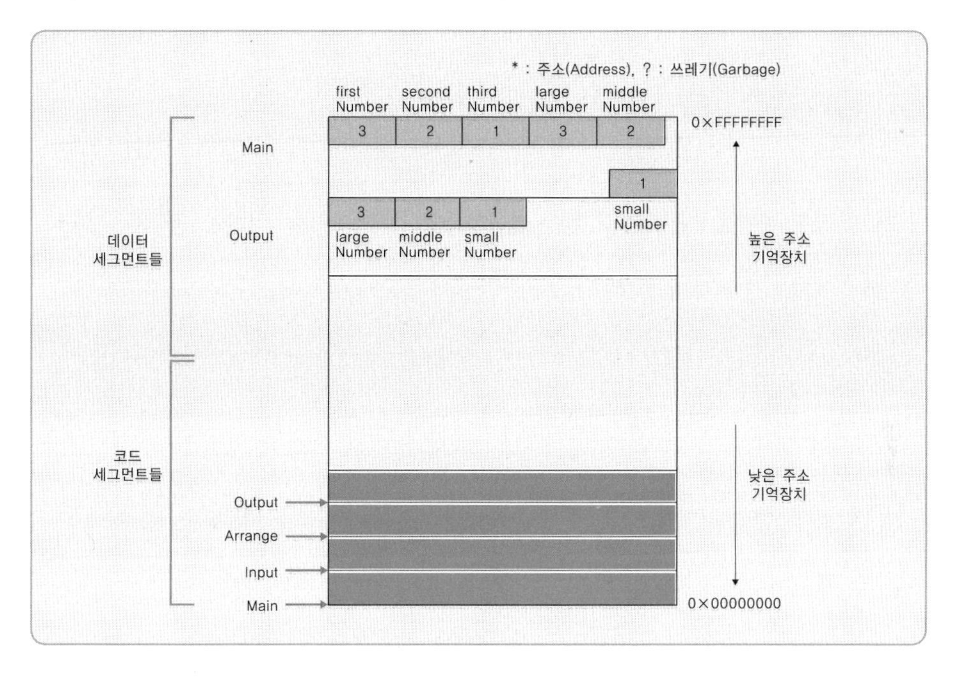

이렇게 해서 다음과 같이 main 함수가 정의된다.

C코드

```
int main( int argc, char *argv[] ) {
    // 자동 변수 선언문들
    Long firstNumber;
    Long secondNumber;
    Long thirdNumber;
    Long largeNumber;
    Long middleNumber;
    Long smallNumber;

    // 함수 호출 문장
    // 사용자가 키보드로 세 개의 수를 입력한다.
    Input( &firstNumber, &secondNumber, &thirdNumber ); // 주소
    // 내림차순으로 정리하다.
    Arrange( firstNumber, secondNumber, thirdNumber, // 내용
       &largeNumber, &middleNumber, &smallNumber);// 주소
    // 내림차순으로 정리된 수들을 모니터에 출력하다.
    Output(largeNumber, middleNumber, smallNumber); // 내용

    return 0;
}
```

다음은 Input 모듈에 대해 Input 함수를 정의해 보자. 먼저 Input 함수에 대해 설명을 달자.

C코드

```
/*************************************************************************
 함수 이름 : Input
 기    능 : 사용자가 키보드로 입력한 데이터들을 출력한다.
 입    력 : 없음
 출    력 : 첫 번째 수, 두 번째 수, 세 번째 수
 *************************************************************************/
```

마지막에 적힌 세미콜론을 지우고 함수 원형을 적어 함수 머리를 만든다. 그리고 중괄호를 여닫아 함수 몸체를 만든다.

C코드

```
/*************************************************************************
 함수 이름 : Input
 기    능 : 사용자가 키보드로 입력한 데이터들을 출력한다.
 입    력 : 없음
 출    력 : 첫 번째 수, 두 번째 수, 세 번째 수
 *************************************************************************/
void Input(Long *firstNumber, Long *secondNumber, Long *thirdNumber) {
}
```

Input 함수는 다음과 같이 구현된다. 입력 방식을 설명하는 메시지를 출력하고, scanf 함수를 이용하여 키보드 입력을 처리하도록 하자. printf 함수 호출 문장으로 "세 개의 수를 차례대로 입력하십시오! " 라는 메시지를 출력한다. 그리고 scanf 함수 호출 문장으로 세 개의 수를 입력받도록 하자.

C 언어에서는 키보드 입력과 모니터 출력에 대한 문법적인 기능을 제공하지 않는다. 그래서 Input 함수와 Output 함수는 C 컴파일러 개발자에 의해서 작성되어 배포되는 printf와 scanf 라이브러리 함수를 사용해야 한다. 라이브러리 함수를 이용하여 간단한 메시지를 출력하고, 키보드로 입력하는 기능을 구현하도록 하자.

라이브러리 함수를 사용하는 절차에 따라 우선 라이브러리 함수 원형을 전처리기가 복사하도록 지시해야 한다. 따라서 #include 전처리기 지시자로 헤더 파일을 지정하는 매크로를 작성해야 한다. 대개는 주석 단락 다음에 한 줄에 한 개씩 작성해야 한다.

C코드

```
// Arrange.c
/* ********************************************************************
 파일이름 : Arrange.c
 기    능 : 세 수를 입력받아 내림차순으로 출력하다.
 작 성 자 : 김 석 현
 작성일자 : 2013년 4월 23일
 *********************************************************************/
```

```
// 헤더 파일 지정 매크로
#include <stdio.h>

// 자료형 이름(Type name) 선언
typedef signed long int Long;

// 함수(Function) 선언(Declaration)
int main( int argc, char *argv[] );
void Input(Long *firstNumber,Long *secondNumber,Long *thirdNumber);
void Arrange(Long firstNumber, Long secondNumber, Long thirdNumber,
     Long *largeNumber, Long *middleNumber, Long *smallNumber);
void Output(Long largeNumber, Long middleNumber, Long smallNumber);

// 함수 정의(Definition)
int main( int argc, char *argv[] ) {
     // 자동 변수 선언문들
     Long firstNumber;
     Long secondNumber;
     Long thirdNumber;
     Long largeNumber;
     Long middleNumber;
     Long smallNumber;

     // 함수 호출 문장
     // 사용자가 키보드로 세 개의 수를 입력한다.
     Input( &firstNumber, &secondNumber, &thirdNumber ); // 주소
     // 내림차순으로 정리하다.
     Arrange( firstNumber, secondNumber, thirdNumber, // 내용
        &largeNumber, &middleNumber, &smallNumber);// 주소
     // 내림차순으로 정리된 수들을 모니터에 출력하다.
     Output(largeNumber, middleNumber, smallNumber); // 내용

     return 0;
}
```

printf 함수 이름을 적고, 함수 호출 연산자인 소괄호를 여닫자. 소괄호에 모니터에 출력한 메시지를 문자열 리터럴로 적자. 줄의 끝에 세미콜론을 적자.

C코드

```
/**********************************************************************
 함수 이름 : Input
 기    능 : 사용자가 키보드로 입력한 데이터들을 출력한다.
 입    력 : 없음
 출    력 : 첫 번째 수, 두 번째 수, 세 번째 수
 **********************************************************************/
void Input(Long *firstNumber,Long *secondNumber,Long *thirdNumber) {
     printf("세 개의 수를 차례대로 입력하십시오! ");
}
```

scanf 함수 이름을 적고 함수 호출 연산자인 소괄호를 여닫자. 그리고 소괄호에 네 개의 매개변수를 적자. 세 개의 데이터를 입력받아야 하므로 입력받은 데이터를 저장할 기억장소 세 개의 주소와 한 개의 입력 정보를 나타내는 입력 서식 문자열 리터럴이다. 첫 번째는 입력 서식 문자열 리터럴을 적자. 세 개의 수를 입력받아야 하므로 서식 문자열에 % 기호가 세 개 있고, 정수형 데이터를 입력받아야 하므로 형 변환 문자 d를 사용해야 한다. 그리고 키보드로 입력받은 값을 저장할 기억장소의 주소를 두 번째, 세 번째 그리고 네 번째 매개변수로 사용해야 한다.

Input 함수가 호출되었을 때 메모리 맵은 main 함수 스택 세그먼트에 입력받을 데이터를 저장할 기억장소들의 주소를 구해 복사해서 세 개의 매개변수에 저장한 상태이다.

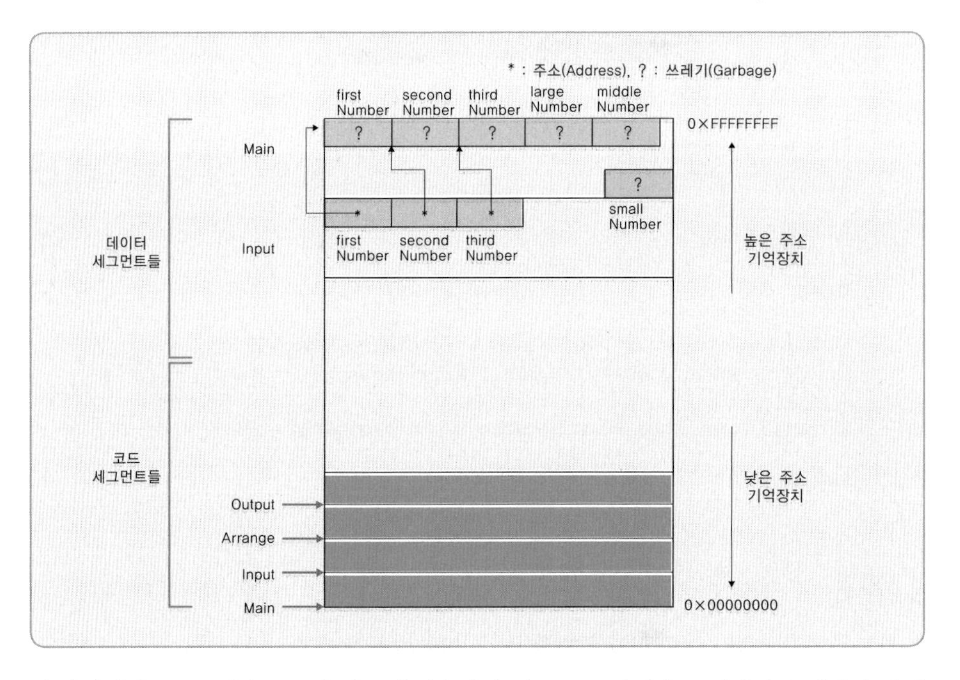

이 상태에서 scanf 함수를 호출하는데 사용자가 키보드로 입력하는 데이터를 저장할 기억장소의 주소를 구해서 복사하면 되기 때문에 세 개의 매개변수에 저장된 값을 복사하면 된다. 저장된 값은 변수 이름 자체를 의미한다. 따라서 scanf 함수를 호출할 때 두 번째, 세 번째 그리고 네 번째 매개변수는 매개변수 이름을 쉼표로 구분하여 적으면 된다.

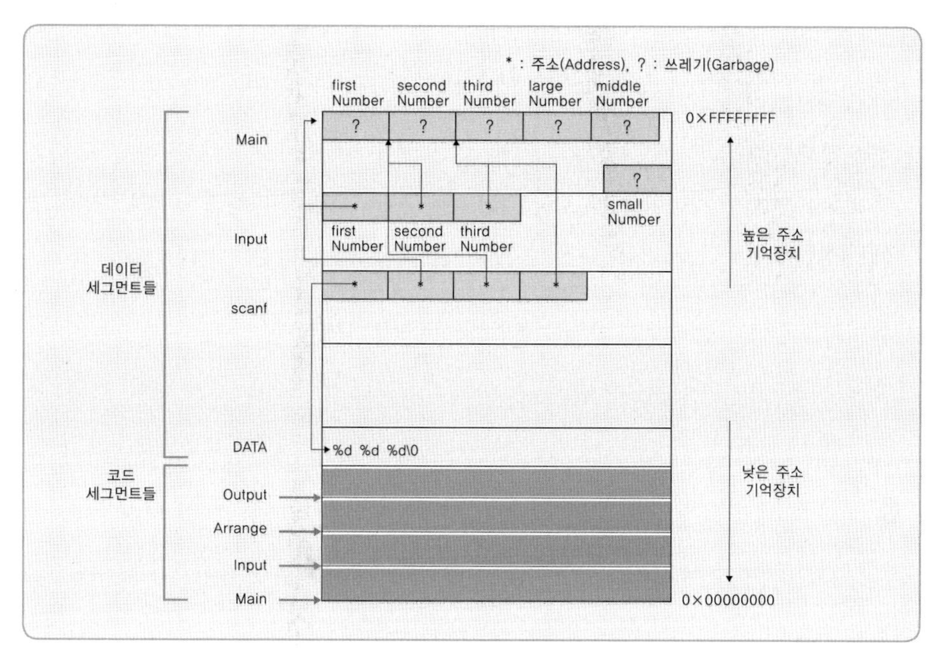

scanf 함수 입장에서 키보드로 입력되는 값은 출력 데이터이다. 그리고 출력되는 데이터가 한 개가 아니라 세 개이므로 이때까지 설명한 이유로 주소를 이용해야 한다.

C코드

```
/************************************************************************
 함수 이름 : Input
 기    능 : 사용자가 키보드로 입력한 데이터들을 출력한다.
 입    력 : 없음
 출    력 : 첫 번째 수, 두 번째 수, 세 번째 수
 ************************************************************************/
void Input(Long *firstNumber,Long *secondNumber,Long *thirdNumber) {
     printf("세 개의 수를 차례대로 입력하십시오! ");
     scanf("%d %d %d", firstNumber, secondNumber, thirdNumber);
}
```

다음 Arrange 모듈에 대해 Arrange 함수를 정의해 보자.

이 책은 입력과 출력에 집중하는 것이 아니라, 알고리듬을 어떻게 하면 잘 만들 수 있는지를 설명하는 것을 목표로 집필되었다. 따라서 입력과 출력 모듈에 대해서는 간단한 메시지를 보여주고, 키보드 입력과 모니터 출력하는 정도로 구현하도록 하고, 알고리듬이란 개념이 적용되는 연산 모듈에 대해 C언어로 구현하는 방법에 대해 자세히 설명한다.

나씨-슈나이더만 다이어그램으로 Arrange 함수를 정의해보자. 함수를 정의하는 절차는

다음과 같다.

1. 함수 머리를 만든다.
2. 함수 몸체를 만든다.
3. 나씨-슈나이더만 다이어그램으로 정리된 제어구조 기호들에 대해 C 언어의 문법에 맞게 구현한다.

함수 머리를 만들기 전에 먼저 함수를 설명하는 주석을 작성하자.

C코드

```
/***************************************************************************
 함수 이름 : Arrange
 기    능 : 세 개의 수를 입력받아 내림차순으로 정렬하다.
 입    력 : 첫 번째 수, 두 번째 수, 세 번째 수
 출    력 : 큰 수, 중간 수, 작은 수
 **************************************************************************/
```

함수 머리를 만들자. 함수 머리는 함수를 선언한 결과인 함수 원형을 그대로 이용하자. 함수 원형을 그대로 적고 세미콜론만을 없애면 함수 머리가 작성된다.

C코드

```
/***************************************************************************
 함수 이름 : Arrange
 기    능 : 세 개의 수를 입력받아 내림차순으로 정렬하다.
 입    력 : 첫 번째 수, 두 번째 수, 세 번째 수
 출    력 : 큰 수, 중간 수, 작은 수
 **************************************************************************/
void Arrange(Long firstNumber, Long secondNumber, Long thirdNumber,
     Long *largeNumber, Long *middleNumber, Long *smallNumber)
```

다음은 함수 몸체를 만든다. 나씨-슈나이더만 다이어그램에서 start가 적힌 순차 구조 기호에 대해 여는 중괄호({)를 적고, stop이 적힌 순차 구조 기호에 대해 닫는 중괄호(})를 적으면 된다.

start
stop

C코드

```
/************************************************************************
 함수 이름 : Arrange
 기    능 : 세 개의 수를 입력받아 내림차순으로 정렬하다.
 입    력 : 첫 번째 수, 두 번째 수, 세 번째 수
 출    력 : 큰 수, 중간 수, 작은 수
 ************************************************************************/
void Arrange(Long firstNumber, Long secondNumber, Long thirdNumber,
     Long *largeNumber, Long *middleNumber, Long *smallNumber) {
}
```

다음은 start가 적힌 순차 구조 기호 바로 아래쪽에 작도된 변수를 선언하는 순차 구조 기호에 대해서 C 언어로 어떻게 구현되는지 알아보자.

largeNumber, middleNumber, smallNumber, firstNumber, secondNumber, thirdNumber

C 언어에서는 변수를 선언 및 정의해야 한다. 매개변수와 자동변수로 선언 및 정의해야 한다. 함수머리를 만들 때 매개변수가 선언되므로 매개변수로 선언 및 정의된 변수들을 제외하고, 자동변수로 선언하여야 한다. 그런데 이미 매개변수들로 선언 및 정의되었기 때문에 자동변수로 선언할 것이 없다.

다음은 "1. 첫 번째 수, 두 번째 수 그리고 세 번째 수를 입력받는다." 처리단계에 대해 입력하는 순차 구조 기호에 대해 C 언어로 어떻게 구현되는지 알아보자.

read firstNumber, secondNumber, thirdNumber

매개변수에 값을 복사하여 저장하여야 하므로 Arrange 함수 호출 문장으로 작성되어야 한다. 따라서 main 함수를 정의할 때 이미 구현되었다. 따라서 구현할 필요가 없다.

C코드

```
Arrange(firstNumber, secondNumber, thirdNumber,
      &largeNumber, &middleNumber, &smallNumber);
```

다음은 "2. 첫 번째 수와 두 번째 수에 대해 대소 비교한다." 처리단계에 대해 첫 번째 선택 구조 기호에 대해 C 언어로 어떻게 구현되는지 알아보자.

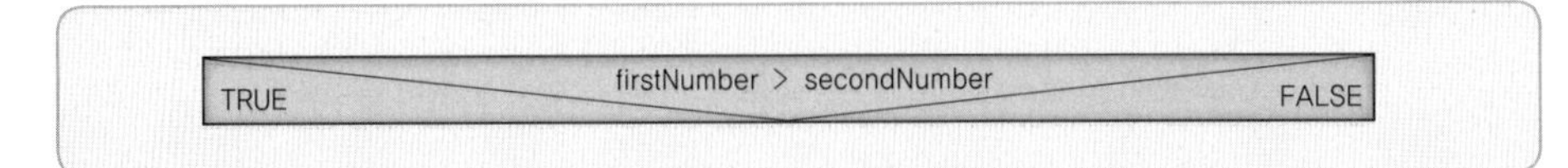

C 언어에서는 선택 구조에 대해 특히 양자 선택에 대해서 if 문과 else 절을 제공한다. 그리고 조건에 따라 처리되는 문장이 두 개 이상인 경우를 표현하기 위해서 복문이란 개념을 사용하고, 중괄호로 블록 개념으로 구현할 수 있다. 선택 구조이거나 반복 구조에 대해서는 반드시 블록을 사용하자. 이때는 제어블록이라고 한다.

선택 구조에서는 반드시 조건식이 있어야 하는데, C 언어에서는 조건식은 반드시 소괄호로 싸서 나타내야 한다. 따라서 if 키워드를 적고 소괄호를 여닫고, 소괄호 안에 관계식을 그대로 옮겨 적어야 한다. 그리고 조건식을 평가했을 때 참일 때 블록과 거짓일 때 else 키워드를 적고 블록을 중괄호를 여닫아 설정하면 된다.

C코드

```
/**************************************************************************
 함수 이름 : Arrange
 기    능 : 세 개의 수를 입력받아 내림차순으로 정렬하다.
 입    력 : 첫 번째 수, 두 번째 수, 세 번째 수
 출    력 : 큰 수, 중간 수, 작은 수
 **************************************************************************/
void Arrange(Long firstNumber, Long secondNumber, Long thirdNumber,
     Long *largeNumber, Long *middleNumber, Long *smallNumber) {
     if(firstNumber > secondNumber) {
        // 참일 때 처리
     }
     else {
        // 거짓일 때 처리
     }
}
```

이번에는 참일 때 두 번째 선택구조 기호를 구현해 보자.

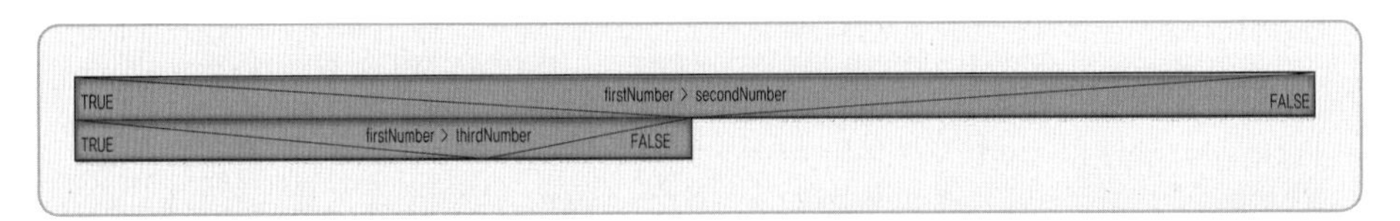

if 문과 else 절을 사용하여 같은 방식으로 구현하면 된다. if 제어블록에 들여쓰기하고, 다시 if 키워드를 적고 소괄호를 여닫고, 소괄호 안에 관계식을 적으면 된다. 조건식을 평가했을 때 참일 때 제어블록과 거짓일 때 else 키워드를 적고 제어블록을 설정하면 된다.

C코드

```
/**********************************************************************
 함수 이름 : Arrange
 기    능 : 세 개의 수를 입력받아 내림차순으로 정렬하다.
 입    력 : 첫 번째 수, 두 번째 수, 세 번째 수
 출    력 : 큰 수, 중간 수, 작은 수
 **********************************************************************/
void Arrange(Long firstNumber, Long secondNumber, Long thirdNumber,
     Long *largeNumber, Long *middleNumber, Long *smallNumber) {
     if(firstNumber > secondNumber) {
        if( firstNumber > thirdNumber) {
            // 참일 때 처리
        }
        else {
            // 거짓일 때 처리
        }
     }
     else {
        // 거짓일 때 처리
     }
}
```

이때 코드를 읽기 쉽게 하려면 들여쓰기를 하도록 하자. 그리고 항상 이러한 방식으로 코드를 작성하면 C 언어에서 블록 설정이 잘못되어 발생하는 오류를 제거할 수 있다.

다음은 다시 두 번째 선택 구조 기호에서 조건식을 평가했을 때 참일 때 세 번째 선택 구조 기호를 구현해보자.

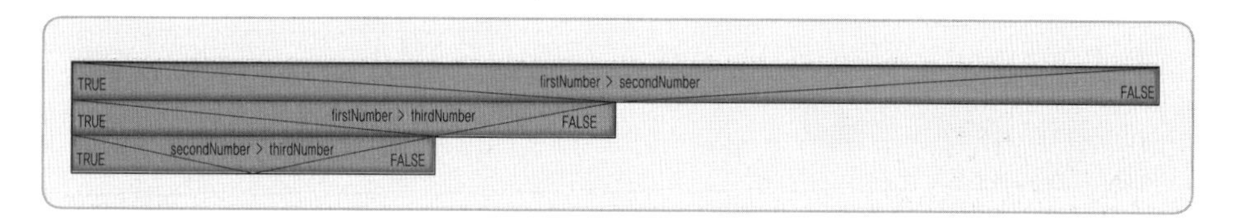

같은 방식으로 들여쓰기하고 if 키워드를 적고 소괄호를 여닫고, 소괄호에 관계식을 적는다. 그리고 조건식을 평가했을 때 참이면 중괄호를 여닫아 제어블록을 설정하고, 거짓일 때 else 절을 만들면 된다. 키워드 else를 적고 중괄호를 여닫아 제어블록을 설정한다.

C코드

```
/**********************************************************************
 함수 이름 : Arrange
 기    능 : 세 개의 수를 입력받아 내림차순으로 정렬하다.
 입    력 : 첫 번째 수, 두 번째 수, 세 번째 수
 출    력 : 큰 수, 중간 수, 작은 수
 **********************************************************************/
void Arrange(Long firstNumber, Long secondNumber, Long thirdNumber,
```

```
    Long *largeNumber, Long *middleNumber, Long *smallNumber) {
    if(firstNumber > secondNumber) {
        if( firstNumber > thirdNumber) {
            if(secondNumber > thirdNumber) {
                // 참일 때 처리
            }
            else {
                // 거짓일 때 처리
            }
        }
        else {
            // 거짓일 때 처리
        }
    }
    else {
        // 거짓일 때 처리
    }
}
```

다음은 큰 수, 중간 수 그리고 작은 수를 정하는 순차 구조 기호들에 대해 C언어로 어떻게 구현해야 하는지를 알아보자. 치환식을 갖는 순차 구조 기호를 C언어로 구현하면, 식을 그대로 옮겨 적고, 마지막에 세미콜론을 적으면 된다.

나씨-슈나이더만 다이어그램에서 가장 왼쪽에 있는 치환식을 갖는 순차 구조를 C언어로 코드를 작성해보자.

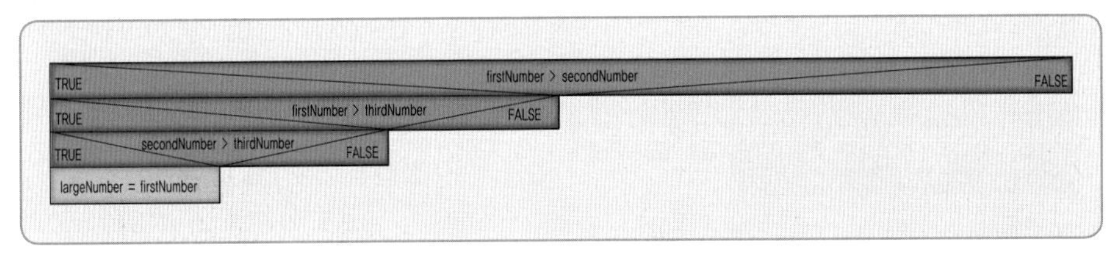

secondNumber > Long thirdNumber 관계식을 조건식으로 하는 if 선택문장의 제어 블록에 들여쓰기를 하고 순차구조에 적힌 내용을 그대로 옮겨적고, 줄의 끝에 세미콜론을 적는다.

C코드

```
/************************************************************************
 함수 이름 : Arrange
 기    능 : 세 개의 수를 입력받아 내림차순으로 정렬하다.
 입    력 : 첫 번째 수, 두 번째 수, 세 번째 수
 출    력 : 큰 수, 중간 수, 작은 수
 ************************************************************************/
void Arrange(Long firstNumber, Long secondNumber, Long thirdNumber,
    Long *largeNumber, Long *middleNumber, Long *smallNumber) {
    if(firstNumber > secondNumber) { // 참일 때 처리
```

```
        if( firstNumber > thirdNumber) { // 참일 때 처리
            if(secondNumber > thirdNumber) { // 참일 때 처리
                largeNumber = firstNumber;
            }
            else {
                // 거짓일 때 처리
            }
        }
        else {
            // 거짓일 때 처리
        }
    }
    else {
        // 거짓일 때 처리
    }
}
```

그런데 작성된 코드는 문제가 있다. 어떠한 문제일까? Arrange 함수가 호출되었을 때 메모리 맵을 작도해보자. Input 함수에 의해서 사용자에 의해서 입력된 값들과 출력 데이터를 저장할 변수의 주소를 구해서 복사하여 Arrange 함수를 호출했을 때 메모리 맵은 다음과 같다. 출력 데이터를 저장할 변수에 대해서는 초기화, 입력되지 않았기 때문에 저장된 값은 쓰레기일 것이다. 따라서 각 변수에 저장된 값을 물음표로 표현했다.

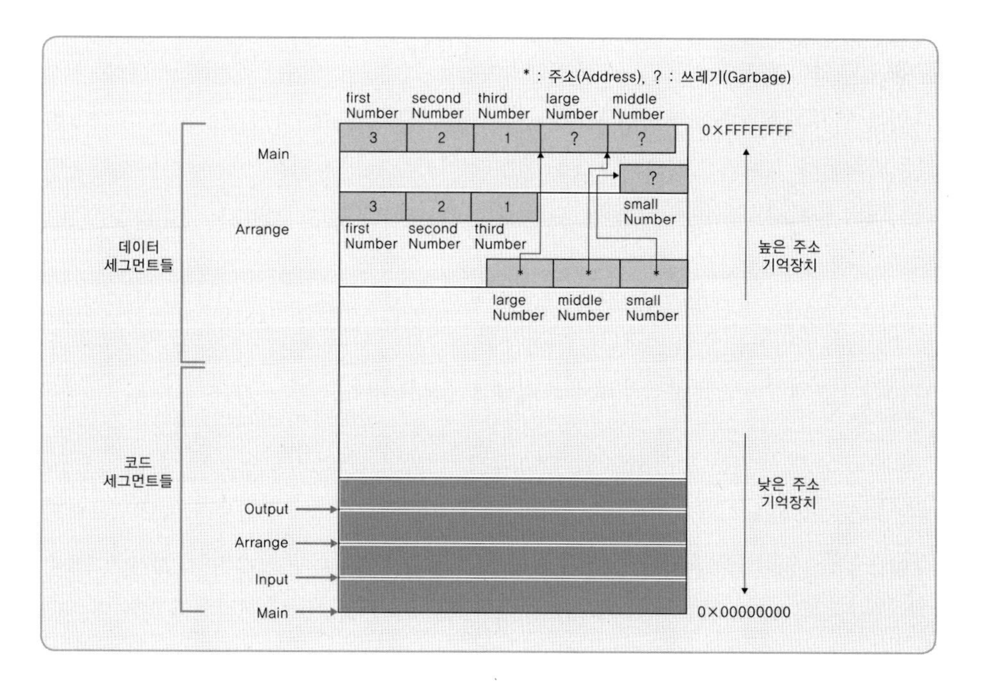

코드에서 largeNumber는 Arrange 함수 스택 세그먼트에 할당된 기억장소이다. 따라서 firstNumber에 저장된 값인 3을 읽어 largeNumber에 저장하도록 하고 있다. 코드대로 실행된다고 하면 다음과 같다.

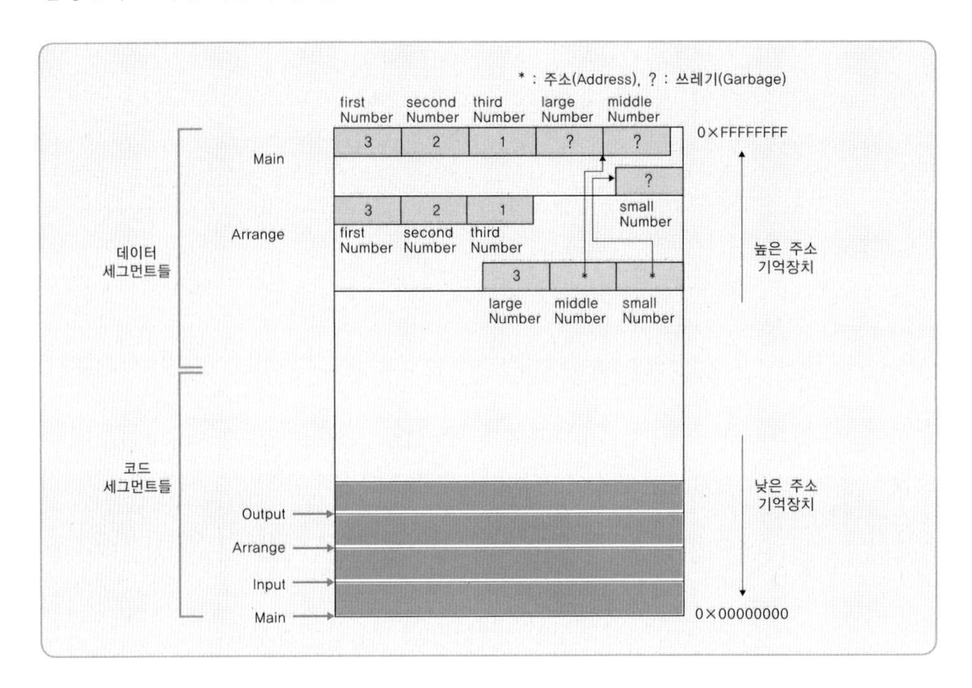

설령 오류 없이 컴파일, 링크 그리고 실행되어 largeNumber 변수에 firstNumber에 저장된 값을 읽어 저장했다 하더라도 Arrange 함수가 실행이 끝났을 때 Arrange 함수 스택 세그먼트가 할당 해제되기 때문에 저장된 값도 없어지고, main 함수 스택 세그먼트에 할당된 기억장소에 아무런 변화도 없으므로 도로아미타불이다. 헛고생했다는 것이다.

더욱더 중요한 것은 largeNumber 에는 정수형인 주소를 저장하는 변수이지, 3과 같은 프로그램으로 처리되는 값인 스칼라를 저장하는 변수가 아니다. 따라서 주소를 저장할 변수에 스칼라를 저장하므로 문법적 그리고 개념적인 오류이다.

firstNumber에서 읽은 값인 3을 저장해야 하는 기억장소는 main 함수 스택 세그먼트에 할당된 largeNumber이다. 그래서 Arrange 함수 스택 세그먼트에 할당된 largeNumber에 저장된 값은 main 함수 스택 세그먼트에 할당된 largeNumber의 주소이다. firstNumber에서 읽은 값을 main 함수 스택 세그먼트에 할당된 largeNumber에 저장해야 하는 데 이때 Arrange 함수 스택 세그먼트에 할당된 largeNumber에 저장된 값인 주소를 이용해야 한다.

따라서 주소를 이용하여 기억장소에 값을 쓰고 읽는 방법에 대해 C 언어의 문법을 공부해야 한다. 포인터에 대한 문법이다. 포인터의 문법은 다음과 같이 구분된다.

1. 포인터 변수를 선언 및 정의하는 방법
2. 주소를 구하는 방법
3. 주소를 이용하여 내용 값을 쓰고 읽는 방법

포인터 변수를 선언 및 정의하는 방법과 주소를 구하는 방법은 앞에서 이미 공부했다. 이번에는 주소를 이용하여 기억장소에 값을 쓰고 읽는 방법에 대해 알아보자.

기억장소에 따라 방법에 차이가 있는데, 일반 포인터 변수인 경우는 간접 참조 지정 연산자(*)를 사용하면 된다. 배열인 경우는 첨자 연산자([])를 이용하여 쓰고 읽으면 된다. 여기서는 일반 포인터 변수이므로 주소를 저장하고 있는 변수 앞에 간접 참조 지정 연산자를 적으면 된다.

주소를 저장하고 있는 변수가 largeNumber이므로 largeNumber 앞에 간접 참조 지정 연산자를 적으면 주소를 갖는 기억장소에 저장된 값을 나타낸다. largeNumber는 Arrange 스택 세그먼트에 할당된 기억장소로 main 함수 스택 세그먼트에 할당된 기억장소의 주소를 저장하고 있다. *largeNumber는 main 함수 스택 세그먼트에 할당된 기억장소에 저장된 값이다. 그리고 변수 이름은 기억장소에 저장된 값을 나타낸다. 따라서 *largeNumber는 main 함수에서 largeNumber 변수 이름을 의미하며, 저장된 값을 나타낸다.

C코드

```
/************************************************************************
 함수 이름 : Arrange
 기    능 : 세 개의 수를 입력받아 내림차순으로 정렬하다.
 입    력 : 첫 번째 수, 두 번째 수, 세 번째 수
 출    력 : 큰 수, 중간 수, 작은 수
 ************************************************************************/
void Arrange(Long firstNumber, Long secondNumber, Long thirdNumber,
     Long *largeNumber, Long *middleNumber, Long *smallNumber) {
     if(firstNumber > secondNumber) { // 참일 때 처리
        if( firstNumber > thirdNumber) { // 참일 때 처리
            if(secondNumber > thirdNumber) { // 참일 때 처리
                *largeNumber = firstNumber;
            }
            else {
                // 거짓일 때 처리
            }
        }
```

```
        else {
            // 거짓일 때 처리
        }
    }
    else {
        // 거짓일 때 처리
    }
}
```

따라서 작성된 코드는 firstNumber에 저장된 값을 읽어, largeNumber에 저장하는 것이 아니라 largeNumber에 저장된 주소를 갖는 기억장소에 저장하도록 하고 있다. 따라서 실제로는 main 함수 스택 세그먼트에 할당된 largeNumber에 값이 복사되어 저장된다.

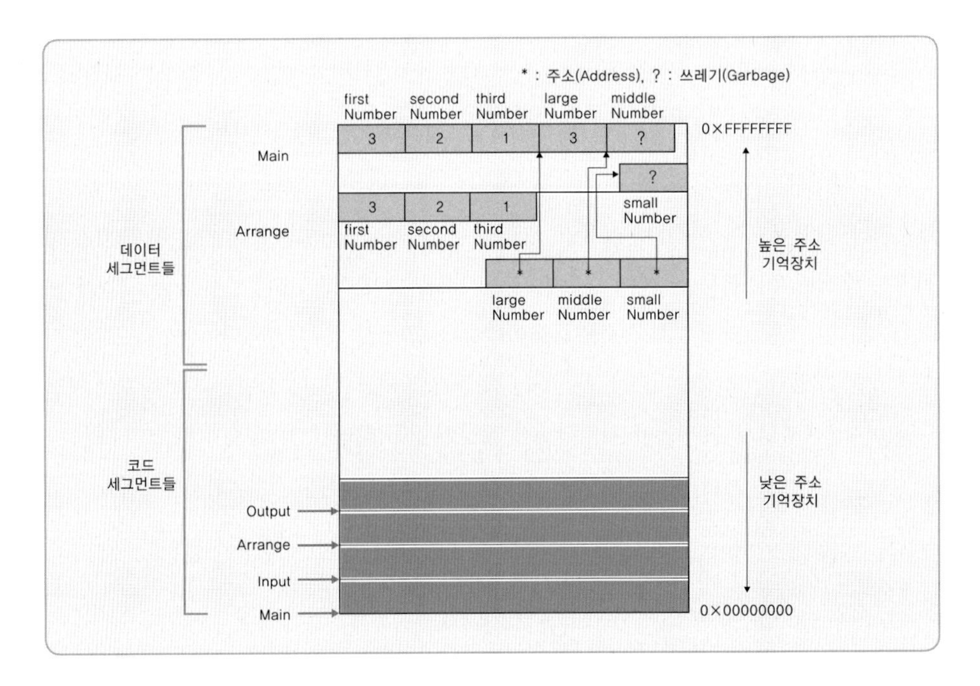

주소를 이용하여 특정 기억장소에 값을 쓰고 읽고자 하는 경우는 간접 참조 지정 연산자 * 를 포인터 변수 앞에 적어 식을 만들면 된다는 것도 기억하도록 하자.

같은 개념과 원리로 secondNumber 〉 thirdNumber 관계식을 갖는 선택 구조에서 참인 경우 처리해야 하는 순차 구조 기호에 대해 C언어로 구현하면 다음과 같다.

C코드

```
/*************************************************************************
 함수 이름 : Arrange
 기    능 : 세 개의 수를 입력받아 내림차순으로 정렬하다.
 입    력 : 첫 번째 수, 두 번째 수, 세 번째 수
 출    력 : 큰 수, 중간 수, 작은 수
 *************************************************************************/
void Arrange(Long firstNumber, Long secondNumber, Long thirdNumber,
     Long *largeNumber, Long *middleNumber, Long *smallNumber) {
     if(firstNumber > secondNumber) { // 참일 때 처리
        if( firstNumber > thirdNumber) { // 참일 때 처리
            if(secondNumber > thirdNumber) { // 참일 때 처리
                 *largeNumber = firstNumber;
                 *middleNumber = secondNumber;
                 *smallNumber = thirdNumber;
            }
            else {
                 // 거짓일 때 처리
            }
        }
        else {
            // 거짓일 때 처리
        }
     }
     else {
        // 거짓일 때 처리
     }
}
```

따라서 큰 수, 중간 수 그리고 작은 수를 결정하는 순차 구조 기호에 대해서는 왼쪽 값인 변수 이름 앞에 간접 참조 지정 연산자를 적어 주소를 갖는 기억장소의 내용으로 표현하고, 치환식을 그대로 적고, 줄의 끝에 세미콜론을 찍어 마무리하면 된다.

선택 구조 기호와 치환식을 갖는 순차 구조 기호를 C언어로 어떻게 구현하는지를 설명했다. 나씨-슈나이더만 다이어그램에서 구현되지 않은 선택 구조 기호와 순차 구조 기호를 여러분이 직접 구현해 보자. 다시 말해서 출력하는 print가 적힌 순차 구조 기호 앞까지 구현해보자.

print largeNumber, middleNumber, smallNumber

출력하는 순차 구조 기호는 C언어로 어떻게 구현할까? print 다음에 값이 하나인 경우는 print 대신에 return 키워드를 적고 값을 적고, 줄의 끝에 세미콜론을 적어 마무리하면 된다. 그러나 print 다음에 값이 두 개 이상이면 간접 참조 지정연산자를 일반 포인터 변수 앞에 적고 치환식으로 값을 복사하여 저장하도록 하면된다. 여기서는 이미 포인터에 의해서

출력이 되었기 때문에 따로 표현하지 않는다. 따라서 정의된 Arrange 함수는 다음과 같다.

C코드

```
/***********************************************************************
 함수 이름 : Arrange
 기    능 : 세 개의 수를 입력받아 내림차순으로 정렬하다.
 입    력 : 첫 번째 수, 두 번째 수, 세 번째 수
 출    력 : 큰 수, 중간 수, 작은 수
 ***********************************************************************/
void Arrange(Long firstNumber, Long secondNumber, Long thirdNumber,
     Long *largeNumber, Long *middleNumber, Long *smallNumber) {
     if(firstNumber > secondNumber) {
        if( firstNumber > thirdNumber) {
           if(secondNumber > thirdNumber) { // 3 2 1
                *largeNumber = firstNumber;
                *middleNumber = secondNumber;
                *smallNumber = thirdNumber;
           }
           else { // 3 1 2
                *largeNumber = firstNumber;
                *middleNumber = thirdNumber;
                *smallNumber = secondNumber;
           }
        }
        else { // 2 1 3
           *largeNumber = thirdNumber;
           *middleNumber = firstNumber;
           *smallNumber = secondNumber;
        }
     }
     else {
        if(secondNumber > thirdNumber) {
           if(firstNumber > thirdNumber) { // 2 3 1
                *largeNumber = secondNumber;
                *middleNumber = firstNumber;
                *smallNumber = thirdNumber;
           }
           else { // 1 3 2
                *largeNumber = secondNumber;
                *middleNumber = thirdNumber;
                *smallNumber = firstNumber;
           }
        }
        else { // 1 2 3
           *largeNumber = thirdNumber;
           *middleNumber = secondNumber;
           *smallNumber = firstNumber;
        }

     }
}
```

다음은 Output 함수를 정의하자. Output 함수에 대해 설명을 달고, Output 함수는 입력되는 큰 수, 중간 수 그리고 작은 수를 매개변수로 받아, 모니터에 출력하도록 구현하자. printf 함수 이름을 적고, 함수 호출 연산자인 소괄호를 여닫고, 첫 번째는 서식 문자열, 그리고 두 번째, 세 번째 그리고 네 번째는 출력하고자 하는 값을 적으면 된다. largeNumber, middleNumber 그리고 smallNumber에 저장된 값이므로 변수 이름을 적으면 된다. 줄에 끝에 세미콜론을 적는다. 입력 데이터에 대해서 값을 그대로 복사해서 사용하면 되므로 "포인터형을 사용하지 않는다"것도 명심하자.

C코드

```
/***************************************************************************
 함수 이름 : Output
 기    능 : 큰 수, 중간 수, 작은 수를 모니터에 출력한다.
 입    력 : 큰 수, 중간 수, 작은 수
 출    력 : 없음
 ***************************************************************************/
void Output(Long largeNumber, Long middleNumber, Long smallNumber) {
     printf("큰 수 : %d 중간 수 : %d 작은 수 : %d\n",
        largeNumber, middleNumber, smallNumber);
}
```

이렇게 하면 세 개의 수를 입력받아 내림차순으로 출력하는 알고리듬을 C 언어로 문법에 맞게 프로그램으로 작성되었다. 전체적인 C 원시 코드는 다음과 같다.

C코드

```
// Arrange.c
/* *********************************************************************
 파일이름  : Arrange.c
 기    능  : 세 수를 입력받아 내림차순으로 출력하다.
 작 성 자  : 김 석 현
 작성일자  : 2013년 4월 23일
 **********************************************************************/
// 헤더 파일 지정 매크로
#include <stdio.h>

// 자료형 이름(Type name) 선언
typedef signed long int Long;

// 함수(Function) 선언(Declaration)
int main( int argc, char *argv[] );
void Input(Long *firstNumber,Long *secondNumber,Long *thirdNumber);
void Arrange(Long firstNumber, Long secondNumber, Long thirdNumber,
     Long *largeNumber, Long *middleNumber, Long *smallNumber);
void Output(Long largeNumber, Long middleNumber, Long smallNumber);

// 함수 정의(Definition)
int main( int argc, char *argv[] ) {
```

```
    // 자동 변수 선언문들
    Long firstNumber;
    Long secondNumber;
    Long thirdNumber;
    Long largeNumber;
    Long middleNumber;
    Long smallNumber;

    // 함수 호출 문장
    // 사용자가 키보드로 세 개의 수를 입력한다.
    Input( &firstNumber, &secondNumber, &thirdNumber ); // 주소
    // 내림차순으로 정리하다.
    Arrange( firstNumber, secondNumber, thirdNumber, // 내용
       &largeNumber, &middleNumber, &smallNumber);// 주소
    // 내림차순으로 정리된 수들을 모니터에 출력하다.
    Output(largeNumber, middleNumber, smallNumber); // 내용

    return 0;
}

/************************************************************************
 함수 이름 : Input
 기    능 : 사용자가 키보드로 입력한 데이터들을 출력한다.
 입    력 : 없음
 출    력 : 첫 번째 수, 두 번째 수, 세 번째 수
 ************************************************************************/
void Input(Long *firstNumber,Long *secondNumber,Long *thirdNumber) {
    printf("세 개의 수를 차례대로 입력하십시오! ");
    scanf("%d %d %d", firstNumber, secondNumber, thirdNumber);
}

/************************************************************************
 함수 이름 : Arrange
 기    능 : 세 개의 수를 입력받아 내림차순으로 정렬하다.
 입    력 : 첫 번째 수, 두 번째 수, 세 번째 수
 출    력 : 큰 수, 중간 수, 작은 수
 ************************************************************************/
void Arrange(Long firstNumber, Long secondNumber, Long thirdNumber,
    Long *largeNumber, Long *middleNumber, Long *smallNumber) {
    if(firstNumber > secondNumber) {
       if( firstNumber > thirdNumber) {
          if(secondNumber > thirdNumber) { // 3 2 1
             *largeNumber = firstNumber;
             *middleNumber = secondNumber;
             *smallNumber = thirdNumber;
          }
          else { // 3 1 2
             *largeNumber = firstNumber;
             *middleNumber = thirdNumber;
             *smallNumber = secondNumber;
          }
```

```
        }
        else { // 2 1 3
            *largeNumber = thirdNumber;
            *middleNumber = firstNumber;
            *smallNumber = secondNumber;
        }
    }
    else {
        if(secondNumber > thirdNumber) {
            if(firstNumber > thirdNumber) { // 2 3 1
                *largeNumber = secondNumber;
                *middleNumber = firstNumber;
                *smallNumber = thirdNumber;
            }
            else { // 1 3 2
                *largeNumber = secondNumber;
                *middleNumber = thirdNumber;
                *smallNumber = firstNumber;
            }
        }
        else { // 1 2 3
            *largeNumber = thirdNumber;
            *middleNumber = secondNumber;
            *smallNumber = firstNumber;
        }

    }
}

/*************************************************************************
 함수 이름 : Output
 기    능 : 큰 수, 중간 수, 작은 수를 모니터에 출력한다.
 입    력 : 큰 수, 중간 수, 작은 수
 출    력 : 없음
 *************************************************************************/
void Output(Long largeNumber, Long middleNumber, Long smallNumber) {
    printf("큰 수 : %d 중간 수 : %d 작은 수 : %d\n",
        largeNumber, middleNumber, smallNumber);
}
```

C 원시 코드를 컴퓨터에 입력하고, 컴파일, 링크 그리고 적재하면 다음과 같이 화면이 출력된다.

프롬프트에서 차례로 수들을 입력하고, 엔터 키를 누르면 결과를 확인할 수 있다.

```
"C:\Work\IsPrimeNumber20110902\Debug\IsPrimeNumber20110902.exe"
세 개의 수를 차례대로 입력하십시오! 3 2 1
큰 수 : 3 중간 수 : 2 작은 수 : 1
Press any key to continue
```

프로그램이 정확하게 작동하는지를 확인할 수 있다. 다시 말해서 알고리듬이 정확하다는 것이다.

1.6. 디버깅

프로그램이 정확하게 작동하지 않아, 합당한 입력에 정확한 결과를 얻지 못하면, 논리 오류(Logic Error)가 발생한 것이다. 이때는 논리 오류가 발생하는 곳을 찾아 고쳐야 한다. 이러한 작업을 디버깅이라 한다. 물론 작성한 프로그램은 논리 오류가 없지만, 연습 삼아 디버깅해보자.

먼저 디버깅하기 위해서 원시 코드에 줄마다 번호를 매겨 디버깅할 때 사용할 원시 코드를 준비하자.

C코드

```
001 : // Arrange.c
002 : /* ****************************************************************
003 :  파일이름 : Arrange.c
004 :  기    능 : 세 수를 입력받아 내림차순으로 출력하다.
005 :  작 성 자 : 김 석 현
006 :  작성일자 : 2013년 4월 23일
007 : ****************************************************************/
008 : // 헤더 파일 지정 매크로
009 : #include <stdio.h>
010 :
011 : // 자료형 이름(Type name) 선언
012 : typedef signed long int Long;
013 :
014 : // 함수(Function) 선언(Declaration)
015 : int main( int argc, char *argv[] );
016 : void Input(Long *firstNumber, Long *secondNumber, Long *thirdNumber);
017 : void Arrange(Long firstNumber, Long secondNumber, Long thirdNumber,
018 :   Long *largeNumber, Long *middleNumber, Long *smallNumber);
019 : void Output(Long largeNumber, Long middleNumber, Long smallNumber);
020 :
021 : // 함수 정의(Definition)
022 : int main( int argc, char *argv[] ) {
023 :   // 자동 변수 선언문들
024 :   Long firstNumber;
025 :   Long secondNumber;
026 :   Long thirdNumber;
027 :   Long largeNumber;
028 :   Long middleNumber;
029 :   Long smallNumber;
030 :
031 :   // 함수 호출 문장
032 :   // 사용자가 키보드로 세 개의 수를 입력한다.
033 :   Input( &firstNumber, &secondNumber, &thirdNumber ); // 주소
034 :   // 내림차순으로 정리하다.
035 :   Arrange( firstNumber, secondNumber, thirdNumber, // 내용
036 :       &largeNumber, &middleNumber, &smallNumber);// 주소
037 :   // 내림차순으로 정리된 수들을 모니터에 출력하다.
038 :   Output(largeNumber, middleNumber, smallNumber); // 내용
039 :
040 :   return 0;
041 : }
042 :
043 : /****************************************************************
044 :  함수 이름 : Input
045 :  기    능 : 사용자가 키보드로 입력한 데이터들을 출력한다.
046 :  입    력 : 없음
047 :  출    력 : 첫 번째 수, 두 번째 수, 세 번째 수
048 :  ****************************************************************/
049 : void Input(Long *firstNumber, Long *secondNumber, Long *thirdNumber) {
050 :   printf("세 개의 수를 차례대로 입력하십시오! ");
051 :   scanf("%d %d %d", firstNumber, secondNumber, thirdNumber);
```

```
052 : }
053 :
054 : /****************************************************************
055 :  함수 이름 : Arrange
056 :  기    능 : 세 개의 수를 입력받아 내림차순으로 정렬하다.
057 :  입    력 : 첫 번째 수, 두 번째 수, 세 번째 수
058 :  출    력 : 큰 수, 중간 수, 작은 수
059 :  ****************************************************************/
060 : void Arrange(Long firstNumber, Long secondNumber, Long thirdNumber,
061 :   Long *largeNumber, Long *middleNumber, Long *smallNumber) {
062 :   if(firstNumber > secondNumber) {
063 :       if( firstNumber > thirdNumber) {
064 :           if(secondNumber > thirdNumber) { // 3 2 1
065 :                   *largeNumber = firstNumber;
066 :                   *middleNumber = secondNumber;
067 :                   *smallNumber = thirdNumber;
068 :           }
069 :           else { // 3 1 2
070 :                   *largeNumber = firstNumber;
071 :                   *middleNumber = thirdNumber;
072 :                   *smallNumber = secondNumber;
073 :           }
074 :       }
075 :       else { // 2 1 3
076 :           *largeNumber = thirdNumber;
077 :           *middleNumber = firstNumber;
078 :           *smallNumber = secondNumber;
079 :       }
080 :   }
081 :   else {
082 :       if(secondNumber > thirdNumber) {
083 :           if(firstNumber > thirdNumber) { // 2 3 1
084 :                   *largeNumber = secondNumber;
085 :                   *middleNumber = firstNumber;
086 :                   *smallNumber = thirdNumber;
087 :           }
088 :           else { // 1 3 2
089 :                   *largeNumber = secondNumber;
090 :                   *middleNumber = thirdNumber;
091 :                   *smallNumber = firstNumber;
092 :           }
093 :       }
094 :       else { // 1 2 3
095 :           *largeNumber = thirdNumber;
096 :           *middleNumber = secondNumber;
097 :           *smallNumber = firstNumber;
098 :       }
099 :
100 :   }
101 : }
102 :
```

```
103 : /*****************************************************************
104 :   함수 이름 : Output
105 :   기    능 : 큰 수, 중간 수, 작은 수를 모니터에 출력한다.
106 :   입    력 : 큰 수, 중간 수, 작은 수
107 :   출    력 : 없음
108 :   *****************************************************************/
109 : void Output(Long largeNumber, Long middleNumber, Long smallNumber) {
110 :   printf("큰 수 : %d 중간 수 : %d 작은 수 : %d\n",
111 :       largeNumber, middleNumber, smallNumber);
112 : }
```

다음은 메모리 맵을 작도하자. 여러분이 직접 main 함수가 호출되었을 때까지 메모리 맵을 작도해 보자.

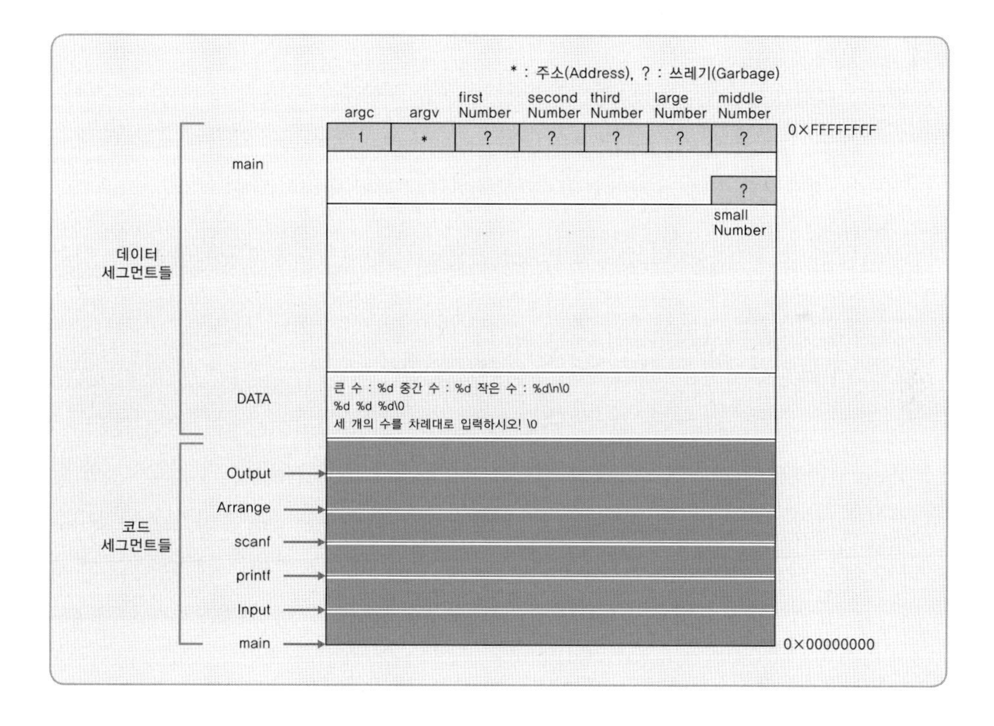

정적으로 관리되는 코드 세그먼트 영역에는 프로그램에서 사용된 함수들에 대해 코드 세그먼트가 할당된다. 운영체제에 의해서 호출되는 main 함수부터 시작하여 호출된 순서대로 코드 세그먼트가 할당되고, 명령어와 상수들이 복사되어 저장된다.

정적으로 관리되는 DATA 데이터 세그먼트는 printf와 scanf 함수에서 첫 번째 값으로 지정된 문자열 리터럴에 대해 문자 배열을 할당하고, 문자열 리터럴을 저장하고 마지막 문자

로 널 문자('₩0')를 저장하게 된다.

정적으로 관리되는 세그먼트들이 모두 할당된 후 운영체제에 의해서 호출되는 main 함수가 실행된다. main 함수에서 필요한 데이터를 저장할 기억장소를 할당할 스택 세그먼트가 할당되고, 변수에 대해 기억장소가 할당된다. 매개변수에 대해서는 운영체제에 의해서 입력되는 값으로 자동변수에 대해서는 선언문장에서 초기화 여부에 따라 값이 결정된다. 자동변수는 초기화했으면 초깃값으로, 초기화하지 않았으면 할당된 기억장소에 저장된 값은 쓰레기(Garbage)이다.

매개변수들에 대해 기억장소들이 할당되고, 운영체제에 의해서 복사되는 값들이 저장된다. argc에는 1, argv에는 주소가 저장된다. 프로그램의 실행경로인 문자열에 대해 문자 배열의 시작주소이다.

024번째 줄에서 029번째 줄까지 자동변수 선언문들을 참고해 보면, 자동변수들에 대해 기억장소들이 할당되고, 초기화되지 않기 때문에 저장된 값은 쓰레기이다.

다음은 33번째 줄로 이동하여 Input 함수 호출 문장으로 Input 함수를 호출하여 실행시킨다.

C코드

```
032 :   // 사용자가 키보드로 세 개의 수를 입력한다.
033 :   Input( &firstNumber, &secondNumber, &thirdNumber ); // 주소
```

이때 Input 함수로 사용자가 키보드로 입력한 데이터들을 main 함수 스택 세그먼트에 할당된 firstNumber, secondNumber, 그리고 thirdNumber에 저장해야 하므로 자동변수들의 주소를 구해서 복사하여 Input 함수 스택 세그먼트에서 할당되는 매개변수들에 저장해야 한다. 따라서 변수 이름 앞에 주소 연산자(&)를 적어 주소를 구하는 식을 작성해서 실인수로 적어야 한다.

함수 호출에서 사용되는 매개변수는 실제 값이어야 한다. 따라서 변수 이름을 적으면, 변수에 저장된 값을 의미하고, 변수 이름 앞에 주소 연산자를 사용한 식을 적으면 변수를 식별하기 위해서 사용되는 값인 주소이다. 이렇게 함수 호출에 사용되는 값은 변수, 상수 그리고 식 중 어떠한 형식으로 적어도 된다. 왜냐하면, 실제로는 값이기 때문이다. 따라서 함수 호출에 사용되는 매개변수를 값이란 의미로 실 매개변수 혹은 실인수라고 한다.

Input 함수 스택 세그먼트를 작도해 보자. main 함수 스택 세그먼트 아래쪽에 일정한 크

기의 사각형을 그리고, 왼쪽에 함수 이름 Input을 적는다.

C코드

```
049 : void Input(Long *firstNumber, Long *secondNumber, Long *thirdNumber) {
050 :   printf("세 개의 수를 차례대로 입력하십시오! ");
051 :   scanf("%d %d %d", firstNumber, secondNumber, thirdNumber);
052 : }
```

Input 함수 정의 영역을 참고하면, 세 개의 매개변수가 있으므로 Input 함수 스택 세그먼트 영역에 작은 사각형을 세 개 그린다. 그리고 왼쪽부터 오른쪽으로 적당한 위치에 매개변수 이름을 적는다. 각각의 사각형에는 별표를 적고, main 함수 스택 세그먼트에 할당된 기억장소를 가리키는 화살표를 그린다. 함수 호출 문장을 참고하면, 가장 왼쪽 사각형은 main 함수 스택 세그먼트에 할당된 변수 firstNumber를 가리키도록 그려야 한다. 두 번째 사각형과 세 번째 사각형은 main 함수 스택 세그먼트에 할당된 변수 secondNumber와 thirdNumber 를 가리키도록 그려야 한다.

함수 호출할 때 호출식에 적힌 매개변수에 대해 개수, 자료형, 순서가 선언과 정의할 때와 정확하게 같아야 한다는 것이다. 반드시 기억해야 한다.

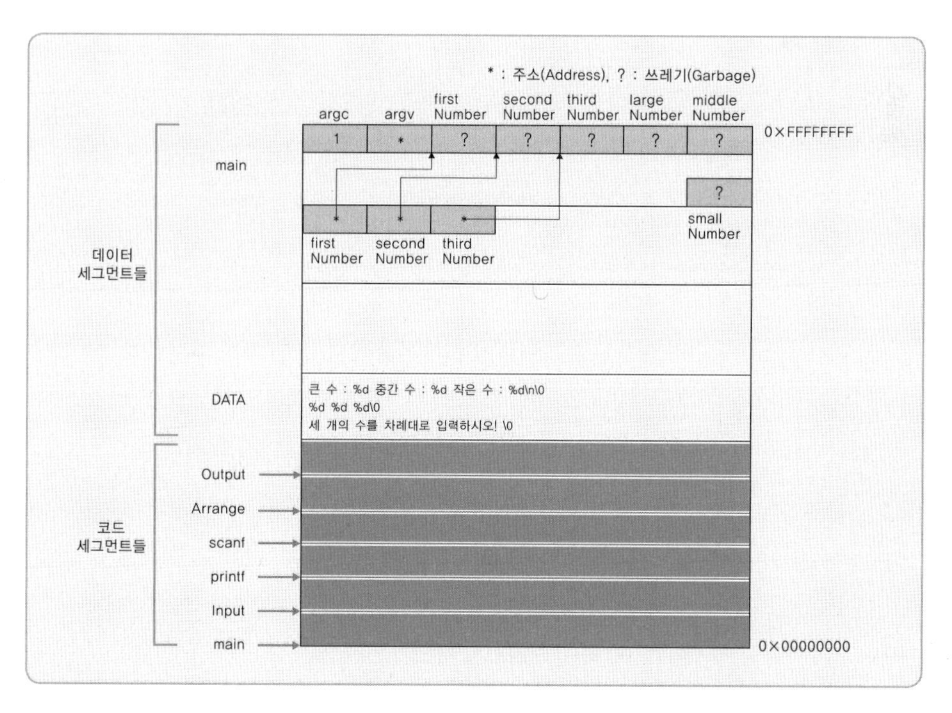

Input 함수가 호출되어 실행되면, 050번째 줄로 이동하여 printf 함수를 호출한다.

C코드

```
050 :   printf("세 개의 수를 차례대로 입력하십시오! ");
```

스택 세그먼트가 할당되고, 함수 호출식에 사용된 문자열 리터럴에 대해 주소를 저장할 기억장소를 할당한다. 그리고 할당된 기억장소에는 "세 개의 수를 차례대로 입력하십시오!" 문자열을 저장하기 위해 DATA 데이터 세그먼트에 할당된 배열의 시작주소가 저장된다.

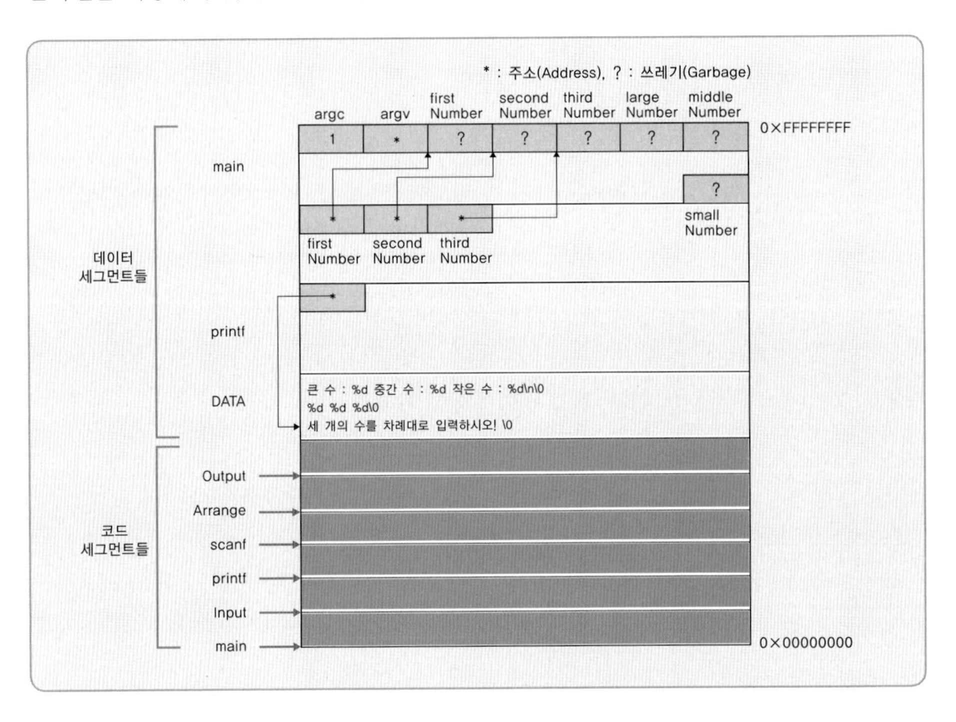

이렇게 해서 printf 함수가 실행되면 모니터에 메시지를 출력하게 된다. 그러면 printf 함수가 끝난다. printf 함수가 끝나면 printf 함수 스택 세그먼트가 할당 해제되므로 Input 함수 스택 세그먼트 아래쪽에 작도된 printf 함수 스택 세그먼트가 없어지게 된다.

다시 실행제어가 Input 함수로 이동하여 051번째 줄로 이동하여 scanf 함수가 호출되어 실행된다.

C코드

```
051 :   scanf("%d %d %d", firstNumber, secondNumber, thirdNumber);
```

scanf 함수가 실행되면, scanf 함수 스택 세그먼트가 할당된다. scanf 함수 스택 세그먼트에 최소한 네 개의 기억장소가 할당되고, 실 매개변수로 적혀진 값들이 복사되어 저장되게 된다. 변수 이름이 적혀 있으므로 변수에 저장된 값이 복사되어 저장된다. 키보드로 입력된 데이터가 저장될 기억장소의 주소를 복사한다는 것을 기억하자.

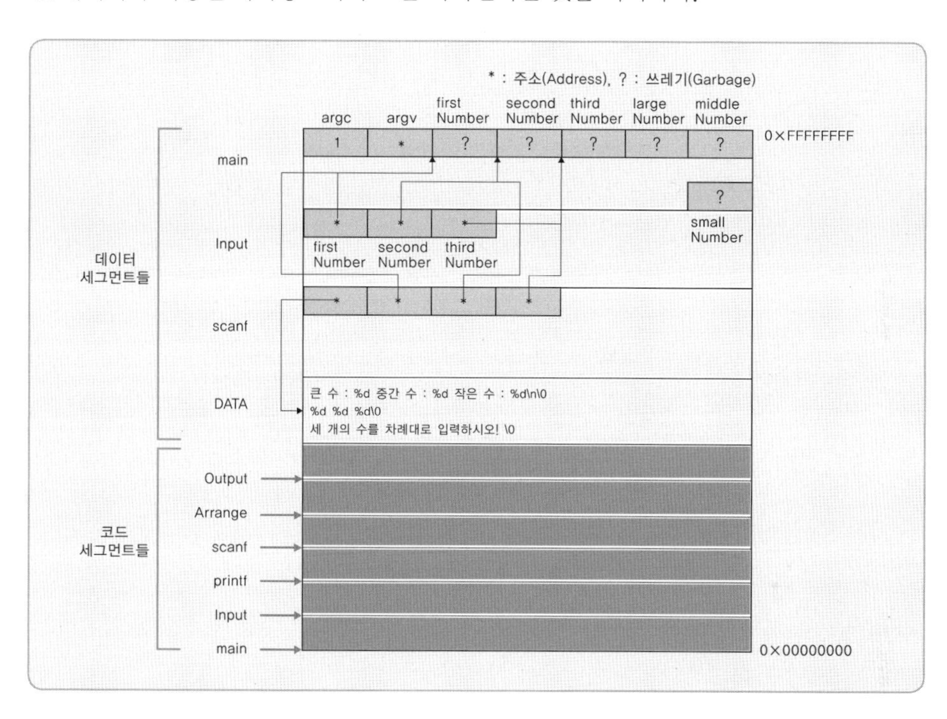

그리고 사용자가 입력할 때까지 기다리게 된다.

프롬프트에서 사용자가 키보드로 3, 2, 1을 입력하고 엔터 키를 누르면, scanf 함수를 호출할 때 주어진 주소를 갖는 기억장소, 즉 main 함수 스택 세그먼트에 할당된 firstNumber, secondNumber 그리고 thirdNumebr에 3, 2, 1을 저장하게 된다.

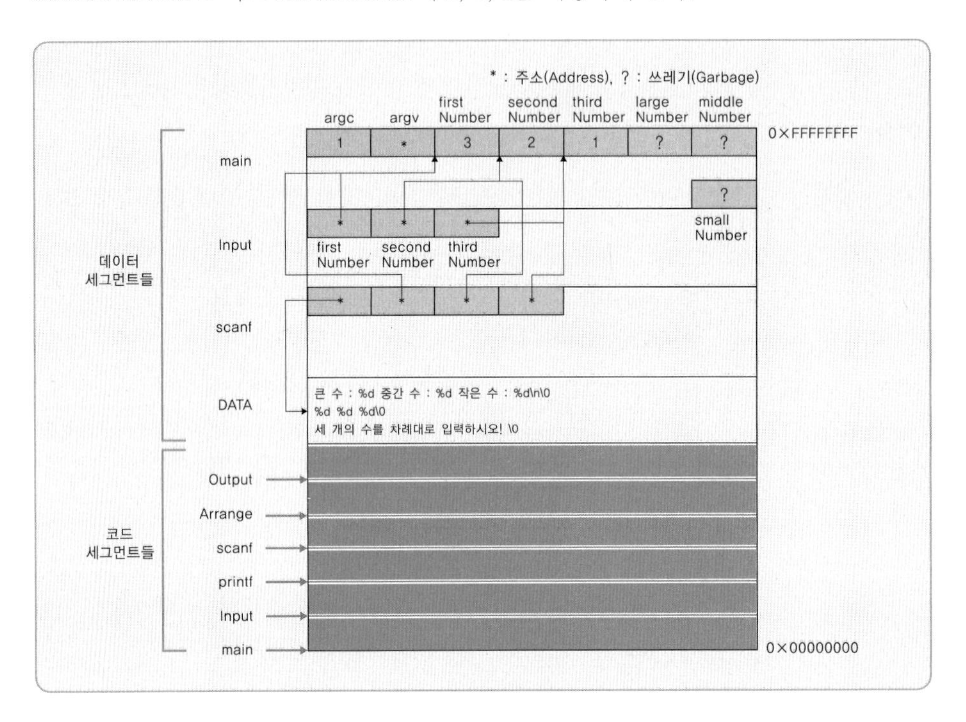

scanf 함수의 실행이 끝나게 된다. scanf 함수 스택 세그먼트가 할당 해제된다. 메모리 맵에서 Input 함수 스택 세그먼트 아래쪽에 작도된 scanf 함수 스택 세그먼트가 없어지게 된다. 그래서 Input 함수로 실행제어가 이동되고, 052번째 줄로 이동하게 된다.

C코드

```
052 : }
```

Input 함수 블록이 끝나는 닫는 중괄호를 만나면 Input 함수 스택 세그먼트가 할당 해제된다. main 함수 스택 세그먼트의 아래쪽에 작도된 Input 함수 스택 세그먼트가 지워진다.

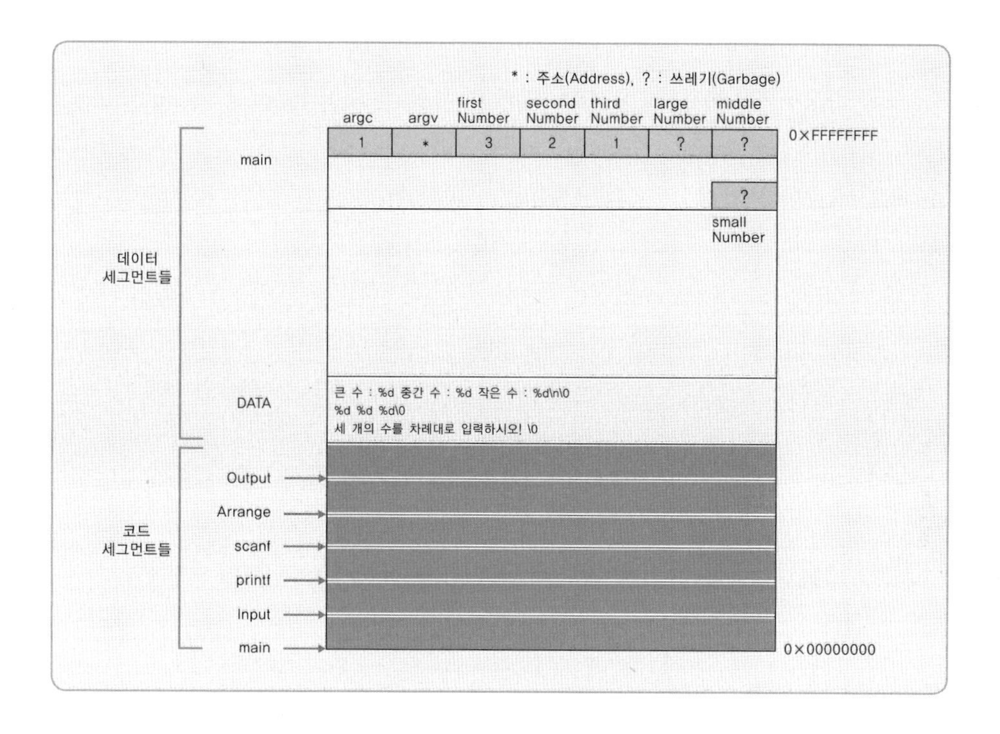

Input 함수 스택 세그먼트가 할당 해제되었기 때문에 중앙처리장치에 의해서 데이터를 쓰고, 읽을 수 있는 함수 스택 세그먼트는 main 함수 스택 세그먼트이다. 이 말은 실행 제어가 main 함수로 복귀되었다는 것이다. 따라서 035번째로 이동하게 된다. Arrange 함수 호출 문장으로 이동하여 Arrange 함수를 호출한다.

C코드

```
034 :   // 내림차순으로 정리하다.
035 :   Arrange( firstNumber, secondNumber, thirdNumber, // 내용
036 :       &largeNumber, &middleNumber, &smallNumber);// 주소
```

다음은 035번째 줄에 의하면, Arrange 함수를 호출하여 실행시킨다. Arrange 함수에 대해서는 세 개의 입력 데이터와 세 개의 출력 데이터에 대해 매개변수로 적어야 한다. 입력 데이터는 기본적으로 프로그램으로 처리되는 값으로 스칼라라고 하고, 기억장소에 저장된 값을 의미한다. 매개변수로 출력 데이터를 표현한다면 앞에서 배운 대로 출력 데이터를 저장할 기억장소의 주소를 의미한다.

따라서 입력 데이터들은 변수 이름을 적어, 변수에 저장된 값을 복사하도록 하고, 출력 데

이터들은 변수 이름 앞에 주소 연산자(&)를 사용하여 식을 적어 호출할 때 식을 평가해서, 즉 주소를 구해서 복사하도록 한다. 입력 데이터들은 firstNumber, secondNumber 그리고 thirdNumber이고, 출력 데이터들은 largeNumber, middleNumber 그리고 smallNumber이다.

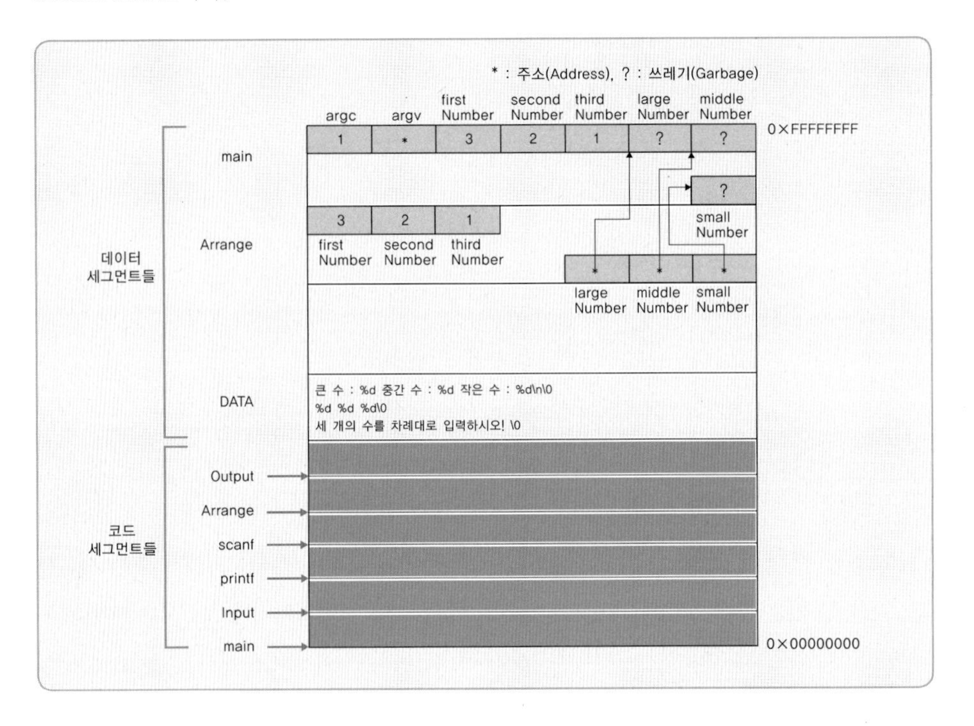

Arrange 함수가 실행되면, 함수 스택 세그먼트가 할당되고, 함수 스택 세그먼트에 매개변수든지 자동변수든지 변수들에 대해 기억장소들이 할당된다. 그리고 매개변수들에 대해 할당된 기억장소들에는 함수 호출식에서 정해진 값들이 복사되어 저장되게 된다. 자동변수는 선언문장에서 초기화되어 있으면 초깃값으로, 초기화되어 있지 않으면 쓰레기를 저장하게 된다.

그래서 이제는 중앙처리장치에 의해서 데이터를 쓰고 읽을 수 있는 함수 스택 세그먼트는 Arrange 함수 스택 세그먼트이다. 실행제어가 Arrange 함수로 이동되었다. 062번째 줄로 이동하게 된다.

C코드

```
062 :    if(firstNumber > secondNumber) {
```

if 문장을 만나게 되고, 조건식을 평가해야 한다. 조건식은 관계식이다. 조건식을 평가한다는 것은 메모리 맵을 참고하면, firstNumber에 저장된 값 3과 secondNumber에 저장된 값 2를 읽어 중앙처리장치의 레지스터로 복사하게 되고, 3이 2보다 큰지에 대한 대소 비교해서 참인지 거짓인지를 결정하면 된다는 것이다. 따라서 조건식을 평가하면 구해지는 값은 참(TRUE)이다.

다음은 조건식을 평가한 값에 따라 실행제어가 어디로 이동해야 할지가 결정되는데, 참이므로 063번째 줄로 이동한다. 거짓이었다면 081번째 줄로 이동하여 else 절로 이동하게 된다.

C코드

```
062 :   if(firstNumber > secondNumber) {
063 :       if( firstNumber > thirdNumber) {
            ...
080 :   }
081 :   else {
082 :       if(secondNumber > thirdNumber) {
```

063번째 줄도 if 문장이다. 따라서 조건식을 평가해야 한다. 메모리 맵을 보면, firstNumber에 저장된 값 3과 thirdNumber에 저장된 값 1을 읽어 중앙처리장치의 레지스터에 복사하고, 3이 1보다 큰지에 대한 대소 비교를 한다. 따라서 구해지는 값은 참(TRUE)이다. 따라서 실행제어는 064번째 줄로 이동한다.

C코드

```
063 :       if( firstNumber > thirdNumber) {
064 :           if(secondNumber > thirdNumber) { // 3 2 1
                ...
068 :           }
069 :           else { // 3 1 2
                ...
073 :           }
074 :       }
```

또한, if 문장이다. 다시 조건식을 평가해야 한다. 메모리 맵을 보면, secondNumber에 저장된 값인 2와 thirdNumber에 저장된 값인 1을 읽어 중앙처리장치의 레지스터에 복사하여 저장한다. 그리고 2가 1보다 큰지에 대해 대소 비교를 한다. 구해지는 값은 참(TRUE)이다. 조건식이 참이므로 실행제어는 065번째 줄로 이동하게 된다.

C코드

```
063 :       if( firstNumber > thirdNumber) {
064 :           if(secondNumber > thirdNumber) { // 3 2 1
065 :                   *largeNumber = firstNumber;
066 :                   *middleNumber = secondNumber;
067 :                   *smallNumber = thirdNumber;
068 :           }
069 :           else { // 3 1 2
                ...
073 :           }
074 :       }
```

065번째 줄은 치환문장이다. firstNumber는 치환식에서 등호의 오른쪽에 있기 때문에, 오른쪽 값이다. 즉, 주기억장치에 할당된 firstNumber에 저장된 값인 3을 읽어, 복사하여 중앙처리장치의 레지스터에 저장하였다. 다음은 치환 연산자(=)에 의해서 중앙처리장치에 복사된 3을 읽어, 즉 복사하여 Arrange 함수 스택 세그먼트에 할당된 largeNumber에 저장하는 것이 아니다. 메모리 맵을 보아라. Arrange 함수 스택 세그먼트에 할당된 largeNumber에 저장된 값은 주소이다. main 함수 스택 세그먼트에 할당된 largeNumber의 주소이다. 따라서 main 함수 스택 세그먼트에 할당된 largeNumber에 저장하기 위해서는 주소를 참조하여 데이터 쓰기를 해야 하므로 largeNumber 앞에 간접 참조 지정 연산자(*)를 적어 식을 만들어야 한다. 주소를 갖는 기억장소의 내용으로 중앙처리장치의 레지스터에 저장된 값을 저장하라는 명령이 된다. 따라서 main 함수 스택 세그먼트에 할당된 largeNumber에 3이 저장된다.

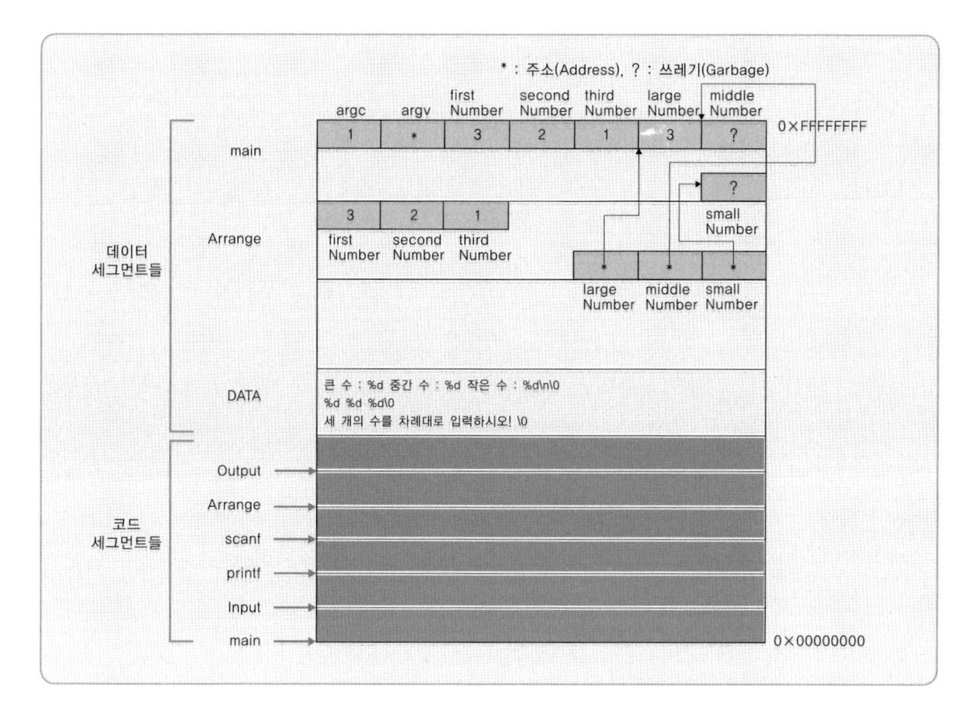

066번째 줄로 이동하여 다시 치환식을 평가하게 되고, 067번째 줄로 이동하여 치환식을 평가하게 된다. 앞에서 적용한 같은 개념과 원리로 067번째 줄까지 실행제어가 진행되면, main 함수 스택 세그먼트에 할당된 middleNumber에 2, smallNumber에 1이 저장되게 된다.

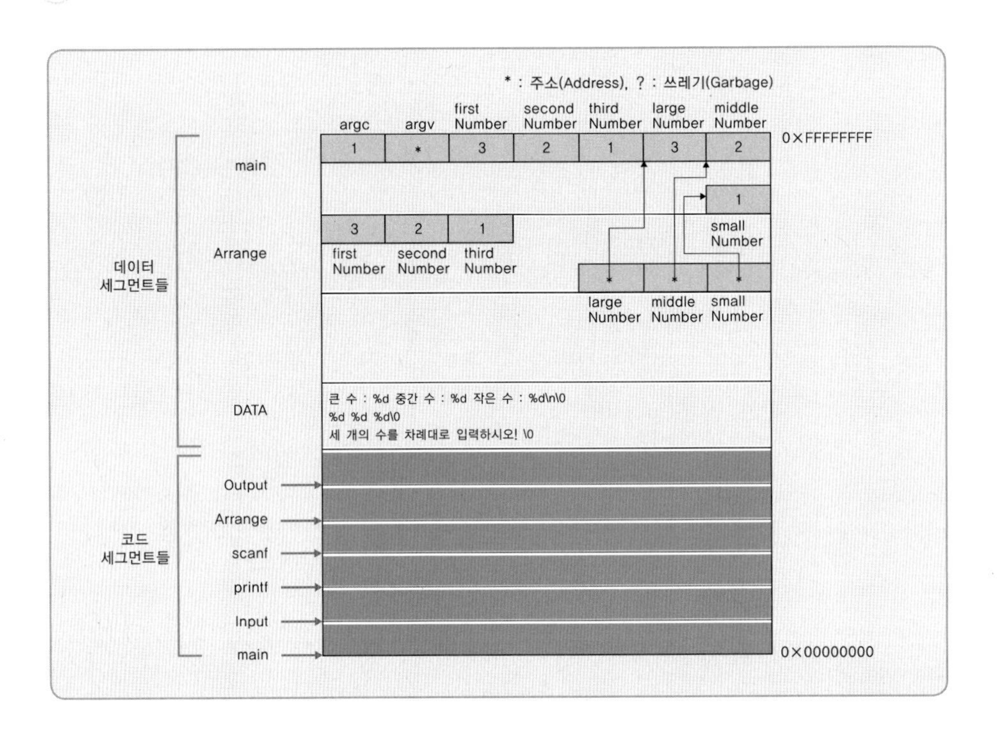

067번째 줄까지 실행이 되었다면, else 절에 대해서는 실행제어가 이동할 수 없으므로 101번째 줄로 이동하게 된다.

C코드

```
060 : void Arrange(Long firstNumber, Long secondNumber, Long thirdNumber,
061 :   Long *largeNumber, Long *middleNumber, Long *smallNumber) {
062 :   if(firstNumber > secondNumber) {
063 :       if( firstNumber > thirdNumber) {
064 :           if(secondNumber > thirdNumber) { // 3 2 1
065 :                   *largeNumber = firstNumber;
066 :                   *middleNumber = secondNumber;
067 :                   *smallNumber = thirdNumber;
068 :           }
069 :           else { // 3 1 2
                ...
073 :           }
074 :       }
075 :       else { // 2 1 3
            ...
079 :       }
080 :   }
081 :   else {
        ...
100 :   }
101 : }
```

함수 블록을 닫는 중괄호를 만나게 되고, 함수의 실행이 끝나게 된다. 따라서 Arrange 함수 스택 세그먼트가 할당 해제된다.

중앙처리장치에 의해서 데이터를 읽고, 쓰기가 가능한 함수 스택 세그먼트는 main 함수 스택 세그먼트이다. 따라서 실행제어가 다시 main 함수로 이동된다.

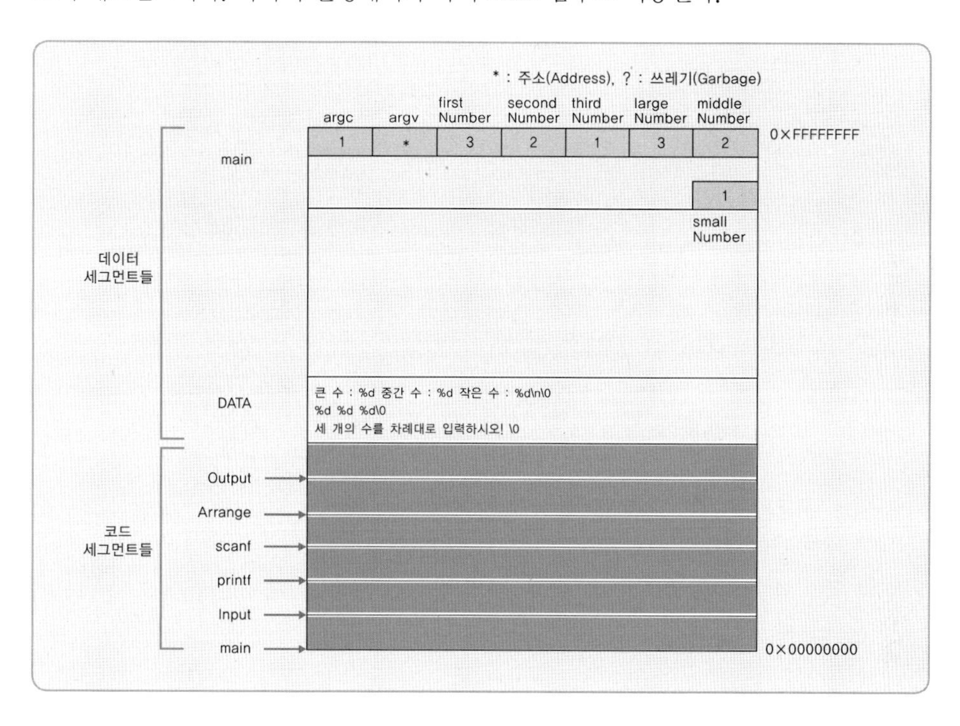

038번째 줄로 이동하여, Output 함수를 호출하여 실행시킨다.

C코드

```
037 :   // 내림차순으로 정리된 수들을 모니터에 출력하다.
038 :   Output(largeNumber, middleNumber, smallNumber); // 내용
```

Output 함수는 모니터에 출력할 데이터를 매개변수로 입력받으면 된다. main 함수 스택 세그먼트에 할당된 기억장소들, largeNumber, middleNumber 그리고 smallNumber에 저장된 값을 읽어 복사하여 Output 함수 스택 세그먼트에 할당된 매개변수들, largeNumber, middleNumber 그리고 smallNumber에 저장하도록 하면 된다. 따라서 실인수들로 변수 이름을 쉼표로 구분하여 적으면 된다. 변수 이름은 변수에 저장된 값을 의미한다는 것을 반드시 기억하자.

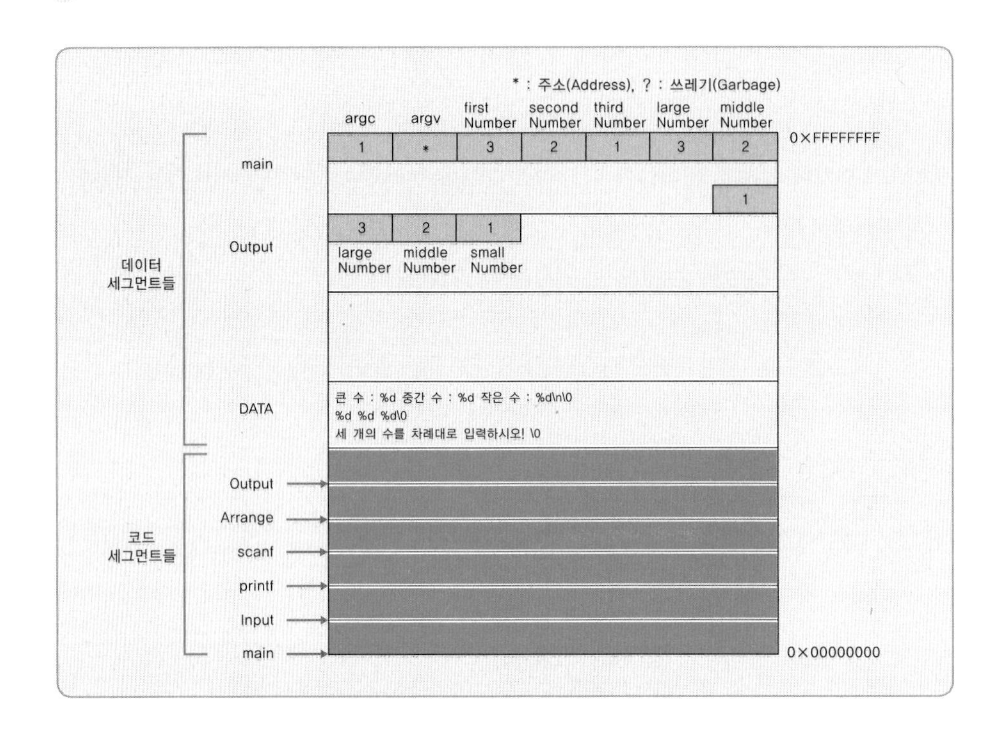

Output 함수 스택 세그먼트가 할당되었기 때문에 중앙처리장치에 의해서 데이터를 쓰고 읽을 수 있는 함수 스택 세그먼트가 된다. 따라서 실행제어는 이제 Output 함수로 이동되었다. 따라서 110번째 줄로 이동하여 printf 함수를 호출한다.

C코드

```
109 : void Output(Long largeNumber, Long middleNumber, Long smallNumber) {
110 :   printf("큰 수 : %d 중간 수 : %d 작은 수 : %d\n",
111 :       largeNumber, middleNumber, smallNumber);
112 : }
```

여러분이 printf 함수 스택 세그먼트를 직접 작도해 보자.

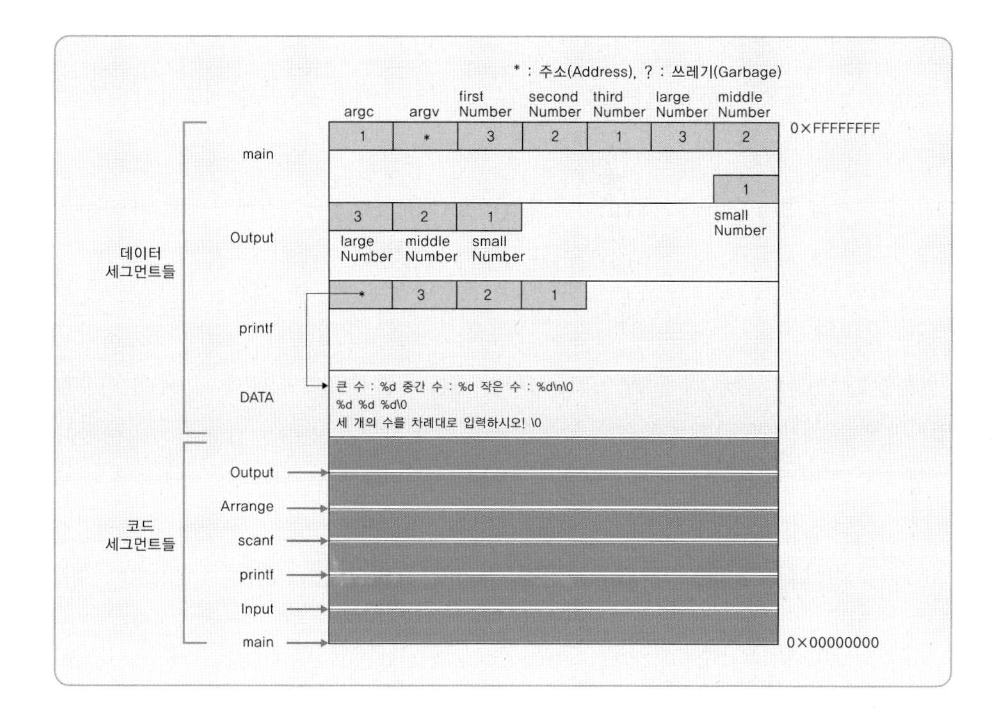

이때 printf 함수는 "큰 수 : 3 중간 수 : 2 작은 수 : 1"을 모니터에 출력한다. 또한, 줄을 바꾸어 프롬프트가 출력되도록 한다. 이러한 처리가 끝나면, printf 함수의 실행이 끝난다. 그러면 실행제어는 다시 112번째 줄로 이동하는데, Output 함수가 끝나는 닫는 중괄호이기 때문에 Output 함수 스택 세그먼트가 할당 해제된다.

따라서 중앙처리장치에 의해서 데이터를 읽고 쓸 수 있는 스택 세그먼트는 main 함수 스택 세그먼트이다. 실행제어가 main 함수로 이동된다. 040번째 줄로 이동하게 된다.

C코드

```
040 :   return 0;
041 : }
```

return 키워드를 만나게 되고, 중앙처리장치의 레지스터에 0을 복사하여 저장하게 된다. 그리고 041번째 줄로 이동하게 되는데, 닫는 중괄호는 main 함수의 블록의 끝은 나타내므로 main 함수의 실행이 끝난다는 것이다. 따라서 main 함수 스택 세그먼트를 할당 해제하게 된다. 따라서 프로그램이 끝나게 되는 것이다.

이렇게 절차에 따라 처리하면 정확하게 처리됨을 확인할 수 있을 것이다. 알고리듬을 평가하는 기준인 정확성에 대해 평가하는 것이다. 정확성이란 적합한 입력에 대해서 유한 시간 내에 올바른 답을 산출하는가를 판단하는 것이다.

올바른 입력에 대해 올바른 출력이 되지 않으면 알고리듬이나 프로그램은 아무 쓸모 없는 쓰레기이다. 절대로 이러한 일이 발생하지 않도록 해야 한다.

알고리듬을 작성하는 중에 정확하게 답을 구하지 못하는 경우도 있다. 사람이 하는 일이고 아주 복잡한 알고리듬을 작성하는 중에 정확한 답을 구할 수 없는 경우도 있다. 빈번하지 않지만 발생하는 이러한 오류를 논리오류(Logic Error)라고 한다. 이러한 논리오류가 발생하면 메모리 맵을 이용하여 실행제어를 이동시키면서 값을 확인하는 방식으로 오류를 찾아서 고쳐야 한다. 이러한 작업을 디버깅(Debugging)이라고 한다. 컴퓨터를 이용하는 경우는 디버거(Debugger)라고 하는 프로그램을 사용할 수 있다. 어떠한 방식으로 하던 디버깅은 시간이 오래 걸리는 지루한 작업이다.

따라서 정확한 알고리듬과 프로그램을 만들기 위해서는 이 장에서 제시하는 절차와 기법에 따라 하면, 디버깅에 인한 작업의 비효율성을 제거할 수 있다.

Note

문제에 대해서는 한 개의 답만이 있는 것이 아니다. 여러 개의 답이 존재한다. 그중에서는 효율적인 답도 있고, 그렇지 않은 비효율적인 답도 있다. 그렇다고 해서 비효율적인 답은 구할 필요는 없다고 생각하는 사람이 있을 것 같아서 여기서 다시 말씀드리지만, 효율성은 상황에 따라서 달라지기 때문에 될 수 있으면 문제에 대해 많은 답을 구해보는 것이 가장 좋은 알고리듬 학습 방법이다.

CHAPTER 2

변수를 이용한 정렬 모델

|CHAPTER| 02

변수를 이용한 정렬 모델

입력된 수들 간의 대소 비교에 대해, 가능한 모든 경우의 수를 찾고, 경우의 수에 맞게 큰 수, 중간 수 그리고 작은 수를 결정하는 모델을 사용하여 나씨-슈나이더만 다이어그램으로 작성하면 다음과 같다.

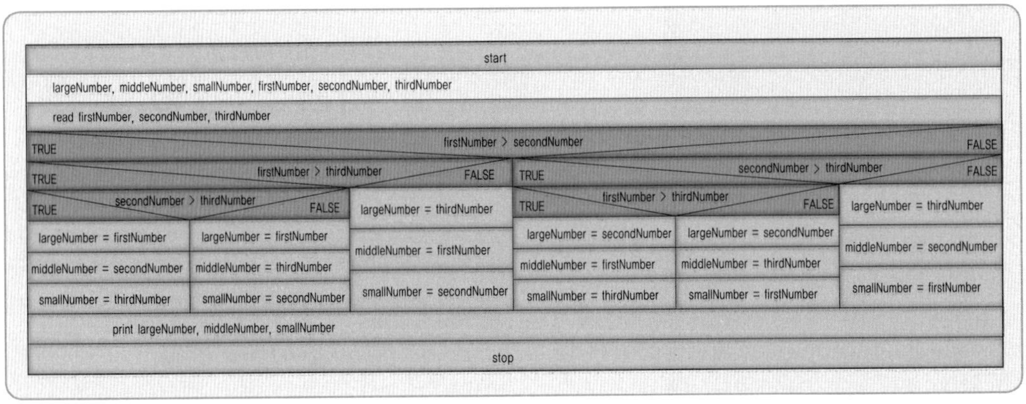

start

largeNumber, middleNumber, smallNumber, firstNumber, secondNumber, thirdNumber

read firstNumber, secondNumber, thirdNumber

TRUE firstNumber > secondNumber FALSE

TRUE firstNumber > thirdNumber FALSE | TRUE secondNumber > thirdNumber FALSE

TRUE secondNumber > thirdNumber FALSE | largeNumber = thirdNumber | TRUE firstNumber > thirdNumber FALSE | largeNumber = thirdNumber

largeNumber = firstNumber	largeNumber = firstNumber	largeNumber = thirdNumber	largeNumber = secondNumber	largeNumber = secondNumber	largeNumber = thirdNumber
middleNumber = secondNumber	middleNumber = thirdNumber	middleNumber = firstNumber	middleNumber = firstNumber	middleNumber = thirdNumber	middleNumber = secondNumber
smallNumber = thirdNumber	smallNumber = secondNumber	smallNumber = secondNumber	smallNumber = thirdNumber	smallNumber = firstNumber	smallNumber = firstNumber

print largeNumber, middleNumber, smallNumber

stop

대소 비교 경우의 수 모델에 입력되는 수를 하나 더 추가했을 때 알고리듬이 어떻게 정리될까? 즉 네 개의 수가 입력될 때, 가장 큰 수, 큰 수, 중간 수, 그리고 작은 수 순으로 출력하는 알고리듬을 작성해보자. 위에 작성된 나씨-슈나이더만 다이어그램에다 경우의 수를 추가해서 알고리듬을 작성해보자. 10분 동안 작성해보자. 10분 정도 생각했는데 잘되지 않으면 그만두고 책을 계속 읽자.

어떠한가? 쉽게 알고리듬이 작성되는가? 그렇지 않다는 것을 알 수 있을 것이다. 이러면 알고리듬을 평가하는 기준인 단순성에서 좋은 평가를 얻지 못할 것이다. 단순성이란 알고리듬이 이해하기 쉬운지에 대한 평가 기준이다. 알고리듬을 쉽게 고칠 수 있느냐에 대한 평가 기준이다. 이해하기 쉽다고 생각하겠지만 그렇지 않다는 것을 확인할 수 있다. 그러면 어떻게 하면 더욱더 이해하기 쉽고, 고치기 쉬운 알고리듬을 만들 수 있을까?

항상 말씀드리고 있지만, 문제에 대해서는 한 개의 답만이 있는 것이 아니다. 여러 개의 답이 존재한다. 그중에서는 효율적인 답도 있고, 그렇지 않은 비효율적인 답도 있다. 그렇다고 해서 비효율적인 답은 구할 필요는 없다고 생각하는 사람이 있을 것 같아서 여기서 다시 말씀드리지만, 효율성은 상황에 따라서 달라지기 때문에 될 수 있으면 문제에 대해 많은 답을 구해보는 것이 가장 좋은 알고리듬 학습 방법이다.

그러면 계속해서 단순성 관점에서 효율적인 방법들을 설명하도록 하겠다. 그래서 알고리듬을 어떻게 만들어 가는지를 여러분이 이해했으면 하고, 더 나아가서 좋은 소프트웨어를 만드는 과정에 대해서 이해하도록 했으면 좋겠다.

2.1. 모델 구축

이번에는 일정한 기준에 맞게 데이터들을 재배치하는 개념인 정렬(Sort)을 이용한 모델로 문제를 풀어보자. 문제가 가지고 있는 핵심 개념은 입력된 수들에 대해서 가장 큰 것부터 시작해서 작은 것 순으로, 즉 내림차순(Descending)으로 정렬하여야 한다는 것이다. 큰 수를 찾아 적고, 다음은 중간 수를 찾아 적으면, 남은 것은 작은 수가 된다는 개념이다.

입력데이터와 출력데이터를 정리할 수 있는 표를 만들자. 1, 2, 3 세 개의 수가 입력되면, 표에 각각 firstNumber, secondNumber 그리고 thirdNumber에 적자.

이름	1	2	3	4	5	6
largeNumber						
middleNumber						
smallNumber						
firstNumber	1					
secondNumber	2					
thirdNumber	3					

입력된 데이터들을 이용하여 큰 수, 중간 수 그리고 작은 수를 설정하자. firstNumber를 largeNumber, secondNumber를 middleNumber 그리고 thirdNumber를 smallNumber로 설정한다.

이름	1	2	3	4	5	6
largeNumber	1					
middleNumber	2					
smallNumber	3					
firstNumber	1					
secondNumber	2					
thirdNumber	3					

큰 수를 구해보자. largeNumber 와 middleNumber의 값을 대소 비교해 본다. largeNumber가 middleNumber보다 작아서 largeNumber와 middleNumber를 맞바꾼다.

이름	1	2	3	4	5	6
largeNumber	1/2					
middleNumber	2/1					
smallNumber	3					
firstNumber	1					
secondNumber	2					
thirdNumber	3					

다음은 largeNumber와 thirdNumber를 대소 비교하자. largeNumber가 thirdNumber보다 작아서 맞바꾸기를 해야 한다.

이름	1	2	3	4	5	6
largeNumber	1/2/3					
middleNumber	2/1					
smallNumber	3/2					
firstNumber	1					
secondNumber	2					
thirdNumber	3					

이렇게 해서 큰 수를 구했다. 다음은 중간 수를 구해야 한다. 따라서 middleNumber와 smallNumber를 대소 비교한다. middleNumber과 smallNumber보다 작아서 맞바꾸기 해야 한다.

이름	1	2	3	4	5	6
largeNumber	1/2/3					
middleNumber	2/1/2					
smallNumber	3/2/1					
firstNumber	1					

이름	1	2	3	4	5	6
secondNumber	2					
thirdNumber	3					

표를 보면 입력데이터들, 1, 2, 3에 대해 largeNumber가 3, middleNumber가 2 그리고 smallNumber가 1이 적혀져 있다.

다음은 2, 1, 3으로 데이터들이 입력될 때, 한 번 더 풀어보자. firstNumber, secondNumber 그리고 thirdNumber에 2, 1, 3을 적자.

이름	1	2	3	4	5	6
largeNumber	1/2/3					
middleNumber	2/1/2					
smallNumber	3/2/1					
firstNumber	1	2				
secondNumber	2	1				
thirdNumber	3	3				

largeNumber, middleNumber 그리고 smallNumber에 입력된 순서대로 적는다.

이름	1	2	3	4	5	6
largeNumber	1/2/3	2				
middleNumber	2/1/2	1				
smallNumber	3/2/1	3				
firstNumber	1	2				
secondNumber	2	1				
thirdNumber	3	3				

큰 수를 먼저 구해야 한다. 따라서 largeNumber와 middleNumber를 대소 비교한다. largeNumber가 middleNumber보다 커서 맞바꾸지 않는다. 다음은 largeNumber와 smallNumber를 대소 비교한다. largeNumber가 smallNumber보다 작아서 맞바꾼다.

이름	1	2	3	4	5	6
largeNumber	1/2/3	2/3				
middleNumber	2/1/2	1				
smallNumber	3/2/1	3/2				
firstNumber	1	2				
secondNumber	2	1				
thirdNumber	3	3				

이렇게 해서 큰 수를 구했다. 다음은 중간 수를 구해야 한다. middleNumber와 smallNumber를 대소 비교한다. middleNumber가 smallNumber보다 작아서 맞바꾼다.

이름	1	2	3	4	5	6
largeNumber	1/2/3	2/3				
middleNumber	2/1/2	1/2				
smallNumber	3/2/1	3/2/1				
firstNumber	1	2				
secondNumber	2	1				
thirdNumber	3	3				

따라서 입력된 데이터들을 내림차순으로 큰 수, 중간 수 그리고 작은 수를 구했다.

다음은 3, 1, 2가 입력될 때 정렬 모델을 이용하여 큰 수, 중간 수 그리고 작은 수를 구하는 것을 직접 해 보도록 하자.

이름	1	2	3	4	5	6
largeNumber	1/2/3	2/3	3			
middleNumber	2/1/2	1/2	1/2			
smallNumber	3/2/1	3/2/1	2/1			
firstNumber	1	2	3			
secondNumber	2	1	1			
thirdNumber	3	3	2			

2.2. 분석

2.2.1. 배경도 작도

배경도(Context Diagram)를 이용하여 문제를 명확하게 정의하자. 세 개의 수가 입력되면, 세 개의 수를 크기순으로 출력하면 된다. 세 개의 수를 입력받고, 세 개의 수를 출력하는 것이다. 여러분이 직접 작도해 보자.

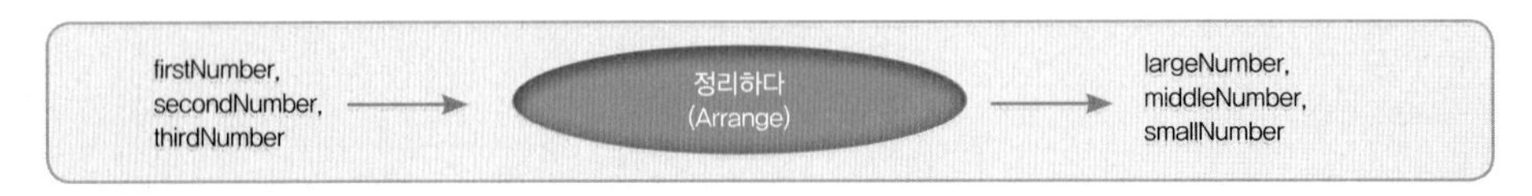

2.2.2. 시스템 다이어그램 작도

다음은 문제 자체에만 집중하기 위해서 배경도로 정의된 문제에서 키보드로 입력하는 방식과 입력할 때 발생할 수 있는 오류 처리에 대한 제어 논리를 배제하고, 모니터에 출력하는 방식에 대한 제어 논리를 배제하기 위해서 시스템 다이어그램을 작도하자. 여러분이 직접 작도해 보자.

Input 모듈에서는 입력에 대한 처리만을 집중하도록 하고, Output 모듈에서는 어떠한 방식으로 출력할 것인지에 대해서 집중하도록 한다. 따라서 제시된 문제 자체를 의미하는 연산 모듈인 Arrange에 집중할 수 있다. 즉 입력된 세 개의 수를 크기순으로 구하는 연산에 집중할 수 있다.

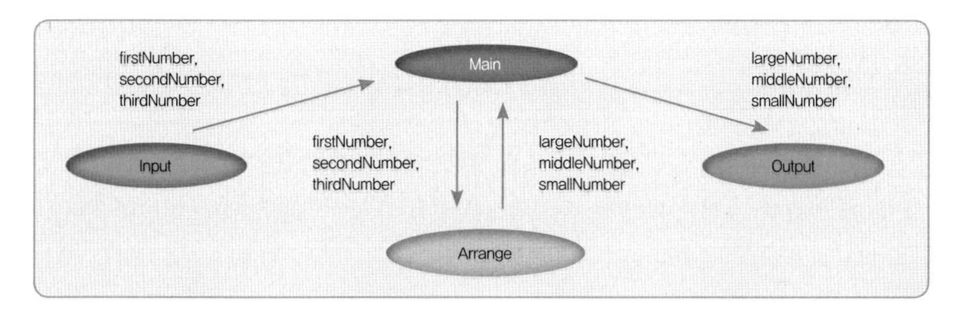

이제는 연산 모듈 Arrange에 대해 처리 과정과 자료명세서를 정리하자.

2.2.3. 자료명세서 작성

다음은 문제에서 사용되는 데이터들을 자료명세서로 작성해 보자. 여러분이 직접 작성해 보자. 물론 자료명세서는 시스템 다이어그램을 작도할 때부터 설계할 때까지 작성된다. 시스템 다이어그램을 보면, 3개의 출력 데이터와 3개의 입력 데이터가 있다. 따라서 자료명세서로 정리하면 다음과 같다.

번호	명칭		자료유형	구분	비고
	한글	영문			
1	큰 수	largeNumber		출력	
2	중간 수	middleNumber		출력	
3	작은 수	smallNumber		출력	
4	첫 번째 수	firstNumber		입력	
5	두 번째 수	secondNumber		입력	
6	세 번째 수	thirdNumber		입력	

출력 데이터, 입력 데이터 순으로 적도록 하자. 그리고 각각의 데이터에 대해 자료유형을 정하여야 하는데, 소수점이 없는 숫자이므로 정수이다.

번호	명칭		자료유형	구분	비고
	한글	영문			
1	큰 수	largeNumber	정수	출력	
2	중간 수	middleNumber	정수	출력	
3	작은 수	smallNumber	정수	출력	
4	첫 번째 수	firstNumber	정수	입력	
5	두 번째 수	secondNumber	정수	입력	
6	세 번째 수	thirdNumber	정수	입력	

2.2.4. 처리 과정 작성

문제 풀이 표에 따라 순차 구조로 처리 과정을 작성하자.

첫 번째는 세 개의 수를 입력받아야 하므로 처리단계의 번호로 1을 매기고, 명칭을 "첫 번째 수, 두 번째 수 그리고 세 번째 수를 입력받는다."라고 처리 과정에서 첫 번째 처리 단계로 만들어야 한다. 입력이 있으면 처리 과정에서 첫 번째 처리 단계는 입력이어야 한다.

```
1. 첫 번째 수, 두 번째 수 그리고 세 번째 수를 입력받는다.
```

다음은 기준에 맞게 수를 재배치한다는 개념을 적용하므로 차례대로 큰 수를 구하고, 중간 수를 구하고, 마지막으로 작은 수를 구하는 작업을 하면 된다. 따라서 처리 과정에서 순차 구조로 각각의 수를 구하는 처리단계를 작성하면 된다.

처리단계의 번호로 2를 매기고, 명칭은 "큰 수를 구한다."하여 처리단계를 작성하고, 똑같은 방식으로 중간 수와 작은 수를 구하는 처리단계를 작성하면 된다.

```
1. 첫 번째 수, 두 번째 수 그리고 세 번째 수를 입력받는다.
2. 큰 수를 구한다.
3. 중간 수를 구한다.
4. 작은 수를 구한다.
```

다음은 구해진 큰 수, 중간 수 그리고 작은 수를 출력하는 것이다. 알고리듬이 성립되기 위해서는 반드시 하나 이상의 출력이 있어야 하므로 처리 과정에서 반드시 출력 관련 처리 단계가 반드시 작성되어야 한다. 처리단계의 번호는 5를 매기고, 명칭은 "큰 수, 중간 수 그리고 작은 수를 출력한다."라고 작성한다.

```
1. 첫 번째 수, 두 번째 수 그리고 세 번째 수를 입력받는다.
2. 큰 수를 구한다.
3. 중간 수를 구한다.
4. 작은 수를 구한다.
5. 큰 수, 중간 수 그리고 작은 수를 출력한다.
```

마지막으로 알고리듬이 성립되기 위해서는 반드시 처리단계들을 수행하면 반드시 끝내야 한다는 조건이다. 이에 대해 처리단계의 번호로 6을 매기고, 명칭은 "끝내다."로 해서 처리단계를 작성하여야 한다.

```
1. 첫 번째 수, 두 번째 수 그리고 세 번째 수를 입력받는다.
2. 큰 수를 구한다.
3. 중간 수를 구한다.
4. 작은 수를 구한다.
5. 큰 수, 중간 수 그리고 작은 수를 출력한다.
6. 끝내다.
```

다음은 작성된 처리 과정에서 계속 해야 하는 처리단계(들)에 대해 반복 구조를 추가해야 한다. 주어진 문제에서는 반복 구조는 없다. 다음은 처리단계에서 조건에 따라 처리할지 말지를 결정해야 하는지를 검토해야 한다. 그러하다면 선택 구조를 추가해야 한다. 주어진 문제에서는 선택 구조가 없다.

이렇게 해서 방법적인 면을 기술한 것이 아니라 개념적인 면을 정리해서 무엇을 해야 하는지를 정리한 처리 과정을 작성하게 되었다.

출력하고자 하는 데이터들을 구하는 연산에 대해 처리단계의 명칭을 짓는 것도 처리 과정을 작성하는 좋은 방법이다.

다음은 처리 과정에서 처리단계의 명칭에서 사용된 목적어(들)에 대해 처리단계가 처리될 때 필요한 데이터로 식별하여 추가할 데이터들이 있으면 자료명세서에 정리하면 된다. 처리 과정의 처리단계 명칭에서 식별되는 목적어들은 이미 자료명세서에 정리된 것을 알 수 있다. 따로 추가할 데이터가 없다.

이렇게 해서 자료명세서까지 작성되고, 어떠한 처리를 할 것인지와 사용할 데이터가 어떤 것인지를 정리하였다. 처리 과정과 자료명세서를 정형화된 문서, 모듈 기술서로 정리하자.

모듈 기술서		
명칭	한글	세 수를 입력받아 크기 순으로 출력한다.
	영문	Arrange
기능		세 수를 입력받아 내림차순으로 출력한다.
입 · 출력	입력	첫 번째 수, 두 번째 수, 세 번째 수
	영문	큰 수, 중간 수, 작은 수
관련 모듈		

자료 명세서

번호	명칭		자료유형	구분	비고
	한글	영문			
1	큰 수	largeNumber	정수	출력	
2	중간 수	middleNumber	정수	출력	
3	작은 수	smallNumber	정수	출력	
4	첫 번째 수	firstNumber	정수	입력	
5	두 번째 수	secondNumber	정수	입력	
6	세 번째 수	thirdNumber	정수	입력	

처리 과정

1. 첫 번째 수, 두 번째 수 그리고 세 번째 수를 입력받는다.
2. 큰 수를 구한다.
3. 중간 수를 구한다.
4. 작은 수를 구한다.
5. 큰 수, 중간 수 그리고 작은 수를 출력한다.
6. 끝내다.

2.3. 설계

2.3.1. 나씨-슈나이더만 다이어그램 작도

다음은 모듈 기술서를 참고하여 컴퓨터의 실행 원리, 기억장소의 원리, 제어구조를 이용해서 방법적인 관점에서 알고리듬을 다시 작성하자. 나씨-슈나이더만 다이어그램을 작도해 보자. A4 용지 한 장을 꺼내어 놓고 따라서 해보자.

첫 번째로 알고리듬의 유한성에 대한 처리단계 "6. 끝내다."에 대해 작도해 보자. 가장 위쪽과 가장 아래쪽에 순차 구조 기호를 작도하고, 위쪽 순차 구조 기호에 start를 적고, 아래쪽 순차 구조 기호에 stop을 적는다.

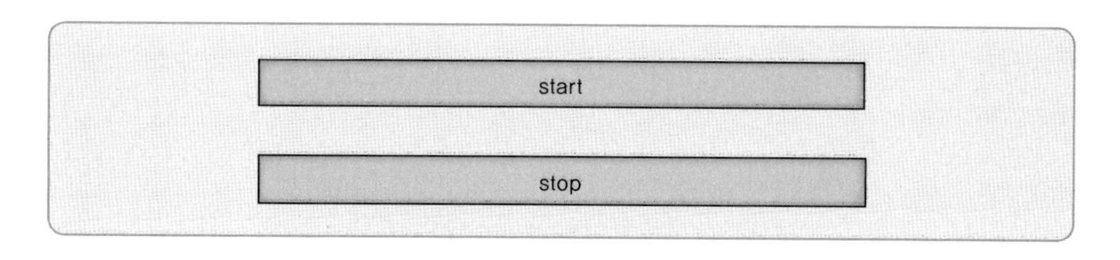

자료명세서에 정리된 데이터들에 대해 변수(들)를 선언하여야 한다. start 순차 구조 기호 바로 아래쪽에 순차 구조 기호를 그리고, 자료명세서에 정리된 순서대로 쉼표를 구분하여 적는다.

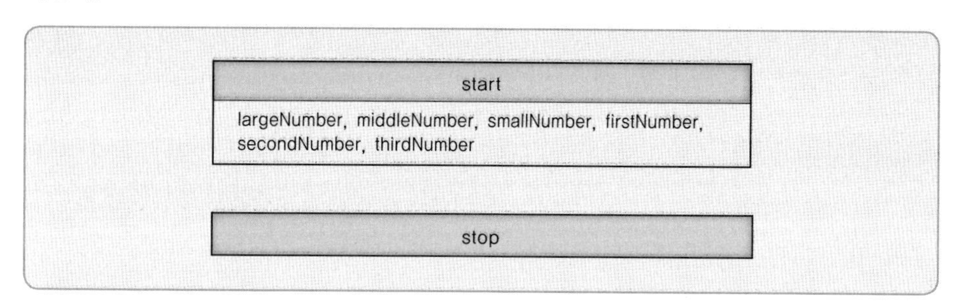

이제부터는 처리 과정을 참고하여 처리단계마다 어떻게 해야 할지 생각해야 한다. 첫 번째로 처리단계마다 어떠한 컴퓨터 기본 기능이 사용되는지 확인하자. 다음과 같이 확인할 수 있을 것이다.

처리 과정
1. 첫 번째 수, 두 번째 수 그리고 세 번째 수를 입력받는다.(입력) 2. 큰 수를 구한다.(기억) 3. 중간 수를 구한다.(기억) 4. 작은 수를 구한다.(기억) 5. 큰 수, 중간 수 그리고 작은 수를 출력한다.(출력) 6. 끝내다.

나씨-슈나이더만 다이어그램에서 입력, 기억, 산술연산 그리고 출력은 순차 구조로, 제어는 반복 구조와 선택 구조로 표현해야 한다.

"1. 첫 번째 수, 두 번째 수 그리고 세 번째 수를 입력받는다." 처리단계는 처리단계의 명칭에서 알 수 있듯이 입력 기능이다. 따라서 순차 구조 기호를 변수를 선언하는 순차 구조 기호 아래쪽에 그린다.

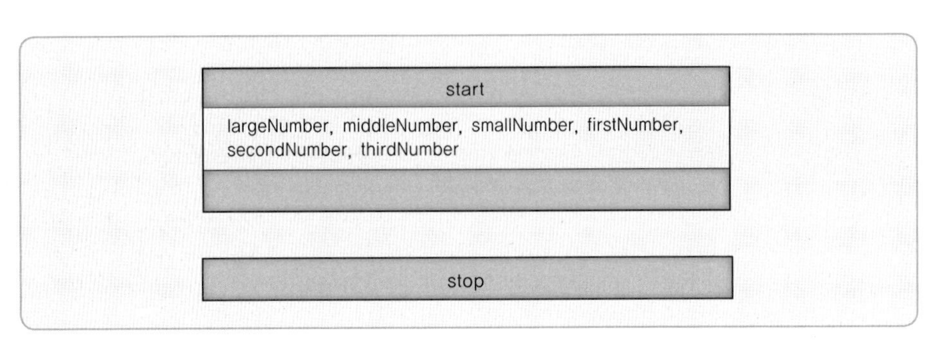

나씨-슈나이더만 다이어그램에서 입력은 순차 구조 기호로 표현한다. 대개 변수를 선언하는 순차 구조 기호 바로 아래에 그린다. 그리고 read를 적고, 입력받은 값을 저장할 변수를 개수만큼 쉼표로 구분하여 적는다.

처리단계에 의하면 세 개를 입력받아 저장해야 하므로 read를 적고, 한 칸 띄우고 계속해서 firstNumber, secondNumber 그리고 thirdNumber를 차례대로 쉼표로 구분하여 적는다.

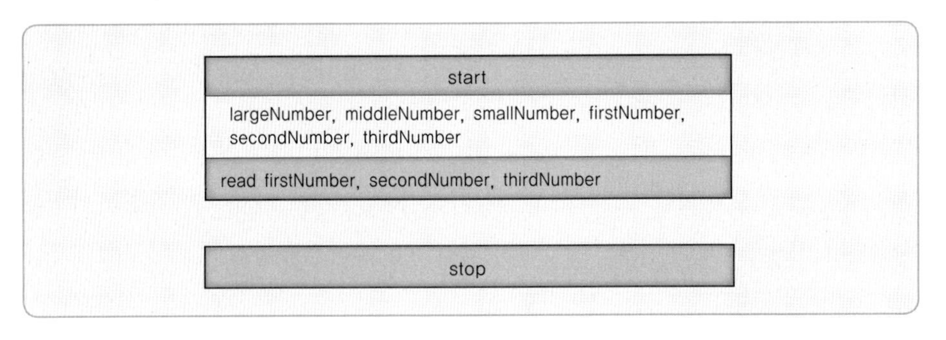

"2. 큰 수를 구한다." 처리단계에 대해서 작도해보자. 간단하게 생각하면 입력된 수들에서 가장 큰 수를 largeNumber에 저장하면 된다. 다시 말해서 처리단계 2는 기억 기능이다. 기억 기능은 순차 구조이므로 순차 구조 기호를 작도해야 한다.

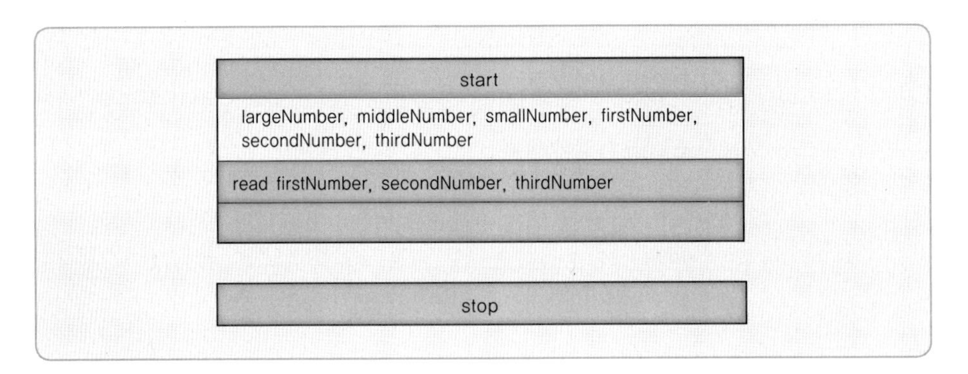

그리고 치환식을 작성해서 순차 구조 기호에 적으면 된다. 첫 번째 수를 큰 수로 정하자. largeNumber를 왼쪽 값으로 firstNumber를 오른쪽 값으로 하여 치환식을 작성하자. 사용자가 프로그램을 배려해서 입력할 때 첫 번째 수로 큰 수를 입력할 것으로 생각해라.

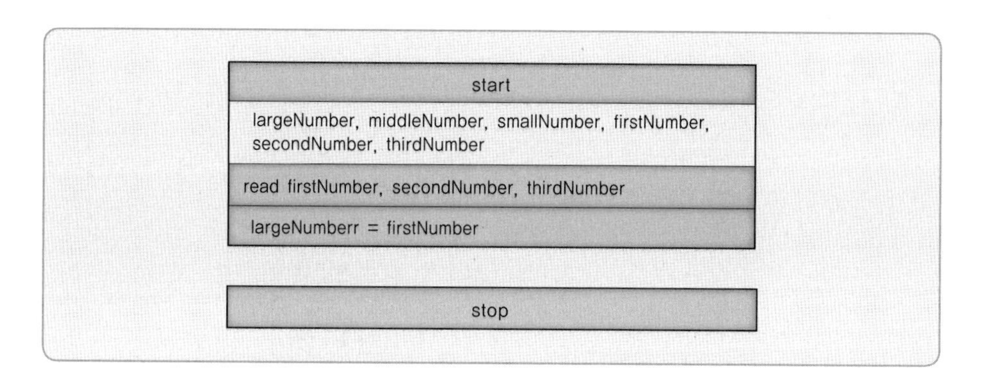

"3. 중간 수를 구한다." 처리단계에 대해서 작도해보자. 간단하게 생각하면 입력된 수들에서 앞에서 결정한 큰 수를 빼고, 남은 수들에서 큰 수를 middleNumber에 저장하면 된다. 다시 말해서 처리단계 3은 기억 기능이다. 기억 기능은 순차 구조 기호를 작도해야 하고 치환식을 작성하면 된다. 이번에는 첫 번째 수가 큰 수가 되었기 때문에 두 번째로 입력되는 수가 중간 수라고 가정하고, middleNumber를 왼쪽 값으로 secondNumber를 오른쪽 값으로 해서 치환식을 작성해서 순차 구조 기호에 적자.

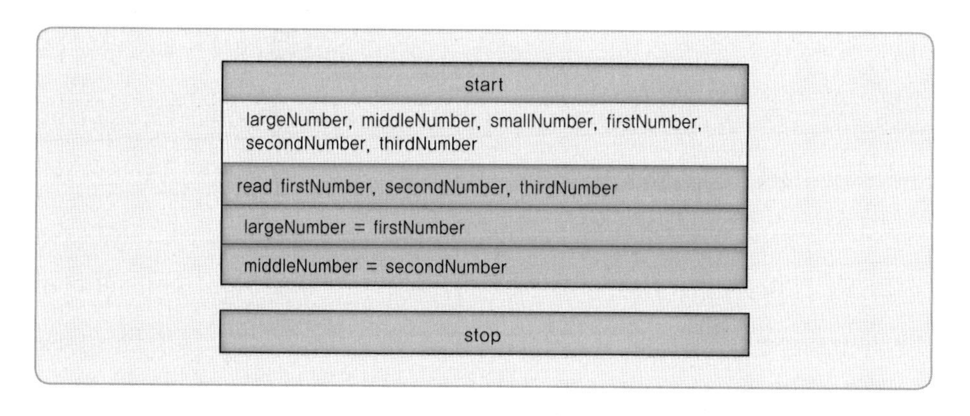

"4. 작은 수를 구한다." 처리단계에 대해서 작도해보자. 입력된 수들에서 큰 수와 중간 수가 결정되었기 때문에 남은 수를 smallNumber에 저장하면 된다. 다시 말해서 처리단계 4도 기억 기능이다. 기억 기능은 순차 구조 기호를 작도해야 하고 치환식을 작성하면 된다.

이번에는 첫 번째 수가 큰 수가 되었고, 두 번째 수가 중간 수가 되었기 때문에 남은 수인 세 번째 수가 작은 수가 되어야 한다. smallNumber를 왼쪽 값으로 thirdNumber를 오른쪽 값으로 해서 치환식을 작성해서 순차 구조 기호에 적자.

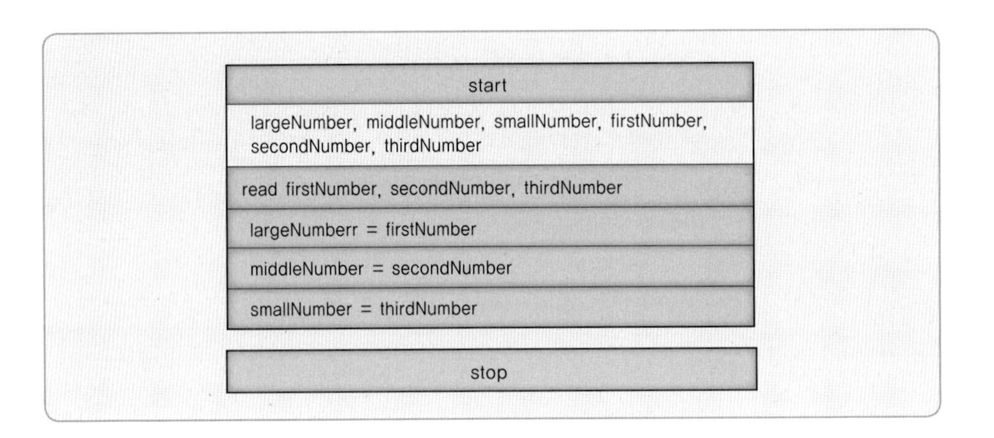

이렇게 해서 큰 수, 중간 수 그리고 작은 수를 구하는 알고리듬을 완성하게 되었다. 그러나 작성된 알고리듬은 사용자에게 "제발"이란 말과 함께 읍소를 해야 한다. 사용자가 입력할 때 반드시 큰 수, 중간 수 그리고 작은 수처럼 크기순으로 입력해야 한다. 다시 말하면 알고리듬이 완전하게 작성된 것은 아니다. 알고리듬이 성립되기 위한 조건인 유효성에 대해 충족되지 않았다.

사용자가 마음대로 입력했을 때도 큰 수, 중간 수 그리고 작은 수를 구하기 위해서는 어떻게 해야 하는지를 다시 생각해보자.

다시 처리 과정에서 처리 단계 2번부터 4번째까지에 대해서 작도를 어떻게 해야 하는지를 생각해보자.

"2. 큰 수를 구한다." 처리단계에 대해서 다시 생각해보자. 큰 수를 구하는 작업이 한 번 이루어져서, 입력된 순서대로 큰 수, 중간 수 그리고 작은 수가 정해졌다. 그렇지만 입력된 순서대로 우리가 구하고자 하는 큰 수, 중간 수 그리고 작은 수가 결정된다면 지금까지 작성된 알고리듬으로 끝내면 된다. 그러나 그러한 경우는 "가뭄에 콩 나듯"이다.

아직 큰 수를 구하는 작업이 끝나지 않았다는 것인데, 그렇다면 큰 수를 구하기 위해서는 어떠한 작업을 계속 해야 한다는 것이다.

어떻게 하면 큰 수를 구할 수 있을까? 새로이 생각하지 말고, 모델 구축에서 했던 대로 하면 된다. 현재 큰 수하고 중간 수를 대소 비교해서 큰 수가 중간 수보다 작으면, 중간 수를 큰 수로, 큰 수를 중간 수로 해야 한다. 그러기 위해서는 맞바꾸어야 한다. 즉 교환해야 한다. 처리 과정으로 정리하면 다음과 같다.

처리 과정
1. 큰 수와 중간 수에 대해 대소 비교를 한다. (제어 : 선택)   1.1. 대소 비교의 결과에 따라 큰 수와 중간 수를 정한다. (기억) 2. 끝내다.

"1. 큰 수와 중간 수에 대해 대소 비교를 한다." 처리단계에 대해서 제어구조 기호를 작도해야 한다. 대소 비교 연산을 해야 한다. 즉 관계 연산을 해야 한다. 관계 연산이 사용되는 제어구조는 반복 구조와 선택 구조이다. 반복 구조인지 선택 구조인지를 결정해야 하는데, 처리단계가 몇 번 실행되는지에 따라 결정해야 한다. 여러 번 실행되면 반복 구조를, 한 번 실행되면 선택 구조로 결정하면 된다. 처리 과정에서는 큰 수와 중간 수에 대해 대소 비교를 한 번 해야 한다. 따라서 선택 구조이다. 따라서 선택 구조 기호를 작도해야 한다.

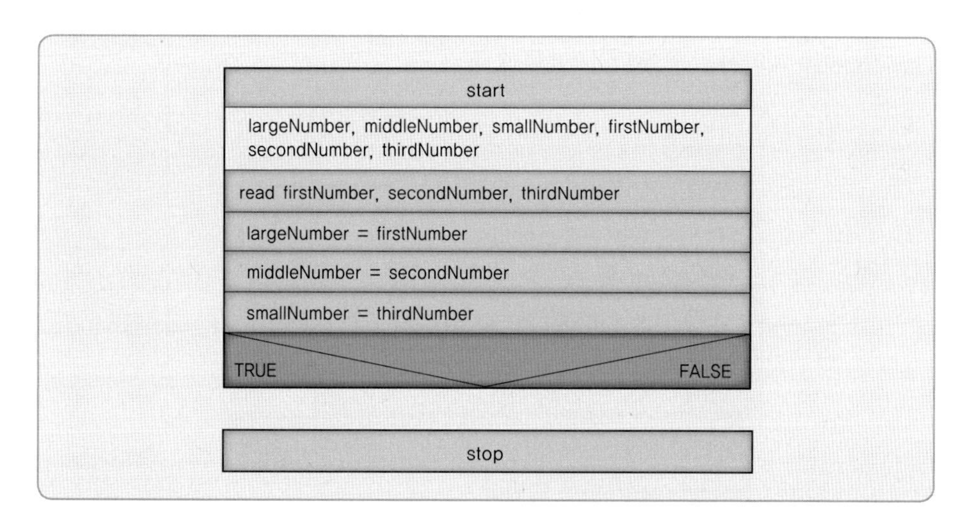

그리고 관계식을 조건식으로 작성하여야 한다. 관계식은 큰 수를 구하여야 하므로 큰 수가 중간 수보다 작을 때 큰 수가 중간 수가 되고, 중간 수가 큰 수가 되어야 한다. 따라서 largeNumber 〈 middleNumber 관계식을 작성해서 역삼각형 영역에 적어야 한다.

start

largeNumber, middleNumber, smallNumber, firstNumber, secondNumber, thirdNumber

read firstNumber, secondNumber, thirdNumber

largeNumber = firstNumber

middleNumber = secondNumber

smallNumber = thirdNumber

largeNumber < middleNumber

TRUE FALSE

stop

관계식을 평가해서 참일 때, 즉 큰 수가 중간 수보다 작을 때 이제는 중간 수가 큰 수가 되어야 하고, 큰 수가 중간 수가 되어야 한다. 따라서 큰 수에 중간 수를 복사하여 저장하고, 중간 수에 큰 수를 복사하여 저장하도록 하면 된다. 기억 기능들이기 때문에 순차 구조 기호 두 개를 연속해서 그리고, 각각 largeNumber = middleNumber와 middleNumber = largeNumber 치환식을 작성해서 적으면 된다.

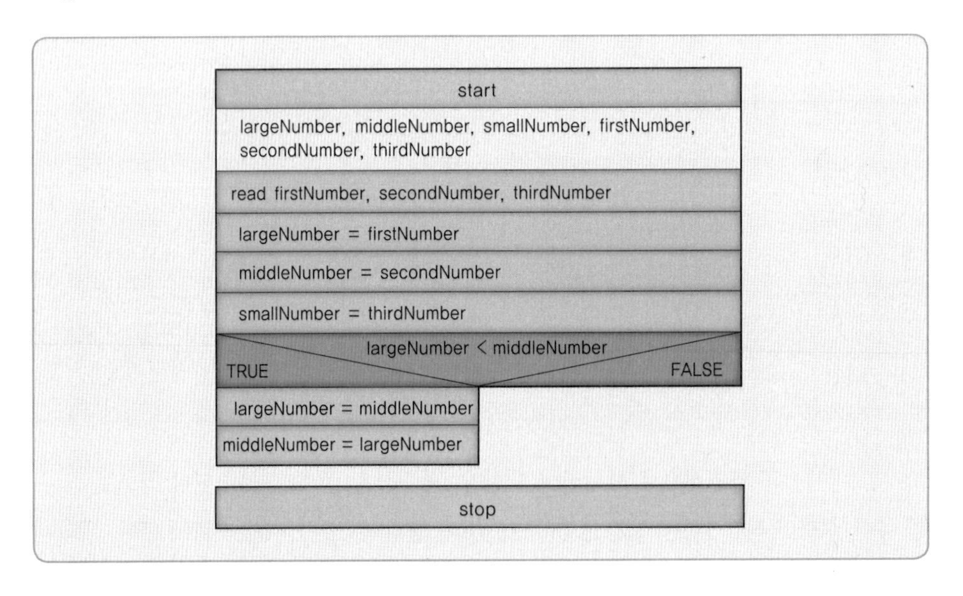

그리고 관계식을 평가했을 때 거짓인 경우는 아무런 처리 없이 아래쪽으로 진행되도록 작도해야 한다. TRUE쪽 두개의 순차구조 기호들의 높이만큼 큰 순차구조 기호를 그리고 아

래쪽으로 향하는 화살표를 그린다.

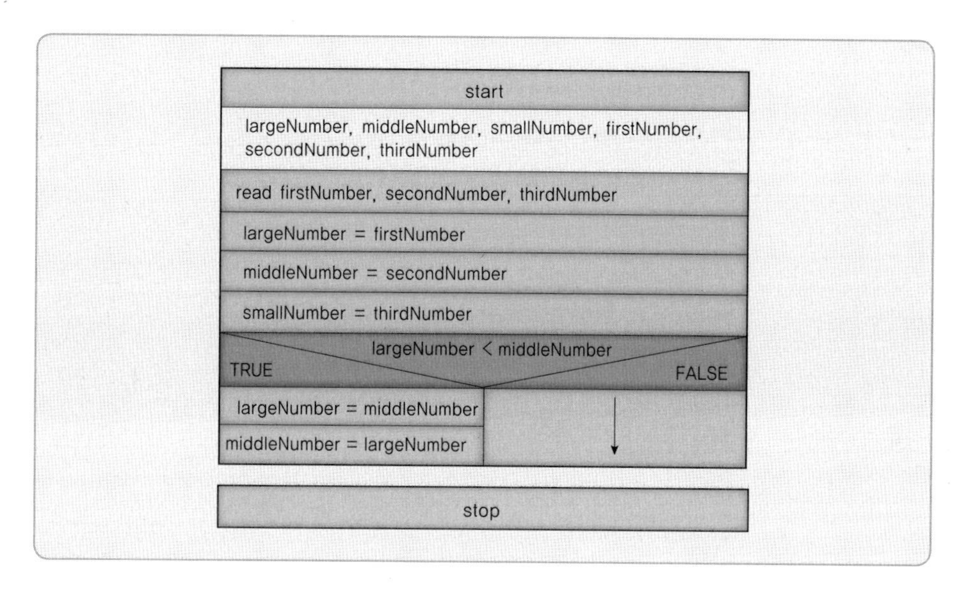

정확하게 작동하는 것 같지만, 그렇지 않다. 이러한 오류를 논리 오류라고 한다. 잘못 생각한 것이다. 어떠한 문제가 있을까? 검토표를 가지고 설명하도록 하겠다.

start 순차 구조 기호로부터 시작하고, 아래쪽 변수를 선언하는 순차 구조 기호로 이동하여, 순차 구조 기호에 적힌 변수에 대해 기억장소 하나씩 할당되고, 기억장소에 저장된 값은 쓰레기다. 따라서 검토표에서 초기 열에 쓰레기라는 의미로 물음표를 적어야 한다.

이름	초기	1	2	3	4	5	6
largeNumber	?						
middleNumber	?						
smallNumber	?						
firstNumber	?						
secondNumber	?						
thirdNumber	?						

순차 구조이므로 다시 아래쪽으로 이동하여 순차 구조 기호를 만나게 되는데, read로 입력을 하는 순차 구조이다. 따라서 가정한 입력 데이터들을 차례대로 기억장소에 저장하면 된다. 가정한 입력 데이터들이 1, 2, 3이라고 하면, firstNumber, secondNumber 그리고 thirdNumber에 1, 2, 3이 저장된다. 검토표는 입력과 치환에 의해서만 값이 바뀌게 된다. 따라서 검토표를 정리하면 다음과 같다.

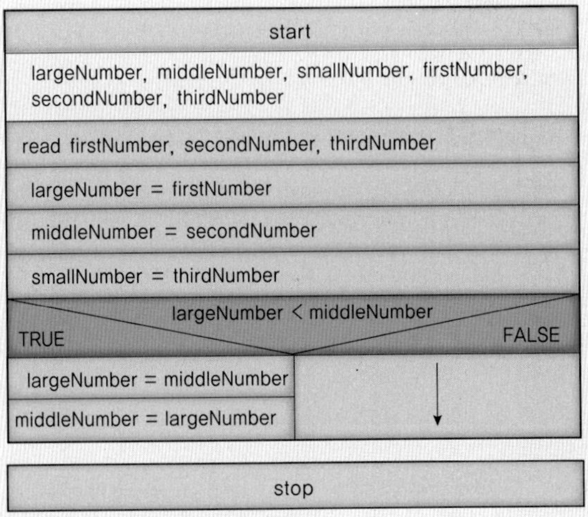

start

largeNumber, middleNumber, smallNumber, firstNumber,
secondNumber, thirdNumber

read firstNumber, secondNumber, thirdNumber

largeNumber = firstNumber

middleNumber = secondNumber

smallNumber = thirdNumber

largeNumber < middleNumber

TRUE

FALSE

largeNumber = middleNumber

middleNumber = largeNumber

stop

이름	초기	1	2	3	4	5	6
largeNumber	?						
middleNumber	?						
smallNumber	?						
firstNumber	?	1					
secondNumber	?	2					
thirdNumber	?	3					

입력도 순차 구조이므로 아래쪽으로 이동하여 다시 순차 구조 기호를 만나는데, 치환식을 갖는 순차 구조이다. 따라서 firstNumber에 저장된 값 1을 읽어 largeNumber에 저장한다. 치환이 이루어졌기 때문에 검토표가 바뀌어야 한다.

이름	초기	1	2	3	4	5	6
largeNumber	?	1					
middleNumber	?						
smallNumber	?						
firstNumber	?	1					
secondNumber	?	2					
thirdNumber	?	3					

치환은 순차 구조에서만 사용되는 연산이므로 아래쪽으로 이동하여 순차 구조 기호에 적힌 치환식을 평가하고, 다시 아래쪽으로 이동하여 순차 구조 기호에 적힌 치환식을 평가하게 된다. 따라서 두 번의 치환으로 값이 바뀌었기 때문에 검토표는 다음과 같이 정리된다.

이름	초기	1	2	3	4	5	6
largeNumber	?	1					
middleNumber	?	2					
smallNumber	?	3					
firstNumber	?	1					
secondNumber	?	2					
thirdNumber	?	3					

다음은 선택 구조 기호를 만나게 된다. 따라서 largeNumber에 저장된 값 1과 middleNumber에 저장된 값 2를 읽어 중앙처리장치의 레지스터에 저장하게 된다. 그리고 1이 2보다 작은지에 대해 논리형 값을 구한다. 1이 2보다 작아서 참이다.

따라서 선택 구조 기호에서 왼쪽 TRUE 쪽으로 이동하여 아래쪽으로 이동하여야 한다. 그러면 순차 구조 기호를 만나는데, 치환식을 평가해야 한다. 그러면 middleNumber에 저장된 값인 2를 읽어 largeNumber에 복사하여 저장하게 된다. 따라서 검토표가 바뀐다.

이름	초기	1	2	3	4	5	6
largeNumber	?	1/2					
middleNumber	?	2					
smallNumber	?	3					
firstNumber	?	1					
secondNumber	?	2					
thirdNumber	?	3					

middleNumber에 저장된 값을 largeNumber에 저장하게 되면, 덮어쓰기를 하므로 largeNumber에 저장되었던 값 1은 없어지고 만다. 그리고 순차구조이므로 아래쪽으로 이동하여 순차구조를 만나게 된다. 다시 치환식을 평가하게 되는데, middleNumber에 largeNumber에 저장된 값을 읽어 복사하여 저장하게 된다. 따라서 현재 largeNumber에 저장된 값 2를 middleNumber에 저장하게 된다. 따라서 기존 middleNumber에 저장되었던 값을 복사하여 저장하는 것이 되어 똑같은 값을 복사하여 저장하게 된다.

맞바꾸기 하기 전에 largeNumber에 저장되었던 값인 1이 middleNumber에 저장되어야 하는데 그렇게 되지 않았다. 우리도 맞교환하는 경우 바꾸기 전에 하나의 값을 머릿속에 기억하게 되고, 머릿속에 기억된 수를 이용하여 교환한다. 따라서 컴퓨터에서도 교환하기 위해서는 교환할 때 사용되는 두 개의 값에서 하나의 값을 임시로 저장해야 하는 기억장소가 하나 필요하다는 것이다. 이러한 기억장소를 임시변수라고 한다. 따라서 자료명세서에 테이터를 하나 추가해서 정리해야 한다. 자료형은 정수이고, 구분은 교환할 때 사용되는 데이터이므로 데이터 처리할 때 사용된 것이므로 "처리"로 구분하면 된다.

번호	명칭		자료유형	구분	비고
	한글	영문			
1	큰 수	largeNumber	정수	출력	
2	중간 수	middleNumber	정수	출력	
3	작은 수	smallNumber	정수	출력	
4	첫 번째 수	firstNumber	정수	입력	
5	두 번째 수	secondNumber	정수	입력	
6	세 번째 수	thirdNumber	정수	입력	
7	임시변수	temp	정수	처리	

나씨-슈나이더만 다이어그램에서도 start 순차 구조 기호 아래쪽에 변수를 선언하는 순차 구조 기호에 추가해야 한다.

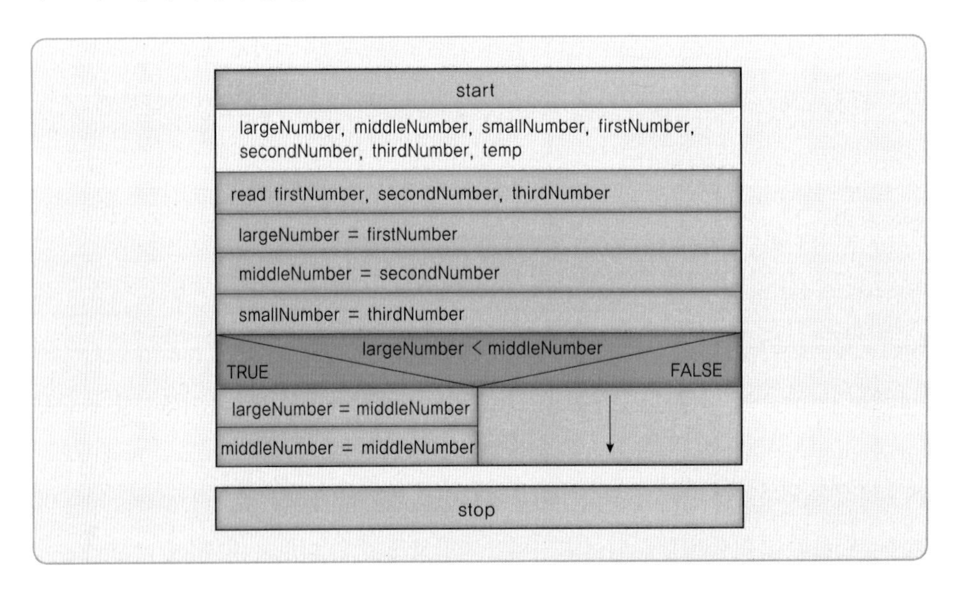

이제 교환에 대해서 제어논리를 정리해보자. 위에서 정리된 제어논리대로 하면, largeNumber에 저장된 값이 없어지므로, largeNumber에 저장된 값을 먼저 임시변수에 저장해야 한다.

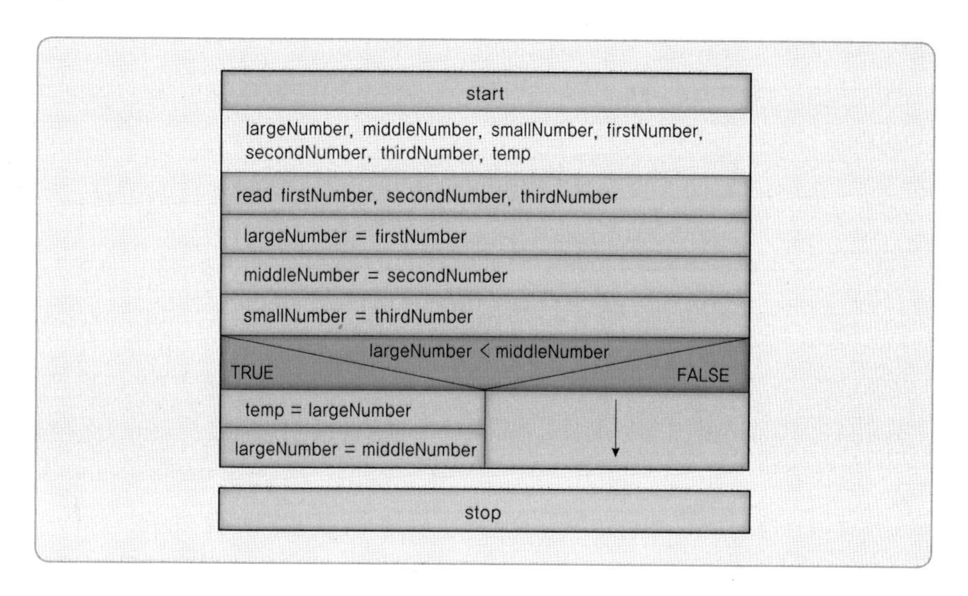

그리고 largeNumber에 middleNumber에 저장된 값을 읽어 복사하여 저장하여야 한다. 그러면 largeNumber에 저장되었던 값이 임시변수에 있으므로 middleNumber에 임시변수에 저장된 값, 즉 원래는 largeNumber에 저장되었던 값을 복사하여 저장하게 되어 우리가 원하는 작업인 교환을 정확하게 할 수 있다.

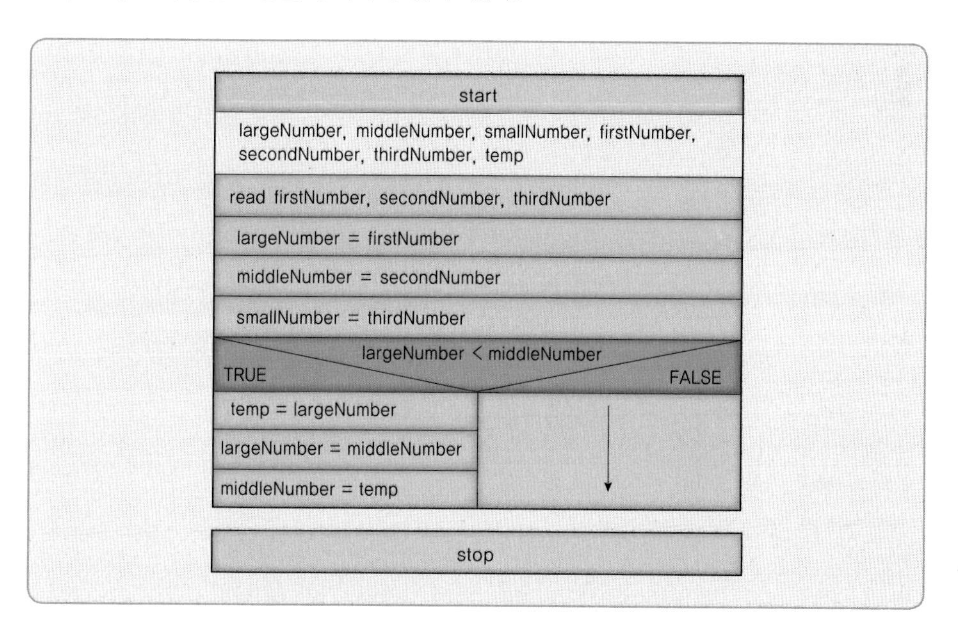

이제 다시 검토표로 확인해보자. 검토표에 temp에 대한 줄을 추가하자. 그리고 초기 열에

쓰레기를 의미하는 물음표를 적자. 선택구조 기호 앞까지 실행해서 검토표를 정리해 보자.

이름	초기	1	2	3	4	5	6
largeNumber	?	1					
middleNumber	?	2					
smallNumber	?	3					
firstNumber	?	1					
secondNumber	?	2					
thirdNumber	?	3					
temp	?						

선택 구조에서 관계식을 평가하면, largeNumber에 저장된 값 1이 middleNumber에 저장된 값 2보다 작아서 참이다. 따라서 TRUE 쪽으로 이동하고, 아래쪽으로 이동하여 첫 번째 순차 구조 기호를 만나게 된다. 치환식으로 temp에 largeNumber에 저장된 값인 1을 읽어 temp에 복사하여 저장한다.

이름	초기	1	2	3	4	5	6
largeNumber	?	1					
middleNumber	?	2					
smallNumber	?	3					
firstNumber	?	1					
secondNumber	?	2					
thirdNumber	?	3					
temp	?	1					

그리고 순차 구조이므로 다음 번째 순차 구조 기호로 이동하게 된다. 순차 구조 기호에 적힌 치환식으로 largeNumber에 middleNumber에 저장된 값 2를 읽어 복사하여 저장하게 된다.

이름	초기	1	2	3	4	5	6
largeNumber	?	1/2					
middleNumber	?	2					
smallNumber	?	3					
firstNumber	?	1					
secondNumber	?	2					
thirdNumber	?	3					
temp	?	1					

다시 순차 구조이므로 다음 번째 순차 구조 기호로 이동하게 된다. 순차 구조 기호에 적힌 치환식으로 middleNumber에 temp에 저장된 값인 1을 읽어 복사하여 저장하게 된다. 따

라서 largeNumber에 저장되었던 값이 1이 middleNumber에 저장되고, middleNumber에 저장되었던 값인 2가 largeNumber에 저장되어 정확하게 교환된다.

이름	초기	1	2	3	4	5	6
largeNumber	?	1/2					
middleNumber	?	2/1					
smallNumber	?	3					
firstNumber	?	1					
secondNumber	?	2					
thirdNumber	?	3					
temp	?	1					

검토표를 보면 아직도 큰 수가 구해지지 않았다는 것을 알 수 있다. 그래서 큰 수를 구하기 위해서는 한 번 더 대소 비교하여 교환해야 한다. 큰 수와 중간 수간의 대소 비교로 큰 수를 구했기 때문에 다음은 큰 수와 작은 수에 대해 대소 비교를 하여 큰 수가 작은 수보다 작으면, 작은 수가 큰 수가 되어야 하고, 큰 수는 작은 수가 되어야 하므로 교환되어야 한다.

큰 수와 작은 수간의 대소 비교를 해야 한다. 따라서 선택 구조 기호를 작도해야 한다. 큰 수를 구하기 위해서는 largeNumber가 smallNumber보다 작아야 한다. 따라서 조건식은 largeNumber 〈 smallNumber 관계식을 작성해서 적으면 된다.

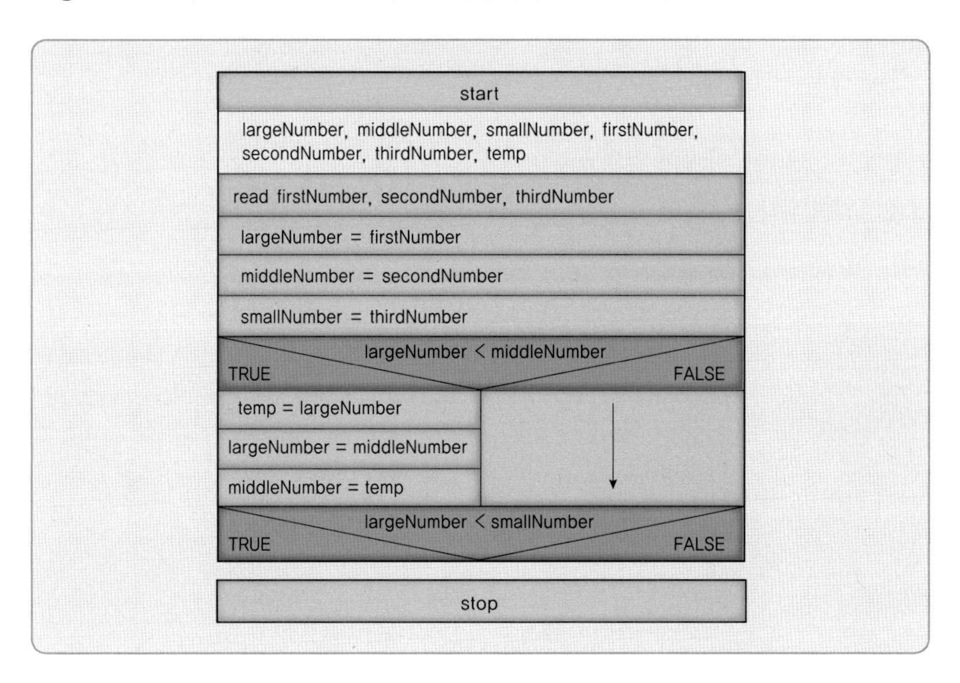

관계식을 평가해서 참인 경우, largeNumber가 smallNumber보다 작으면 왼쪽으로 진행하여 교환해야 한다. 여러분이 직접 작도해 보자.

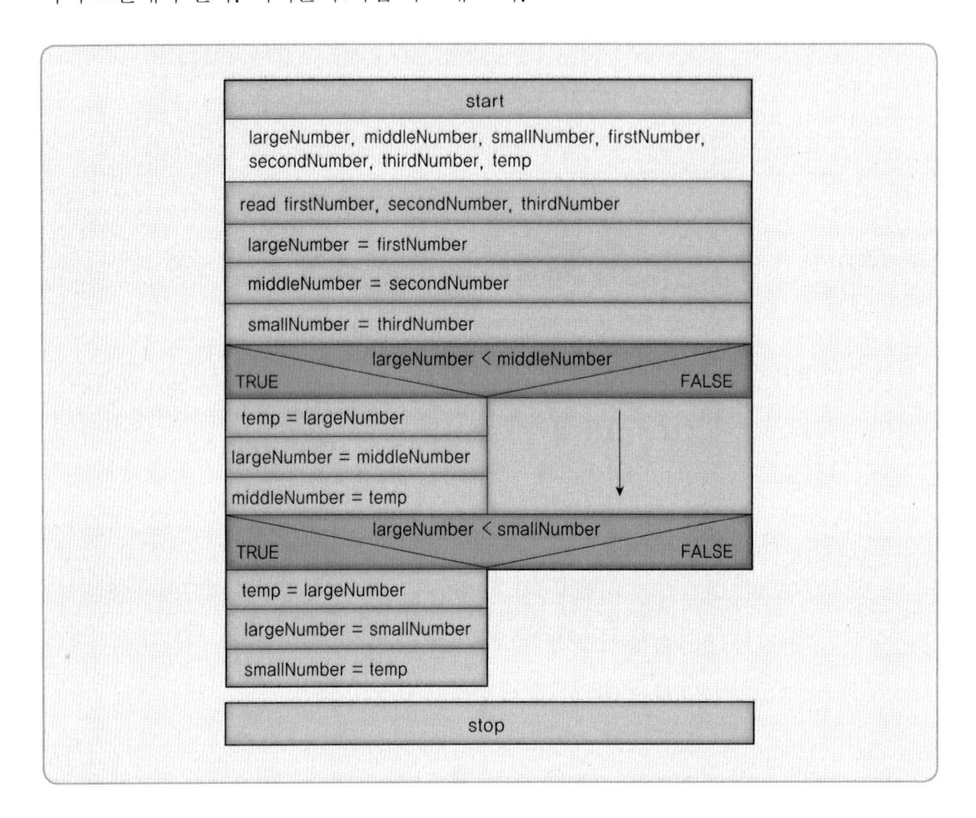

거짓일 때는 처리할 내용이 없으므로 순차 구조 기호를 그리고, 아래쪽으로 향하는 화살표를 그리면 된다.

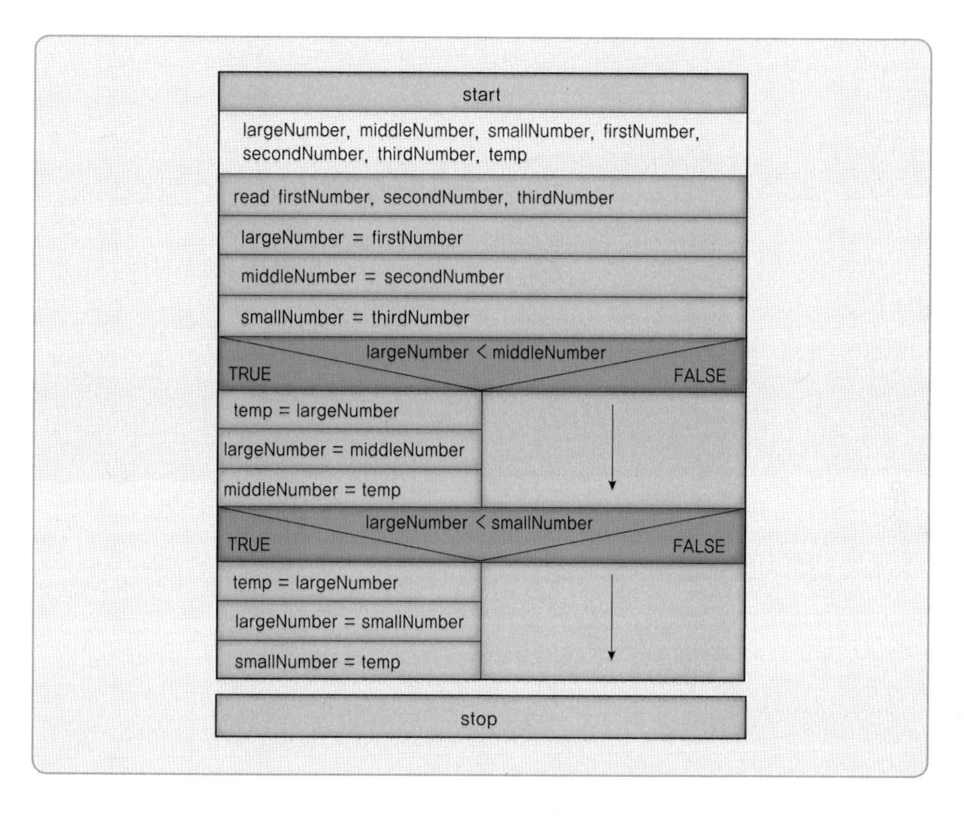

이렇게 해서 "2. 큰 수를 구한다." 처리단계에 대해서 큰 수를 구하는 제어논리를 완성했다. 두 번의 대소 비교와 교환으로 큰 수를 구하게 되었다.

다음은 "3. 중간 수를 구한다." 처리단계에 대해 작도를 해보자. 큰 수가 결정되었기 때문에 middleNumber와 smallNumber에 저장된 값들을 가지고 대소 비교해서 중간 수와 작은 수를 결정해야 한다. middleNumber가 smallNumber보다 작은지 대소 비교해서 평가에 따라, 참이면 교환해서 중간 수와 작은 수를 결정하면 된다. 거짓이면 아무런 처리 없이 아래쪽으로 제어를 이동하도록 하면 된다. 순차 구조 기호에 아래쪽으로 향하는 화살표를 작도한다. 여러분이 직접 작도해 보자.

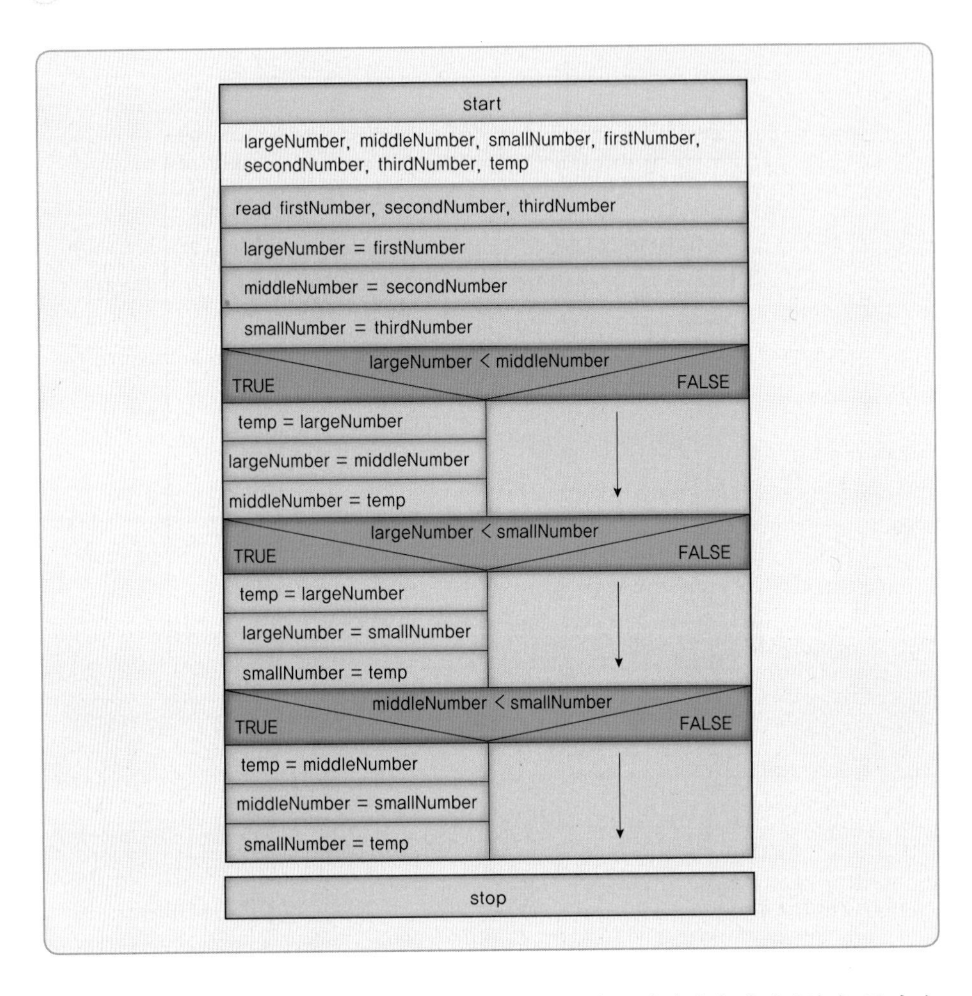

"4. 작은 수를 구한다." 처리 단계는 이미 중간 수를 구하는 과정에서 처리되었다. 중간 수를 구하면 자동으로 남은 수가 작은 수가 되기 때문에 작은 수를 구하는 제어논리가 필요한 것이 아니다.

다음은 "5. 큰 수, 중간 수 그리고 작은 수를 출력한다." 처리단계에 대해 어떻게 작도해야 하는지를 알아보자. 처리단계의 명칭에서 알 수 있듯이 출력 기능이다. 출력 기능은 순차 구조이므로 순차 구조 기호를 그리고, 순차 구조 기호에 print 명령어를 적고, 출력할 값들을 쉼표로 구분해서 나열해 적으면 된다. 여기서 largeNumber, middleNumber 그리고 smallNumber에 저장된 값인데, 변수 이름을 적으면 변수에 저장된 값을 의미하기 때문에 변수 이름을 쉼표로 구분하여 열거하면 된다.

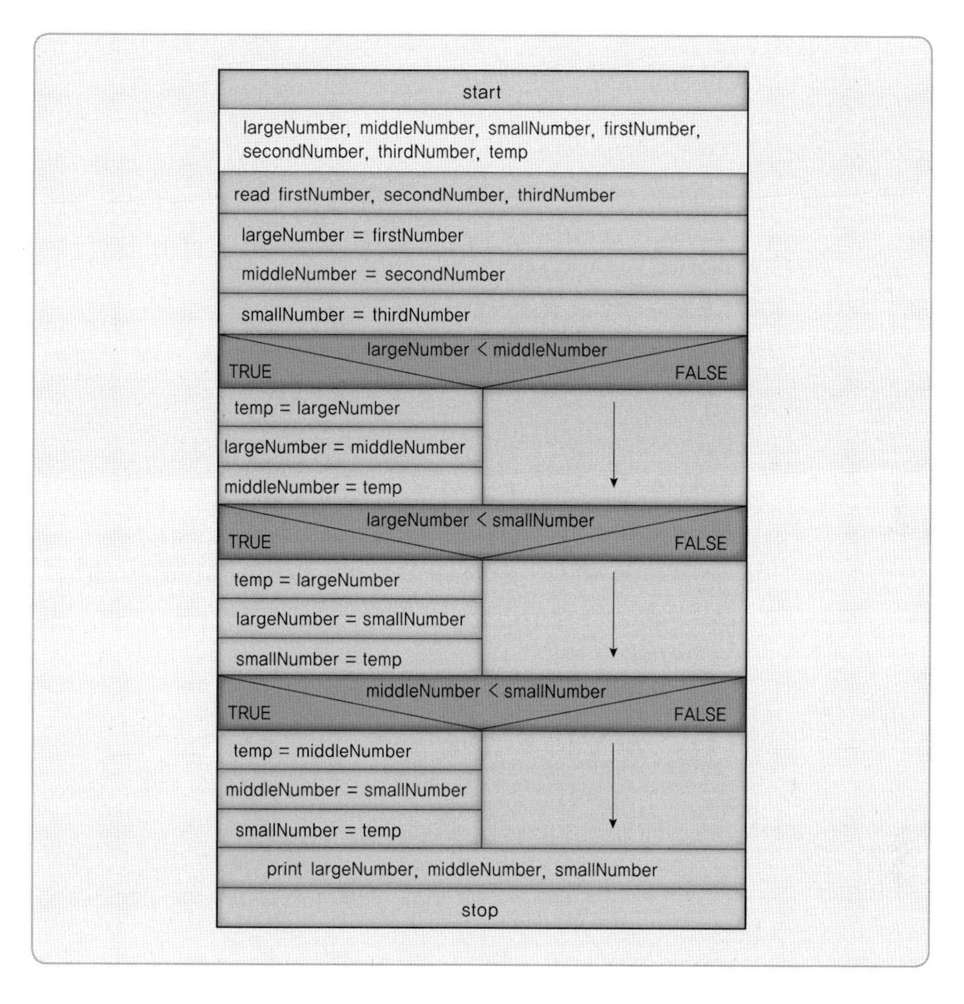

이렇게 해서 처리 과정에 대해 컴퓨터의 실행 원리, 기억장소의 원리, 식과 제어구조로 어떻게 처리해야 하는지를 정리했다. 식 수준에서 값을 구할 수 있어, 종이와 연필로 정확하게 값이 구해지는지를 확인할 수 있는 알고리듬이 작성되었다.

2.4. 검토

다음은 알고리듬이 정확하게 실행되는지를 확인하고, 논리 오류가 있으면, 문제점을 찾아 해결책을 마련하는 작업인 검토가 필요하다.

검토용 나씨-슈나이더만 다이어그램을 만들자. 나씨-슈나이더만 다이어그램에서 식이 평가되는 순서를 정해서 제어 흐름을 정리하자.

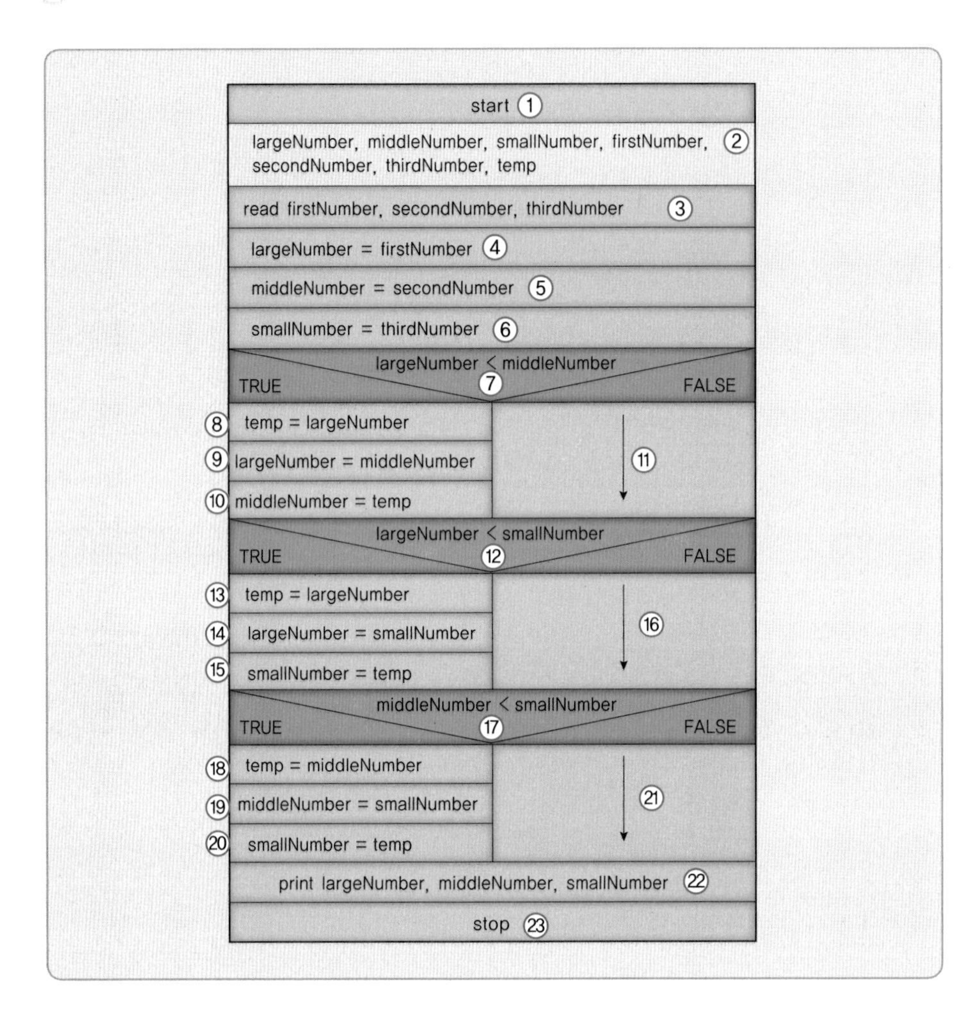

다음은 검토표를 작성하자. 나씨-슈나이더만 다이어그램을 참고하여, 가장 왼쪽 열에 변수 이름을 차례대로 적고, 가장 위쪽 줄에는 초기와 검토하는 횟수를 적어서 만들자.

이름	초기	1	2	3	4	5	6
largeNumber							
middleNumber							
smallNumber							
firstNumber							
secondNumber							
thirdNumber							
temp							

다음은 입력이 있으므로 입력 데이터들을 준비해야 한다. 입력 데이터는 따로 설계할 필요

없이 모델 구축에서 사용된 값들을 그대로 이용하자.

횟수	첫 번째 수	두 번째 수	세 번째 수
1	1	2	3
2	1	3	2
3	2	3	1
4	3	2	1
5	3	1	2
6	2	1	3

이제 검토할 준비가 되었다. 추적하자.

나씨-슈나이더만 다이어그램에서 ① 번 부터 시작하자. 순차 구조 기호이므로 실행제어가 아래쪽으로 이동한다. ② 번 순차 구조 기호는 변수를 선언한 것이므로 실행했을 때는 기억장소가 할당된다는 의미이다. 기억장소가 할당되고, 이전에 실행되었던 알고리듬에서 사용되었던 기억장소이면 이전에 실행되었던 알고리듬에 의해서 저장된 값이 존재하게 된다. 이 값은 현재 실행되고 있는 알고리듬에서는 유효하지 않은 값이다. 이러한 값을 쓰레기(Garbage)라고 한다. 검토표에서는 물음표를 적으면 된다.

그래서 기억장소를 할당할 때 쓰레기를 치우는 작업을 할 수 있는데, 이 작업을 초기화라고 한다. 변수 이름 다음에 등호를 적고 등호 다음에 상수로 값을 적으면 된다. 초기화하지 않으면 할당한 후에 쓰레기를 가진다. ② 번 순차 구조 기호에는 초기화가 없으므로 검토표의 초기 열 각 줄에 물음표를 적는다.

참고로 초기화해야 하는 변수는 누적에 사용되는 것이고, 치환이나 입력으로 값이 저장되는 변수는 초기화할 필요가 없다.

이름	초기	1	2	3	4	5	6
largeNumber	?						
middleNumber	?						
smallNumber	?						
firstNumber	?						
secondNumber	?						
thirdNumber	?						
temp	?						

순차 구조이므로 아래쪽으로 이동하게 된다. 그러면 ③ 번 순차 구조 기호를 만나게 된다.

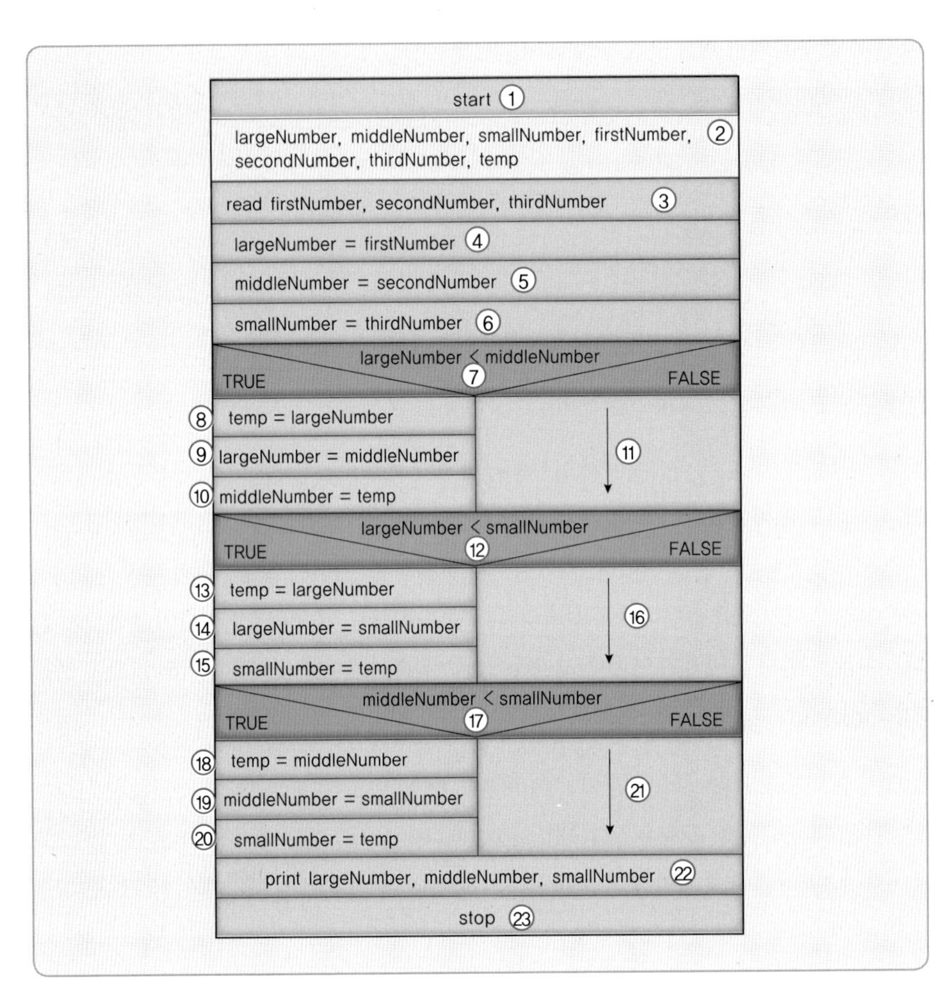

입력하는 순차 구조이므로 첫 번째로 가정했던 입력 데이터들, 1, 2, 3을 차례로 read 명령어 다음에 나열된 변수들에 저장된다. 따라서 firstNumber에는 1, secondNumber에는 2 그리고 thirdNumber에는 3을 저장하게 된다. 검토표가 바뀌는 경우는 초기화, 입력, 치환인 경우이다. ③ 번 순차 구조기호에서 입력되므로 검토표가 변경되어야 한다.

이름	초기	1	2	3	4	5	6
largeNumber	?						
middleNumber	?						
smallNumber	?						
firstNumber	?	1					
secondNumber	?	2					
thirdNumber	?	3					

이름	초기	1	2	3	4	5	6
temp	?						

열 1에 fristNumber, secondNumber 그리고 thirdNumber 줄에 교차하는 칸에 각각 1, 2, 3을 적어야 한다.

입력은 순차 구조이므로 아래쪽으로 이동하여 ④ 번 순차 구조 기호를 만나게 된다. 치환식에 의해서 firstNumber에 저장된 값인 1을 읽어 복사하여 largeNumber에 저장하게 된다. 따라서 largeNumber에 저장되었던 값인 쓰레기가 치워지고, 1이 저장된다.

이름	초기	1	2	3	4	5	6
largeNumber	?	1					
middleNumber	?						
smallNumber	?						
firstNumber	?	1					
secondNumber	?	2					
thirdNumber	?	3					
temp	?						

똑같은 방식으로 ⑤ 번 순차 구조 기호와 ⑥ 번 순차 구조 기호까지 이동하여 실행하게 된다. 그러면 middleNumber 그리고 smallNumber에 각각 2, 3이 저장된다.

이름	초기	1	2	3	4	5	6
largeNumber	?	1					
middleNumber	?	2					
smallNumber	?	3					
firstNumber	?	1					
secondNumber	?	2					
thirdNumber	?	3					
temp	?						

순차 구조이므로 아래쪽으로 이동하여 ⑦ 번 선택 구조 기호를 만나게 된다. 조건식을 평가해서 ⑧ 번 순차 구조 기호로 이동할 것인지 아니면 ⑪ 번 순차 구조 기호로 이동할지를 결정해야 한다. 조건식을 평가해서 참이면 왼쪽 TRUE 쪽으로 이동하여 ⑧ 번 순차 구조 기호로 이동하여야 하고, 거짓이면 오른쪽 FALSE 쪽으로 이동하여 ⑪ 번 순차 구조 기호로 이동해야 한다.

조건식은 관계식이다. largeNumber에 저장된 값인 1을 읽고, middeNumber에 저장된 값인 2를 읽어 1이 2보다 작은지에 대해 논리값을 구하는 것인데, 참이다. 따라서 ⑧ 번 순차

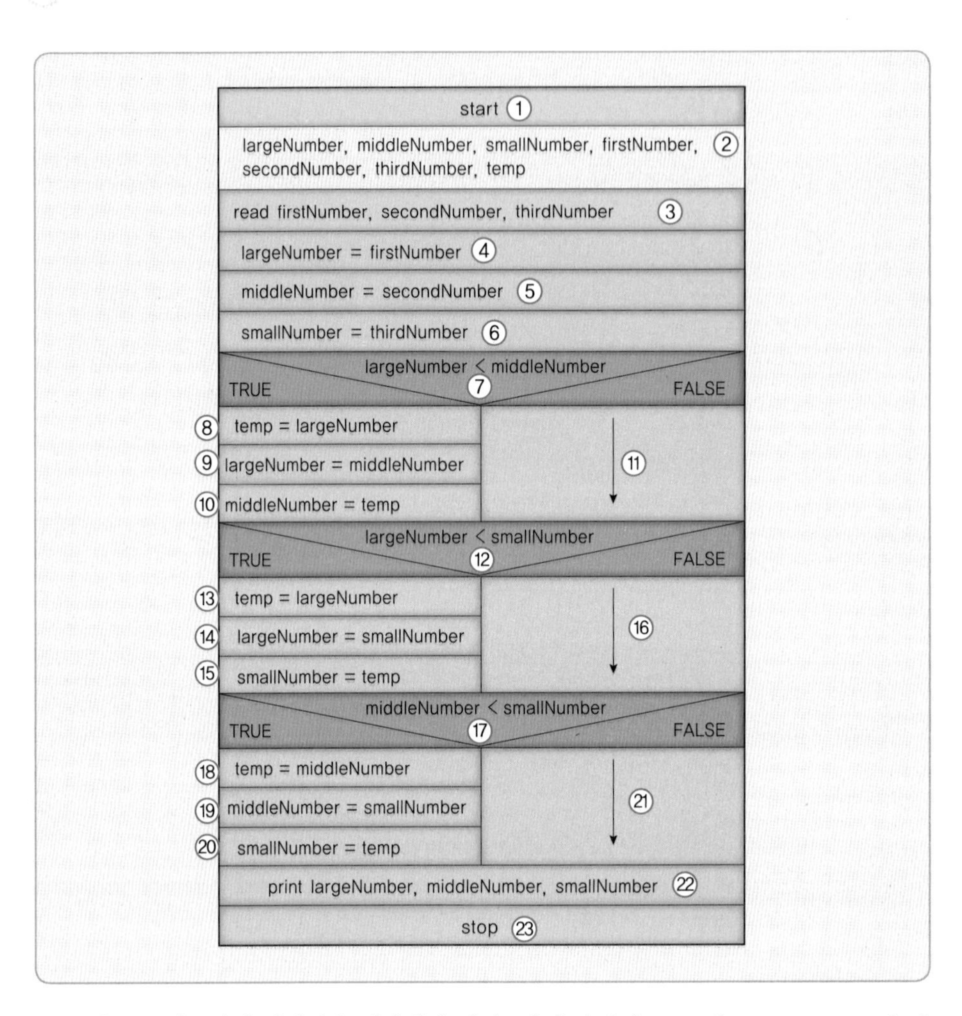

구조 기호로 이동하여 치환식을 평가해야 한다. 다시 말해서 temp에 largeNumber에 저장된 값을 읽어, 즉 복사하여 저장하게 된다. 따라서 temp에 저장된 값인 쓰레기가 없어지고 largeNumber에 저장된 값인 1이 저장되게 된다.

이름	초기	1	2	3	4	5	6
largeNumber	?	1					
middleNumber	?	2					
smallNumber	?	3					
firstNumber	?	1					
secondNumber	?	2					
thirdNumber	?	3					
temp	?	1					

순차 구조이므로 아래쪽으로 이동하여 ⑨ 번 순차 구조 기호를 만난다. 따라서 순차 구조 기호에 적힌 치환식을 평가해야 한다. 따라서 middleNumber에 저장된 값인 2를 읽어 largeNumber에 저장하여야 한다. 검토표에서는 사선(슬래쉬, /)으로 구분하여 2를 적어 정리하면 된다.

이름	초기	1	2	3	4	5	6
largeNumber	?	1/2					
middleNumber	?	2					
smallNumber	?	3					
firstNumber	?	1					
secondNumber	?	2					
thirdNumber	?	3					
temp	?	1					

치환식이 평가되었다면 ⑨ 번 순차 구조 기호가 실행되었다는 것이므로, 다시 아래쪽으로 이동하여 ⑩ 번 순차 구조 기호를 만나게 된다. 그래서 치환식을 평가하는데, temp에 저장된 값인 1을 읽어 middleNumber에 저장한다. 따라서 1열과 middleNumber 줄이 교차하는 칸에 이미 데이터가 있으면 사선으로 구분하고 뒤에 값을 적으면 된다.

이름	초기	1	2	3	4	5	6
largeNumber	?	1/2					
middleNumber	?	2/1					
smallNumber	?	3					
firstNumber	?	1					
secondNumber	?	2					
thirdNumber	?	3					
temp	?	1					

검토표를 확인해 보면, largeNumber와 middleNumber의 값들이 교환되었음을 알 수 있다.

순차 구조이므로 다시 아래쪽으로 이동하여 ⑫ 번 선택 구조 기호로 이동한다. 따라서 조건식을 평가해서 제어 흐름을 결정해야 한다. ⑬ 번 순차 구조 기호로 이동할지 아니면 ⑯ 번 순차 구조 기호로 이동할지를 결정해야 한다.

관계식을 평가해 보자. largeNumber에 저장된 값인 2를 읽어 레지스터에 복사하여 저장하고, smallNumber에 저장된 값인 3을 읽어 레지스터에 복사하여 저장하고, 2가 3보다 작은지에 대해 논릿값을 구한다. 구해지는 논릿값은 참이다.

따라서 조건식이 참으로 평가되었으므로 ⑬ 번 순차 구조 기호로 이동한다. 따라서 치환식

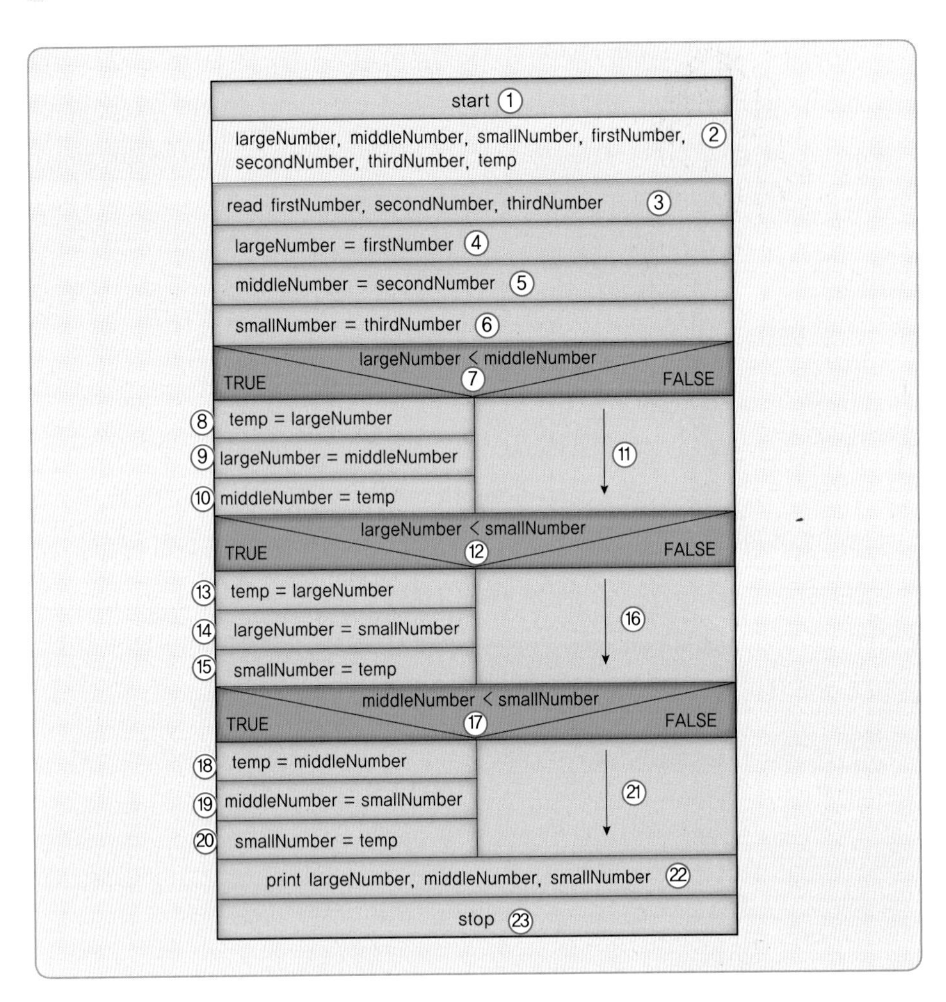

에 의해서 temp에 largeNumber에 저장된 값인 2를 읽어 복사하여 저장한다.

이름	초기	1	2	3	4	5	6
largeNumber	?	1/2					
middleNumber	?	2/1					
smallNumber	?	3					
firstNumber	?	1					
secondNumber	?	2					
thirdNumber	?	3					
temp	?	1/2					

다음은 순차 구조이므로 ⑭번 순차 구조 기호로 이동한다. 치환식에 의해서 smallNumber에 저장된 값인 3을 읽어 largeNumber에 복사하여 저장한다.

이름	초기	1	2	3	4	5	6
largeNumber	?	1/2/3					
middleNumber	?	2/1					
smallNumber	?	3					
firstNumber	?	1					
secondNumber	?	2					
thirdNumber	?	3					
temp	?	1/2					

치환식이 평가되면, 순차 구조라서 아래쪽으로 이동하여 ⑮ 번 순차 구조 기호를 만난다. 그리고 치환식을 평가하게 된다. temp에 저장된 값인 2를 읽어 smallNumber에 복사하여 저장하게 된다.

이름	초기	1	2	3	4	5	6
largeNumber	?	1/2/3					
middleNumber	?	2/1					
smallNumber	?	3/2					
firstNumber	?	1					
secondNumber	?	2					
thirdNumber	?	3					
temp	?	1/2					

다음은 ⑰ 번 선택 구조 기호로 이동하여, 조건식을 평가해서 참이면 ⑱ 번 순차 구조 기호, 거짓이면 ㉑ 번 순차 구조 기호로 이동하도록 해야 한다. middleNumber에 저장된 값인 1을 읽어 레지스터에 복사하여 저장하고, smallNumber에 저장된 값인 2를 읽어 레지스터에 복사하여 저장한 후, 1이 2보다 작은지에 대해 논릿값을 구한다. 1이 2보다 작아서 참이다.

따라서 왼쪽으로 이동하여 ⑱ 번 순차 구조 기호로 이동한다. 그리고 치환식을 평가하게 되면, middleNumber에 저장된 값을 읽어 temp에 복사하여 저장하게 된다.

이름	초기	1	2	3	4	5	6
largeNumber	?	1/2/3					
middleNumber	?	2/1					
smallNumber	?	3/2					
firstNumber	?	1					
secondNumber	?	2					
thirdNumber	?	3					
temp	?	1/2/1					

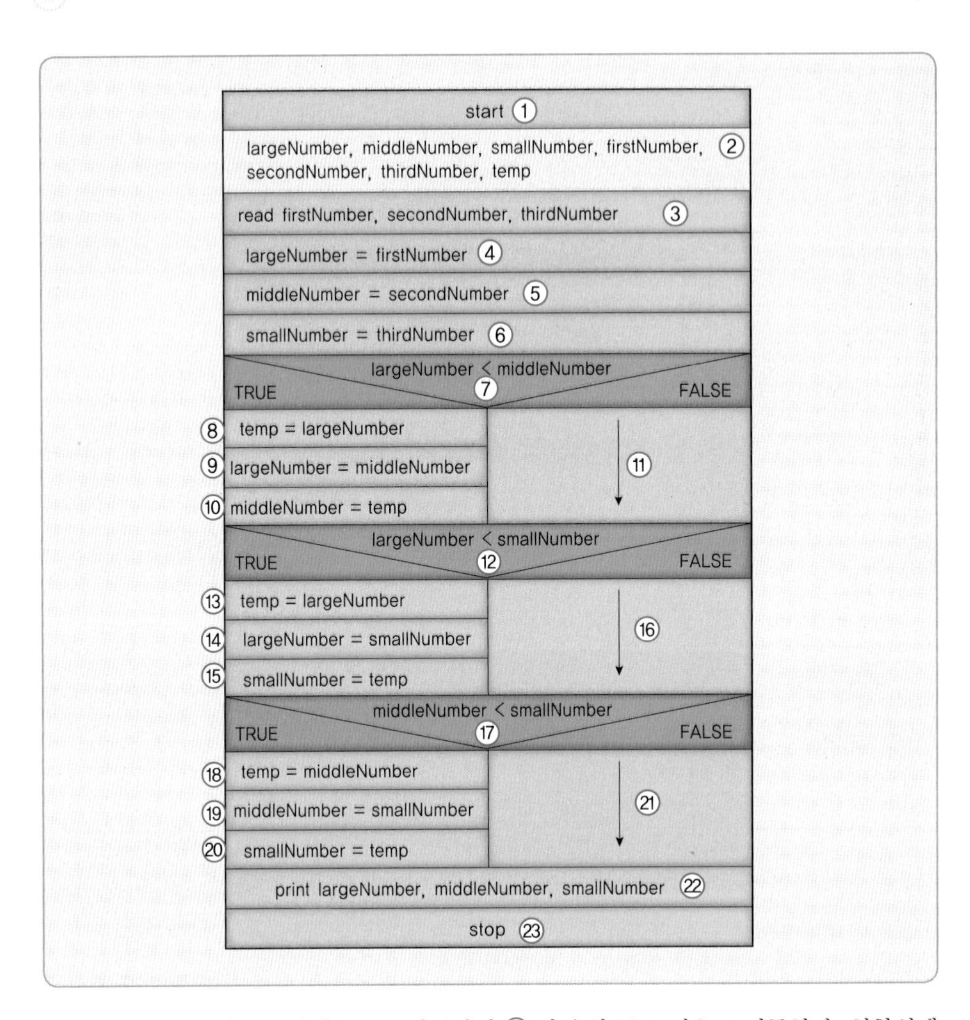

다음은 순차 구조이므로 아래쪽으로 이동하여 ⑲ 번 순차 구조 기호로 이동한다. 치환식에 의해서 smallNumber에 저장된 값을 읽어 middleNumber에 복사하여 저장한다.

이름	초기	1	2	3	4	5	6
largeNumber	?	1/2/3					
middleNumber	?	2/1/2					
smallNumber	?	3/2					
firstNumber	?	1					
secondNumber	?	2					
thirdNumber	?	3					
temp	?	1/2/1					

또한 순차 구조이므로 아래쪽으로 이동하여 ⑳ 번 순차 구조 기호를 만나게 된다. 치환식을

평가하면, temp에 저장된 값인 1을 읽어 smallNumber에 복사하여 저장한다.

이름	초기	1	2	3	4	5	6
largeNumber	?	1/2/3					
middleNumber	?	2/1/2					
smallNumber	?	3/2/1					
firstNumber	?	1					
secondNumber	?	2					
thirdNumber	?	3					
temp	?	1/2/1					

이렇게 하여 검토표를 보면, 입력된 수들, 1, 2, 3에 대해 큰 수, 중간 수 그리고 작은 수를 3, 2, 1로 구한 것을 알 수 있다.

그래서 ㉒ 번 순차 구조 기호로 이동하여 print로 출력하게 되면, 3, 2, 1을 출력하게 된다. 그래서 합당한 입력에 대해 정확한 출력이 됨을 확인할 수 있다.

그리고 마지막으로 ㉓ 번 순차 구조 기호를 만나면, stop 명령어에 의해서 알고리듬의 실행을 끝나게 된다.

여러분이 문제의 예시에서 제시된 다른 입력데이터들로 검토를 직접 해보아라. 많은 연습이 필요한 부분이다. 검토만이라도 제대로 할 수 있으면, 스스로 알고리듬을 작성할 수 있을 것이다. 생각한 대로 표현하고 검토로 틀린 부분이나 비효율적인 부분을 찾고, 고칠 수 있기 때문이다.

문제의 예시에 제시된 입력데이터들에 대해서도 검토를 마무리했다면, 약간 효율적이지 못한 부분을 느끼실 것이라고 믿는다. 어떠한 부분인지 잠시 생각해 보고, 계속해서 책을 읽어보자.

비교와 교환을 계속하는데, 선택 구조와 순차 구조로 계속 표현되고 있다. 따라서 한 개의 수를 더 입력받아, 다시 말해서 4개의 수를 입력받아 크기 역순으로 출력하도록 한다면 다시 선택 구조와 순차 구조들을 더 추가해야 한다.

정렬(Sort) 개념은 비교와 교환을 얼마나 효율적으로 하는 문제에 대한 것이다. 그래서 작성된 알고리듬에서는 비교와 교환을 3회에 걸쳐 하고 있다. 즉 비교와 교환을 반복한다는 것이다. 반복 구조로 비교와 교환을 표현할 수 없을까? 반복 구조로 비교와 교환을 표현할 수 있다면 매우 효율적인 알고리듬이 될 것 같다.

지금처럼 기억장소를 독립적으로 운영하는 경우에는 반복 구조로 비교와 교환을 표현하기가 쉽지 않다. 반복구조로 비교와 교환을 표현을 하기 위해서는 기억장소를 조직화하는 방법을 생각해야 한다. 이에 관한 문제의 해결책은 뒤에서 공부하도록 하겠다.

2.5. 구현

먼저 정리된 알고리듬을 C언어로 구현해서 실행시켜 보자.

[원시 코드 파일 만들기]

시스템 다이어그램에서 연산 모듈의 이름으로 원시 코드 파일의 이름을 짓도록 하자. 한 줄 주석으로 원시 코드 파일의 첫 번째 줄에 원시 코드 파일의 이름을 적도록 하자.

C코드

```
// Arrange.c
```

[프로그램에 대한 설명 달기]

다음은 블록 주석으로 프로그램에 대해 설명을 달도록 하자. 모듈 기술서에서 정리된 개요를 이용하여 작성하도록 하자.

모듈 기술서		
명칭	한글	세 수를 입력받아 크기 순으로 출력한다.
	영문	Arrange
기능		세 수를 입력받아 내림차순으로 출력한다.
입 · 출력	입력	첫 번째 수, 두 번째 수, 세 번째 수
	영문	큰 수, 중간 수, 작은 수
관련 모듈		

C코드

```
// Arrange.c
/****************************************************************************
 파일 명칭 : Arrange.c
 기    능 : 세 개의 수를 입력받아 내림차순으로 출력한다.
 작 성 자 : 김 석 현
 작성 일자 : 2011-11-21
 ****************************************************************************/
```

함수를 선언하기 전에 자료명세서를 참고하여 C 언어에서 제공하는 자료형을 정리해야 한다.

번호	명칭		자료유형	구분	비고
	한글	영문			
1	큰 수	largeNumber	정수	출력	signed long int
2	중간 수	middleNumber	정수	출력	signed long int
3	작은 수	smallNumber	정수	출력	signed long int
4	첫 번째 수	firstNumber	정수	입력	signed long int
5	두 번째 수	secondNumber	정수	입력	signed long int
6	세 번째 수	thirdNumber	정수	입력	signed long int
7	임시변수	temp	정수	처리	signed long int

자료명세서에 정리된 데이터들은 정수형이다. 따라서 C 언어에서 제공하는 정수형 관련 키워드들, unsigned, signed, short, long 그리고 int를 사용하여 사용할 자료형을 결정해야 한다. 음수도 포함한 최대 범위의 값을 처리할 수 있도록 signed long int로 자료형을 결정하자. 번거로움을 줄이고자 typedef으로 자료형 이름(Type name)을 만들어 사용하자.

C코드

```
// Arrange.c
/****************************************************************************
 파일 명칭 : Arrange.c
 기    능 : 세 개의 수를 입력받아 내림차순으로 출력한다.
 작 성 자 : 김 석 현
 작성 일자 : 2011-11-21
 ****************************************************************************/
// 자료형 이름 선언
typedef signed long int Long;
```

[함수 선언하기]

시스템 다이어그램을 이용하여 함수들을 선언하자. C언어에서 함수를 선언하는 형식은 다음과 같다.

C코드

```
반환형 함수이름([매개변수 목록]);
```

시스템 다이어그램에 정리된 모듈들에 대해 위쪽에서 아래쪽으로 그리고 왼쪽에서 오른쪽으로 차례대로 함수들을 선언하자.

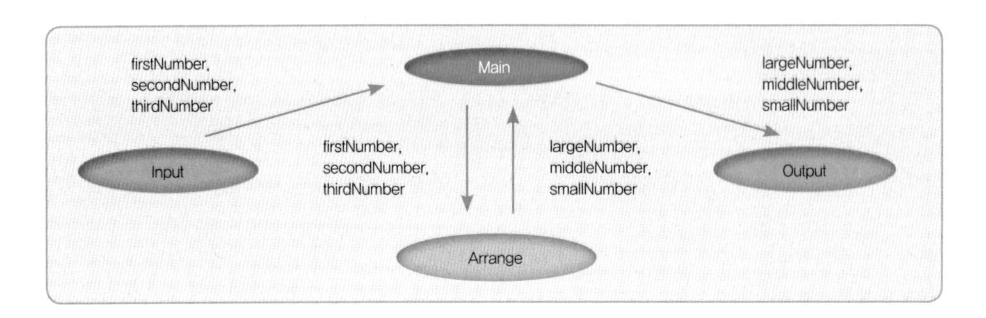

Main 모듈에 대해서는 C 언어로 작성되는 프로그램이 실행되기 위해서는 반드시 필요한 main 함수를 만들도록 하자. 따라서 main 함수에 대해서는 권장되는 함수 원형을 이용하여 함수를 선언하자.

C코드

```
// Arrange.c
/*****************************************************************************
 파일 명칭 : Arrange.c
 기     능 : 세 개의 수를 입력받아 내림차순으로 출력한다.
 작 성 자 : 김 석 현
 작성 일자 : 2011-11-21
 ****************************************************************************/
// 자료형 이름 선언
typedef signed long int Long;

// 함수 선언 : 함수 원형들
int main ( int argc, char *argv[] ) ;
```

[시스템 다이어그램으로 메모리 맵 작도하기]

다른 모듈들에 대해서는, 특히 출력데이터가 두 개 이상이면 메모리 맵을 작도한 후에 선언하도록 하자.

시스템 다이어그램에서 위쪽에서 아래쪽으로, 왼쪽에서 오른쪽으로 모듈들이 실행된다. 따라서 코드 세그먼트는 Main 세그먼트부터 시작하여, Input, Arrange 그리고 Output 순으로 할당된다. 따라서 아래쪽에 일정한 크기의 사각형을 그리고 왼쪽에 모듈 명칭을 적고, 화살표를 이용하여 시작 위치를 가리키도록 그린다.

그리고 첫 번째로 실행되는 Main 모듈에 대해 스택 세그먼트를 그린다. Main 모듈에 대해서 한 개의 스택 세그먼트를 주소가 높은 쪽에 일정한 크기의 사각형을 작도하자. 그리고 스택 세그먼트에 입력데이터를 저장할 기억장소에 대해 작은 사각형을 작도하자. 입력데이터의 개수만큼 작은 사각형을 그리고, 적당한 위치에 이름을 적도록 하자.

Input 모듈로 부터 세 개의 데이터들, firstNumber, secondNumber, thirdNumber와 Arrange 모듈로부터 세 개의 데이터들, largeNumber, middleNumber, smallNumber가 Main 모듈로 입력된다.

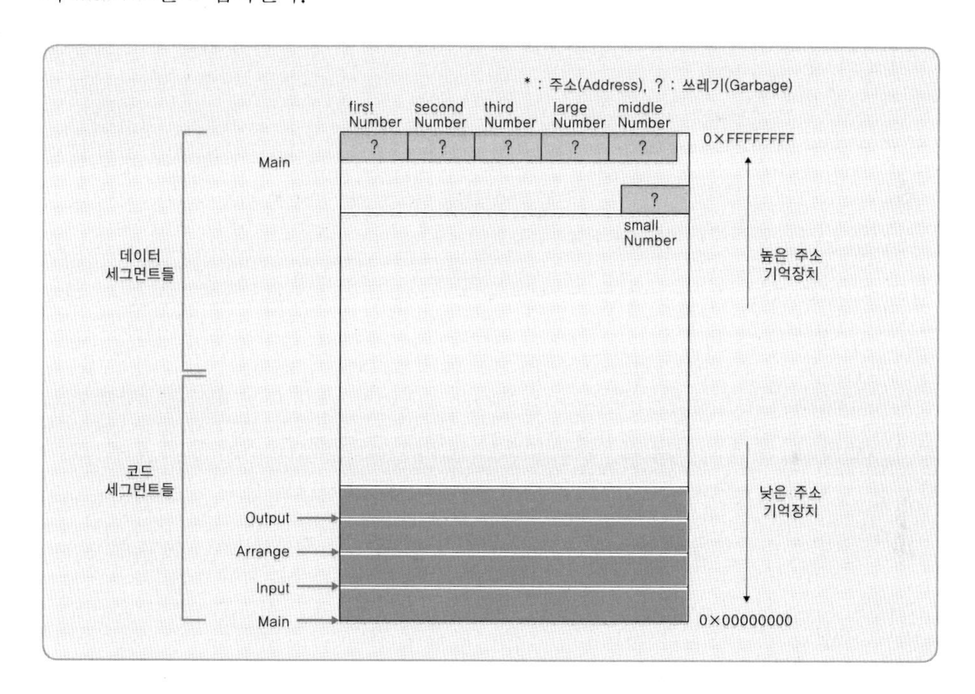

다음은 Input 모듈이 실행되었을 때 메모리 맵을 작도해 보자. 시스템 다이어그램을 보면, 출력되는 데이터가 세 개다. 따라서 Main 스택 세그먼트에도 출력되는 데이터 세 개를 기억할 기억장소를 작도해야 한다. 이미 Main 스택 세그먼트를 작도할 때 입력되는 데이터들에 대해 작도했기 때문에 따로 작도할 필요는 없다. 실행되는 모듈에서 출력되는 데이터를 저장하기 위해서는 실행시킨 모듈에서 반드시 기억장소를 할당해야 한다.

Input 스택 세그먼트에서도 출력할 데이터 세 개를 기억할 기억장소를 작도해야 한다. Input 스택 세그먼트에 할당된 기억장소에는 Main 스택 세그먼트에 할당된 기억장소의 주소를 갖도록 해야 한다.

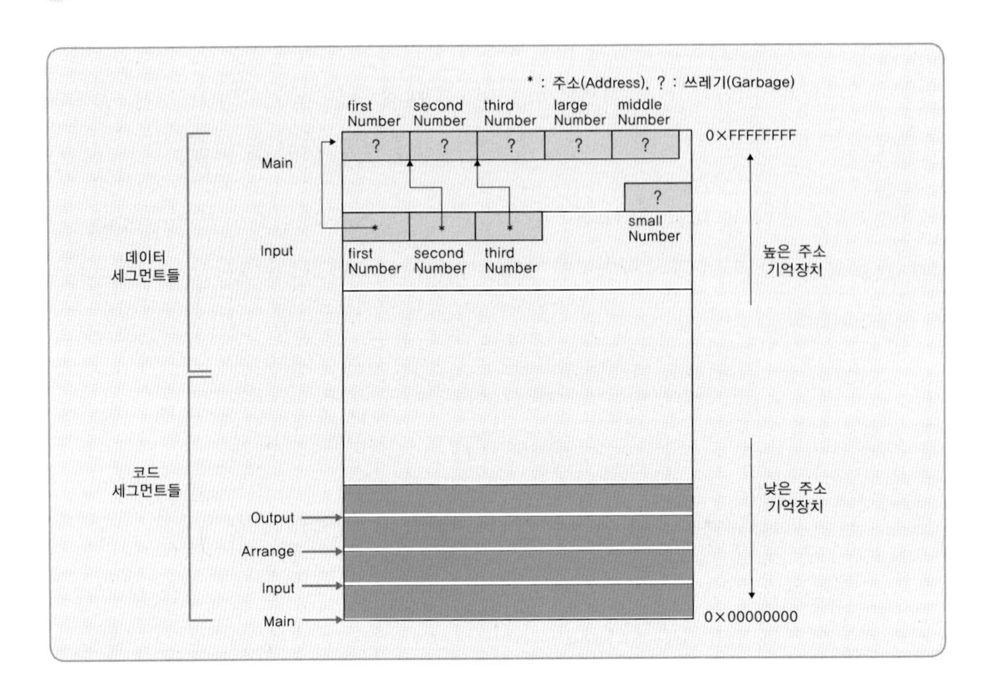

메모리 맵을 보고 함수를 선언해 보자. 출력되는 데이터가 두 개 이상이면 반환형을 void로 설정한다. 한 줄에 하나씩 함수를 선언한다. 따라서 줄의 맨 처음에 void를 적고 한 칸 띄우고, 모듈 이름을 함수 이름으로 적는다. 그리고 함수형이라는 것을 강조하기 위해서 함수 이름 뒤에 소괄호를 여닫는다. 여기서 기억하자. 함수도 자료형(Data Type)이다.

C코드

```
void Input()
```

입력데이터(들)가 있으면 소괄호에 매개변수로 선언한다. 입력데이터가 없으므로 생략한다. 출력데이터가 두 개 이상이면 소괄호에 매개변수로 선언한다. 그러나 매개변수는 포인터형이어야 한다. 따라서 포인터 변수를 선언하는 절차에 따라 순서대로 선언해야 한다.

첫 번째로 firstNumber부터 선언해 보자.

(1) 변수 이름을 적는다. firstNumber
(2) 주소를 저장하는 변수이므로 변수 이름 앞에 별표(*)를 적는다. *firstNumber
(3) 주소를 갖는 기억장소의 자료형을 별표 앞에 한 칸 띄우고 적는다. 주소를 갖는 기억장소는 Main 모듈 스택 세그먼트에 할당된 기억장소이다. firstNumber의 자료형은 정수형 Long이다. Long *firstNumber

(4) 주소를 갖는 기억장소가 배열의 시작주소인지 확인해서 배열이면 변수 이름과 가장 가까운 별표를 소괄호로 싸야 하는데, 배열이 아니므로 소괄호를 싸지 않는다.

(5) 매개변수가 아닌 경우 문장으로 처리해야 하므로 마지막에 세미콜론을 적는다. 여기서는 매개변수로 사용하기 때문에 세미콜론을 적지 않고 소괄호에 적으면 된다.

C코드

```
void Input( Long *firstNumber)
```

두 번째 매개변수 secondNumber와 세 번째 매개변수 thirdNumber에 대해 선언해 보자. 여러분이 직접 해보자. 매개변수가 여러 개면 쉼표로 구분하여 적으면 된다.

C코드

```
void Input( Long *firstNumber, Long *secondNumber, Long *thirdNumber)
```

마지막에 세미콜론을 적어 문장으로 처리한다. 이렇게 작성된 문장을 함수 선언문이라고 한다. 또한 함수 원형(Function Prototype)이라고 한다.

C코드

```
// Arrange.c
/*****************************************************************************
 파일 명칭 : Arrange.c
 기    능 : 세 개의 수를 입력받아 내림차순으로 출력한다.
 작 성 자 : 김 석 현
 작성 일자 : 2011-11-21
 *****************************************************************************/
// 자료형 이름 선언
typedef signed long int Long;

// 함수 선언 : 함수 원형들
int main ( int argc, char *argv[] ) ;
void Input(Long *firstNumber, Long *secondNumber, Long *thirdNumber);
```

Arrange 모듈에 대해 메모리 맵을 작도해 보자.

Main 스택 세그먼트 아래쪽에 일정한 크기의 사각형을 그린다. 그리고 왼쪽에 Arrange 모듈 이름을 적는다.

Arrange 스택 세그먼트에 입력데이터와 출력데이터를 저장할 기억장소에 대해 작은 사각형을 그린다. 출력데이터가 두 개 이상이면, 그려진 사각형에 별표를 적는다. 그리고 별표에서부터 시작하여 화살표를 그려서 출력하는 값을 저장할 기억장소를 나타내는 사각형을 가리키도록 한다. Main 스택 세그먼트에 그려진 사각형을 가리키도록 해야 한다.

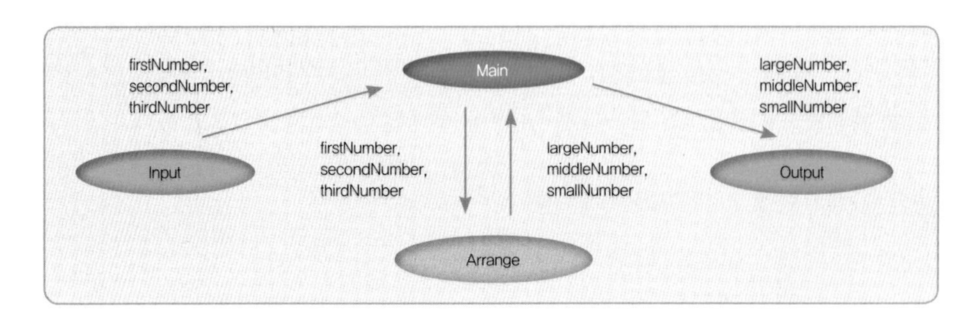

시스템 다이어그램에 의하면, 입력데이터가 세 개이고, 출력데이터도 세 개이므로 Arrange 스택 세그먼트에 여섯 개의 사각형이 작도되어야 한다. 그리고 각각의 사각형에 적당한 위치에 시스템 다이어그램에서 사용된 이름들을 적어야 한다. firstNumber, secondNumber 그리고 thirdNumber 는 입력데이터이므로, Input 모듈로 입력된 정수형 값을 복사하여 저장할 것이다. 그러나 largeNumber, middleNumber 그리고 smallNumber 는 출력데이터이다. 따라서 Arrange 모듈에 의해서 구해진 큰 수, 중간 수 그리고 작은 수를 Arrange 스택 세그먼트에 그려진 사각형에 적으면, Arrange 모듈이 끝날 때 스택 세그먼트가 할당 해제되어 없어지기 때문에 문제가 있다. 따라서 Arrange 스택 세그먼트에 할당된 기억장소에 저장하면 되지 않고, Main 스택 세그먼트에 할당된 기억장소에 저장해야 한다. 그러나 현재 상태에서는 Main 스택 세그먼트에 할당된 기억장소에 접근할 수 없다. 단지 Arrange 스택 세그먼트에 대해서만 값을 읽고 쓸 수 있기 때문이다. 이러한 상태에서 다른 스택 세그먼트에 할당된 기억장소에 접근하기 위해서는 기억장소의 주소를 알아야 한다. 따라서 Arrange에 할당된 기억장소에 다른 스택 세그먼트에 할당된 기억장소의 주소를 저장하여 주소를 이용하여 다른 스택 세그먼트에 할당된 기억장소에 값을 쓰고 읽으면 된다. 따라서 largeNumber, middleNumber 그리고 smallNumber는 포인터형 매개변수이어야 한다. 다시 말해서 주소를 저장하는 변수이어야 한다. 메모리 맵에서는 사각형에 별표를 적고, 별표에서부터 시작하여 화살표를 이용하여 Main 스택 세그먼트에 그려진 사각형을 가리키도록 한다.

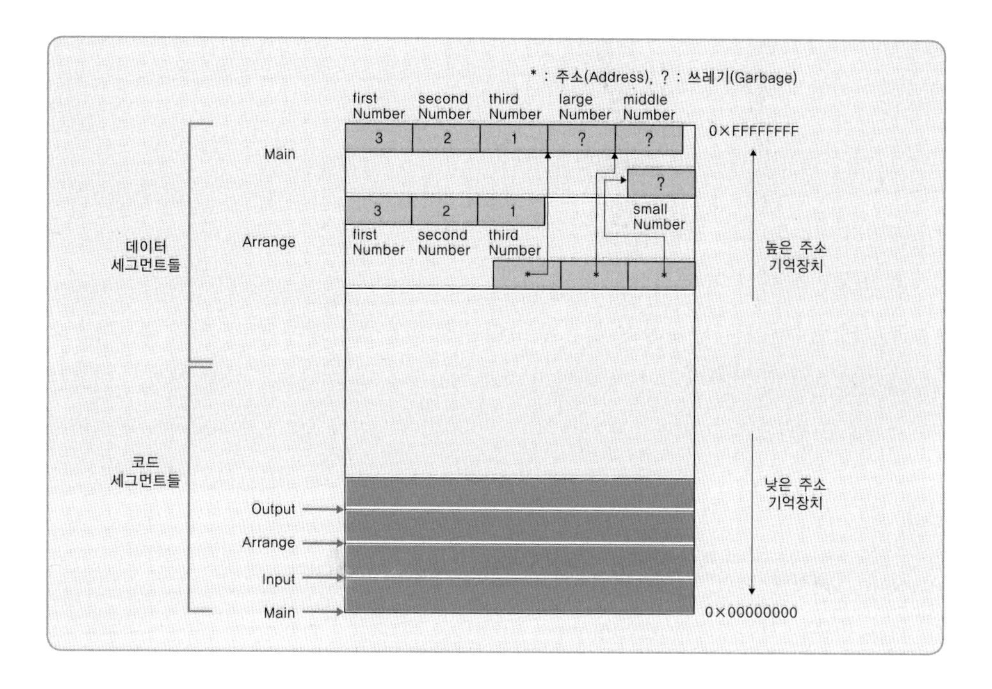

메모리 맵을 보고, Arrange 모듈에 대해 함수를 선언해 보자. 출력데이터가 세 개이므로 반환형을 void로 하자. 그리고 함수 이름을 적고 소괄호를 여닫는다.

C코드

```
void Arrange()
```

그리고 입력데이터에 대해서는 매개변수로 선언하자. 매개변수를 선언하는 형식은 다음과 같다.

C코드

```
자료형 매개변수이름
```

매개변수를 선언하는 위치는 함수 이름 뒤에 적힌 소괄호이다. 매개변수가 여러 개이면 쉼표로 구분하여 적으면 된다. 이렇게 적힌 매개변수들을 매개변수 목록이라고 한다.

따라서 입력데이터들, firstNumber, secondNumber 그리고 thirdNumber에 대해 매개변수를 여러분이 직접 선언해 보자. 다음과 같이 작성되면 된다.

C코드

```
void Arrange(Long firstNumber, Long secondNumber, Long thirdNumber)
```

출력데이터에 대해서는 두 개 이상이면 매개변수로 선언해야 한다. 그런데 매개변수는 포인터형이어야 한다.

포인터 변수를 선언하는 절차는 다음과 같다.

(1) 포인터 변수 이름을 적는다.
(2) 포인터 변수 이름 앞에 별표를 적는다.
(3) 포인터 변수에 저장된 주소를 갖는 변수의 자료형을 별표 앞에 한 칸 띄워 적는다.
(4) 포인터 변수에 저장된 주소가 배열의 시작주소이면 변수 이름과 가장 가까운 별표를 소괄호로 싼다.
(5) 매개변수이면 변수 이름 뒤에 세미콜론을 적지 않는다.

largeNumber에 대해 매개변수를 선언해 보자.

(1) 변수 이름을 적는다. largeNumber
(2) 주소가 저장되므로 변수 이름 앞에 별표를 적는다. *largeNumber
(3) 별표 앞에 한 칸 띄우고 Main 스택 세그먼트에 할당된 변수 largeNumber의 자료형인 Long를 적는다. Long *largeNumber
(4) Main 스택 세그먼트에 할당된 기억장소 largeNumber가 배열이 아니다. 따라서 소괄호를 싸지 않는다. Long *largeNumber
(5) 매개변수이므로 변수 이름 뒤에 세미콜론을 적지 않고, 함수 이름 뒤에 적힌 소괄호에 적는다.

C코드

```
void Arrange(Long firstNumber, Long secondNumber, Long thirdNumber,
    Long *largeNumber)
```

똑같은 방식으로 middleNumber와 smallNumber를 선언해보자. 여러분이 직접 해보자. 마지막으로 줄의 마지막에 세미콜론을 적어 문장으로 처리하자.

C코드

```
void Arrange(Long firstNumber, Long secondNumber, Long thirdNumber,
    Long *largeNumber, Long *middleNumber, Long *smallNumber);
```

C코드

```
// Arrange.c
/*************************************************************************
 파일 명칭 : Arrange.c
 기    능 : 세 개의 수를 입력받아 내림차순으로 출력한다.
 작 성 자 : 김석현
 작성 일자 : 2011-11-21
 *************************************************************************/
// 자료형 이름 선언
typedef signed long int Long;

// 함수 선언 : 함수 원형들
int main ( int argc, char *argv[] ) ;
void Input(Long *firstNumber, Long *secondNumber, Long *thirdNumber);
void Arrange(Long firstNumber, Long secondNumber, Long thirdNumber,
     Long *largeNumber, Long *middleNumber, Long *smallNumber);
```

Output 모듈에 대해서는 여러분이 직접 선언해 보자.

C코드

```
// Arrange.c
/*************************************************************************
 파일 명칭 : Arrange.c
 기    능 : 세 개의 수를 입력받아 내림차순으로 출력한다.
 작 성 자 : 김석현
 작성 일자 : 2011-11-21
 *************************************************************************/
// 자료형 이름 선언
typedef signed long int Long;

// 함수 선언 : 함수 원형들
int main ( int argc, char *argv[] ) ;
void Input(Long *firstNumber, Long *secondNumber, Long *thirdNumber);
void Arrange(Long firstNumber, Long secondNumber, Long thirdNumber,
     Long *largeNumber, Long *middleNumber, Long *smallNumber);
void Output(Long largeNumber, Long middleNumber, Long smallNumber);
```

[함수 정의하기]

이렇게 해서 함수 선언이 끝났다. 다음은 함수를 정의해야 한다. C언어에서 함수를 정의하는 형식은 다음과 같다.

C코드

```
[반환형] 함수이름([매개변수 목록]) // 함수 머리
{ // 함수 몸체 시작
      [자동변수 선언문장;]
      [제어구조]
      [return 반환값;]
} // 함수 몸체 끝
```

함수를 정의하는 절차는 다음과 같다.

(1) 함수 머리를 만든다.

(2) 함수 몸체를 만든다.

시스템 다이어그램에 정리된 모듈들에 대해 위쪽에서 아래쪽으로 그리고 왼쪽에 오른쪽으로 차례대로 함수를 정의해야 한다. 선언한 순서대로 정의하자.

Arrange 모듈에 대해 Arrange 함수만 다시 정의하면 된다. 다른 모듈들에 대해 정의해야 하는 함수들은 앞에서 정의한 데로 사용하면 된다. 따라서 여러분이 연습 삼아 정의해 보자.

● main 함수를 여러분이 직접 정의하자.

[함수 호출하기]

C코드

```
int main ( int argc, char *argv[] ) {
      // 입력데이터들
      Long firstNumber;
      Long secondNumber;
      Long thirdNumber;
      // 출력데이터들
      Long largeNumber;
      Long middleNumber;
      Long smallNumber;

      // 입력받는다.
      Input(&firstNumber, &secondNumber, &thirdNumber);
      // 정렬한다.
      Arrange(firstNumber, secondNumber, thirdNumber,
            &largeNumber, &middleNumber, &smallNumber);
      // 출력한다.
      Output(largeNumber, middleNumber, smallNumber);

      return 0;
}
```

● Input 함수를 여러분이 직접 정의하자.

Input 모듈에 대해 Input 함수는 scanf 함수와 printf 함수로 키보드 입력과 모니터 출력에 대해 간단하게 구현하도록 하자.

C코드

```
/*************************************************************************
 함수 이름 : Input
 기    능 : 사용자가 키보드로 입력한 데이터들을 출력한다.
 입    력 : 없음
 출    력 : 첫 번째 수, 두 번째 수, 세 번째 수
 *************************************************************************/
void Input(Long *firstNumber, Long *secondNumber, Long *thirdNumber) {
     printf("세 개의 수를 차례대로 입력하시오! ");
     scanf("%d %d %d", firstNumber, secondNumber, thirdNumber);
}
```

여기까지 코드를 정리하면 다음과 같다.

C코드

```
// Arrange.c
/*************************************************************************
 파일 명칭 : Arrange.c
 기    능 : 세 개의 수를 입력받아 내림차순으로 출력한다.
 작 성 자 : 김석현
 작성 일자 : 2011-11-21
 *************************************************************************/
#include <stdio.h> // scanf, printf

// 자료형 이름 선언
typedef signed long int Long;

// 함수 선언 : 함수 원형들
int main ( int argc, char *argv[] ) ;
void Input(Long *firstNumber, Long *secondNumber, Long *thirdNumber);
void Arrange(Long firstNumber, Long secondNumber, Long thirdNumber,
     Long *largeNumber, Long *middleNumber, Long *smallNumber);
void Output(Long largeNumber, Long middleNumber, Long smallNumber);

// 함수 정의
int main ( int argc, char *argv[] ) {
     // 입력데이터들
     Long firstNumber;
     Long secondNumber;
     Long thirdNumber;
     // 출력데이터들
     Long largeNumber;
     Long middleNumber;
     Long smallNumber;
```

```
    // 입력받는다.
    Input(&firstNumber, &secondNumber, &thirdNumber);
    // 정렬한다.
    Arrange(firstNumber, secondNumber, thirdNumber,
          &largeNumber, &middleNumber, &smallNumber);
    // 출력한다.
    Output(largeNumber, middleNumber, smallNumber);

    return 0;
}

/*****************************************************************************
 함수 이름 : Input
 기    능 : 사용자가 키보드로 입력한 데이터들을 출력한다.
 입    력 : 없음
 출    력 : 첫 번째 수, 두 번째 수, 세 번째 수
 *****************************************************************************/
void Input(Long *firstNumber, Long *secondNumber, Long *thirdNumber) {
    printf("세 개의 수를 차례대로 입력하시오! ");
    scanf("%d %d %d", firstNumber, secondNumber, thirdNumber);
}
```

Arrange 모듈에 대해 모듈기술서와 나씨-슈나이더만 다이어그램을 가지고 Arrange 함수를 정의해 보자.

Arrange 함수에 대해 설명을 달자. 함수 원형을 그대로 옮겨 적고, 마지막에 적힌 세미콜론만을 지우면, 함수 머리를 만들 수 있다. 따라서 세미콜론이 없는 함수 원형과 함수 머리는 같아야 한다.

C코드

```
/*****************************************************************************
 함수 이름 : Arrange
 기    능 : 세 개의 수를 입력받아 내림차순으로 정렬하다.
 입    력 : 첫 번째 수, 두 번째 수, 세 번째 수
 출    력 : 큰 수, 중간 수, 작은 수
 *****************************************************************************/
void Arrange(Long firstNumber, Long secondNumber, Long thirdNumber,
     Long *largeNumber, Long *middleNumber, Long *smallNumber)
```

다음은 함수 몸체를 만들어야 한다. 먼저 함수 블록을 만든다.

처리 과정에서는 마지막 처리단계인 "6. 끝내다."이고, 나씨-슈나이더만 다이어그램에서는 start가 적힌 순차구조 기호와 stop이 적힌 순차구조 기호에 대해서는 각각 여는 중괄호({)와 닫는 중괄호(})를 적으면 함수 몸체의 시작과 끝을 설정하는 함수 블록을 설정한다.

start

stop

C코드

```
/**************************************************************************
 함수 이름 : Arrange
 기    능 : 세 개의 수를 입력받아 내림차순으로 정렬하다.
 입    력 : 첫 번째 수, 두 번째 수, 세 번째 수
 출    력 : 큰 수, 중간 수, 작은 수
 **************************************************************************/
void Arrange(Long firstNumber, Long secondNumber, Long thirdNumber,
     Long *largeNumber, Long *middleNumber, Long *smallNumber) {
}
```

다음은 start가 적힌 순차 구조 기호 아래쪽에 있는 변수를 선언하는 순차 구조 기호에 대해 C언어로 구현해 보자.

자료명세서와 변수를 선언하는 순차구조 기호를 참고하여 기호상수에 대해 매크로를 작성하고, 변수에 대해 매개변수와 자동변수를 선언한다.

largeNumber, middleNumber, smallNumber, firstNumber, secondNumber, thirdNumber, temp

기호상수가 없다. 따라서 매크로를 작성할 필요는 없다.

largeNumber, middleNumber, smallNumber, firstNumber, secondNumber 그리고 thirdNumber는 매개변수로 선언되었다. 따라서 임시 변수 temp만 자동변수로 선언해야 한다. 자동변수를 선언하는 형식은 다음과 같다.

C코드

```
auto 자료형 변수이름[=초깃값];
```

함수 블록의 첫 번째 줄에 temp를 선언하자. 자료형을 적고, 한 칸 띄운 다음 변수 이름을 적자. 그리고 마지막에 세미콜론을 적어 문장으로 처리하자. 들여쓰기하여 코드를 읽기 쉽도록 하자.

C코드

```
/*****************************************************************************
 함수 이름 : Arrange
 기    능 : 세 개의 수를 입력받아 내림차순으로 정렬하다.
 입    력 : 첫 번째 수, 두 번째 수, 세 번째 수
 출    력 : 큰 수, 중간 수, 작은 수
 *****************************************************************************/
void Arrange(Long firstNumber, Long secondNumber, Long thirdNumber,
     Long *largeNumber, Long *middleNumber, Long *smallNumber) {
     // 자동변수 선언
     Long temp;
}
```

다음은 주석으로 처리 과정을 옮겨 적도록 하자. 코드에 대해 설명을 다는 것으로 이해하기 쉽도록 한다. 또한, 정의할 때 어떠한 작업을 하는지를 집중하도록 하는 장치가 되어 더욱더 작업을 효율적으로 하도록 한다.

처리 과정
1. 첫 번째 수, 두 번째 수 그리고 세 번째 수를 입력받는다.(입력) 2. 큰 수를 구한다.(기억) 3. 중간 수를 구한다.(기억) 4. 작은 수를 구한다.(기억) 5. 큰 수, 중간 수 그리고 작은 수를 출력한다.(출력) 6. 끝내다.

C코드

```
/*****************************************************************************
 함수 이름 : Arrange
 기    능 : 세 개의 수를 입력받아 내림차순으로 정렬하다.
 입    력 : 첫 번째 수, 두 번째 수, 세 번째 수
 출    력 : 큰 수, 중간 수, 작은 수
 *****************************************************************************/
void Arrange(Long firstNumber, Long secondNumber, Long thirdNumber,
     Long *largeNumber, Long *middleNumber, Long *smallNumber) {
     // 자동변수 선언
     Long temp;

     // 1. 첫 번째 수, 두 번째 수 그리고 세 번째 수를 입력받는다.
     // 2. 큰 수를 구한다.
     // 3. 중간 수를 구한다.
     // 4. 작은 수를 구한다.
     // 5. 큰 수, 중간 수 그리고 작은 수를 출력한다.
     // 6. 끝내다.
}
```

"1. 첫 번째 수, 두 번째 수 그리고 세 번째 수를 입력받는다." 처리단계에 대해 입력하는 순

차 구조 기호에 대해 C 언어로 어떻게 구현되는지 보자.

read firstNumber, secondNumber, thirdNumber

함수 호출 문장이다. 따라서 여기서는 따로 구현하지 않는다. main 함수를 정의할 때 Arrange 함수를 호출하는 문장으로 작성되었다.

다음은 큰 수, 중간 수 그리고 작은 수를 구하기 위해서 입력받은 세 수를 각각 큰 수, 중간 수 그리고 작은 수로 설정하는 순차 구조 기호를 구현해야 한다. 식이 적힌 순차 구조 기호는 기호에 적힌 내용을 한 줄에 그대로 옮겨 적고, 마지막에 세미콜론을 적어 문장으로 처리되도록 한다.

largeNumber = firstNumber
middleNumber = secondNumber
smallNumber = thirdNumber

C코드

```
/*************************************************************************
 함수 이름 : Arrange
 기    능 : 세 개의 수를 입력받아 내림차순으로 정렬하다.
 입    력 : 첫 번째 수, 두 번째 수, 세 번째 수
 출    력 : 큰 수, 중간 수, 작은 수
 *************************************************************************/
void Arrange(Long firstNumber, Long secondNumber, Long thirdNumber,
     Long *largeNumber, Long *middleNumber, Long *smallNumber) {
     // 자동변수 선언
     Long temp;

     // 1. 첫 번째 수, 두 번째 수 그리고 세 번째 수를 입력받는다.
     largeNumber = firstNumber;
     middleNumber = secondNumber;
     smallNumber = thirdNumber;

     // 2. 큰 수를 구한다.
     // 3. 중간 수를 구한다.
     // 4. 작은 수를 구한다.
     // 5. 큰 수, 중간 수 그리고 작은 수를 출력한다.
     // 6. 끝내다.
}
```

그런데 largeNumber에는 주소가 저장되어 있다. 따라서 위쪽에서 작성된 코드는 합당하지 않다. firstNumber에 저장된 값은 largeNumber에 저장된 주소를 갖는 기억장소에 저장되어야 한다. 다시 말해서 main 함수 스택에 할당된 largeNumber에 저장되어야 한다는 것이다. 따라서 간접 지정 연산자(*)를 사용하여 주소를 갖는 기억장소에 저장되는 값이라는 것을 지정해야 한다. 따라서 포인터 변수 이름 앞에 간접 지정 연산자인 별표(*)를 적어야 한다.

C코드

```
/************************************************************************
 함수 이름 : Arrange
 기    능 : 세 개의 수를 입력받아 내림차순으로 정렬하다.
 입    력 : 첫 번째 수, 두 번째 수, 세 번째 수
 출    력 : 큰 수, 중간 수, 작은 수
 ************************************************************************/
void Arrange(Long firstNumber, Long secondNumber, Long thirdNumber,
     Long *largeNumber, Long *middleNumber, Long *smallNumber) {
     // 자동변수 선언
     Long temp;

     // 1. 첫 번째 수, 두 번째 수 그리고 세 번째 수를 입력받는다.
     *largeNumber = firstNumber;
     *middleNumber = secondNumber;
     *smallNumber = thirdNumber;

     // 2. 큰 수를 구한다.
     // 3. 중간 수를 구한다.
     // 4. 작은 수를 구한다.
     // 5. 큰 수, 중간 수 그리고 작은 수를 출력한다.
     // 6. 끝내다.
}
```

"2. 큰 수를 구한다." 처리단계에 대해 나씨-슈나이더만 다이어그램에서 선택 구조를 C 언어로 구현해 보자.

C 언어에서는 양자 선택 구조에 대해서 if 문과 else 절을 제공한다. 그리고 조건에 따라 처리되는 문장이 두 개 이상인 경우를 표현하기 위해서 복문이란 개념을 사용하고, 중괄호로 블록이란 개념으로 표현할 수 있다. 그래서 선택 구조이거나 반복 구조에 대해서는 제어블록을 반드시 사용하자. C언어의 if ~ else 문장의 형식은 다음과 같다.

C코드

```
if(조건식) { // 참일 때 처리
     // 단문 혹은 복문
}
else { // 거짓일 때 처리
     // 단문 혹은 복문
}
```


선택 구조에서는 반드시 조건식이 있어야 하는데, C 언어에서는 조건식은 반드시 소괄호로 싸서 나타내야 한다. 따라서 if 키워드를 적고 소괄호를 여닫고, 소괄호에 관계식을 그대로 옮겨 적어야 한다. 그리고 조건식을 평가했을 때 참이면 제어블록과 거짓일 때 else 키워드를 적고, 제어블록을 중괄호를 여닫아 설정하면 된다. 거짓일 때 처리할 내용이 없으면 else 절은 생략할 수 있다.

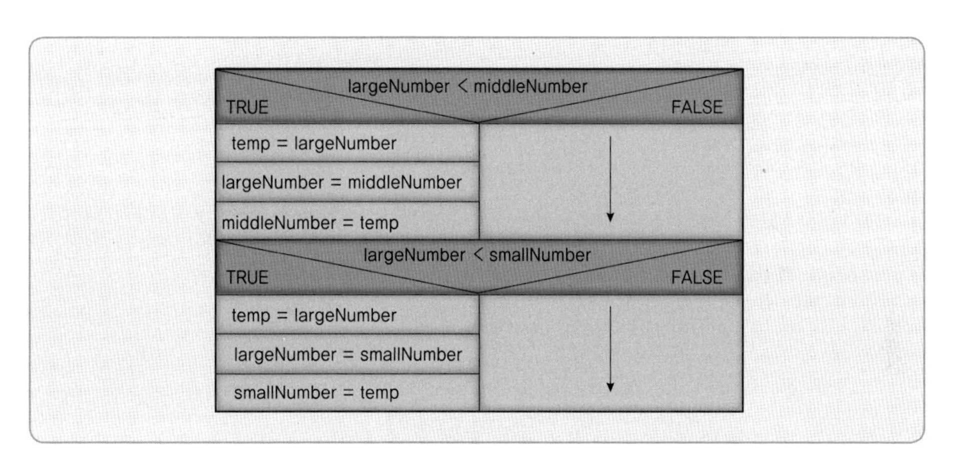

첫 번째 선택 구조부터 구현해 보자. if 키워드를 적고 소괄호를 여닫아야 한다. 소괄호에 largeNumber 〈 middleNumber 관계식을 옮겨 적는다. largeNumber와 middleNumber는 주소를 갖고 있다. 관계식에서는 주소를 비교하는 것이 아니라 주소를 갖는 기억장소에 저장된 값으로 비교해야 한다. 따라서 간접 지정 연산자를 변수 이름 앞에 적어야 한다. 그리고 조건식을 평가했을 때 참이면 교환하기 위해 세 개의 식 문장들이 처리되어야 하므로 중괄호를 여닫아 제어블록을 설정해야 한다. 거짓이면 처리해야 하는 내용이 없으므로 else 절은 생략한다.

C코드

```
    // 2. 큰 수를 구한다.
    if ( *largeNumber < *middleNumber ) {
    }
```

조건식을 평가했을 때 참일 때 처리해야 할 내용을 C 언어로 구현해 보자. if 제어블록에 한 줄에 하나씩 구현되어야 하는 순차 구조 기호이다. 따라서 순차 구조 기호에 적힌 내용을 그대로 옮겨 적고, 세미콜론을 마지막에 적어 문장으로 처리하면 된다. 포인터 변수이면 변수 이름 앞에 반드시 간접 지정 연산자를 적어야 한다.

C코드

```
    // 2. 큰 수를 구한다.
    if ( *largeNumber < *middleNumber ) {
        temp = *largeNumber;
        *largeNumber = *middleNumber;
        *middleNumber = temp;
    }
```

두 번째 선택 구조에 대해서는 여러분이 직접 구현해 보자. 이렇게 해서 큰 수를 구하는 것까지 C 언어로 구현되었다.

C코드

```
/***********************************************************************
 함수 이름 : Arrange
 기    능 : 세 개의 수를 입력받아 내림차순으로 정렬하다.
 입    력 : 첫 번째 수, 두 번째 수, 세 번째 수
 출    력 : 큰 수, 중간 수, 작은 수
 ***********************************************************************/
void Arrange(Long firstNumber, Long secondNumber, Long thirdNumber,
    Long *largeNumber, Long *middleNumber, Long *smallNumber) {
    // 자동변수 선언
    Long temp;

    *largeNumber = firstNumber;
    *middleNumber = secondNumber;
    *smallNumber = thirdNumber;

    // 1. 첫 번째 수, 두 번째 수 그리고 세 번째 수를 입력받는다.
    // 2. 큰 수를 구한다.
    if ( *largeNumber < *middleNumber ) {
        temp = *largeNumber;
        *largeNumber = *middleNumber;
        *middleNumber = temp;
    }
    if ( *largeNumber < *smallNumber ) {
        temp = *largeNumber;
        *largeNumber = *smallNumber;
        *smallNumber = temp;
    }
    // 3. 중간 수를 구한다.
    // 4. 작은 수를 구한다.
    // 5. 큰 수, 중간 수 그리고 작은 수를 출력한다.
    // 6. 끝내다.
}
```

"3. 중간 수를 구한다." 처리단계에 대해 나씨-슈나이더만 다이어그램에서 선택 구조를 C 언어로 구현해 보자.

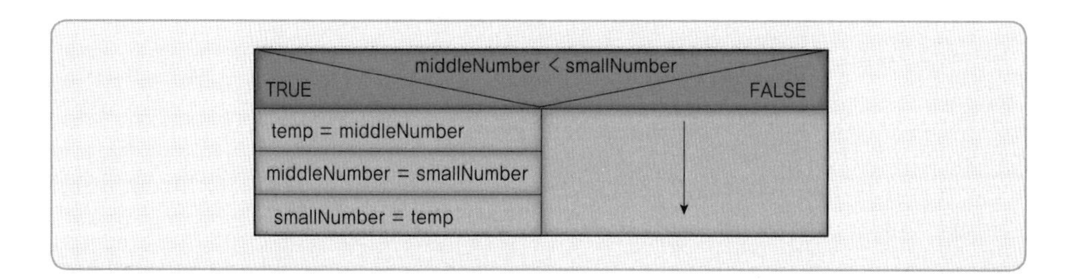

여러분이 직접 구현해 보자. 중간 수가 구해지면 남는 것이 작은 수이므로 자동으로 작은 수도 구해지게 된다. 따라서 "4. 작은 수를 구한다." 처리단계에 대해서는 따로 구현할 내용은 없다.

C코드

```
/*************************************************************************
 함수 이름 : Arrange
 기    능 : 세 개의 수를 입력받아 내림차순으로 정렬하다.
 입    력 : 첫 번째 수, 두 번째 수, 세 번째 수
 출    력 : 큰 수, 중간 수, 작은 수
 *************************************************************************/
void Arrange(Long firstNumber, Long secondNumber, Long thirdNumber,
     Long *largeNumber, Long *middleNumber, Long *smallNumber) {
     // 1. 첫 번째 수, 두 번째 수 그리고 세 번째 수를 입력받는다.
     // 자동변수 선언
     Long temp;

     *largeNumber = firstNumber;
     *middleNumber = secondNumber;
     *smallNumber = thirdNumber;

     // 2. 큰 수를 구한다.
     if ( *largeNumber < *middleNumber ) {
        temp = *largeNumber;
        *largeNumber = *middleNumber;
        *middleNumber = temp;
     }
     if ( *largeNumber < *smallNumber ) {
        temp = *largeNumber;
        *largeNumber = *smallNumber;
        *smallNumber = temp;
     }
     // 3. 중간 수를 구한다.
     if ( *middleNumber < *smallNumber ) {
        temp = *middleNumber;
```

```
        *middleNumber = *smallNumber;
        *smallNumber = temp;
    }
    // 4. 작은 수를 구한다.
    // 5. 큰 수, 중간 수 그리고 작은 수를 출력한다.
    // 6. 끝내다.
}
```

"5. 큰 수, 중간 수 그리고 작은 수를 출력한다." 처리단계에 대해 나씨-슈나이더만 다이어그램에서 출력하는 순차 구조 기호에 대해 C 언어로 구현해 보자.

print largeNumber, middleNumber, smallNumber

print 다음에 값이 하나인 경우는 print 대신에 return 키워드를 적고, 값을 적고, 줄의 끝에 세미콜론을 적어 마무리하면 된다. 그러나 print 다음에 값이 두 개 이상이면 값 하나에 간접지정연산자와 치환연산자로 치환식 문장을 작성해야 한다. 이미 포인터에 의해서 출력이 되었기 때문에 따로 표현할 필요가 없다.

"6. 끝내다." 처리단계에 대해 stop이 적힌 순차 구조 기호에 대해서는 함수 블록의 끝을 나타내는 닫는 중괄호이다. 따라서 Arrange 모듈에 대해 Arrange 함수가 정의되었다.

● Output 함수를 여러분이 직접 정의하자.

Output 모듈에 대해 Output 함수는 printf 함수로 모니터 출력에 대해 간단하게 구현하도록 하자. 여러분이 큰 수, 중간 수, 작은 수를 차례대로 출력하는 코드를 구현해 보자.

C코드

```
/*************************************************************************
 함수 이름 : Output
 기    능 : 큰 수, 중간 수, 작은 수를 모니터에 출력한다.
 입    력 : 큰 수, 중간 수, 작은 수
 출    력 : 없음
 ************************************************************************/
void Output(Long largeNumber, Long middleNumber, Long smallNumber) {
    printf("큰 수 : %d 중간 수 : %d 작은 수 : %d\n",
        largeNumber, middleNumber, smallNumber);
}
```

원시 코드 파일 Arrange.c에 시스템 다이어그램에서 정리된 순서대로 함수들을 작성해 보면, 다음과 같이 정리될 것이다.

C코드

```
// Arrange.c
/******************************************************************************
 파일 명칭 : Arrange.c
 기    능 : 세 개의 수를 입력받아 내림차순으로 출력한다.
 작 성 자 : 김 석 현
 작성 일자 : 2011-11-21
 ******************************************************************************/
#include <stdio.h> // scanf, printf

// 자료형 이름 선언
typedef signed long int Long;

// 함수 선언 : 함수 원형들
int main ( int argc, char *argv[] ) ;
void Input(Long *firstNumber, Long *secondNumber, Long *thirdNumber);
void Arrange(Long firstNumber, Long secondNumber, Long thirdNumber,
     Long *largeNumber, Long *middleNumber, Long *smallNumber);
void Output(Long largeNumber, Long middleNumber, Long smallNumber);

// 함수 정의
int main ( int argc, char *argv[] ) {
     // 입력데이터들
     Long firstNumber;
     Long secondNumber;
     Long thirdNumber;
     // 출력데이터들
     Long largeNumber;
     Long middleNumber;
     Long smallNumber;

     // 입력받는다.
     Input(&firstNumber, &secondNumber, &thirdNumber);
     // 정렬한다.
     Arrange(firstNumber, secondNumber, thirdNumber,
          &largeNumber, &middleNumber, &smallNumber);
     // 출력한다.
     Output(largeNumber, middleNumber, smallNumber);

     return 0;
}

/******************************************************************************
 함수 이름 : Input
 기    능 : 사용자가 키보드로 입력한 데이터들을 출력한다.
 입    력 : 없음
 출    력 : 첫 번째 수, 두 번째 수, 세 번째 수
 ******************************************************************************/
void Input(Long *firstNumber, Long *secondNumber, Long *thirdNumber) {
     printf("세 개의 수를 차례대로 입력하시오! ");
     scanf("%d %d %d", firstNumber, secondNumber, thirdNumber);
}
```

```
/************************************************************************
 함수 이름 : Arrange
 기    능 : 세 개의 수를 입력받아 내림차순으로 정렬하다.
 입    력 : 첫 번째 수, 두 번째 수, 세 번째 수
 출    력 : 큰 수, 중간 수, 작은 수
 ************************************************************************/
void Arrange(Long firstNumber, Long secondNumber, Long thirdNumber,
     Long *largeNumber, Long *middleNumber, Long *smallNumber) {
     // 1. 첫 번째 수, 두 번째 수 그리고 세 번째 수를 입력받는다.
     // 자동변수 선언
     Long temp;

     *largeNumber = firstNumber;
     *middleNumber = secondNumber;
     *smallNumber = thirdNumber;

     // 2. 큰 수를 구한다.
     if ( *largeNumber < *middleNumber ) {
        temp = *largeNumber;
        *largeNumber = *middleNumber;
        *middleNumber = temp;
     }
     if ( *largeNumber < *smallNumber ) {
        temp = *largeNumber;
        *largeNumber = *smallNumber;
        *smallNumber = temp;
     }
     // 3. 중간 수를 구한다.
     if ( *middleNumber < *smallNumber ) {
        temp = *middleNumber;
        *middleNumber = *smallNumber;
        *smallNumber = temp;
     }
     // 4. 작은 수를 구한다.
     // 5. 큰 수, 중간 수 그리고 작은 수를 출력한다.
     // 6. 끝내다.
}

/************************************************************************
 함수 이름 : Output
 기    능 : 큰 수, 중간 수, 작은 수를 모니터에 출력한다.
 입    력 : 큰 수, 중간 수, 작은 수
 출    력 : 없음
 ************************************************************************/
void Output(Long largeNumber, Long middleNumber, Long smallNumber) {
     printf("큰 수 : %d 중간 수 : %d 작은 수 : %d\n",
        largeNumber, middleNumber, smallNumber);
}
```

앞에서 대소 비교 경우의 수 모델로 작성된 코드와 비교해 보면, Arrange 함수에서만 제어 논리가 변경되었음을 알 수 있다. 특히 main 함수에서 변경은 이루어지지 않는다. 이것이 함수를 사용하는 이유이다. 함수를 사용하면, 함수 원형을 바꾸지 않으면 어떠한 함수든지 내부 구조를 바꿀 수 있다는 것이다. 이러한 점은 프로그램을 개발하는 데 있어 매우 중요한 개념이다. 이러한 개념을 절차적 추상화(Procedural Abstraction)라고 한다.

컴파일과 링크를 한 후 실행시켜 보자. 그러면 적절한 입력에 대해 정확한 결과를 얻을 수 있을 것이다. 이에 대해 디버깅으로 확인해 보자.

2.6. 디버깅

디버깅을 하는 데 사용할 원시코드를 준비하자. 실행 제어가 어디에 있는지를 명확하게 하려고 줄 단위로 번호를 매기자.

C코드

```
001 : // Arrange.c
002 : /*************************************************************************
003 :   파일 명칭 : Arrange.c
004 :   기     능 : 세 개의 수를 입력받아 내림차순으로 출력한다.
005 :   작 성 자 : 김 석 현
006 :   작성 일자 : 2011-11-21
007 : *************************************************************************/
008 : #include <stdio.h> // scanf, printf
009 :
010 : // 자료형 이름 선언
011 : typedef signed long int Long;
012 :
013 : // 함수 선언 : 함수 원형들
014 : int main ( int argc, char *argv[] ) ;
015 : void Input(Long *firstNumber, Long *secondNumber, Long *thirdNumber);
016 : void Arrange(Long firstNumber, Long secondNumber, Long thirdNumber,
017 :   Long *largeNumber, Long *middleNumber, Long *smallNumber);
018 : void Output(Long largeNumber, Long middleNumber, Long smallNumber);
019 :
020 : // 함수 정의
021 : int main ( int argc, char *argv[] ) {
022 :   // 입력데이터들
023 :   Long firstNumber;
024 :   Long secondNumber;
025 :   Long thirdNumber;
026 :   // 출력데이터들
027 :   Long largeNumber;
028 :   Long middleNumber;
029 :   Long smallNumber;
```

```
030 :
031 :   // 입력받는다.
032 :   Input(&firstNumber, &secondNumber, &thirdNumber);
033 :   // 정렬한다.
034 :   Arrange(firstNumber, secondNumber, thirdNumber,
035 :           &largeNumber, &middleNumber, &smallNumber);
036 :   // 출력한다.
037 :   Output(largeNumber, middleNumber, smallNumber);
038 :
039 :   return 0;
040 : }
041 :
042 : /*****************************************************************
043 :   함수 이름 : Input
044 :   기     능 : 사용자가 키보드로 입력한 데이터들을 출력한다.
045 :   입     력 : 없음
046 :   출     력 : 첫 번째 수, 두 번째 수, 세 번째 수
047 :   *****************************************************************/
048 : void Input(Long *firstNumber, Long *secondNumber, Long *thirdNumber) {
049 :   printf("세 개의 수를 차례대로 입력하시오! ");
050 :   scanf("%d %d %d", firstNumber, secondNumber, thirdNumber);
051 : }
052 :
053 : /*****************************************************************
054 :   함수 이름 : Arrange
055 :   기     능 : 세 개의 수를 입력받아 내림차순으로 정렬하다.
056 :   입     력 : 첫 번째 수, 두 번째 수, 세 번째 수
057 :   출     력 : 큰 수, 중간 수, 작은 수
058 :   *****************************************************************/
059 : void Arrange(Long firstNumber, Long secondNumber, Long thirdNumber,
060 :   Long *largeNumber, Long *middleNumber, Long *smallNumber) {
061 :   // 1. 첫 번째 수, 두 번째 수 그리고 세 번째 수를 입력받는다.
062 :   // 자동변수 선언
063 :   Long temp;
064 :
065 :   *largeNumber = firstNumber;
066 :   *middleNumber = secondNumber;
067 :   *smallNumber = thirdNumber;
068 :
069 :   // 2. 큰 수를 구한다.
070 :   if ( *largeNumber < *middleNumber ) {
071 :       temp = *largeNumber;
072 :       *largeNumber = *middleNumber;
073 :       *middleNumber = temp;
074 :   }
075 :   if ( *largeNumber < *smallNumber ) {
076 :       temp = *largeNumber;
077 :       *largeNumber = *smallNumber;
078 :       *smallNumber = temp;
079 :   }
080 :   // 3. 중간 수를 구한다.
```

```
081 :   if ( *middleNumber < *smallNumber ) {
082 :       temp = *middleNumber;
083 :       *middleNumber = *smallNumber;
084 :       *smallNumber = temp;
085 :   }
086 :   // 4. 작은 수를 구한다.
087 :   // 5. 큰 수, 중간 수 그리고 작은 수를 출력한다.
088 :   // 6. 끝내다.
089 : }
090 :
091 : /*********************************************************************
092 :   함수 이름 : Output
093 :   기    능 : 큰 수, 중간 수, 작은 수를 모니터에 출력한다.
094 :   입    력 : 큰 수, 중간 수, 작은 수
095 :   출    력 : 없음
096 :   *******************************************************************/
097 : void Output(Long largeNumber, Long middleNumber, Long smallNumber) {
098 :   printf("큰 수 : %d 중간 수 : %d 작은 수 : %d\n",
099 :       largeNumber, middleNumber, smallNumber);
100 : }
```

입력이 있는 경우이므로 입력데이터를 설계하자. 모델구축에서 사용된 데이터들을 그대로 사용하는 것이 효율적이다. 따라서 여기서도 모델구축에 사용된 데이터를 사용하자.

그러면 메모리 맵으로 디버깅을 시작하자. 복습으로 032번째 줄 Input 함수가 호출되기 전까지 메모리 맵을 직접 작도해 보자.

다음과 같은 절차대로 직접 작도해 보자.

- **코드 세그먼트들을 여러분이 직접 작도하자.**
- **DATA 데이터 세그먼트를 여러분이 직접 작도하자.**
- **main 함수 스택 세그먼트를 여러분이 직접 작도하자.**

코드 세그먼트들과 DATA 데이터 세그먼트가 할당되고, main 함수 스택 세그먼트가 할당되고, main 함수 스택 세그먼트에 변수들이 할당되고, 매개변수에 대해서는 운영체제에 의해서 전달되는 값들로, 자동변수들에 대해서는 초기화되면 초깃값으로, 그렇지 않으면 쓰레기이므로 물음표를 적으면 된다.

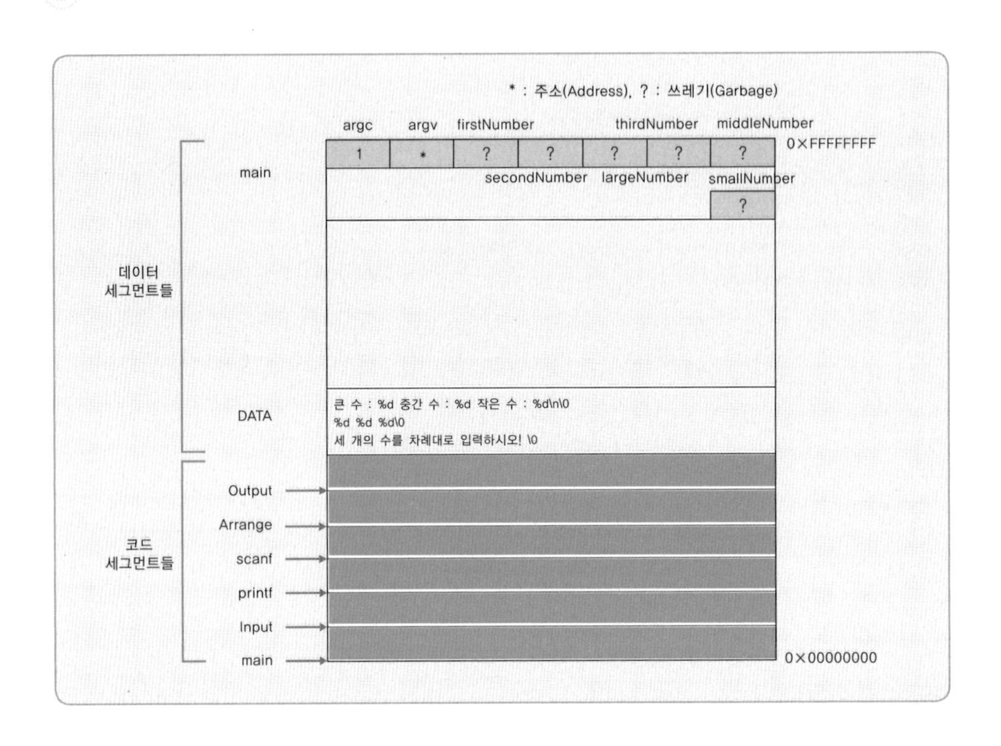

032번째 줄에서 Input 함수가 호출된다. 따라서 Input 함수 스택 세그먼트가 main 함수 스택 세그먼트 아래쪽에 할당된다.

C코드

```
031: // 입력받는다
032 :   Input(&firstNumber, &secondNumber, &thirdNumber);
```

● Input 함수 스택 세그먼트를 여러분이 직접 작도하자.

main 함수 스택 세그먼트 아래쪽에 일정한 크기의 사각형을 그린다. 그리고 왼쪽에 함수 이름 Input 를 적는다. Input 함수를 정의하는 영역을 보고, 매개변수와 자동변수에 대해 Input 함수 스택 세그먼트에 작은 사각형을 그린다. 적당한 위치에 변수 이름을 적는다.

C코드

```
048 : void Input(Long *firstNumber, Long *secondNumber, Long *thirdNumber) {
049 :   printf("세 개의 수를 차례대로 입력하시오! ");
050 :   scanf("%d %d %d", firstNumber, secondNumber, thirdNumber);
051 : }
```

그리고 032번째 줄에서 함수 호출식과 Input 함수를 정의하는 영역에서 자동변수 선언문을 참고하여 값을 적는다.

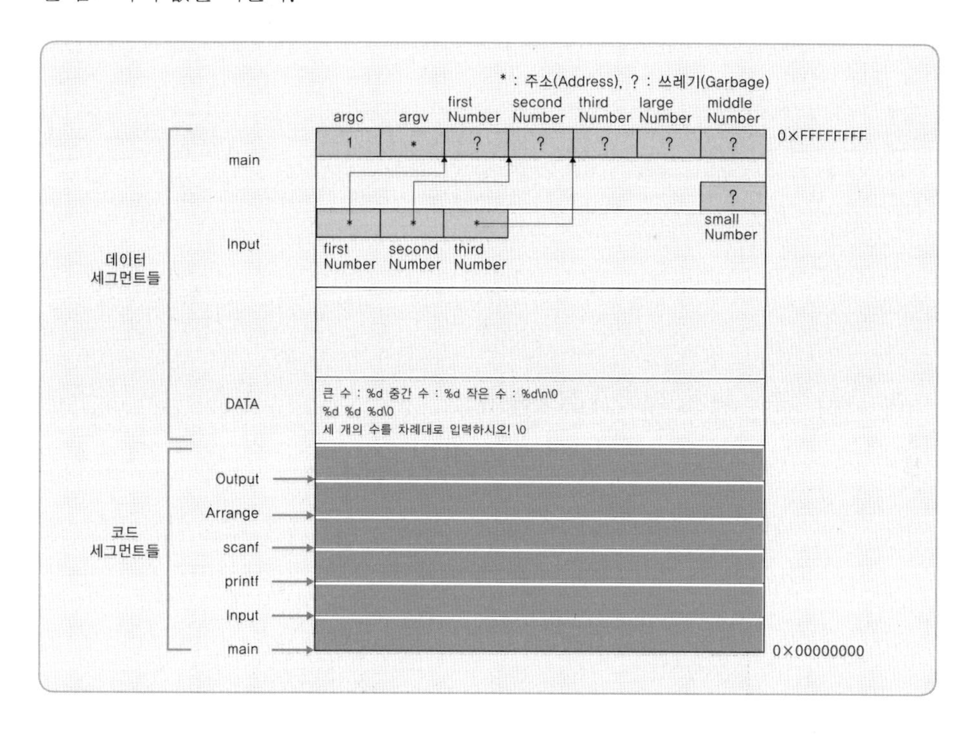

049번째 줄로 실행제어가 이동하고, printf 함수를 호출한다. 따라서 printf 함수 스택 세그먼트가 할당된다. 여러분이 직접 printf 함수 스택 세그먼트를 작도해 보자.

- printf 함수 스택 세그먼트를 여러분이 직접 작도하자.

모니터에 메시지를 출력한 후 printf 함수는 실행이 끝나고, 실행제어가 다시 Input 함수로 050번째 줄로 이동하게 되어 라이브러리 함수 scanf 함수가 호출된다. scanf 함수 스택 세그먼트가 할당된다. 여러분이 직접 scanf 함수 스택 세그먼트를 작도해 보자.

- scanf 함수 스택 세그먼트를 여러분이 직접 작도하자.

따라서 scanf 함수가 실행되어 키보드 입력 대기 상태가 된다. 여러분이 키보드로 숫자를 입력할 때까지 프롬프트만 깜박거리고 있게 된다. 이 상태에서 키보드로 1, 2, 3을 입력하고 엔터 키를 입력하자. 그러면 입력된 숫자들은 main 함수 스택 세그먼트에 할당된 firstNumber, secondNumber 그리고 thirdNumber에 각각 저장되게 된다. scanf 함수가 끝나고, 051번째 줄로 실행 제어가 이동하게 된다. 그러면 Input 함수의 끝을 나타내는 닫는 중괄호를 만나게 되는데, 이때 Input 함수 스택 세그먼트가 할당 해제된다. 따라서 실행제어가 main 함수로 이동하게 된다. 따라서 034번째 줄로 이동하게 된다.

C코드

```
033 :   // 정렬한다.
034 :   Arrange(firstNumber, secondNumber, thirdNumber,
035 :           &largeNumber, &middleNumber, &smallNumber);
```

034번째 줄에서 Arrange 함수를 호출한다. 따라서 Arrange 함수 스택 세그먼트가 할당된다.

● Arrange 함수 스택 세그먼트를 작도하자.

main 함수 스택 세그먼트 아래쪽에 적당한 크기의 사각형을 그린다. 그리고 왼쪽에 함수 이름 Arrange를 적는다.

Arrange 함수를 정의하는 영역을 참고하여 매개변수와 자동변수에 대해 작은 사각형을 그리고 적당한 위치에 변수 명칭을 적는다.

C코드

```
059 : void Arrange(Long firstNumber, Long secondNumber, Long thirdNumber,
060 :   Long *largeNumber, Long *middleNumber, Long *smallNumber) {
061 :   // 1. 첫 번째 수, 두 번째 수 그리고 세 번째 수를 입력받는다.
062 :   // 자동변수 선언
063 :   Long temp;
064 :
065 :   *largeNumber = firstNumber;
066 :   *middleNumber = secondNumber;
067 :   *smallNumber = thirdNumber;
068 :
069 :   // 2. 큰 수를 구한다.
070 :   if ( *largeNumber < *middleNumber ) {
071 :       temp = *largeNumber;
072 :       *largeNumber = *middleNumber;
073 :       *middleNumber = temp;
074 :   }
075 :   if ( *largeNumber < *smallNumber ) {
076 :       temp = *largeNumber;
077 :       *largeNumber = *smallNumber;
078 :       *smallNumber = temp;
079 :   }
080 :   // 3. 중간 수를 구한다.
081 :   if ( *middleNumber < *smallNumber ) {
082 :       temp = *middleNumber;
083 :       *middleNumber = *smallNumber;
084 :       *smallNumber = temp;
```

```
085 :   }
086 :   // 4. 작은 수를 구한다.
087 :   // 5. 큰 수, 중간 수 그리고 작은 수를 출력한다.
088 :   // 6. 끝내다.
089 : }
```


034번째 줄의 함수 호출식과 Arrange 함수에서 변수 선언문들을 참고하여 값을 적는다.

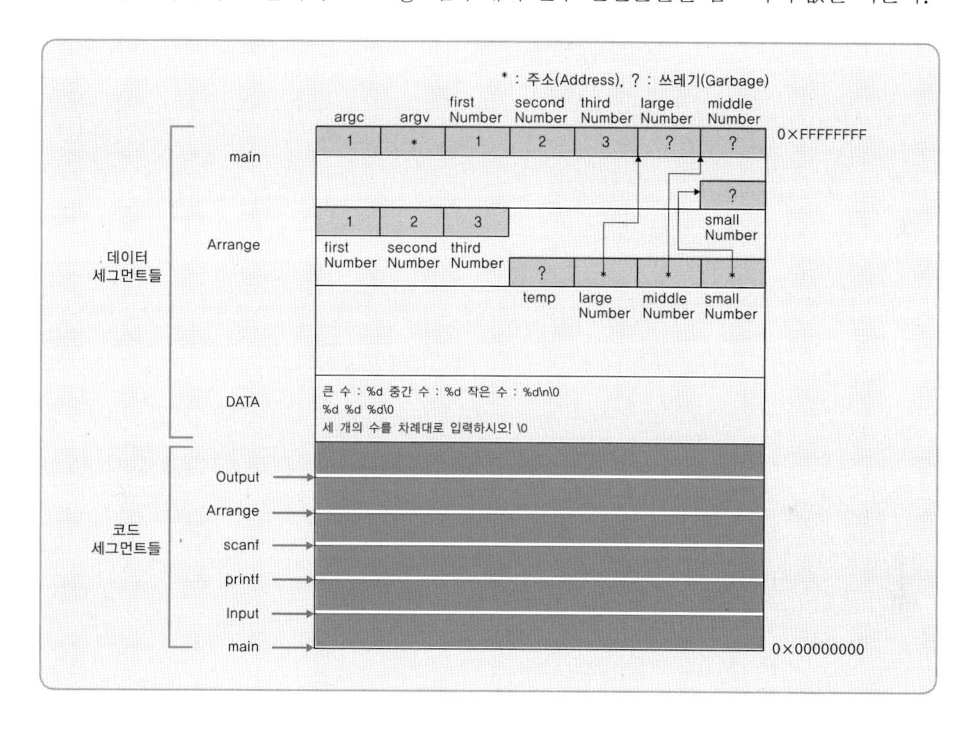

중앙처리장치에 의해서 데이터가 읽히고 쓰이는 스택은 가장 아래쪽에 있는 함수 스택 세그먼트이다. 따라서 Arrange 함수 스택 세그먼트에서 데이터를 읽고 쓸 수가 있다. 이제 Arrange 함수가 실행제어를 가진다. 실행제어가 065번째 줄로 이동한다.

C코드

```
065 :   *largeNumber = firstNumber;
```

065번째 줄에서 평가되어야 하는 식은 치환식이다. firstNumber에 저장된 값을 읽어 largeNumber에 저장하는 것이 아니라, largeNumber에 저장된 값인 주소를 갖는 기억장소에 저장한다. largeNumber가 포인터 변수이다. 포인터 변수 앞에 별표(*)는 간접 지정 연산자이다. 따라서 포인터 변수에 저장된 값인 주소를 갖는 기억장소에 저장된 값을 의미한다. 따라서 Arrange 스택 세그먼트에 할당된 largeNumber에 저장하는 것이 아니다. main 함수 스택 세그먼트에 할당된 largeNumber에 저장한다.

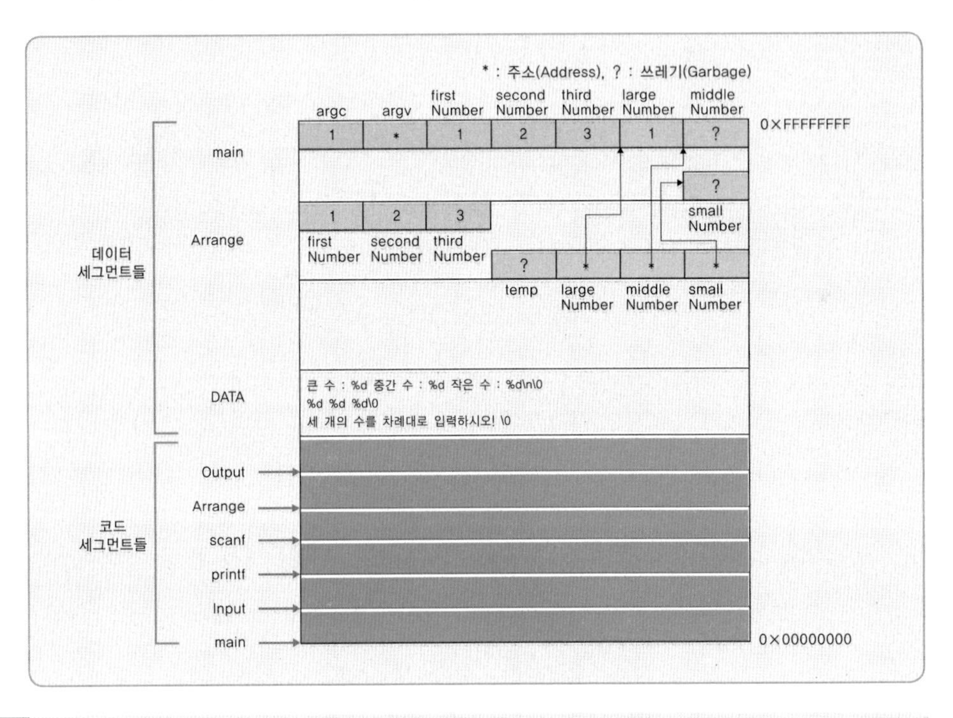

C코드

```
066 :    *middleNumber = secondNumber;
067 :    *smallNumber = thirdNumber;
```

066번째 줄과 067번째 줄에서도 같은 개념과 원리로 main 함수 스택 세그먼트에 할당된 middleNumber와 smallNumber에 각각 secondNumber에 저장된 값과 thirdNumber에 저장된 값을 읽어 저장한다.

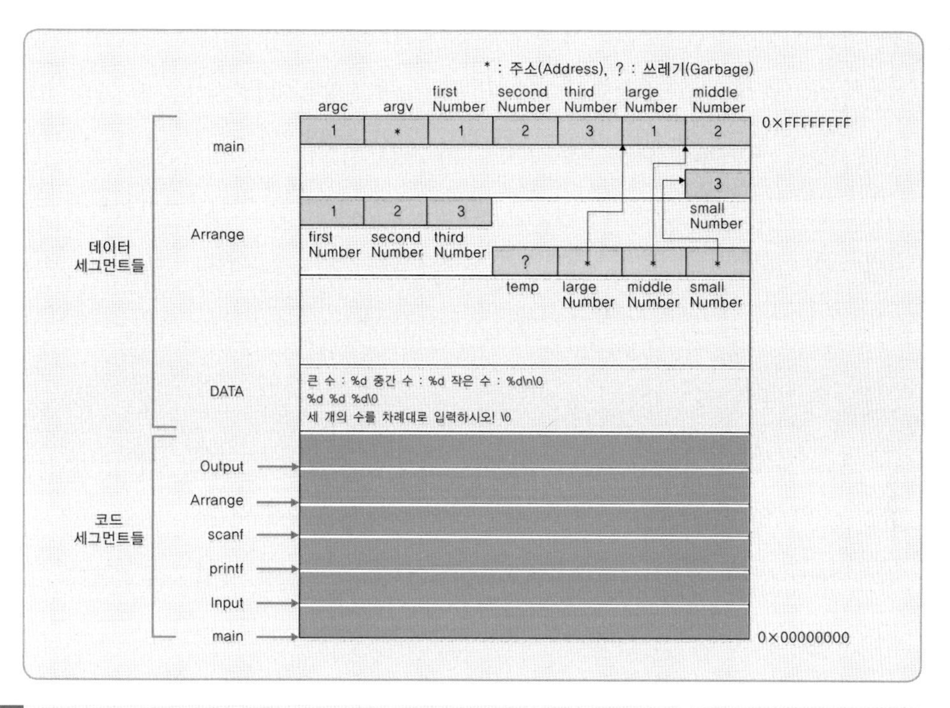

C코드

```
069 :   // 2. 큰 수를 구한다.
070 :   if ( *largeNumber < *middleNumber ) {
071 :       temp = *largeNumber;
072 :       *largeNumber = *middleNumber;
073 :       *middleNumber = temp;
074 :   }
```

다음은 큰 수를 얻기 위해 070번째 줄로 실행 제어가 이동한다. if 문장이다. 조건식을 평가해야 한다. *largeNumber에서 largeNumber는 Arrnage 함수 스택 세그먼트에 할당된 largeNumber에 저장된 값이다. 저장된 값은 주소이다. 포인터 변수이다. 메모리 맵을 보면 화살표로 가리키는 곳이 main 함수 스택 세그먼트에 할당된 largeNumber이다. 따라서 main 함수 스택 세그먼트에 할당된 largeNumber의 주소이다.

largeNumber 앞에 적힌 별표는 간접 지정 연산자이다. largeNumber 앞에 적힌 별표는 largeNumber에 저장된 값인 주소를 갖는 기억장소에 저장된 값이다. 따라서 main 함수 스택 세그먼트에 할당된 largeNumber에 저장된 값이다. 1이다.

*lageNumber는 Arrange 함수 스택 세그먼트에 할당된 largeNumber에 저장된 값인 주소를 갖는 기억장소, main 함수 스택 세그먼트에 할당된 largeNumber에 저장된 값을 읽

는다. 그리고 *middleNumber는 middleNumber에 저장된 값인 주소를 갖는 기억장소, main 함수 스택 세그먼트에 할당된 middleNumber에 저장된 값을 읽는다. 읽은 두 개의 값으로 대소 비교를 한다. 메모리 맵을 참고하면, 읽힌 값들은 1과 2이다. 따라서 1이 2보다 작아서 조건식을 평가하면 참이다. 따라서 실행제어는 071번째 줄로 이동한다.

071번째 줄, 072번째 줄 그리고 073번째 줄에 의해서 맞바꾸기 즉 교환이 이루어진다. 071번째 줄에 의해서 *largeNumber로 main 함수 스택 세그먼트에 할당된 largeNumber에 저장된 값인 1을 읽어 temp에 저장한다.

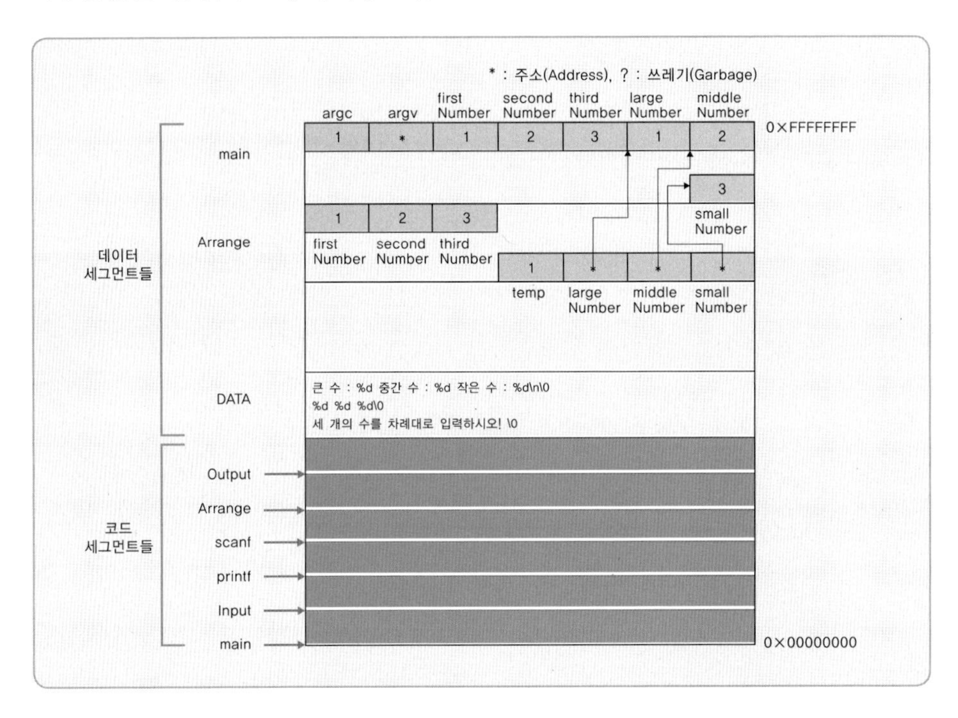

main 함수 스택 세그먼트와 Arrange 함수 스택 세그먼트에 1이 두 개 있다. 따라서 main 함수 스택 세그먼트에 할당된 largeNumber의 값을 바꾸어도 된다. 072번째 줄에 의해서 *middleNumber로 main 함수 스택 세그먼트에 할당된 middleNumber에 저장된 값 2를 읽어 *largeNumber로 main 함수 스택 세그먼트에 할당된 largeNumber에 치환하여 저장한다. 따라서 덮어쓰기 하므로 1이 없어진다.

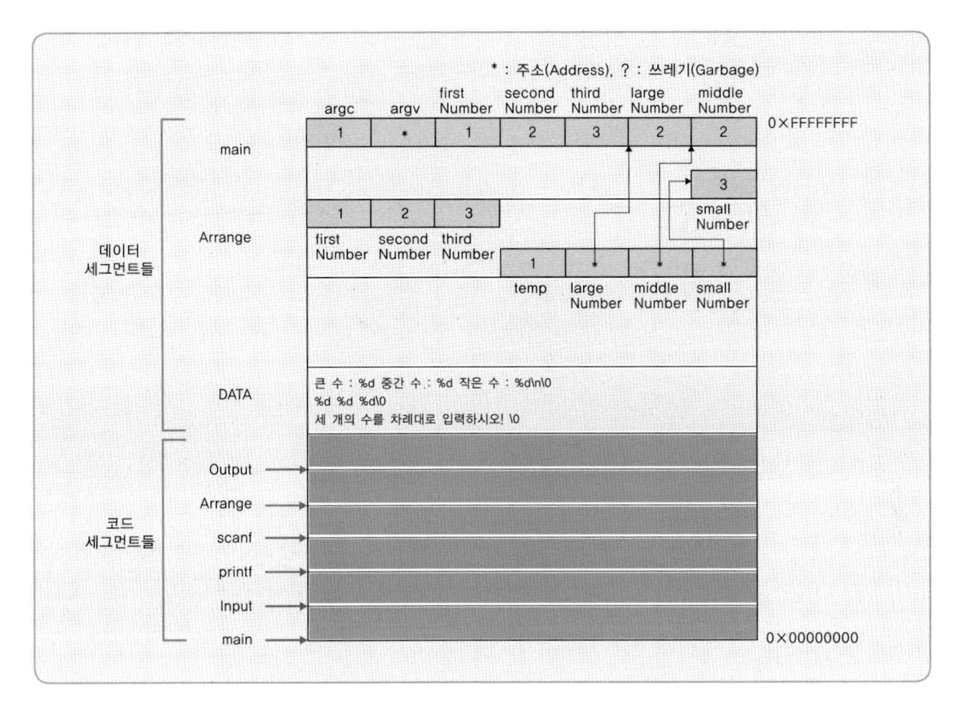

073번째 줄에 의해서 temp에 저장된 값 1을 읽어 *middleNumber로 main 함수 스택 세그먼트에 할당된 middleNumber에 치환으로 저장한다.

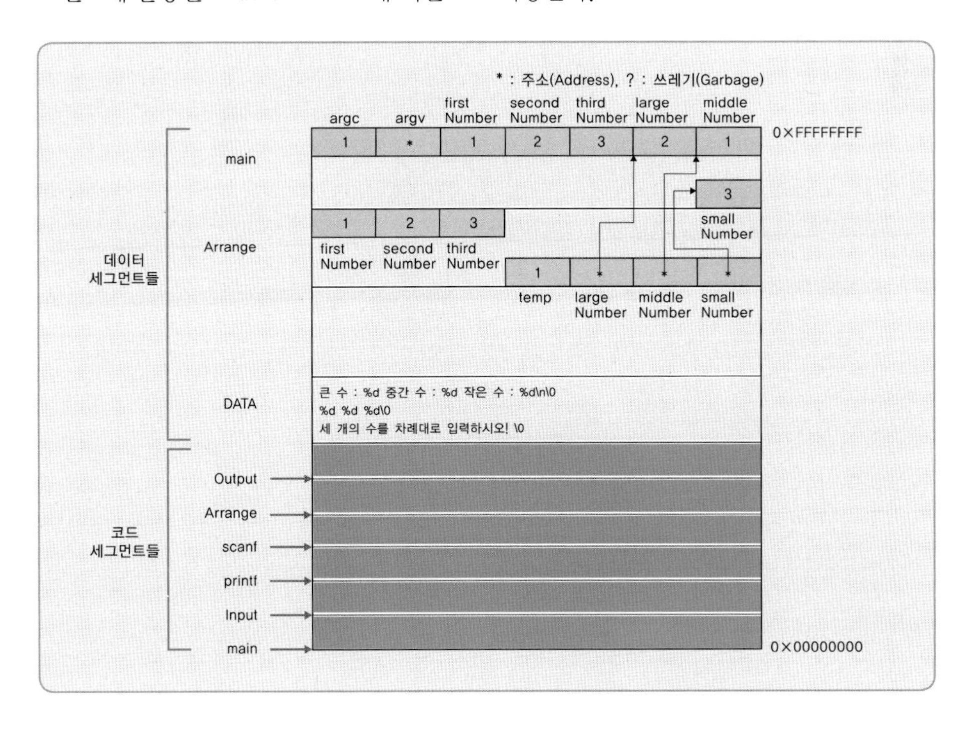

따라서 main 함수 스택 세그먼트에 할당된 기억장소 largeNumber 에 저장된 값이 1에서 2로 바뀌었다. 074번째 if 문장의 제어 블록의 끝을 나타내는 닫는 중괄호(})를 만나게 되어 if 문장이 끝난다. 다음은 실행제어가 075번째 줄로 이동한다.

C코드

```
075 :   if ( *largeNumber < *smallNumber ) {
076 :       temp = *largeNumber;
077 :       *largeNumber = *smallNumber;
078 :       *smallNumber = temp;
079 :   }
```

다시 if 문장이 실행된다. 조건식을 평가한다. *largeNumber로 Arrange 함수 스택 세그먼트에 할당된 largeNumber에 저장된 값인 주소를 갖는 기억장소, main 함수 스택 세그먼트에 할당된 largeNumber에 저장된 값을 읽는다. 그리고 *smallNumber로 Arrange 함수 스택 세그먼트에 할당된 smallNumber에 저장된 값인 주소를 갖는 기억장소, main 함수 스택 세그먼트에 할당된 smallNumber에 저장된 값을 읽는다. 이렇게 읽힌 두 개의 값으로 대소 비교한다. 읽힌 값들은 2와 3이다. 2가 3보다 작아서 평가하면 참이다. 따라서 실행제어는 076번째 줄로 이동한다.

076번째 줄, 077번째 줄 그리고 078번째 줄에 의해서 맞바꾸기가 된다. 076번째 줄에 의해서 *largeNumber로 main 함수 스택 세그먼트에 할당된 largeNumber에 저장된 값 2를 읽어 temp에 저장한다.

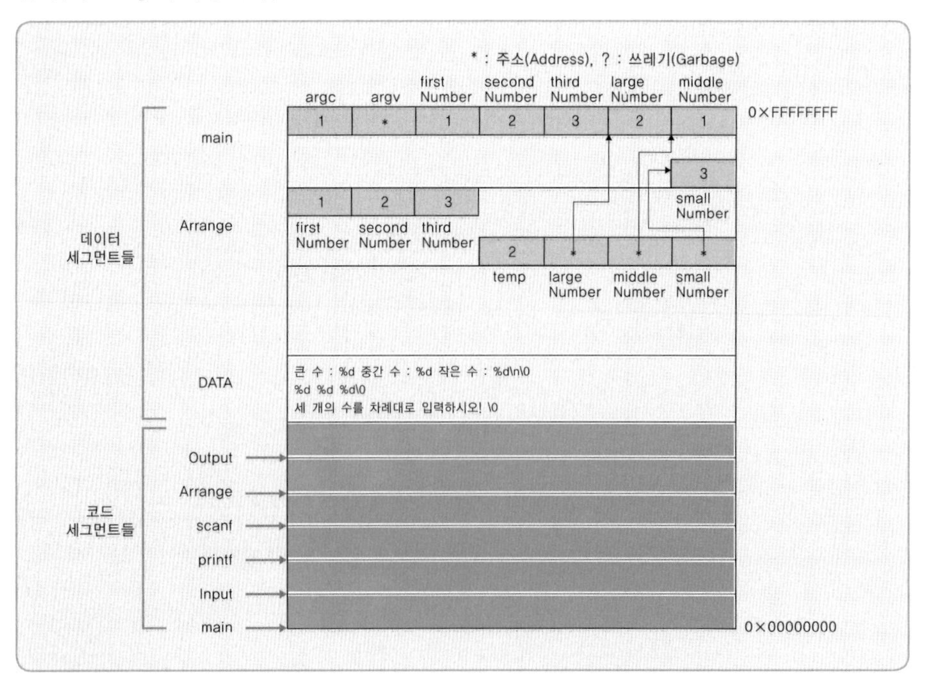

077번째 줄에 의해서 *smallNumber로 Arrange 함수 스택 세그먼트에 할당된 smallNumber에 저장된 주소를 갖는 main 함수 스택 세그먼트에 할당된 smallNumber에 저장된 값 3을 읽어 *largeNumber로 main 함수 스택 세그먼트에 할당된 largeNumber에 치환하여 저장한다.

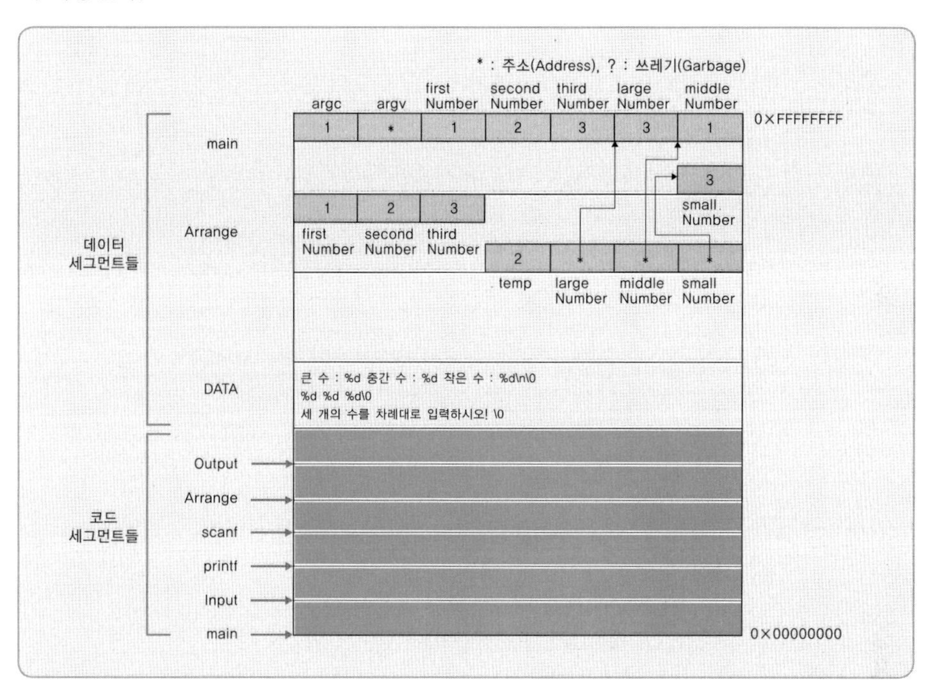

078번째 줄에 의해서 temp에 저장된 값을 읽어 *smallNumber로 main 함수 스택 세그먼트에 할당된 smallNumber에 치환하여 저장한다. 따라서 입력된 세 개의 수에서 큰 수가 main 함수 스택 세그먼트에 할당된 largeNumber에 저장되게 된다. 079번째 if 제어 블록의 끝을 나타내는 닫는 중괄호를 만나면 if 문장을 끝내다. 이렇게 해서 큰 수를 구한다.

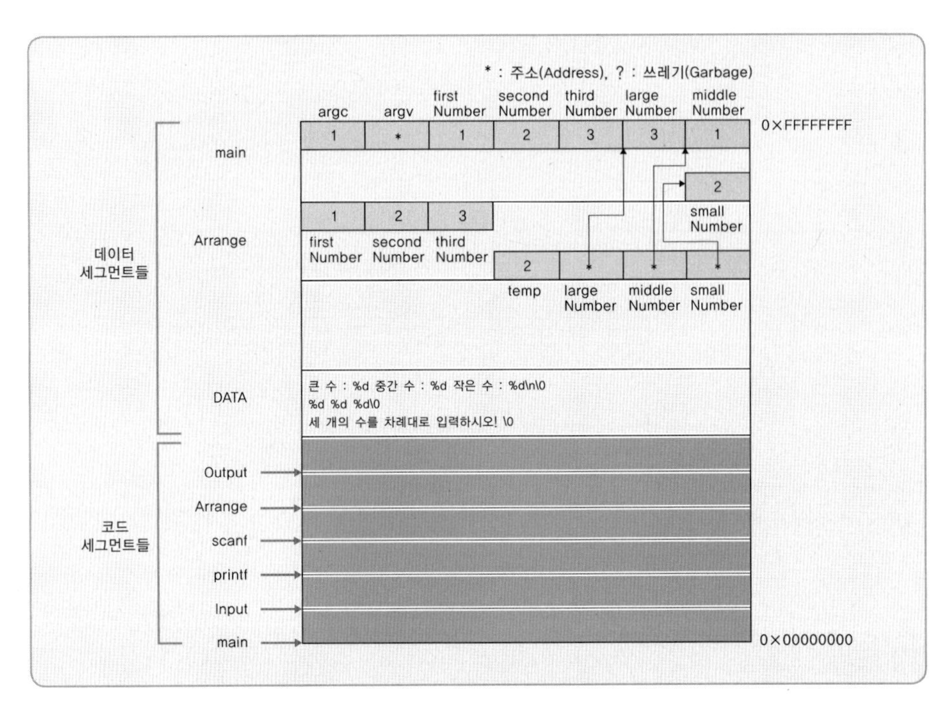

따라서 큰 수를 구했으므로 중간 수를 구하기 위해서 081번째 줄로 실행제어가 이동한다.

C코드

```
080 :   // 3. 중간 수를 구한다.
081 :   if ( *middleNumber < *smallNumber ) {
082 :       temp = *middleNumber;
083 :       *middleNumber = *smallNumber;
084 :       *smallNumber = temp;
085 :   }
```

다시 if 문장이다. 조건식을 평가해야 한다. 간접 지정 연산자(*)는 포인터 변수에 저장된 값인 주소를 갖는 기억장소에 저장된 값이다. *middleNumber는 Arrange 함수 스택 세그먼트에 할당된 middleNumber 에 저장된 값인 주소를 갖는 기억장소, main 함수 스택 세그먼트에 할당된 middleNumber에 저장된 값을 읽는다. *smallNumber는 Arrange 함수 스택 세그먼트에 할당된 smallNumber에 저장된 값인 주소를 갖는 기억장소, main 함수 스택 세그먼트에 할당된 smallNumber에 저장된 값을 읽는다. 읽힌 두 개의 값은 각각 1과 2이다. 1이 2보다 작아서 조건식을 평가하면 참이다. 따라서 실행 제어는 082번째 줄로 이동한다. *middleNumber로 main 함수 스택 세그먼트에 할당된 middleNumber에 저장된 값인 1을 읽어 temp에 저장한다.

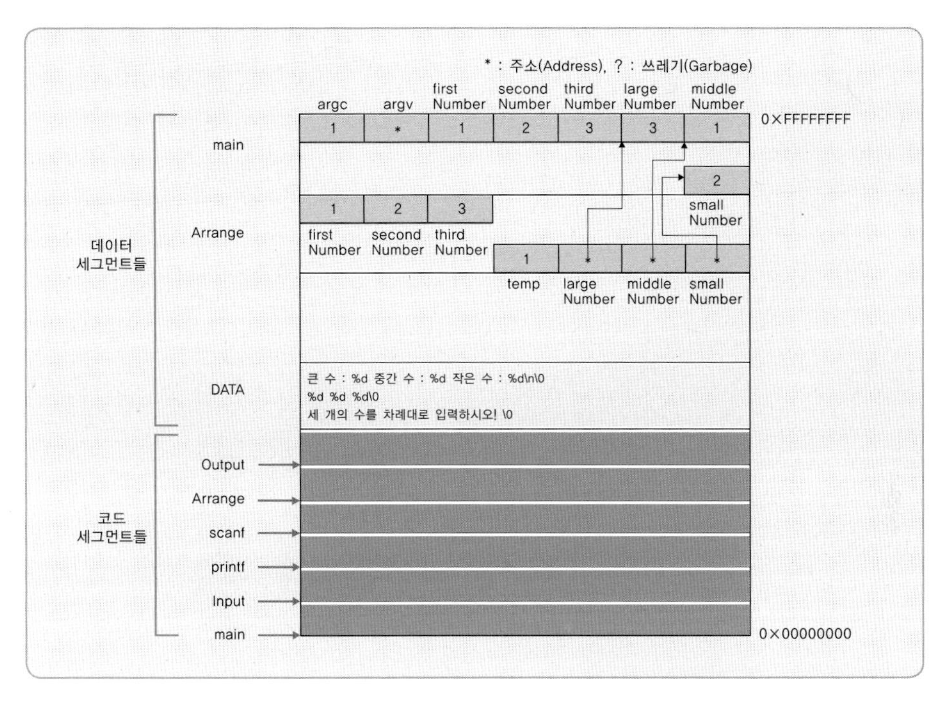

083번째 줄에 의해서 *smallNumber로 main 함수 스택 세그먼트에 할당된 smallNumber에서 값을 읽어 *middleNumber로 main 함수 스택 세그먼트에 할당된 middleNumber에 치환으로 저장한다.

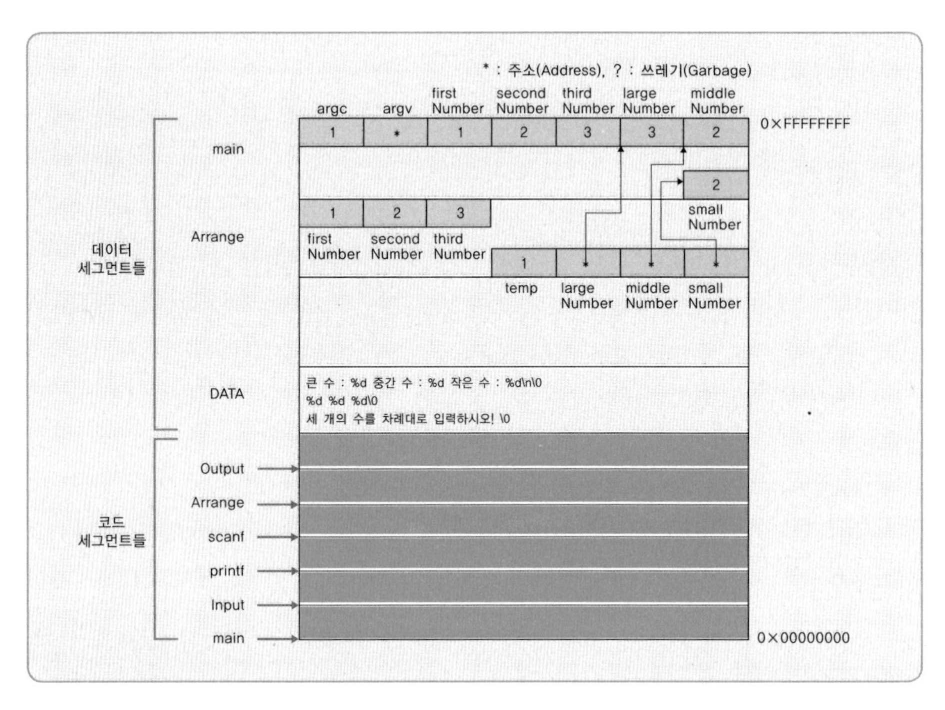

084번째 줄에 의해서 temp에 저장된 값을 읽어 *smallNumber로 main 함수 스택 세그먼트에 할당된 smallNumber에 저장한다.

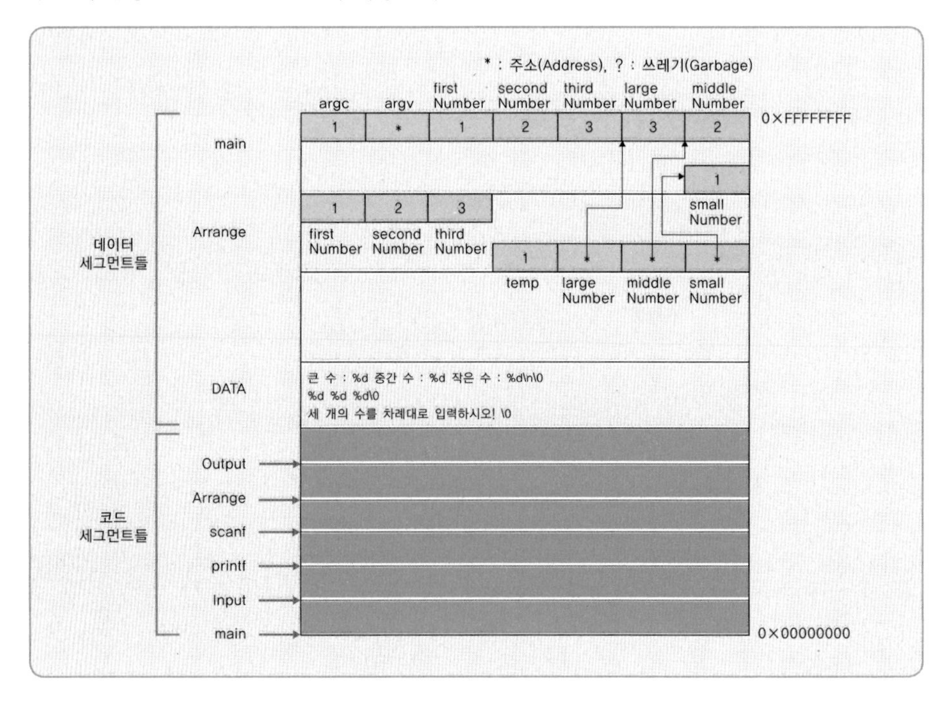

085번째 줄로 이동하여 if 제어블록의 끝을 나타내는 닫는 중괄호를 만나게 되어 if 문장이 끝난다. 큰 수와 중간 수까지 구했으므로 작은 수는 자동으로 정해지게 되어, 큰 수, 중간 수 그리고 작은 수를 구했다.

다음은 089번째 줄로 이동한다. Arrange 함수 블록의 끝을 나타내는 닫는 중괄호이기 때문에 함수가 끝난다. 다시 말해서 Arrange 함수 스택 세그먼트가 할당 해제된다.

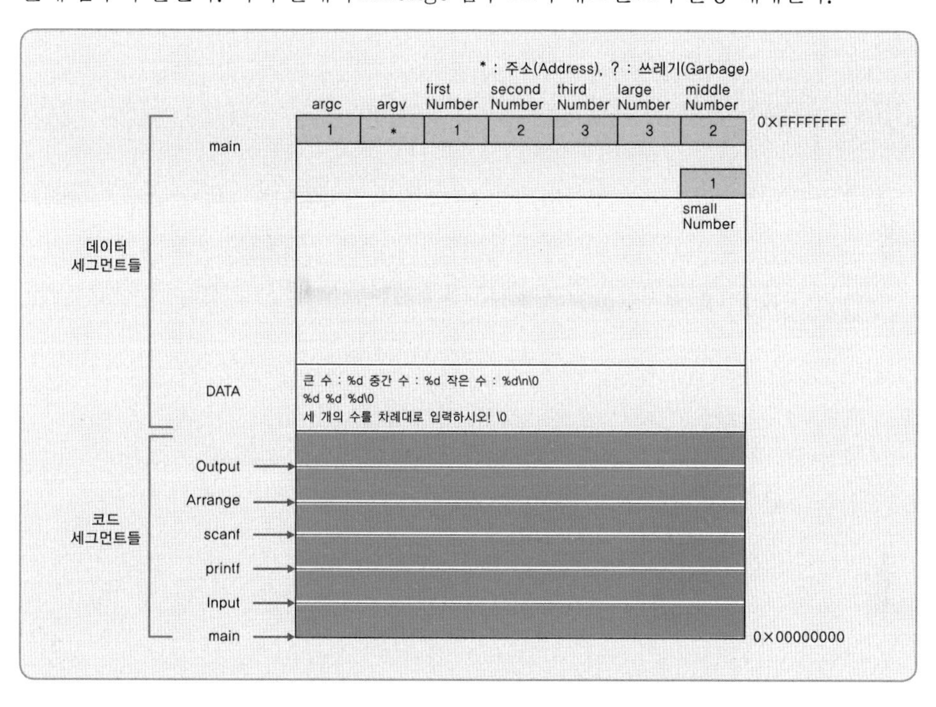

따라서 이제 main 함수 스택 세그먼트에 할당된 변수들에 대해서 값을 읽고 쓸 수 있는 상태이다. 따라서 실행제어가 main 함수로 이동되었다. 037번째 줄로 이동하게 된다.

C코드

```
036 :   // 출력한다.
037 :   Output(largeNumber, middleNumber, smallNumber);
```

037번째 줄에서는 Output 함수를 호출한다. 따라서 Output 함수 스택 세그먼트를 작도해 보고, printf 함수에 모니터에 출력되는 결과를 확인해 보자.

- **Output 함수 스택 세그먼트를 여러분이 직접 작도하자.**
- **printf 함수 스택 세그먼트를 여러분이 직접 작도하자.**

모니터에 다음과 같이 출력된다.

큰 수 : 3 중간 수 : 2 작은 수 : 1

Output 함수가 끝나면 함수 스택 세그먼트가 할당 해제되고, main 함수로 실행제어가 이동한다.

C코드

```
039 :   return 0;
040 : }
```

039번째 줄로 이동하여 return에 의해서 중앙처리장치에 내장된 레지스터에 0을 복사한다. 그리고 040번째 줄로 이동하게 되는데, main 함수 블록의 끝을 나타내는 닫는 중괄호이므로 main 함수 스택 세그먼트가 할당 해제된다. 그러면 운영체제는 프로그램에게 할당한 정적 관리 영역들에 대해서도 할당 해제시키게 된다. 따라서 프로그램이 끝나게 된다.

이렇게 해서 올바른 입력에 정확한 결과를 내는 알고리듬을 작성했다. 모든 경우의 수 모델과 비교해서는 정렬 모델은 단순성이 좋다. 다시 말해서 이해하기가 쉽다.

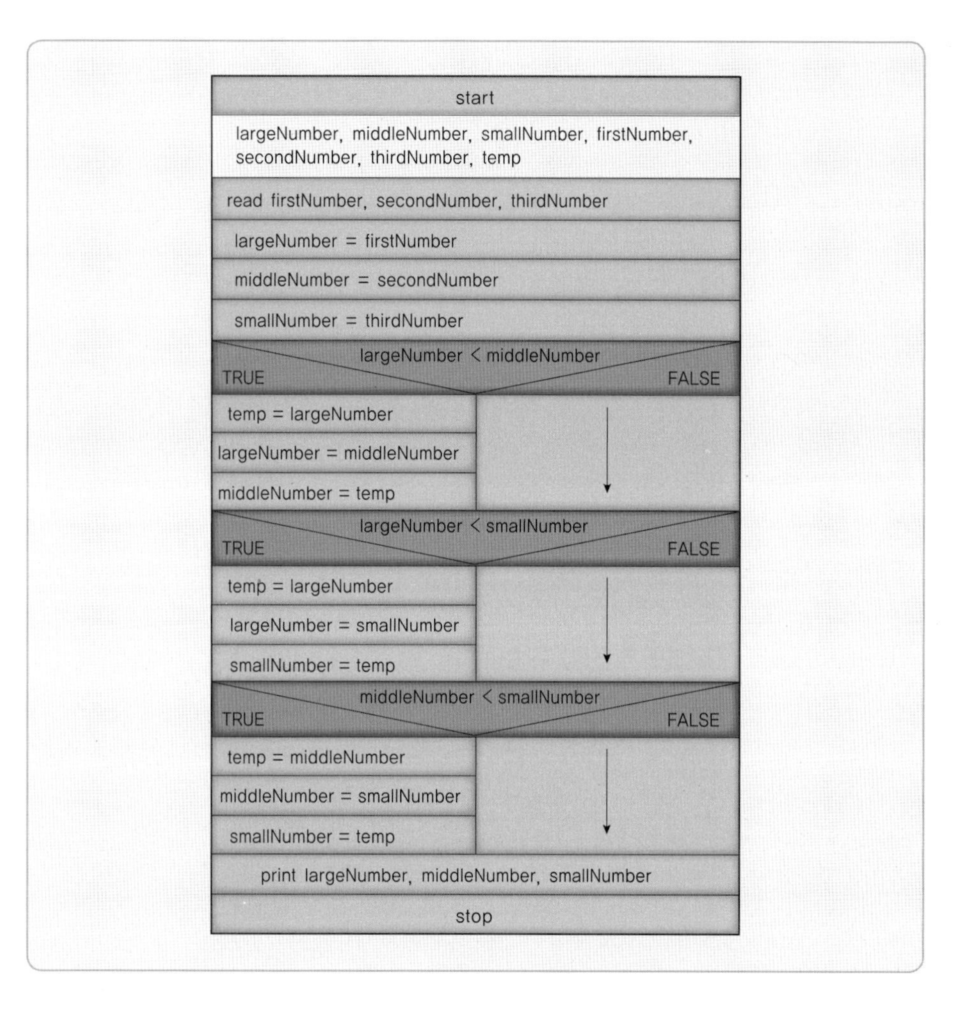

정렬 모델에서 입력되는 수를 하나 더 추가되었을 때 알고리듬이 어떻게 정리될까? 즉 네 개의 수가 입력될 때, 가장 큰 수, 큰 수, 중간 수, 그리고 작은 수 순으로 출력하는 알고리듬을 작성해보자. 위에 작성된 나씨-슈나이더만 다이어그램에다 추가해서 알고리듬을 작성해보자. 10분 동안 작성해 보자. 아마 충분히 알고리듬을 작성할 수 있을 것이다.

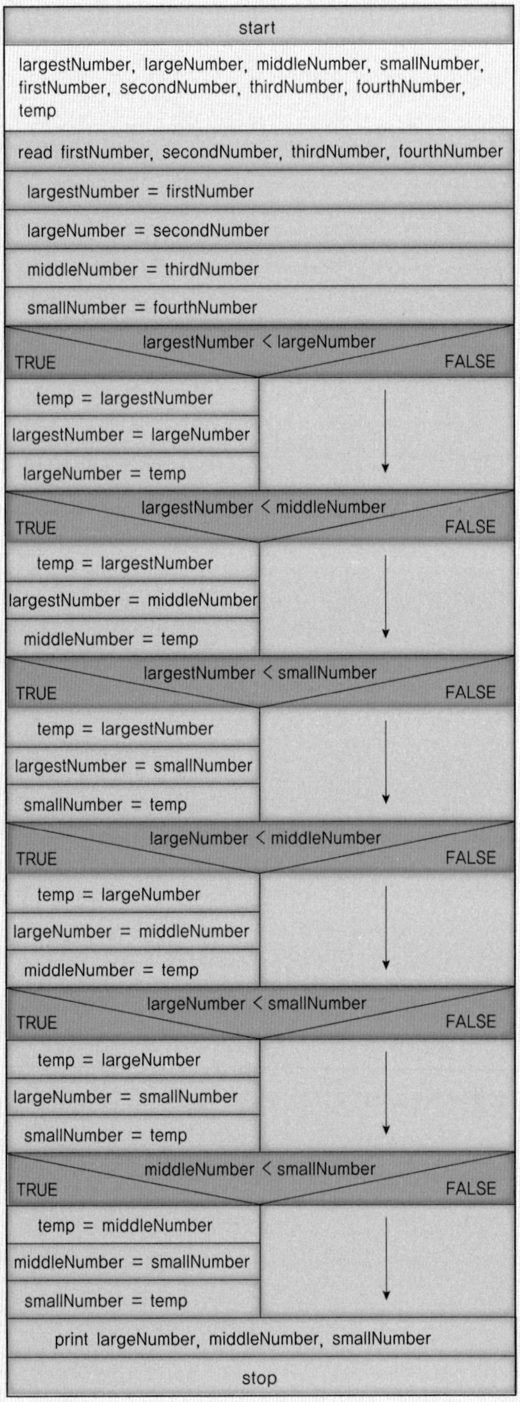

start

largestNumber, largeNumber, middleNumber, smallNumber, firstNumber, secondNumber, thirdNumber, fourthNumber, temp

read firstNumber, secondNumber, thirdNumber, fourthNumber

largestNumber = firstNumber

largeNumber = secondNumber

middleNumber = thirdNumber

smallNumber = fourthNumber

largestNumber < largeNumber

TRUE | FALSE

temp = largestNumber

largestNumber = largeNumber

largeNumber = temp

largestNumber < middleNumber

TRUE | FALSE

temp = largestNumber

largestNumber = middleNumber

middleNumber = temp

largestNumber < smallNumber

TRUE | FALSE

temp = largestNumber

largestNumber = smallNumber

smallNumber = temp

largeNumber < middleNumber

TRUE | FALSE

temp = largeNumber

largeNumber = middleNumber

middleNumber = temp

largeNumber < smallNumber

TRUE | FALSE

temp = largeNumber

largeNumber = smallNumber

smallNumber = temp

middleNumber < smallNumber

TRUE | FALSE

temp = middleNumber

middleNumber = smallNumber

smallNumber = temp

print largeNumber, middleNumber, smallNumber

stop

어떠한가? 쉽게 알고리듬이 작성되는가? 그렇다. 대소 비교하는 경우의 수 모델보다는 정렬 모델이 더욱더 쉽게 알고리듬을 고칠 수 있다. 이럴 때 알고리듬을 평가하는 기준인 단순성에서 좋은 평가를 얻게 된다.

간결성이란 이해하기 쉬운 알고리듬인지에 대한 평가 기준이다. 따라서 쉽게 고칠 수 있느냐에 대한 평가 기준이다.

이해하기 쉬운 알고리듬을 작성하고자 한다면, 답만을 구하기 위한 방법적인 모델보다는 문제의 본질에 집중하는 개념적인 모델에 집중하도록 하자. 그러면 이러한 단순성이 좋은 알고리듬을 만들 수 있다.

입력받은 수들을 크기의 역순으로 출력하고자 하는 문제를 해결하는 데 있어 핵심, 즉 본질은 크기에 따라, 입력된 수들의 위치를 바꾸면 된다. 따라서 우리가 알고 있는 정렬(Sort) 개념이다. 따라서 제시된 문제는 다른 말로 하면, "입력된 수들을 정렬하라"이다.

정렬이란 비교와 교환을 얼마나 효율적으로 할 수 있느냐에 대한 문제이다. 원하는 결과를 얻기 위해서 비교와 교환을 여러 번 해야 하는데, 횟수를 얼마나 최소화할 수 있는가?에 대한 문제이다.

그렇지만 작성된 알고리듬도 문제점이 있다. 입력된 수를 하나씩 추가할 때마다, 비교하기 위한 선택 구조와 교환하기 위한 순차 구조들을 복사, 붙이기 그리고 바꾸기를 반복하는 단순작업을 해야 할 것 같다. 이러한 방식은 엄청나게 비효율적 작업이다.

따라서 비교와 교환을 반복 구조로 표현하면 더욱더 효율적인 알고리듬이 작성될 수 있다. 반복구조를 사용해야 한다면, 지금처럼 독립된 변수들로 기억장소를 관리하는 방식에서는 쉽게 가능하지 않다. 쉽게 가능토록 한다면 어떻게 해야 할까? 반복 구조를 이용할 수 있는 효율적인 방법을 생각해 보도록 하자.

여기서 조금 쉬어 가자. 연습 문제로 알고리듬의 출력에 대해서 개념을 정리하자. 무엇보다도 C언어의 논리적 모듈인 함수에서 출력 문제에 대해 정리하자. C언어의 포인터에 대해서 정리하자. 그래서 몇 개의 연습 문제를 제시하겠다. 풀어 보고 다음으로 넘어가자.

연습문제

1. 몫과 나머지를 구하자.

두 수를 입력받아 몫과 나머지를 구하라.

[입력] 두 개의 양의 정수를 입력받는다.

[출력] 몫과 나머지를 출력한다.

[예시]

10 5 Enter↵

2 0

1 3 Enter↵

0 1

9 4 Enter↵

2 1

2. 온도를 변환하자.

화씨, 섭씨 구분과 온도가 입력될 때 화씨를 섭씨로, 섭씨는 화씨로 변환하라.

[입력] 화씨온도면 F, 섭씨온도면 C 그리고 온도를 입력받는다.

[출력] 화씨온도가 입력된 경우 섭씨온도를 출력하고, 섭씨온도가 입력되면 화씨온도를 출력한다.

[예시]

C 100 Enter↵

212 F

F 70 Enter↵

21.11 C

F 32 Enter↵

0 C

3. 강아지와 병아리 마리수를 구하자.

강아지와 병아리의 합과 다리의 수를 입력받아 강아지와 병아리가 각각 몇 마리씩인지 구하라.

[입력]

강아지와 병아리의 합 1000 이하, 다리의 합 4000 이하의 정수를 공백으로 구분하여 입력받는다.

[출력]

강아지와 병아리가 각각 몇 마리씩인지 공백으로 구분하여 출력한다.

주어진 데이터로 마릿수를 정할 수 없을 때는 0을 출력한다.

[예시]

25 80 Enter↵

15 10

15 10 Enter↵

0 0

4. 거스름돈을 계산하자.

상점에서 물건을 사고 지폐로 돈을 내면 거스름돈을 줘야 한다. 이때 동전을 어떻게 해서 줘야 하는지 계산하라.

돈은 반드시 1000원을 내며, 거스름돈은 10원, 50원, 100원, 500원 동전으로 하고 큰 동전 우선으로 준다.

[입력]

물건값으로 세 자리 자연수가 입력으로 주어진다. 일의 자리는 0이다.

[출력]

동전 500원, 100원, 50원, 10원의 개수를 출력한다.

[예시]

530 (Enter ↵)

500원 : 0개　100원 : 4개　50원 : 1개　10원 : 2개

5. 타일의 개수를 세자.

바닥에 타일을 까는 데 필요한 타일 수를 구하라.

타일의 크기는 8*8이다. 타일은 그대로 이용할 수도 있고 잘라서 부분을 이용할 수도 있다. 그런데 잘라서 사용한 타일의 나머지는 반드시 버려야 한다.

사용된 온전한 타일 수와 잘라서 사용한 타일 수를 구하라. 모든 단위는 inch이고 단위는 생략한다.

[입력]

방의 가로, 세로 크기가 주어진다. 각 수는 1000 이하이다.

[출력]

출력 예의 형식으로 출력한다.

[예시]

160 240 (Enter ↵)

The number of whole tiles is 600 part tiles is 0

100 120 (Enter ↵)

The number of whole tiles is 180 part tiles is 15

6. 상자 개수를 세자.

철수는 설탕 공장의 배달사원이다. 설탕은 3kg 상자와 5kg 상자 두 종류가 있는데 이 두 종류를 이용하여 정확히 N kg 을 배달해야 한다. 그런데 철수는 N kg의 설탕을 배달할 때 상자의 수를 가능한 적게 하고 싶어 한다. 예를 들어 18kg의 설탕을 배달하는 경우 3kg 상자로 여섯 개를 배달할 수도 있지만 5kg 셋 상자와 3kg 한 상자를 사용하는 경우 네 상자만 배달하면 된다. 3kg 상자와 5kg 상자를 이용하여 정확히 N kg를 만드는 데 필요한 최소 상자 수를 구하고 5kg 상자와 3kg 상자가 각각 몇 상자인지 출력하자.

[입력]

주문받은 설탕의 무게 N(3≤N≤50,000)이 입력된다.

[출력]

3kg 상자와 5kg 상자를 이용하여 정확히 N kg를 만드는 데 필요한 최소 상자 수와 3kg 상자와 5kg 상자가 각각 몇 상자인지를 출력한다. 정확히 N kg를 만들 수 없는 경우 –1을 출력한다.

[예시]
4 (Enter ↵)
-1
9 (Enter ↵)
3
3 0 → 첫 번째 수는 3kg 상자의 개수, 두 번째 수는 5kg 상자의 개수이다
18 (Enter ↵)
4
1 3

Note

표(Table)같은 구조로 같은 자료 유형을 저장할 수 있는, 표에서 칸의 폭이 같은 것처럼 크기가 같은 변수들의 집합으로 표현할 수 있는 기능을 모든 고급 언어에서는 제공한다. 이러한 기능을 배열(Array)이라고 한다. 배열같이 데이터를 관리하는 구조에 대한 개념을 전산에서는 자료구조(Data Structure)라고 한다. 여기서는 전산에서 가장 기본적인 개념인 자료구조와 알고리듬의 관계를 공부해 보자.

CHAPTER 3

배열을 이용한 정렬 모델

03

배열을 이용한 정렬 모델

| CHAPTER |

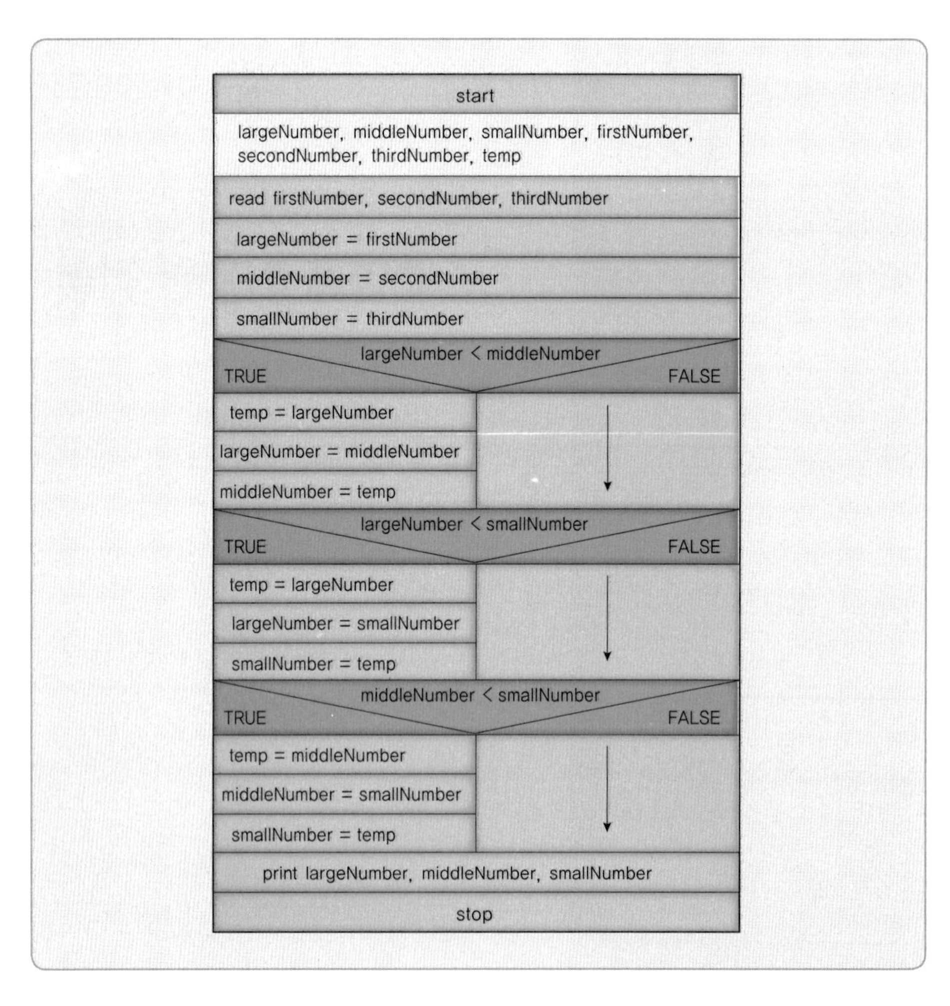

다시 정렬 모델을 보자. 비교와 교환이 여러 번 이루어지고 있다. 따라서 비교와 교환을

반복 구조로 표현하면 더욱더 효율적인 알고리듬이 작성될 수 있다. 반복구조를 사용해야 한다면, 지금처럼 독립된 변수들로 기억장소를 관리하는 방식에서는 쉽게 가능하지 않다. 쉽게 가능토록 한다면 어떻게 해야 할까? 반복 구조를 이용할 수 있는 효율적인 방법을 생각해 보도록 하자.

변수를 선언하는 순차 구조 기호를 보자. 수를 저장할 변수들, firstNumber, secondNumber, thirdNumber를 주의 깊게 관찰하면, 수(number)라고 하는 같은 의미에 첫 번째(first), 두 번째(second), 세 번째(third)와 같이 순서를 두고 관리할 수 있는 방식을 취하고 있다는 것을 알 수 있다. 다시 말해서 하나의 이름으로 순서 개념을 이용해서 데이터를 관리할 수 있는 구조를 이용하고 있다는 것이다. 일상생활에서는 아래쪽에 보는 것처럼 표(Table)와 같은 구조를 말한다.

표 같은 구조로 의미가 같아 같은 자료 유형을 저장할 수 있는, 표에서 칸의 폭이 같은 것처럼 크기가 같은 변수들의 집합으로 표현할 수 있는 기능을 모든 고급 언어에서는 제공한다. 이러한 기능을 배열(Array)이라고 한다.

번호	1	2	3
수			

배열처럼 데이터를 관리하는 구조에 대한 개념을 전산에서는 자료구조(Data Structure)라고 한다. 여기서는 전산에서 가장 기본적인 개념인 자료구조와 알고리듬의 관계를 공부해 보자.

3.1. 모델 구축

배열을 이용하여 정렬 보델로 눈제를 다시 풀어보자. 표를 만들자. 표를 이용하여 정렬 모델로 문제를 풀어보자.

번호	1	2	3
수			

가정한 입력 데이터들을 차례로 적자. 10, 20, 30을 차례대로 적자.

번호	1	2	3
수	10	20	30

첫 번째 칸에 세 개의 수들에서 가장 큰 수를 구하여 적어보자. 어떻게 해야 할까? 첫 번째 칸에 적힌 수와 두 번째 칸에 적힌 수를 대소 비교하여 큰 수를 첫 번째 칸에 적고, 작은 수를 두 번째 칸에 적자. 첫 번째 칸에 적힌 수가 작고, 두 번째 칸에 적힌 수가 크므로 첫 번째 칸에 두 번째 칸에 적힌 수를 적고, 두 번째 칸에 첫 번째 칸에 적힌 수를 적자.

번호	1	2	3
수	10/20	20/10	30

다음은 첫 번째 칸에 적힌 수와 세 번째 칸에 적힌 수를 대소 비교해서 큰 수를 첫 번째 칸에 작은 수를 세 번째 칸에 적자. 첫 번째 칸에 적힌 수가 작고, 세 번째 칸에 적힌 수가 크므로 첫 번째 칸에 세 번째 칸에 적힌 수를 적고, 세 번째 칸에 첫 번째 칸에 적힌 수를 적자.

번호	1	2	3
수	10/20/30	20/10	30/20

첫 번째 칸에 큰 수를 적는 작업은 끝났다.

다음은 두 번째 칸에 나머지 수 중에서 큰 수를 구하여 적어보자. 두 번째 칸에 적힌 수와 세 번째 칸에 적힌 수를 대소 비교하여 큰 수를 두 번째 칸에 작은 수를 세 번째 칸에 적자. 두 번째 칸에 적힌 수가 작고, 세 번째 칸에 적힌 수가 크므로 두 번째 칸에 세 번째 칸에 적힌 수를 적고, 세 번째 칸에 두 번째 칸에 적힌 수를 적자.

번호	1	2	3
수	10/20/30	20/10/20	30/20/10

그러면 입력된 데이터들에 대해 내림차순으로 정리된 것을 확인할 수 있다.

한 번 더 해보자. 새로 표를 만들자.

번호	1	2	3
수			

가정한 입력데이터들을 차례대로 적자. 30, 20, 10을 적자.

번호	1	2	3
수	30	20	10

첫 번째 칸에 세 개의 수들에서 가장 큰 수를 구하여 적어보자. 어떻게 해야 할까? 첫 번째 칸에 적힌 수와 두 번째 칸에 적힌 수를 대소 비교하여 큰 수를 첫 번째 칸에 적고, 작은 수를 두 번째 칸에 적자. 첫 번째 칸에 적힌 수가 크고, 두 번째 칸에 적힌 수가 작으므로 그대로 두자.

번호	1	2	3
수	30	20	10

다음은 첫 번째 칸에 적힌 수와 세 번째 칸에 적힌 수를 대소 비교해서 큰 수를 첫 번째 칸에 작은 수를 세 번째 칸에 적자. 첫 번째 칸에 적힌 수가 크고, 세 번째 칸에 적힌 수가 작으므로 그대로 두자.

번호	1	2	3
수	30	20	10

첫 번째 칸에 큰 수를 적는 작업은 끝났다.

그러면 두 번째 칸에 나머지 수 중에서 큰 수를 구하여 적어보자. 두 번째 칸에 적힌 수와 세 번째 칸에 적힌 수를 대소 비교하여 큰 수를 두 번째 칸에 작은 수를 세 번째 칸에 적자. 두 번째 칸에 적힌 수가 크고, 세 번째 칸에 적힌 수가 작으므로 그대로 두자.

번호	1	2	3
수	30	20	10

다시 한 번 더 해보자. 새로 표를 만들자.

번호	1	2	3
수			

가정한 입력데이터들을 차례대로 적자. 10, 30, 20를 적자.

번호	1	2	3
수	10	30	20

첫 번째 칸에 세 개의 수들에서 가장 큰 수를 구하여 적어보자. 어떻게 해야 할까? 첫 번째 칸에 적힌 수와 두 번째 칸에 적힌 수를 대소 비교하여 큰 수를 첫 번째 칸에 적고, 작은 수

를 두 번째 칸에 적자. 첫 번째 칸에 적힌 수가 작고, 두 번째 칸에 적힌 수가 크므로 첫 번째 칸에 두 번째 칸에 적힌 수를 적고, 두 번째 칸에 첫 번째 칸에 적힌 수를 적자.

번호	1	2	3
수	10/30	30/10	20

다음은 첫 번째 칸에 적힌 수와 세 번째 칸에 적힌 수를 대소 비교해서 큰 수를 첫 번째 칸에 작은 수를 세 번째 칸에 적자. 첫 번째 칸에 적힌 수가 크고, 세 번째 칸에 적힌 수가 작으므로 그대로 두자.

번호	1	2	3
수	10/30	30/10	20

첫 번째 칸에 큰 수를 적는 작업은 끝났다.

그러면 두 번째 칸에 나머지 수 중에서 큰 수를 구하여 적어보자. 두 번째 칸에 적힌 수와 세 번째 칸에 적힌 수를 대소 비교하여 큰 수를 두 번째 칸에 작은 수를 세 번째 칸에 적자. 두 번째 칸에 적힌 수가 작고, 세 번째 칸에 적힌 수가 크므로, 두 번째 칸에 세 번째 칸에 적힌 수를 적고, 세 번째 칸에 두 번째 칸에 적힌 수를 적자.

번호	1	2	3
수	10/30	30/10/20	20/10

이해했는가? 이해하지 못했으면 여러분이 이해될 때까지 계속해 보자. 이해했다면 분석하자.

3.2. 분석

3.2.1. 배경도 작도

주어진 문제를 정의하기 위해 문제 자체를 외부 환경으로부터 경계를 규정하여, 문제를 명확하게 정의하는 작업을 해야 한다. 배경도를 이용하여 외부 환경으로부터 입력받는 데이터들과 처리되어 외부 환경으로 출력되는 데이터들을 명확하게 하여, 문제를 정의해야 한다.

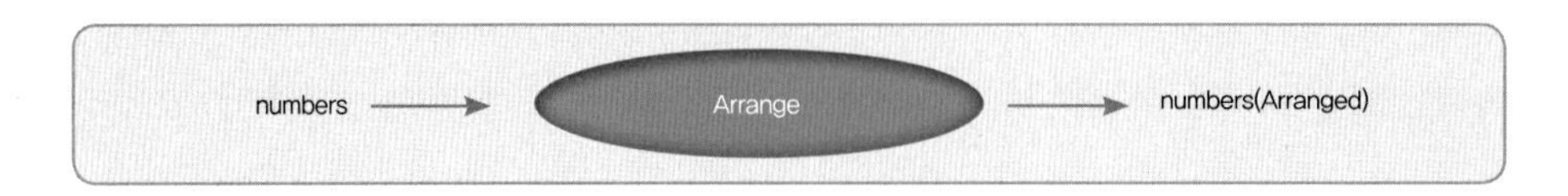

배경도가 나타내는 것은 입력된 여러 개의 수를 정리하여 역순으로 정리된 수들을 출력하여야 한다는 의미이다. numbers는 입력되는 여러 개의 수를 의미하고, 출력되는 numbers는 역순으로 정리된 수들을 의미한다.

타원을 그린다. 타원에 문제를 정의하는 이름을 적는다. 어떠한 일을 하는지를 나타내는 이름으로 "정리하다(Arrange)"라고 적는다. 한글로 적어도 되지만, 영문으로 적어도 된다.

입력이 있고 출력이 있으면 전산에서 처리순서로 왼쪽에서 오른쪽으로 입력과 출력을 나타내도록 한다. 입력이 있으므로 왼쪽에 타원으로 향하는 화살표를 그린다. 화살표 시작 위치 근처에 입력되는 데이터들에 대해 의미를 나타내는 이름을 적자. 여러 개의 수를 나타내야 하므로 복수형으로 이름을 만들어 적자. 그래서 "수들(numbers)"이라고 적자.

출력이 있으므로 타원에서 시작하여 멀어지는 화살표를 그린다. 화살표가 있는 끝 위치 근처에 출력되는 데이터들에 대해 의미를 나타내는 이름을 적자. 정렬된 여러 개의 수를 나타내야 하므로 복수형으로 이름을 만들어 적자. 그래서 "정렬된 수들(numbersArranged)"이라고 적자.

3.2.2. 시스템 다이어그램 작도

다음은 입력에 관한 처리와 출력에 관한 처리를 배제하여 문제 해결의 본질에 집중하도록 하자. 입력 기능과 출력 기능을 배제하고, 연산 기능만을 강조하기 위해 시스템 다이어그램으로 문제를 더욱더 명확하게 정의하도록 하자.

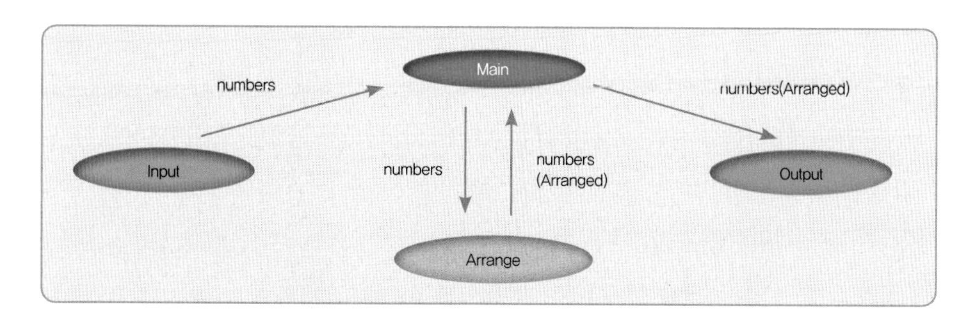

시스템 다이어그램에서 첫 번째 줄에, 다시 말해서 맨 위쪽에 타원을 작도하자. 그리고 모듈 이름을 Main이라고 적자. 제어 모듈이다. 시스템의 시작을 의미한다. 두 번째 줄에, 다시 말해서 아래쪽 줄에 왼쪽에서 오른쪽으로 입력, 연산, 출력에 대해 모듈을 차례로 작도한다.

왼쪽에 타원을 작도한다. 모듈 이름으로 타원에 Input을 적는다. 키보드로 입력된 수들이 출력되어야 하므로 Input 모듈로부터 Main모듈로 향하는 화살표를 작도한다. 화살표에 적당한 위치에 입력데이터들에 대해 이름 numbers를 적는다.

다음은 Input 모듈의 오른쪽에 타원을 작도한다. 모듈 이름으로 배경도에서 모듈 이름 Arrange을 그대로 옮겨 적는다. 입력과 출력이 있으므로 화살표들을 작도한다. 입력을 나타내기 위해 왼쪽에 Main모듈로부터 Arrange모듈로 향하는 화살표를 그린다. 출력을 나타내기 위해 오른쪽에 Arrange 모듈로부터 Main 모듈로 향하는 화살표를 그린다.

연산 모듈인 Arrange에서 numbers는 입력된 수들로 입력되는 데이터들과 역순으로 정리된 수들로 출력되는 데이터들을 의미한다. 출력되는 numbers에 대해 "numbersArranged"라고 충분한 의미의 명칭을 짓는 것도 좋다. 그러나 다이어그램에서는 하나의 배열을 사용하면, Arrange 모듈에서 처리되어 나오는 수들이기 때문에 당연히 입력된 수들과는 다른 의미가 있으리라는 것을 이해할 수 있기 때문에 numbersArranged라는 명칭을 사용하지 않았다.

다음은 Arrange 연산 모듈의 오른쪽 타원을 작도한다. 모듈 이름으로 타원에 Output를 적는다. 입력이 있으므로 Main 모듈로부터 Output 모듈로 향하는 화살표를 그린다. 화살표에 입력 데이터 이름 numbers를 적는다.

문제가 명확하게 정의되었다면, 다음은 문제 해결에 있어 핵심적인 기능이 연산 모듈에 대해 분석하자. 다시 말해서, 알고리듬이 적용해야 하는 연산 모듈에 대해 자료명세서와 처리 과정을 작성하자.

3.2.3. 자료 명세서 작성

자료명세서는 한 번에 작성되는 것이 아니다. 앞으로 진행되는 단계마다 작성되어야 한다. 시스템 다이어그램이 작도된 후 자료명세서를 작성한다면, 시스템 다이어그램에서 입력데이터와 출력데이터를 먼저 정리하자.

번호	명칭		자료유형	구분	비고
	한글	영문			
1	수들	numbers		입 · 출력	

"수들"이라고 명칭을 적고, 구분은 입력과 출력으로 분류하자. 여기서 입력되는 수들의 개수에 대해 정리하도록 하자. 3개이다. 입력된 수들의 개수를 단지 정수형 상수 3으로만 사

용하는 것보다, 이에 대해 의미를 주어 사용하는 것이 효율적이다. 의미가 있는 명칭을 만들어 사용하도록 하자는 것이다. 이러한 상수를 기호상수(Symbolic Constant)라고 한다. 앞으로는 알고리듬을 설계할 때 정해지는 값으로 절대 바뀌지 않는 수, 즉 상수에 대해서는 의미를 주어 사용하도록 하자. 자료명세서에서는 제일 먼저 기호상수들을 정리하자.

번호	명칭		자료유형	구분	비고
	한글	영문			
1	최대치	MAX		기호상수	3
2	수들	numbers		입·출력	

다음은 자료명세서에 정리된 데이터들에 대해 자료유형을 정해야 한다. 최대치는 배열요소의 개수이므로 정수형이어야 한다. 배열요소의 개수, 다른 말로는 배열 크기는 반드시 기호상수를 만들어 사용하자. 그리고 "수들"은 정수를 저장할 기억장소들을 일렬로 나열한 기억장소들의 집합, 즉 배열(Array)형이다. 따라서 "수들"은 "정수 배열" 자료형으로 정리하면 된다.

번호	명칭		자료유형	구분	비고
	한글	영문			
1	최대치	MAX	정수	기호상수	3
2	수들	numbers	정수 배열	입·출력	

3.2.4. 처리 과정 작성

Arrange 모듈에 대해 알고리듬을 작성하자. 문제 풀이로 이해한 것들을 자연어로 정리해보자. 한 번의 처리만을 생각해보자. 다시 말해서, 순차 구조로만 처리 과정을 작성하자.

번호	1	2	3
수	10	20	30

문제 풀이 과정에서 해당하는 번호의 칸에 수를 적는 작업이 첫 번째로 이루어져야 한다. 이에 대해 처리 과정을 작성하면 다음과 같다.

```
1. 수들을 입력받는다.
```

번호	1	2	3
수	10/20	20/10	30

문제 풀이에서 다음 표처럼 정리되는 과정을 적어보자. 입력받은 수들에서 첫 번째 수와

두 번째 수를 비교한다. 따라서 처리단계의 번호를 2로 매기고, "두 개의 수를 비교한다"고 하는 처리단계의 명칭을 지어 적는다.

1. 수들을 입력받는다.
2. 두 개의 수를 비교한다.

다음은 비교의 결과에 따라 첫 번째 칸에 큰 수를 적고, 두 번째 칸에는 작은 수를 적는다는 것을 표현해야 한다.

1. 수들을 입력받는다.
2. 두 개의 수를 비교한다.
3. 두 개의 수를 비교한 결과에 따라 두 개의 수를 교환한다.

다음은 이렇게 해서 정리된 수들을 출력해야 한다. 알고리듬에서는 반드시 1개 이상의 데이터들을 출력해야 한다. 그리고 알고리듬의 유한성 조건에 만족하게 하려면 반드시 "끝내다." 처리단계를 맨 마지막에 만들어야 하고, 이 처리단계의 앞에는 반드시 출력하는 처리단계가 표현되어야 한다.

1. 수들을 입력받는다.
2. 두 개의 수를 비교한다.
3. 두 개의 수를 비교한 결과에 따라 두 개의 수를 교환한다.
4. 정리된 수들을 출력한다.
5. 끝내다.

다음 반복 구조와 선택 구조를 추가하도록 해야 한다.

반복 구조부터 추가해보도록 하자. 문제 풀이에서 볼 수 있듯이 비교와 교환을 반복해야 한다. "2. 두 개의 수를 비교한다." 와 "두 개의 수를 비교한 결과에 따라 두 개의 수를 교환한다."라고 하는 처리단계들이 반복되어야 한다.

따라서 "1. 수들을 입력받는다." 처리단계 다음에 반복 구조에 대한 처리단계를 삽입하도록 한다. 처리단계의 번호는 2가 되어야 하고, 처리단계의 명칭을 지을 때는 반복 구조면 조건에 대해 언급을 하는 것이 좋다. 따라서 조건에 대해 생각해보자.

첫 번째로 큰 수를 구하는 것에 대해 문제 풀이 표에 의하면 다음 번째부터 시작하여 끝까지 반복해야 한다. 따라서 반복을 위한 처리단계의 명칭은 "다음 번째부터 마지막 번째까지 반복한다."라고 짓도록 하자.

```
1. 수들을 입력받는다.
2. 다음 번째부터 마지막 번째까지 반복한다.
2. 두 개의 수를 비교한다.
3. 두 개의 수를 비교한 결과에 따라 두 개의 수를 교환한다.
4. 정리된 수들을 출력한다.
5. 끝낸다.
```

반복해서 처리되는 처리단계들은 들여쓰기하자. 이렇게 하여 반복 구조 처리단계가 상위 처리단계로, 반복해서 처리되는 처리단계가 하위 처리단계로 관계를 정리하자.

```
1. 수들을 입력받는다.
2. 다음 번째부터 마지막 번째까지 반복한다.
   2. 두 개의 수를 비교한다.
   3. 두 개의 수를 비교한 결과에 따라 두 개의 수를 교환한다.
4. 정리된 수들을 출력한다.
5. 끝낸다.
```

그리고 반복해서 처리해야 하는 처리단계들에 대해 번호를 다시 매기자. 상위 처리단계 번호를 적고, 구두점으로 구분하여 다시 1번부터 차례로 번호를 매기면 된다. 다음과 같이 정리하여야 한다.

```
1. 수들을 입력받는다.
2. 다음 번째부터 마지막 번째까지 반복한다.
   2.1. 두 개의 수를 비교한다.
   2.2. 두 개의 수를 비교한 결과에 따라 두 개의 수를 교환한다.
4. 정리된 수들을 출력한다.
5. 끝낸다.
```

여기까지는 첫 번째로 큰 수를 구하는 처리 과정이다. 다음은 같은 처리단계들로 중간 수를 구해야 한다. 따라서 다시 반복해야 하는 처리단계가 있다. "2. 다음 번째부터 마지막 번째까지 반복한다." 처리단계가 또한 반복되어야 한다.

따라서 반복 구조를 하나 더 추가해야 한다. 반복 구조에 대한 처리단계를 반복해야 하는 반복 구조 처리단계를 추가해야 한다. 반복해서 처리해야 하는 처리단계의 앞에 추가해야 한다. 따라서 처리단계의 번호는 2가 되어야 한다. 세 개의 수가 입력되었기 때문에 큰 수와 중간 수만 구하면 작은 수는 결정되므로 두 번 반복해야 한다. 그래서 처리단계의 명칭은 "입력받은 수들의 개수보다 하나 작은 만큼 반복한다."라고 지어야 할 것 같다.

```
1. 수들을 입력받는다.
2. 입력받은 수들의 개수보다 하나 작은 만큼 반복한다.
2. 다음 번째부터 마지막 번째까지 반복한다.
    2.1. 두 개의 수를 비교한다.
    2.2. 두 개의 수를 비교한 결과에 따라 두 개의 수를 교환한다.
4. 정리된 수들을 출력한다.
5. 끝내다.
```

반복 처리 단계를 하위단계로 설정하기 위해서 들여쓰기와 가우스의 번호 매김 체계를 이용하여 정리한다.

```
1. 수들을 입력받는다.
2. 입력받은 수들의 개수보다 하나 작은 만큼 반복한다.
   2.1. 다음 번째부터 마지막 번째까지 반복한다.
      2.1. 두 개의 수를 비교한다.
      2.2. 두 개의 수를 비교한 결과에 따라 두 개의 수를 교환한다.
4. 정리된 수들을 출력한다.
5. 끝내다.
```

하위 처리단계의 번호는 상위 처리단계의 번호를 앞에 적고, 구두점으로 구분하여 1번부터 다시 매긴다. 따라서 반복 처리 단계의 하위 단계도 다시 가우스의 번호 매김 체계를 이용하여 정리해야 한다. "2.1. 두 개의 수를 비교한다." 처리단계는 상위처리단계의 번호가 "2.1."이므로 "2.1.1"로 다시 매겨져야 한다. "2.2. 두 개의 수를 비교한 결과에 따라 두 개의 수를 교환한다." 처리단계는 여러분이 직접 번호를 매겨 보자.

```
1. 수들을 입력받는다.
2. 입력받은 수들의 개수보다 하나 작은 만큼 반복한다.
   2.1. 다음 번째부터 마지막 번째까지 반복한다.
      2.1.1. 두 개의 수를 비교한다.
      2.1.2. 두 개의 수를 비교한 결과에 따라 두 개의 수를 교환한다.
4. 정리된 수들을 출력한다.
5. 끝내다.
```

반복 구조를 추가하였기 때문에 순차 구조에 변화가 이루어졌다. 따라서 순차 구조를 구성하는 처리단계들에 번호를 다시 매겨야 한다. "4. 정리된 수들을 출력한다."와 "5. 끝내다." 처리단계들에 대해 "3. 정리된 수들을 출력한다."와 "4. 끝내다."로 번호를 다시 매긴다.

```
1. 수들을 입력받는다.
2. 입력받은 수들의 개수보다 하나 작은 만큼 반복한다.
   2.1. 다음 번째부터 마지막 번째까지 반복한다.
      2.1.1. 두 개의 수를 비교한다.
      2.1.2. 두 개의 수를 비교한 결과에 따라 두 개의 수를 교환한다.
3. 정리된 수들을 출력한다.
4. 끝낸다.
```

다음은 선택 구조를 추가해야 한다. 물론 추가할 선택 구조가 있을 때만 추가한다. 여기서는 처리단계의 번호 2.1.2의 처리단계 명칭을 보면, "두 개의 수를 비교한 결과에 따라"라는 문구를 앞에 붙이고 처리단계의 명칭을 적고 있다. 처리단계 2.1.1의 결과에 따라 두 개의 수를 교환할 수도 있고, 그렇지 않을 수도 있다는 것이다.

이럴 때 선택 구조를 사용해야 한다. 입력된 수들이 차례대로 30, 20, 10일 때는 다음의 문제 풀이 표를 보더라도 교환이 이루어지지 않았다.

번호	1	2	3
수	30	20	10

따라서 선택 구조를 적용하여 나타내면, "2.1.1. 두 개의 수를 비교한다."가 선택 구조로 처리해야 한다. 따라서 상위 처리단계로 하고, "2.1.2. 두 개의 수를 비교한 결과에 따라 두 개의 수를 교환한다." 처리단계를 하위 처리단계로 설정하기 위해 들여쓰기를 한다.

```
1. 수들을 입력받는다.
2. 입력받은 수들의 개수보다 하나 작은 만큼 반복한다.
   2.1. 다음 번째부터 마지막 번째까지 반복한다.
      2.1.1. 두 개의 수를 비교한다.
         2.1.2. 두 개의 수를 비교한 결과에 따라 두 개의 수를 교환한다.
3. 정리된 수들을 출력한다.
4. 끝낸다.
```

그리고 처리단계의 번호를 다시 매겨야 한다. 하위 처리단계의 번호는 상위 처리단계의 번호를 앞에 적고, 구두점으로 구분하여 1번부터 다시 매긴다.

```
1. 수들을 입력받는다.
2. 입력받은 수들의 개수보다 하나 작은 만큼 반복한다.
   2.1. 다음 번째부터 마지막 번째까지 반복한다.
      2.1.1. 두 개의 수를 비교한다.
         2.1.1.1. 두 개의 수를 비교한 결과에 따라 두 개의 수를 교환한다.
3. 정리된 수들을 출력한다.
4. 끝낸다.
```

이렇게 하여 처리 과정을 마무리한다.

처리 과정이 마무리되면, 자료명세서를 작성해야 한다. 처리 과정에서 정리해야 하는 데이터들을 찾아 자료명세서에 정리하면 된다. 여기서는 처리 과정에서 특별히 정리해야 하는 데이터들이 없다.

자료명세서와 처리 과정을 모듈 기술서로 정리하면 다음과 같다.

모듈 기술서		
명칭	한글	세 수를 입력받아 크기 순으로 출력한다.
	영문	Arrange
기능		세 수를 입력받아 내림차순으로 출력한다.
입 · 출력	입력	수들
	영문	수들
관련 모듈		

자료 명세서					
번호	명칭		자료유형	구분	비고
	한글	영문			
1	최대치	MAX	정수	기호상수	3
2	수들	numbers	정수 배열	입 · 출력	

처리 과정

1. 수들을 입력받는다.
2. 입력받은 수들의 개수보다 하나 작은 만큼 반복한다.
   2.1. 다음 번째부터 마지막 번째까지 반복한다.
      2.1.1. 두 개의 수를 비교한다.
         2.1.1.1. 두 개의 수를 비교한 결과에 따라 두 개의 수를 교환한다.
3. 정리된 수들을 출력한다.
4. 끝내다.

3.3. 설계

3.3.1. 나씨-슈나이더만 다이어그램 작도

다음은 모듈 기술서를 참고하여 컴퓨터의 실행 원리, 기억장소의 원리, 제어구조를 이용해서 방법적인 관점에서 알고리듬을 다시 작성하자. 나씨-슈나이더만 다이어그램을 작도해보자.

첫 번째로 알고리듬의 유한성에 대한 처리단계 "4. 끝내다."에 대해 작도해 보자. 가장 위쪽과 가장 아래쪽에 순차 구조 기호를 작도하자. 그리고 위쪽 순차 구조 기호에 start를 적고, 아래쪽 순차 구조 기호에 stop을 적는다.

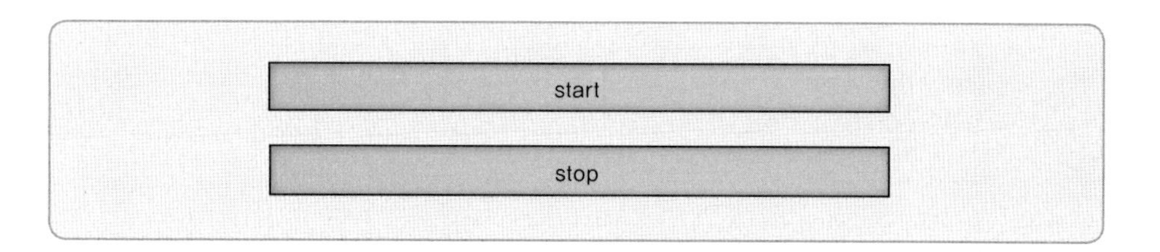

자료명세서에 정리된 데이터들에 대해 변수와 배열을 선언하여야 한다. start 순차 구조 기호 바로 아래쪽에 순차 구조 기호를 그리고, 자료명세서에 정리된 순서로 쉼표를 구분하여 적는다.

자료 명세서

번호	명칭		자료유형	구분	비고
	한글	영문			
1	최대치	MAX	정수	기호상수	3
2	수들	numbers	정수 배열	입 · 출력	

기호상수는 명칭을 적고, 등호를 적고 값을 적는다. 배열인 경우는 명칭 뒤에 소괄호를 여닫아야 한다. 이때 소괄호는 변수와 구분하기 위해 배열을 나타내는 것이다. 그리고 소괄호에 값을 저장할 기억장소, 즉 배열요소의 개수(다른 말로는 배열 크기)를 적어야 한다. 배열 크기는 반드시 상수로만 정해져야 한다. 배열 크기는 기호상수를 이용하여 적도록 하자.

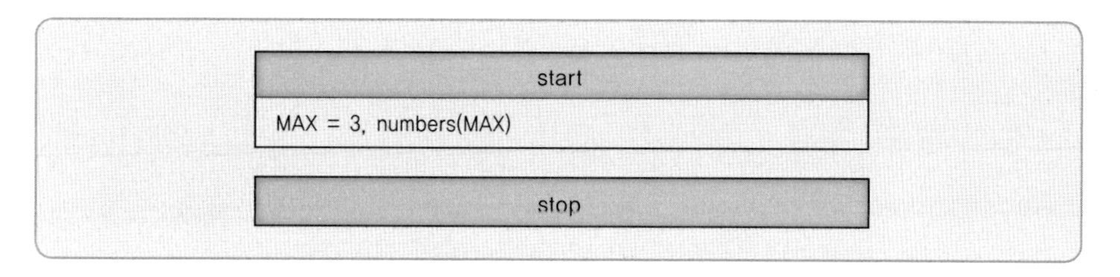

이제부터는 처리 과정을 참고하여 처리단계마다 어떻게 해야 할지 생각하여 작도하면 된다. 첫 번째로 처리단계마다 어떠한 컴퓨터 기본 기능이 사용되는지 확인하자. 다음과 같이 확인할 수 있을 것이다.

처리 과정

1. 수들을 입력받는다. (입력)
2. 입력받은 수들의 개수보다 하나 작은 만큼 반복한다. (제어 : 반복)
    2.1. 다음 번째부터 마지막 번째까지 반복한다. (제어 : 반복)
        2.1.1. 두 개의 수를 비교한다. (제어 : 선택)
            2.1.1.1. 두 개의 수를 비교한 결과에 따라 두 개의 수를 교환한다. (기억)
3. 정리된 수들을 출력한다. (출력)
4. 끝내다.

나씨-슈나이더만 다이어그램에서 입력, 기억, 산술 연산 그리고 출력은 순차 구조로, 제어는 반복 구조와 선택 구조로 표현해야 한다.

"1. 수들을 입력받는다." 처리단계에 대해 작도해 보자. 입력 기능이다. 전형적인 순차 구조이므로 순차 구조 기호를 작도한다. 그리고 read를 적고, 입력받은 데이터를 저장할 변수 이름을 적는다. 여러 개면 쉼표로 구분하여 적으면 된다. 여기서는 변수에 해당하는 개념인 배열요소를 정해주어야 한다. 배열을 선언하는 순차 구조 기호가 아닌 곳에서 배열 이름 뒤에 적힌 소괄호는 첨자 연산자이다. 배열요소에 저장된 값을 나타낸다. 소괄호인 첨자 연산자를 사용하여 배열요소를 지정하면 된다. 배열 이름 뒤에 첨자 연산자인 소괄호 ()를 여닫고, 첫 번째 요소에 대해서는 1부터 시작하여 위치를 지정하면 된다. 이때 사용되는 위치를 나타내는 정수형 데이터를 첨자(Subscript)라고 한다.

세 개의 수를 입력받기 때문에 첨자 연산자를 이용하여 세 개의 배열요소, numbers(1), numbers(2) 그리고 numbers(3) 을 적으면 된다.

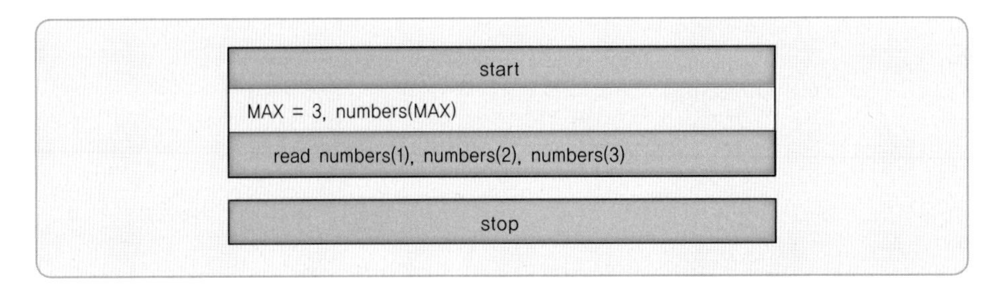

그러나 이러한 표현 방식은 비효율적이다. 배열 크기를 늘린다면, 다시 말해서 다섯 개를 입력한다면 두 개의 배열요소를 더 추가해야 한다. 이러한 방식으로 처리한다고 하면, 배열을 사용할 필요가 없다. 첨자를 이용하면 반복으로 처리할 수 있어 배열을 사용했기 때문이다.

반복제어변수를 추가하고, 반복제어변수를 이용하여 반복 구조로 표현 방법을 공부하도록 하자. 반복제어변수를 자료명세서에 추가해야 한다. 이렇게 자료명세서는 여러 단계에 걸쳐 작성된다. 반복횟수를 저장하는 것이므로 정수형이고, 구분은 제어 구조를 작성하는 데 사용되는 데이터이기 때문에 추가로 분류한다.

자료 명세서

번호	명칭		자료유형	구분	비고
	한글	영문			
1	최대치	MAX	정수	기호상수	3
2	수들	numbers	정수 배열	입 · 출력	
3	반복제어변수	i	정수	추가	

반복제어변수 이름, 특히 영문 이름은 관습적으로 i부터 시작하여 소문자 알파벳으로 지어진다.

자료명세서에 정리되었기 때문에 나씨-슈나이더만 다이어그램에도 반영되어야 한다. 변수와 배열을 선언하는 순차 구조 기호에 추가해야 한다. 배열 이름 뒤에 쉼표로 구분하여 i를 적는다.

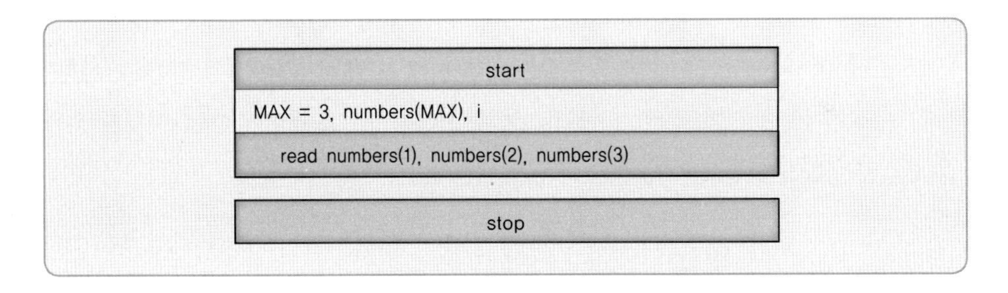

반복하여 수를 입력하는 표현을 해 보도록 하자. 반복횟수가 이미 정해져 있다. 3번 반복하면 된다. 이렇게 알고리듬을 작성할 때 이미 반복횟수가 정해져 있는 경우는 선 검사 반복구조로 for 반복구조를 작도하면 된다. 변수 및 배열 선언 순차 구조 기호 바로 아래쪽에 Γ 자형 선 검사 반복 구조 기호를 작도하자.

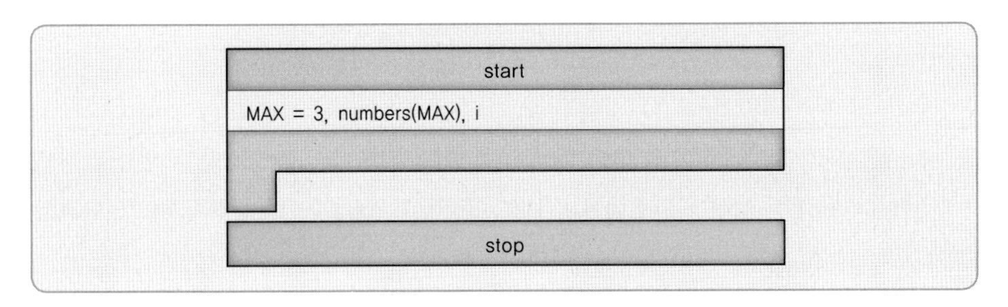

for 키워드를 적고 소괄호를 여닫아야 한다. 소괄호에는 반복 구조를 구성하는 세 개의 식, 초기식, 조건식 그리고 변경식을 적어야 한다. 그런데 for 반복구조는 반복횟수가 정해져 있기 때문에 조건식을 작성할 때는 식을 적으면 안 된다. 식을 평가한 결과에 따라 반복횟수가 정해진다는 뜻이 되기 때문이다. 따라서 초기식만을 적고, 조건식과 변경식에서는 조건식에 사용된 반복횟수의 최댓값과 변경식에 사용되는 증가하는 혹은 감소하는 값만을 적어야 한다.

```
start
MAX = 3, numbers(MAX), i
  for ( i = 1, MAX, 1 )
stop
```

반복제어변수 i에 처음으로 저장되는 값으로 1을 설정하는 초기식은 그대로 작성되어 첫 번째에 적힌다. 그리고 세 번 반복해야 하므로 i ≤ MAX 관계식을 적는 것이 아니라, MAX만 적어야 한다. 마찬가지로 세 번 반복하기 위해서 i에 저장된 값을 1씩 증가시켜야 한다. 이때 i = i + 1식을 적는 것이 아니라 증가시킬 때 사용된 값 1을 적어야 한다. 이렇게 해서 반복횟수를 명확하게 정하는 것이다.

반복 구조 기호 크기에 맞게 순차 구조 기호를 그리고, read를 적고 첨자 연산자를 이용하여 한 개의 배열요소를 적으면 된다. 이때 첨자로 반복제어변수 i를 사용하면 된다.

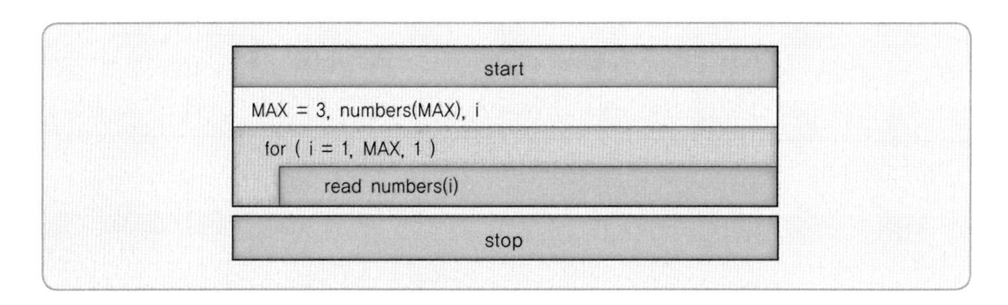

numbers(i)는 배열요소이며, i가 1이면 첫 번째 배열요소이고, i가 2이면 두 번째 배열요소를 말하는 것이다. 배열요소에 저장된 값을 의미한다. 세 번 반복하여 각각의 배열요소에 값을 입력하게 된다.

연산 모듈인 경우는 배열요소 하나씩 입력하는 것이 아니라, 배열 자체를 입력받아서 처리하면 된다. 따라서 순차 구조 기호를 작도하고, read를 적고 다음에 배열 이름을 적어 입력을 표현해도 된다.

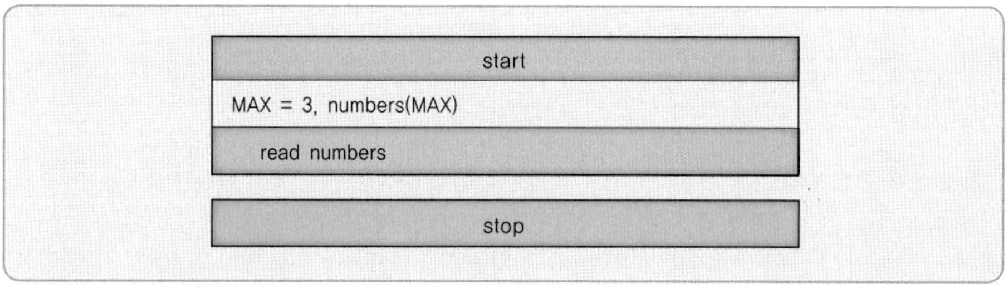

start
MAX = 3, numbers(MAX)
read numbers
stop

따라서 배열요소들을 입력한다고 강조하고 싶다면, 반복 구조를 사용하여 배열요소를 입력하는 표현을 사용하도록 하고, 배열 자체를 입력한다고 강조하고 싶다면, 순차 구조 기호로 배열 이름을 적어 배열 자체를 입력하는 표현을 사용하도록 하자.

이 책에서는 연산 모듈에 대해 알고리듬을 작성하는 것이 목적이다. 따라서 배열을 입력하는 표현은 순차 구조 기호에 배열 이름을 적어 배열 자체를 입력하는 표현을 사용하도록 하겠다.

배열을 다룰 때는 할당량(Capacity)과 사용량(Length)의 개념을 이해해야 한다. 배열을 선언할 때 설정되는 배열 크기는 할당량이다. 운영체제로부터 기억장소를 사용할 수 있는 권한을 획득한 배열요소의 개수이다. 사용량은 할당된 배열에서 사용된 배열요소의 개수이다.

배열을 입력받을 때 할당량과 사용량이 같으면, 배열 이름만 적으면 된다. 앞에 작도된 것처럼 배열 이름만 적으면 할당량과 사용량이 3이다.

그렇지 않고, 할당량과 사용량이 다르면, 배열 이름만 적으며 되지 않고, 사용량을 적어야 한다. 따라서 사용량은 바뀌어야 하므로 변수로 표현되어야 한다. 예를 들어 세 개의 수를 저장할 배열을 선언하고, 이 때 할당량은 3인데, 두 개의 수만 입력받았다면, 사용량은 2이다. 이럴 때 입력을 표현한다면, 다음과 같이 작도되어야 한다.

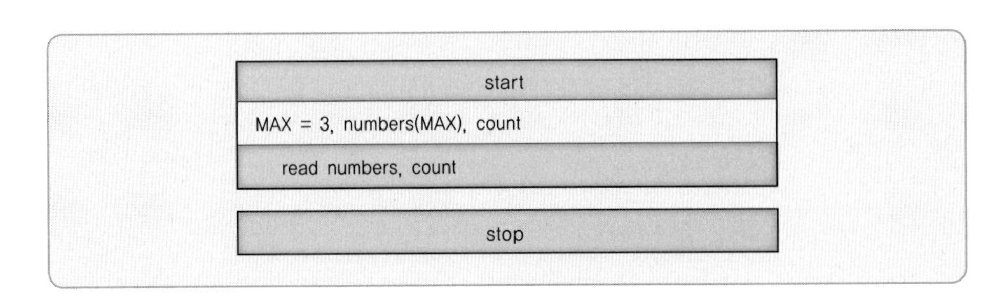

count에는 2가 저장되어 있을 것이다. MAX는 할당량이고 count는 사용량이다.

결론적으로 배열을 입력하거나 출력할 때 할당량과 사용량이 같지 않으면, 반드시 배열 이름과 같이 사용량에 대한 정보를 표현해야 한다는 것이다.

"2. 입력받은 수들의 개수보다 하나 작은 만큼 반복한다." 처리단계에 대해 작도해 보자, 제어기능으로 처리단계의 명칭에서 알 수 있듯이 반복구조이다.

입력하는 순차 구조 기호 바로 아래쪽에 Γ 자형 반복 구조 기호를 그린다. 입력받은 수들의 개수가 배열크기 3이므로 "배열의 크기보다 하나 작은 만큼 반복한다"고 했으므로 반복횟수가 정해진 경우이므로 for 반복 구조로 작도하도록 하자.

for 키워드를 적고 소괄호를 여닫는다. 소괄호에 초기식, 조건식 그리고 변경식을 쉼표로 구분하여 적는다. 그렇지만 for 반복구조에서는 초기식만 적고, 조건식과 변경식에 대해서는 식이 아니라 식에 사용된 상수만 적어야 한다.

반복제어변수를 i로 하고, 소괄호에 첫 번째로 초기식 i = 1로 적는다. 다음은 구분하기 위해서 쉼표를 적고, 조건식에 사용되는 반복횟수의 최대치는 MAX − 1을 적는다. 하나씩 증가하게 하려고 변경식에 사용되는 증가치에 대해 1을 쉼표로 구분하여 적는다.

start
MAX = 3, numbers(MAX), i
read numbers
for (i = 1, MAX − 1, 1)
stop

"2.1. 다음 번째부터 마지막 번째까지 반복한다." 처리단계에 대해 작도해 보자. 나씨-슈나이더만 다이어그램에서 반복 구조 기호와 선택 구조 기호에 다른 기호들을 작도할 수 있다. 처리단계 번호를 보면, "2.1"이다. 처리단계 명칭을 보면 반복 구조이다. 따라서 작도된 반복 구조 기호 크기에 맞게 작도되어야 한다. 따라서 반복 구조 기호에 반복 구조 기호를 작도해야 한다.

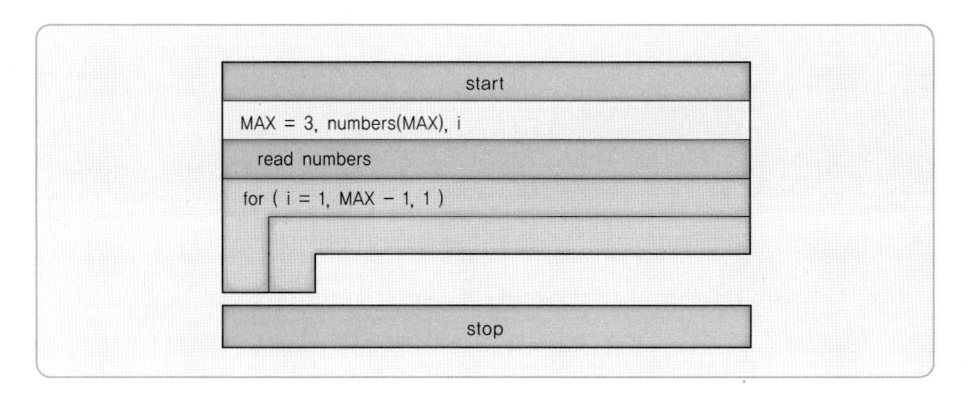

"다음 번째부터 마지막 번째까지 반복한다."에서 알 수 있듯이 반복횟수가 정해진다. 따라서 for 반복구조로 작도하면 된다. for 키워드를 적고 소괄호를 여닫는다. 소괄호에 초기식, 최대치, 증감치 순으로 쉼표로 구분하여 적으면 된다.

초기식에 사용되는 반복제어변수가 필요하다. 따라서 자료명세서에 데이터를 하나 추가해야 한다. 반복제어변수이고, 정수형이고 추가로 구분하여 정리해야 한다. 반복제어변수 이름은 이미 하나 반복제어변수가 사용되어 i로 지어졌으므로 i 다음인 j가 되어야 한다.

자료 명세서

번호	명칭		자료유형	구분	비고
	한글	영문			
1	최대치	MAX	정수	기호상수	3
2	수들	numbers	정수 배열	입 · 출력	
3	반복제어변수	i	정수	추가	
4	반복제어변수	j	정수	추가	

따라서 변수와 배열을 선언하는 순차 구조 기호에 j를 추가해야 한다. i 뒤에 쉼표로 구분하고 j를 적는다.

초기식은 "다음 번째부터"에서 i를 기준으로 하여 다음 번째이기 때문에 i + 1을 j에 설정하면 된다. 최대치는 "마지막 번째까지"에서 알 수 있듯이, MAX이고, 하나씩 증가시켜야 하므로 증가치는 1이면 된다.

start
MAX = 3, numbers(MAX), i, j
read numbers
for (i = 1, MAX − 1, 1)
for (j = i + 1, MAX, 1)
stop

"2.1.1. 두 개의 수를 비교한다." 처리단계에 대해 작도해 보자. 관계식을 사용하는 제어기능이다. 제어기능이면 반복 구조이거나 아니면 선택 구조이다. 처리단계의 명칭을 보면, 반복 구조가 아니다. 따라서 선택 구조이다. "2.1.1." 인 처리 단계의 번호를 보면 j를 반복 제어변수로 사용하는 안쪽 반복 구조 기호 크기에 맞게 선택 구조 기호가 작도되어야 한다.

반복 구조 기호의 크기에 맞게 사각형의 순차 구조 기호를 그리고, 아래쪽에 적당한 위치를 정하고, 왼쪽 위쪽으로 사선을 그리고, 오른쪽 위쪽으로 사선을 그린다. 그러면 사각형에 세 개의 삼각형이 그려지게 된다.

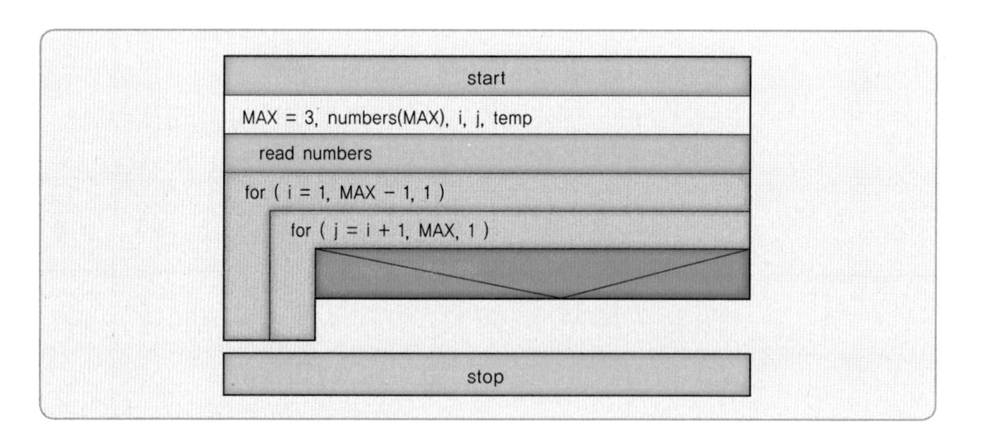

가운데 삼각형에 조건식을 적으면 된다. 두 개의 수를 비교하는 관계식이어야 한다. 반복제어 변수 i와 j를 이용하여 두 개의 배열요소로 비교하는 두 개의 수를 정하면 된다. numbers(i)와 numbers(j)가 비교하는 두 개의 수이다.

다음은 큰 수, 중간 수 그리고 작은 수 순으로 정렬해야 하므로, 다시 말해서 내림차순(Descending)으로 정렬해야 하므로 왼쪽의 수가 오른쪽 수보다 작을 때 맞바꾸어야 한다. 따라서 관계식은 numbers(i)가 numbers(j)보다 작아야 한다. 즉 numbers(i) < numbers(j)이다.

그리고 왼쪽 삼각형에는 조건식을 평가했을 때 참이면 처리하는 방향으로 하도록 TRUE를 적고, 오른쪽 삼각형에는 조건식을 평가했을 때 거짓이면 처리하는 방향으로 하도록 FALSE를 적도록 하자.

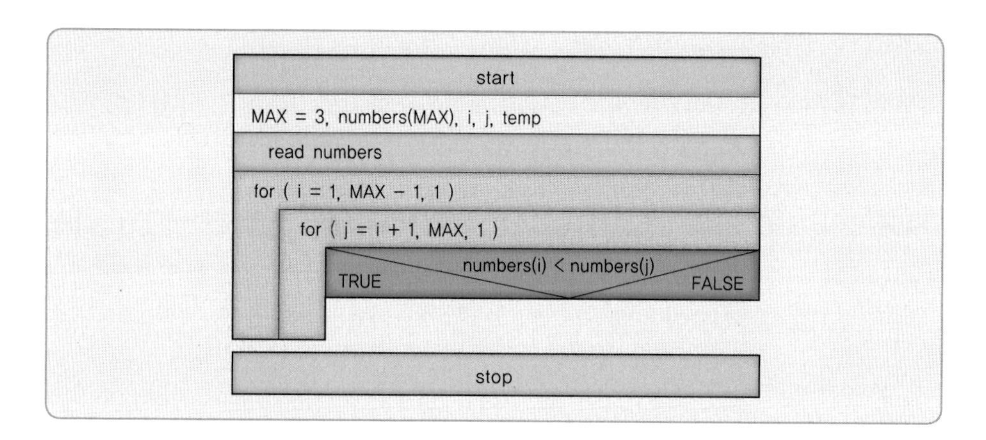

"2.1.1.1. 두 개의 수를 비교한 결과에 따라 두 개의 수를 교환한다." 처리단계에 대해 작도해 보자. 처리단계의 번호 "2.1.1.1."과 "두 개의 수를 비교한 결과에 따라"에서 알 수 있듯이 조건식을 평가해서 참일 때와 거짓일 때 처리해야 한다. 즉 선택 구조에 종속되는 처리이다. 왼쪽 수가 오른쪽 수보다 작은지를 평가해서 참이면 두 개의 수를 맞바꾸어야 하고, 거짓이면 아무런 처리 없이 제어 흐름만 이동하도록 하면 된다.

두 개의 수를 교환하는 기능은 기억 기능이다. 따라서 전형적인 순차 구조이다. 따라서 TRUE가 적힌 삼각형의 크기만큼 순차 구조 기호를 작도한다. 그리고 치환식을 적으면 된다.

교환하기 위해서는 임시 기억장소가 하나 더 필요하다. 두 개의 기억장소만을 이용하면 교환이 제대로 이루어지지 않는다. 이에 대해서는 더는 설명하지 않겠다. 이해가 되지 않는다면, 다음에 제시된 문제를 해결해 보아라.

콜라가 담긴 컵과 사이다가 담긴 컵이 있다. 콜라에 담긴 컵에 사이다를 담고, 사이다가 담긴 컵에 콜라를 담아 맞바꾸고자 한다. 어떻게 해야 할까. 생각해 보자.

자료명세서에 임시 기억장소에 대해 데이터를 추가해야 한다. 자료형은 정수형이고, 맞바꾸는 데 필요한 기억장소이므로 처리로 구분하자.

자료 명세서

번호	명칭		자료유형	구분	비고
	한글	영문			
1	최대치	MAX	정수	기호상수	3
2	수들	numbers	정수 배열	입 · 출력	
3	반복제어변수	i	정수	추가	
4	반복제어변수	j	정수	추가	
5	임시 기억장소	temp	정수	처리	

이렇게 자료명세서는 시스템 다이어그램을 작도할 때부터 나씨-슈나이더만 다이어그램을 작도할 때까지 계속해서 필요한 데이터들을 추가해서 작성된다.

추가된 임시 기억장소 temp를 나씨-슈나이더만 다이어그램에 추가해야 한다. temp는 temporary(임시의)의 약어이다. 변수와 배열을 선언하는 순차 구조 기호에 반복제어변수 j 다음에 쉼표로 구분하고 적는다.

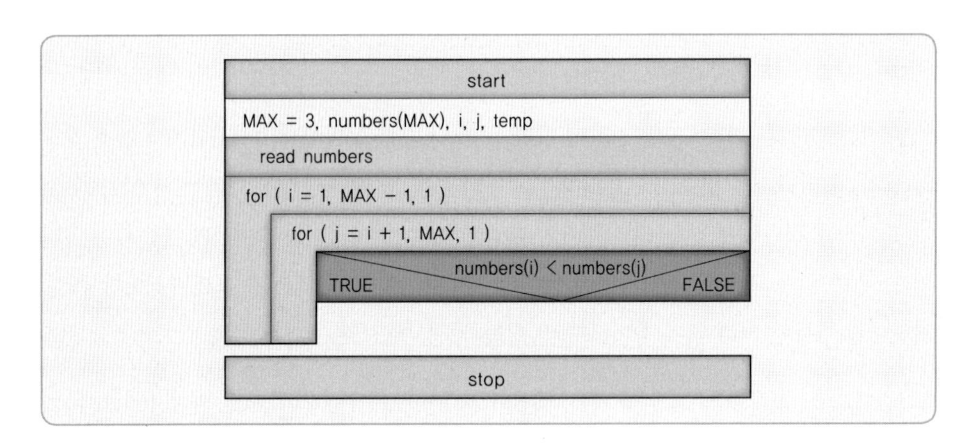

교환은 세 개의 치환식으로 이루어진다. 임시 기억장소 temp에 numbers(i)에 저장된 값을 읽어 저장하고, numbers(i)에 numbers(j)에 저장된 값을 읽어 저장하고, 마지막으로 numbers(j)에 temp에 저장된 값을 읽어 저장한다.

TRUE가 적힌 삼각형 아래쪽에 크기에 맞게 순차 구조 기호를 세 개 그린다. 그리고 첫 번째 순차 구조 기호에 temp = numbers(i) 치환식을 적는다. 두 번째 순차 구조 기호에 numbers(i) = numbers(j) 치환식을 적는다. 마지막으로 세 번째 순차 구조 기호에

numbers(j) = temp 치환식을 적는다.

```
start
MAX = 3, numbers(MAX), i, j, temp
read numbers
for ( i = 1, MAX - 1, 1 )
  for ( j = i + 1, MAX, 1 )
    numbers(i) < numbers(j)
    TRUE                         FALSE
      temp = numbers(i)
      numbers(i) = numbers(j)
      numbers(j) = temp
stop
```

조건식을 평가했을 때 거짓인 경우, 아무런 처리가 없다. 따라서 순차 구조 기호를 FALSE 가 적힌 삼각형의 크기에 맞게 그린다. 그리고 아래쪽으로 향하는 화살표를 작도하여 제어 흐름만 이동하도록 그린다.

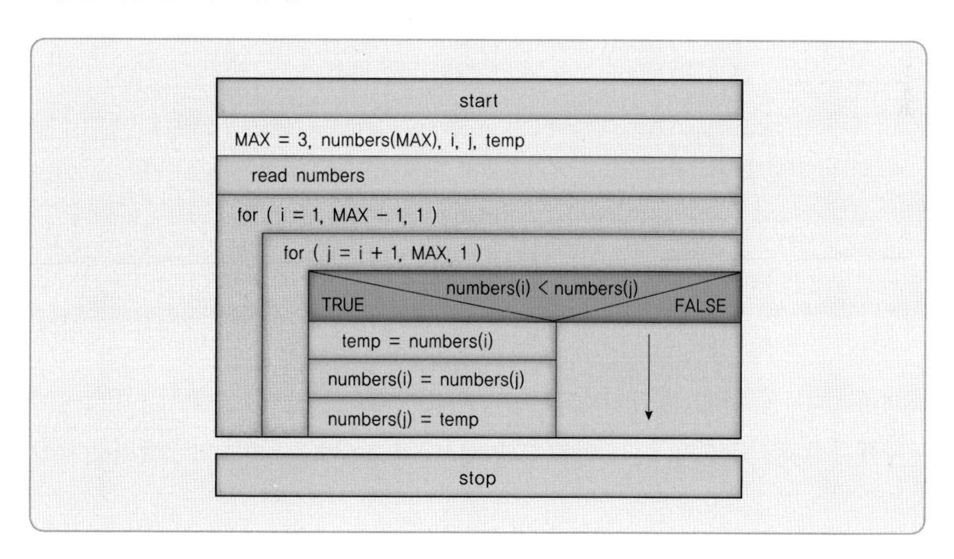

이렇게 하면 "2. 입력받은 수들의 개수보다 하나 작은 만큼 반복한다." 처리단계에 대해 작도가 마무리된다.

다음은 “3. 정리된 수들을 출력한다.” 처리단계에 대해 작도하자. 처리단계의 명칭을 보면 출력 기능이다. 전형적인 순차 구조이다. 따라서 순차 구조 기호를 작도한다. 그리고 print 키워드를 적고, 출력할 값을 적는다. 이때 출력할 값들이 많은 경우 쉼표로 구분하여 적는다.

입력처럼 배열인 경우는 두 가지 방식으로 출력을 표현할 수 있다. 배열요소로 출력하는 경우와 대개는 연산 모듈에서 사용하는 배열 자체를 출력하는 경우이다.

배열요소로 출력하는 경우는 반복 구조를 이용하여 배열요소 하나씩 출력하도록 다음과 같이 작도해야 한다.

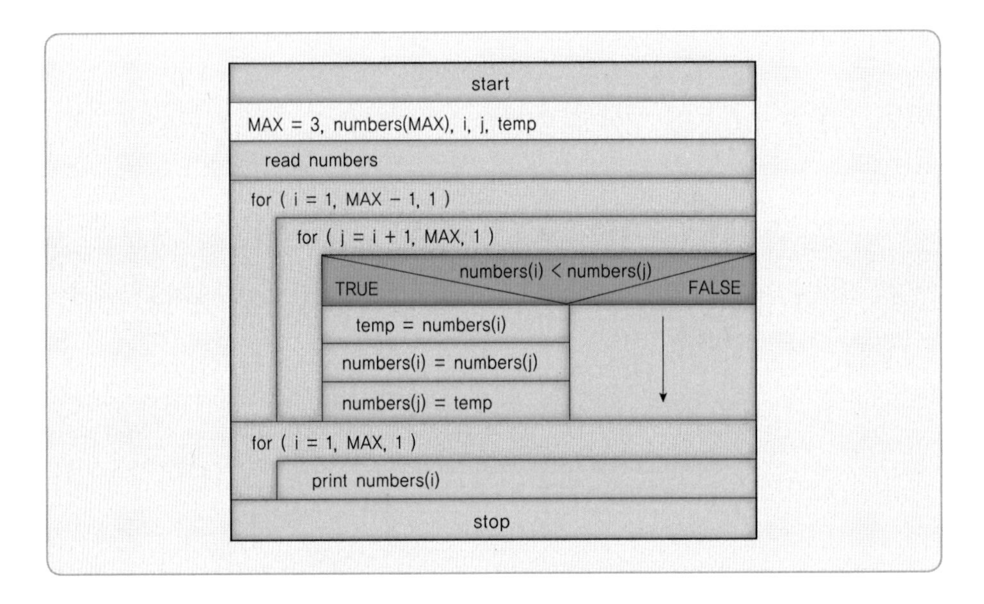

연산 모듈이면 처리한 결과를 배열요소에 저장하고, 배열 자체를 출력하면 되므로 순차 구조 기호를 그리고, print를 적고 다음에 배열 이름을 적는 방식으로 다음과 같이 작도하면 된다.

입력처럼 배열을 출력할 때 할당량과 사용량이 같지 않으면, 반드시 배열 이름과 같이 사용량에 대한 정보도 같이 출력되어야 한다. 결론적으로 배열을 입력하거나 출력할 때 할당량과 사용량이 같지 않으면, 반드시 배열 이름과 같이 사용량에 대한 정보를 표현해야 한다는 것이다.

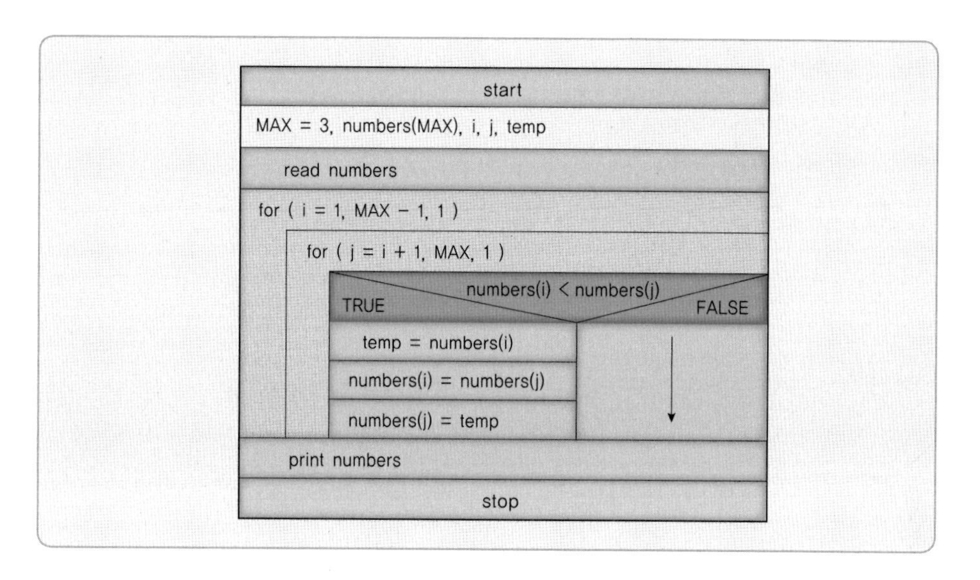

여기까지 작도되면, 배열을 이용하는 정렬 모델에 대한 처리 과정에 대해 나씨-슈나이더만 다이어그램이 완성된다.

나씨-슈나이더만 다이어그램을 그릴 때 필요한 데이터들이 자료명세서에 추가되었다. 따라서 모듈 기술서도 정리하도록 하자.

모듈 기술서		
명칭	한글	세 수를 입력받아 크기 순으로 출력한다.
	영문	Arrange
기능		세 수를 입력받아 내림차순으로 출력한다.
입 · 출력	입력	수들
	영문	수들
관련 모듈		

자료 명세서					
번호	명칭		자료유형	구분	비고
	한글	영문			
1	최대치	MAX	정수	기호상수	3
2	수들	numbers	정수 배열	입 · 출력	
3	반복제어변수	i	정수	추가	
4	반복제어변수	j	정수	추가	
5	임시 기억장소	temp	정수	처리	

처리 과정

1. 수들을 입력받는다.
2. 입력받은 수들의 개수보다 하나 작은 만큼 반복한다.
    2.1. 다음 번째부터 마지막 번째까지 반복한다.
        2.1.1. 두 개의 수를 비교한다.
            2.1.1.1. 두 개의 수를 비교한 결과에 따라 두 개의 수를 교환한다.
3. 정리된 수들을 출력한다.
4. 끝낸다.

3.4. 검토

다음은 이렇게 작성된 알고리듬이 정확한지에 대해 검토해야 한다. 검토하기 위해서는 몇 가지를 준비해야 한다. 첫 번째는 검토하는 데 있어 제어 흐름을 추적하기 위해 나씨-슈나이더만 다이어그램에서 사용된 식에 대해 번호를 매겨 검토용 나씨-슈나이더만 다이어그램을 작도한다.

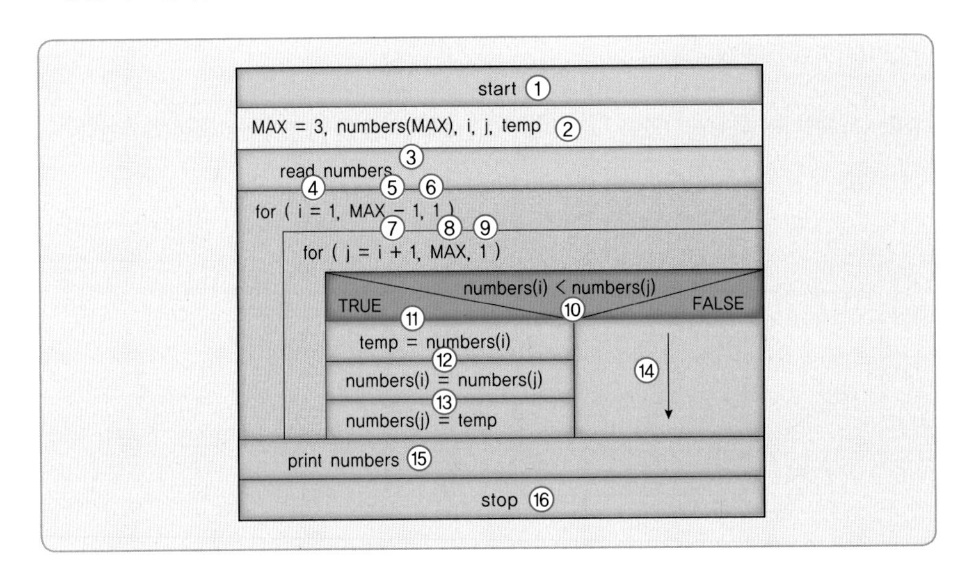

두번째는 검토표를 작성하여야 한다.

MAX = 3, numbers(MAX), i, j, temp

변수와 배열을 선언하는 순차 구조 기호에서 배열을 뺀 항목들의 개수에 하나를 더한 개수만큼 줄을 만든다. 그리고 이름을 적은 열과 초깃값을 설정하는 열, 그리고 검토횟수를 더

한 만큼 열을 그린다. 그리고 첫 번째 줄에는 왼쪽에서 오른쪽으로 열의 명칭을 적는다. 그리고 가장 왼쪽 열에는 변수와 배열을 선언하는 순차 구조 기호에 적힌 항목들을 적는다. 물론 배열은 제외한다.

배열은 따로 그린다. 배열인 경우는 일정한 크기의 작은 사각형을 배열 크기만큼 연속해서 그리고, 적당한 위치에 배열 이름을 적는다. numbers는 배열이다. 따라서 MAX 세 개만큼 작은 사각형을 일렬로 그린다. 그리고 왼쪽에 배열 이름을 적는다.

이름	초기	1	2	3	4
MAX					
i					
j					
temp					

numbers			

세번째는 입력이 있는 경우는 입력데이터들을 설계한다. 대개는 모델 구축에서 사용된 데이터들을 그대로 이용한다.

번호	입력데이터들	번호	입력데이터들
1	10 20 30	3	20 30 10
2	10 30 20	4	30 20 10

검토할 준비가 다 되었다. 이제 추적해보자.

① 번 start가 적힌 순차 구조 기호로 시작하자. ② 번 변수 및 배열을 선언하는 순차 구조 기호로 초깃값을 적으면 된다. 배열과 변수들이 초기화되지 않았으므로 해당하는 작은 사각형에 물음표를 적는다. 저장된 값이 이전 프로그램으로 저장된 값으로 쓰레기(Garbage)라는 의미이다. 배열인 경우 첫 번째 배열요소에만 물음표를 적어도 된다.

이름	초기	1	2	3	4
MAX	3				
i	?				
j	?				
temp	?				

numbers	?	?	?

③ 번 입력하는 순차 구조 기호에서 배열을 구성하는 배열요소에 설계한 입력데이터들을

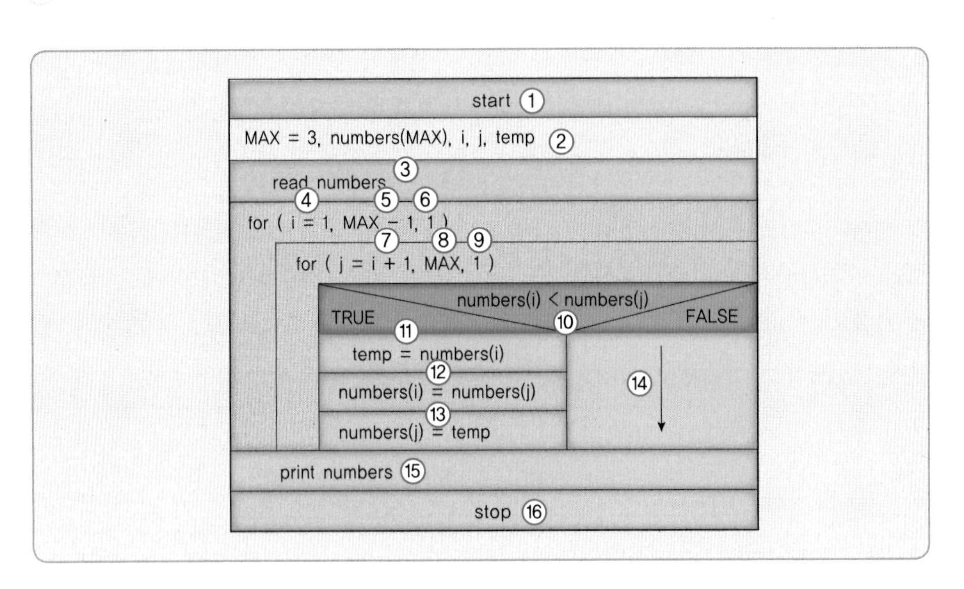

적으면 된다. 첫 번째로 설계된 입력데이터들은 10, 20, 30이다. 따라서 첫 번째 배열요소에 10, 두 번째 배열요소에 20, 그리고 세 번째 배열요소에 30을 적는다.

이름	초기	1	2	3	4
MAX	3				
i	?				
j	?				
temp	?				

numbers	10	20	30

검토표에서 값이 바뀌는 경우는 입력, 치환인 경우이다. 입력이므로 검토표가 갱신되어야 한다.

다음은 실행제어가 반복 구조 기호로 이동하게 된다. for 반복구조에서 ④ 번 초기식을 평가해야 한다. 따라서 i에 저장된 값이 1로 설정되어야 한다. for 반복 구조에서 초기식은 한 번만 평가된다. 검토표에서 i에 해당하는 줄과 1열이 만나는 칸에 1을 적는다.

이름	초기	1	2	3	4
MAX	3				
i	?	1			
j	?				
temp	?				

numbers	10	20	30

다음은 조건식을 평가해야 한다. ⑤ 번 조건식을 평가해야 한다. i에 저장된 값 1을 읽고, MAX 3을 읽어 1을 뺀 값 2를 구하여, 1이 2보다 작거나 같은지에 대해 평가해야 한다. 참이다. 그러면, 선 검사 반복 구조이므로 참이면 계속하고, 거짓이면 탈출해야 하는 데 참이므로 반복 구조를 실행해야 한다.

j를 반복제어변수로 하는 반복 구조 기호로 이동한다. ⑦ 번의 초기식을 평가해야 한다. i에 저장된 값 1을 읽어 1을 더하여 값을 구한다. 2이다. 이것을 j에 저장한다. 따라서 1열에 j 줄에 해당하는 칸에 2를 적는다.

이름	초기	1	2	3	4
MAX	3				
i	?	1			
j	?	2			
temp	?				

numbers	10	20	30

반복 구조이므로 다음은 조건식을 평가해야 한다. 조건식을 평가한 결과에 따라 계속할지 탈출할지를 결정해야 하기 때문이다. ⑧ 번 조건식을 평가해야 한다. j에 저장된 값 2를 읽고, MAX 3을 읽어 2가 3보다 작거나 같은지에 대해 참인지 거짓인지를 결정해야 한다. 참이다. 따라서 반복 구조를 실행해야 한다. 실행제어가 선택 구조 기호로 이동한다.

선택 구조이므로 조건식을 평가해서 실행제어를 어디로 이동해야 하는지를 결정해야 한다. ⑩ 번 조건식을 평가해야 한다. i에 저장된 값 1을 읽어 배열요소의 위치, 첨자로 사용하여 첫 번째 배열요소에 저장된 값 10을 읽는다. 마찬가지 방식으로 j에 저장된 값 2를 읽어 배열요소의 위치, 첨자로 사용하여 두 번째 배열요소에 저장된 값 20을 읽는다. 그리고 읽힌 10과 20을 가지고, 10이 20보다 작은지에 대해 참인지 거짓인지를 결정해야 한다. 즉 관계식을 평가한다. 참이다. 따라서 왼쪽에 TRUE가 적힌 삼각형 쪽으로 실행제어가 이동된다. 따라서 값들을 맞바꾸는, 즉 교환하는 순차 구조 기호들로 이동한다.

첫 번째 순차 구조 기호에 적힌 ⑪ 번 치환식을 평가해야 한다. i에 저장된 값인 1을 읽어 배열의 첨자로 사용하여 첫 번째 배열요소의 값 10을 읽어 temp에 저장한다. 따라서 temp에 해당하는 줄과 1열이 만나는 칸에 10을 적는다.

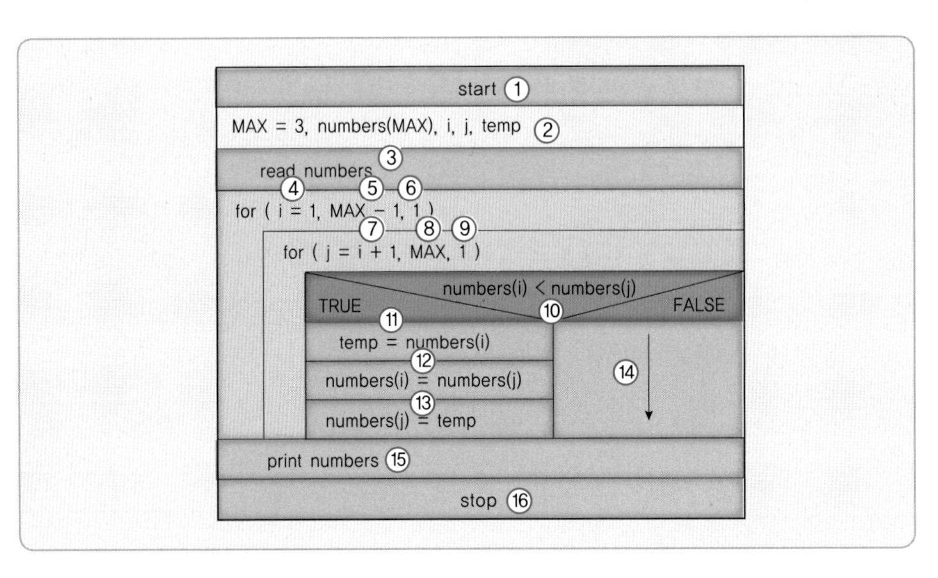

이름	초기	1	2	3	4
MAX	3				
i	?	1			
j	?	2			
temp	?	10			

numbers	10	20	30

다음은 두 번째 순차 구조 기호에 적힌 ⑫ 번 치환식을 평가해야 한다. j에 저장된 값인 2를 읽어 배열의 첨자로 하여 두 번째 배열요소에 저장된 값 20을 읽어, i에 저장된 값 1을 읽어 배열의 첨자로 하여 첫 번째 배열요소에 저장한다. 첫 번째 배열요소에 적힌 10을 지우고 20을 적는다. 검토표에서는 지워지는 값 10과 구분하기 위해 사선을 긋고 20을 적는다.

이름	초기	1	2	3	4
MAX	3				
i	?	1			
j	?	2			
temp	?	10			

numbers	10/20	20	30

다음은 세 번째 순차 구조 기호에 적힌 ⑬ 번 치환식을 평가해야 한다. temp에 저장된 값 10을 j에 저장된 값 2를 읽어 배열의 첨자로 하여 두 번째 배열요소에 저장한다. 따라서 두 번째 배열요소에 적힌 20을 지우고, 10을 적는다. 검토표에서는 지워지는 값 20와 구분하

기 위해 사선을 긋고 10을 적는다.

이름	초기	1	2	3	4
MAX	3				
i	?	1			
j	?	2			
temp	?	10			

numbers	10/20	20/10	30

j를 반복제어변수로 하는 반복 구조에서 처리해야 하는 내용을 모두 처리했다. 그러면 반복 구조의 변경식을 평가해야 한다. ⑨ 번 변경식을 평가해야 한다. j에 저장된 값 2를 읽어 1을 더하여 구한 값 3을 다시 j에 저장한다. 그러면 저장된 값 2와 구분하기 위해 사선을 긋고 3을 적는다.

이름	초기	1	2	3	4
MAX	3				
i	?	1			
j	?	2/3			
temp	?	10			

numbers	10/20	20/10	30

다음은 반복 구조이기 때문에 조건식을 평가해야 한다. ⑧ 번 조건식을 평가해야 한다. j에 저장된 값 3을 읽고, MAX 3을 읽어 3이 3보다 작거나 같은지에 대해 참인지 거짓인지를 결정해야 한다. 참이다. 따라서 반복 구조를 실행해야 한다. 실행제어가 선택 구조 기호로 이동한다.

⑩ 번 조건식을 평가해야 한다. i에 저장된 값 1을 읽어 배열의 첨자로 하여 첫 번째 배열요소에 저장된 값 20을 읽고, j에 저장된 값 3을 읽어 배열의 첨자로 하여 세 번째 배열요소에 저장된 값 30을 읽는다. 읽힌 20와 30을 가지고 20이 30보다 작은지에 대해 평가해야 한다. 참이다. 따라서 TRUE가 적힌 왼쪽으로 실행제어가 이동한다. 교환하기 위한 세 개의 순차 구조 기호를 실행해야 한다.

첫 번째 순차 구조 기호에 적힌 ⑪ 번 치환식을 평가해야 한다. i에 저장된 값인 1을 읽어 배열의 첨자로 하여 첫 번째 배열요소의 값 20를 읽어 temp에 저장한다. 따라서 temp에 적힌 10 다음에 사선을 긋고, 20를 적는다.

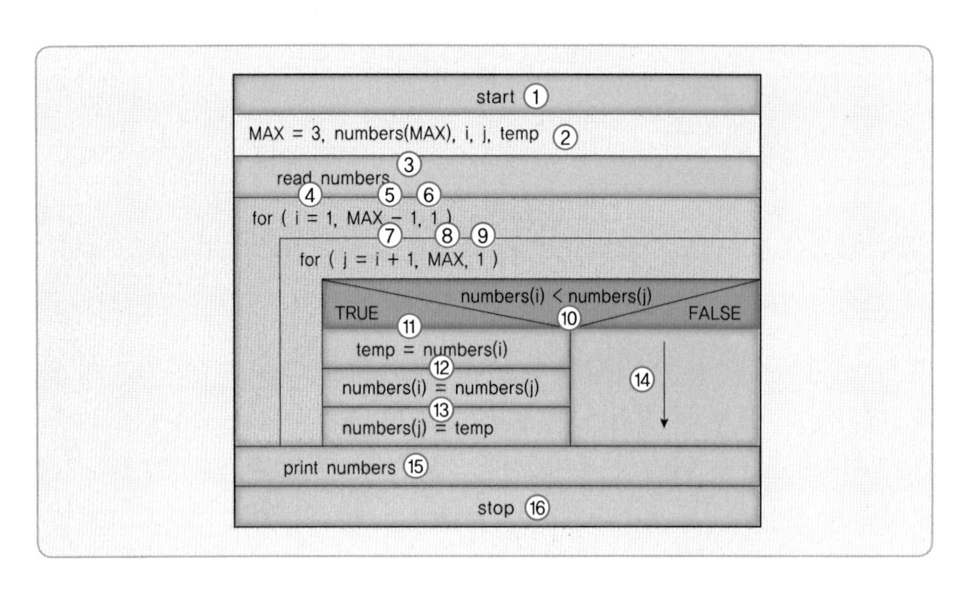

이름	초기	1	2	3	4
MAX	3				
i	?	1			
j	?	2/3			
temp	?	10/20			

numbers	10/20	20/10	30

다음은 두 번째 순차 구조 기호에 적힌 ⑫ 번 치환식을 평가해야 한다. j에 저장된 값인 3을 읽어 배열의 첨자로 하여 세 번째 배열요소에 저장된 값 30을 읽어, i에 저장된 값 1을 읽어 배열의 첨자로 하여 첫 번째 배열요소에 저장한다. 첫 번째 배열요소에 적힌 20 다음에 사선을 긋고 30을 적는다.

이름	초기	1	2	3	4
MAX	3				
i	?	1			
j	?	2/3			
temp	?	10/20			

numbers	10/20/30	20/10	30

다음은 세 번째 순차 구조 기호에 적힌 ⑬ 번 치환식을 평가해야 한다. temp에 저장된 값 20을 j에 저장된 값 3을 읽어, 배열의 첨자로 하여 세 번째 배열요소에 저장한다. 따라서

세 번째 배열요소에 적힌 30 다음에 사선을 긋고, 20을 적는다.

이름	초기	1	2	3	4
MAX	3				
i	?	1			
j	?	2/3			
temp	?	10/20			

numbers	10/20/30	20/10	30/20

j를 반복제어변수로 하는 반복 구조에서 처리해야 하는 내용을 모두 처리했다. 그러면 반복구조의 변경식을 평가해야 한다. ⑨ 번 변경식을 평가해야 한다. j에 저장된 값 3을 읽어 1을 더하여 구한 값 4를 다시 j에 저장한다. 그러면 j에 저장된 값 3 다음에 사선을 긋고 4를 적는다.

이름	초기	1	2	3	4
MAX	3				
i	?	1			
j	?	2/3/4			
temp	?	10/20			

numbers	10/20/30	20/10	30/20

다음은 반복 구조이기 때문에 조건식을 평가해야 한다. ⑧ 번 조건식을 평가해야 한다. j에 저장된 값 4를 읽고, MAX 3을 읽어 4가 3보다 작거나 같은지에 대해 참인지 거짓인지를 결정해야 한다. 거짓이다. 따라서 j를 반복제어변수로 하는 반복 구조를 탈출해야 한다.

따라서 j를 반복제어변수로 하는 반복 구조에서 처리해야 하는 내용을 모두 처리했다. 따라서 바깥쪽 반복 구조에서 변경식을 평가해야 한다. ⑥ 번 변경식을 평가해야 한다. i에 저장된 값 1을 읽어 1을 더하여 구한 값 2를 i에 저장한다. 따라서 i에 저장된 값 1 다음에 사선을 긋고 2를 적는다.

이름	초기	1	2	3	4
MAX	3				
i	?	1/2			
j	?	2/3/4			
temp	?	10/20			

numbers	10/20/30	20/10	30/20

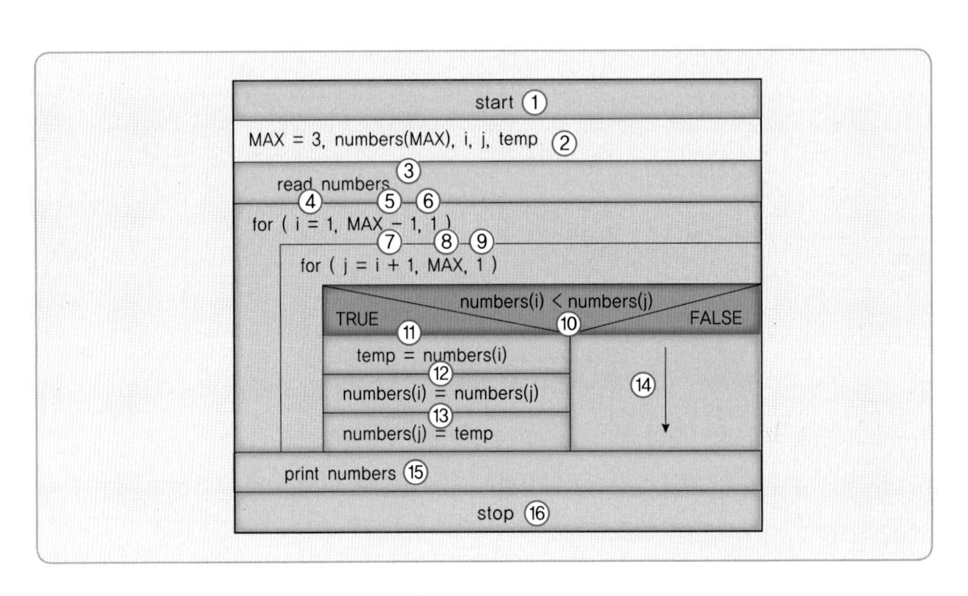

다음은 조건식을 평가해야 한다. ⑤ 번 조건식을 평가해야 한다. i에 저장된 값 2를 읽고, MAX 3을 읽어 1을 뺀 값 2를 구하여, 2가 2보다 작거나 같은지에 대해 평가해야 한다. 참이다. 참이므로 반복 구조를 실행해야 한다.

j를 반복제어변수로 하는 반복 구조 기호로 이동한다. ⑦ 번의 초기식을 평가해야 한다. i에 저장된 값 2를 읽어 1을 더하여 값을 구한다. 3이다. 이것을 j에 저장한다. 따라서 j에 적힌 내용을 모두 지우고 3을 적거나 4 다음에 사선을 긋고 3을 적는다.

이름	초기	1	2	3	4
MAX	3				
i	?	1/2			
j	?	2/3/4/3			
temp	?	10/20			

numbers	10/20/30	20/10	30/20

반복 구조이기 때문에 다음은 조건식을 평가해야 한다. 조건식을 평가한 결과에 따라 계속할지 탈출할지를 결정해야 하기 때문이다. ⑧ 번 조건식을 평가해야 한다. j에 저장된 값 3을 읽고, MAX 3을 읽어 3이 3보다 작거나 같은지에 대해 참인지 거짓인지를 결정해야 한다. 참이다. 따라서 반복 구조를 실행해야 한다. 실행제어가 선택 구조 기호로 이동한다.

⑩ 번 조건식을 평가해야 한다. i에 저장된 값 2를 읽어 배열요소의 위치, 첨자로 하여 두 번째 배열요소에 저장된 값 10을 읽는다. 마찬가지 방식으로 j에 저장된 값 3을 읽어 배열

요소의 위치, 첨자로 하여 세 번째 배열요소에 저장된 값 20을 읽는다. 그리고 읽힌 10과 20를 가지고, 10이 20보다 작은지에 대해 참인지 거짓인지를 결정해야 한다. 즉 관계식을 평가한다. 참이다. 따라서 왼쪽에 TRUE가 적힌 삼각형 쪽으로 실행제어가 이동된다. 따라서 값들을 맞바꾸는, 즉 교환하는 순차 구조 기호들로 이동한다.

첫 번째 순차 구조 기호에 적힌 ⑪ 번 치환식을 평가해야 한다. i에 저장된 값인 2를 읽어 배열의 첨자로 하여 두 번째 배열요소의 값 10을 읽어 temp에 저장한다. 따라서 temp에 적힌 20 다음에 사선을 긋고, 10을 적는다.

이름	초기	1	2	3	4
MAX	3				
i	?	1/2			
j	?	2/3/4/3			
temp	?	10/20/10			

numbers	10/20/30	20/10	30/20

다음은 두 번째 순차 구조 기호에 적힌 ⑫ 번 치환식을 평가해야 한다. j에 저장된 값 3을 읽어 배열의 첨자로 하여 세 번째 배열요소에 저장된 값 20을 읽어, i에 저장된 값 2를 읽어 배열의 첨자로 하여 두 번째 배열요소에 저장한다. 두 번째 배열요소에 적힌 10 다음에 사선을 긋고 20를 적는다.

이름	초기	1	2	3	4
MAX	3				
i	?	1/2			
j	?	2/3/4/3			
temp	?	10/20/10			

numbers	10/20/30	20/10/20	30/20

다음은 세 번째 순차 구조 기호에 적힌 ⑬ 번 치환식을 평가해야 한다. temp에 저장된 값 10을 j에 저장된 값 3을 읽어, 배열의 첨자로 하여 세 번째 배열요소에 저장한다. 따라서 세 번째 배열요소에 적힌 20 다음에 사선을 긋고, 10을 적는다.

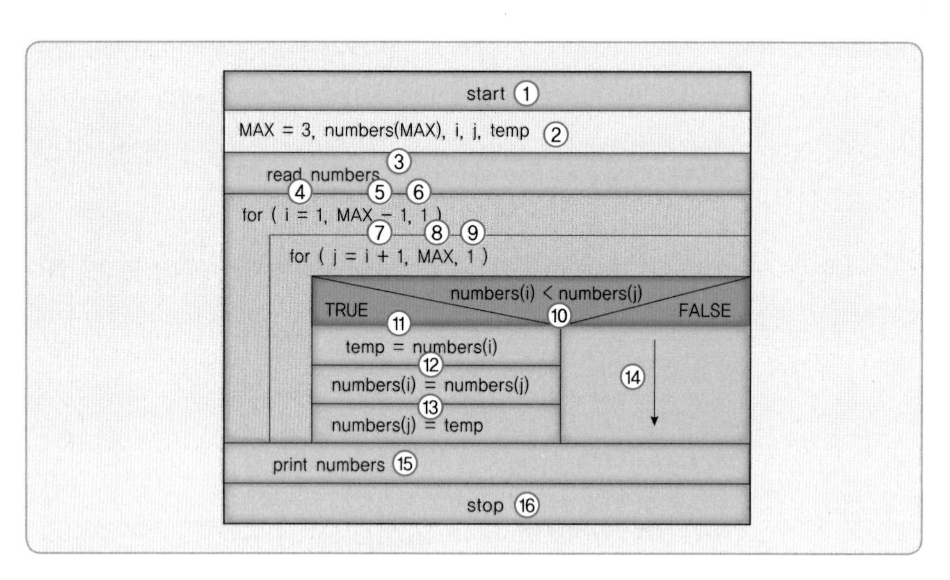

이름	초기	1	2	3	4
MAX	3				
i	?	1/2			
j	?	2/3/4/3			
temp	?	10/20/10			

numbers	10/20/30	20/10/20	30/20/10

j를 반복제어변수로 하는 반복 구조에서 처리해야 하는 내용을 모두 처리했다. 그러면 반복 구조의 변경식을 평가해야 한다. ⑨ 번 변경식을 평가해야 한다. j에 저장된 값 3을 읽어 1을 더하여 구한 값 4를 다시 j에 저장한다. 그러면 j에 저장된 값 3 다음에 사선을 긋고 4를 적는다.

이름	초기	1	2	3	4
MAX	3				
i	?	1/2			
j	?	2/3/4/3/4			
temp	?	10/20/10			

numbers	10/20/30	20/10/20	30/20/10

다음은 반복 구조이기 때문에 조건식을 평가해야 한다. ⑧ 번 조건식을 평가해야 한다. j에 저장된 값 4를 읽고, MAX 3을 읽어 4가 3보다 작거나 같은지에 대해 참인지 거짓인지를 결정해야 한다. 거짓이다. j를 반복제어변수로 하는 반복 구조를 탈출해야 한다.

따라서 바깥쪽 반복 구조에서 변경식을 평가해야 한다. ⑥ 번 변경식을 평가해야 한다. i에 저장된 값 2를 읽어 1을 더하여 구한 값 3을 i에 저장한다. 따라서 i에 저장된 값 2 다음에 사선을 긋고, 3을 적는다.

이름	초기	1	2	3	4
MAX	3				
i	?	1/2/3			
j	?	2/3/4/3/4			
temp	?	10/20/10			

numbers	10/20/30	20/10/20	30/20/10

다음은 조건식을 평가해야 한다. ⑤ 번 조건식을 평가해야 한다. i에 저장된 값 3을 읽고, MAX 3을 읽어 1을 뺀 값 2를 구하여, 3이 2보다 작거나 같은지에 대해 평가를 해야 한다. 거짓이다. 따라서 반복 구조를 탈출해야 한다. 따라서 바깥쪽 반복 구조 기호를 벗어나서, 실행 제어는 출력하는 순차 구조 기호로 이동한다.

⑮ 번 순차 구조 기호가 실행되면, print 키워드로 배열요소에 저장된 값들을 출력하도록 한다. 그러면 배열에 저장된 순서대로 출력된다. 10, 20, 30으로 입력된 것에 대해 30, 20, 10으로 입력된 순서의 역으로 출력되는 것을 확인할 수 있다.

⑯ 번 stop이 적힌 순차 구조 기호에서 알고리듬이 끝나게 된다.

다른 설계된 입력데이터들에 대해 여러분이 직접 검토해보자.

3.5. 구현

이렇게 해서 알고리듬이 정확하다는 것을 확인했으면, C 언어로 구현해 보자. 배열을 이용하는 정렬 모델에 대해 배경도, 시스템 다이어그램, 모듈기술서 그리고 나씨-슈나이더만 다이어그램을 참고하여 C 언어로 어떻게 구현하는지 알아보자.

[원시 코드 파일 만들기]

시스템 다이어그램에서 정리된 모듈들은 C언어의 논리적인 모듈인 함수들로 구현되어야 하고, 구현된 함수들은 컴퓨터에 입력되어야 하므로 원시 코드 파일이 필요하다. 따라서 첫 번째로 원시 코드 파일을 작성해야 한다. 원시 코드 파일은 배경도 또는 시스템 다이어그램으로 정리된 논리적 모듈에서 연산 모듈 이름으로 원시 코드 파일 이름을 짓도록 하자.

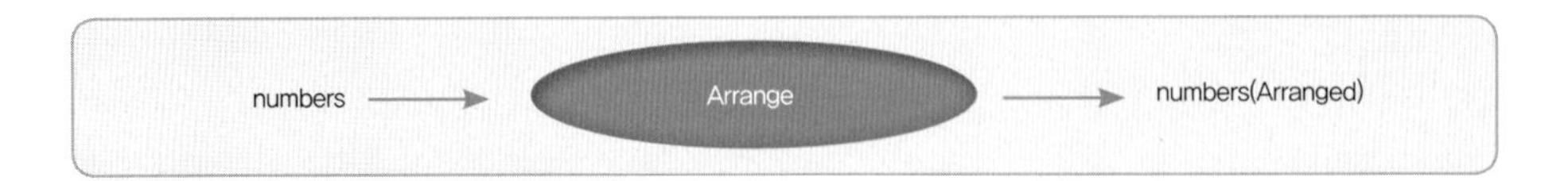

원시 코드 파일에서 첫 번째 줄에 한 줄 주석(// 로 시작하는 글귀)으로 파일 이름을 적는다. C 언어에서 원시 코드 파일의 확장자는 .c이어야 한다.

C코드

```
// Arrange.c
```

[프로그램에 대한 설명 달기]

모듈 기술서에서 개요를 블록 주석(/* 로 시작하고 */로 끝나는 글귀)으로 처리하여 프로그램에 대해 설명을 달도록 하자.

모듈 기술서		
명칭	한글	세 수를 입력받아 크기 순으로 출력한다.
	영문	Arrange
기능		세 수를 입력받아 내림차순으로 출력한다.
입 · 출력	입력	수들
	영문	수들
관련 모듈		

C코드

```
// Arrange.c
/* ***************************************************************************
 파일 명칭 : Arrange.c
 기     능 : 세 개의 수를 입력받아 내림차순으로 출력한다.
 작 성 자 : 김 석 현
 작성 일자 : 2011년 11월 30일
 ************************************************************************** */
```

[자료형 설계]

자료명세서를 참고하여 변수와 배열에 사용할 C언어의 자료형을 정리하자. C언어에서는 정수형에 대해 다음과 같은 키워드를 제공한다.

부호 비트 사용 여부	기억장소(Word) 크기	자료형
unsigned signed(default)	short(2byte) long(4byte)	int

정수 데이터에 대한 의미로 int, 그리고 워드 크기를 규정하기 위해서 2바이트 워드에 대

해 short 그리고 4바이트 워드에 대해 long을 제공하고 있다. 그리고 마지막으로 부호 비트를 사용할 것인지에 대해 사용할 때 signed 그리고 사용하지 않을 때 unsigned 키워드들을 제공한다.

이러한 키워드들을 조합함으로써 기억장소의 크기 그리고 표현할 수 있는 값의 범위를 결정할 수 있다.

	구분	크기	명칭
1	signed short int	2	-32768 – 32767
2	signed long int	4	-2147483648 – 2147483647
3	unsigned short int	2	0 – 65535
4	unsigned long int	4	0 – 4294967295

사용자가 입력하는 수에 대해서는 음수도 가능하므로 signed를 사용해야 하고, 최대 범위로 갖도록 한다면 long이어야 한다. 그렇지만 반복제어변수들에 대해서는 음수가 필요하지 않으므로 unsigned를 사용해야 한다. 따라서 자료명세서에 정리된 변수와 배열에 대해 C언어의 자료형은 다음과 같다.

자료 명세서					
번호	명칭		자료유형	구분	C 자료형
	한글	영문			
1	최대치	MAX	정수	기호상수	3
2	수들	numbers	정수 배열	입 · 출력	signed long int [MAX]
3	반복제어변수	i	정수	추가	unsigned long int
4	반복제어변수	j	정수	추가	unsigned long int
5	임시 기억장소	temp	정수	처리	signed long int

자료명세서를 보면, numbers의 자료형은 정수 배열이다. C 언어에서 제공하는 배열형(Array Type)이란 그럼 무엇일까? 배열을 선언하는 절차부터 정리하자.

(1) 배열 이름을 적는다. numbers

(2) 배열형을 강조하기 위해 배열 이름 뒤에 대괄호를 여닫는다. numbers[]

(3) 배열을 구성하는 요소, 배열요소의 자료형을 배열 이름 앞에 한 칸 띄우고 적는다. 배열요소의 자료형이 정수이기 때문에 signed long int를 적는다. signed long int numbers[]

(4) 배열요소의 개수를 대괄호에 적는다. 반드시 배열요소의 개수를 적을 때는 상수이어야 한다. signed long int numbers[3] 혹은 signed long int numbers[MAX]

(5) 선언문을 강조하기 위해서 닫는 대괄호 뒤 줄의 끝에 세미콜론을 적는다.

signed long int numbers[MAX];

이렇게 해서 배열이 선언과 동시에 정의가 된다. 이때 "numbers는 배열형이다"라고 하고, 정확한 자료형은 signed long int [MAX]이다.

변수나 배열의 자료형을 쉽게 아는 방법은 선언문에서 변수나 배열 이름과 세미콜론을 지워 보라. 변수나 배열 이름과 세미콜론이 지워지고 남는 것이 자료형이다.

signed long int나 unsigned long int로 사용하는 것은 번거롭다. 그래서 사용할 때 번거로움을 없애기 위해서 typedef로 자료형 이름(Type name)을 만들어 사용하자.

C코드

```
// Arrange.c
/* ************************************************************************
 파일 명칭 : Arrange.c
 기    능 : 세 개의 수를 입력받아 내림차순으로 출력한다.
 작 성 자 : 김 석 현
 작성 일자 : 2011년 11월 30일
 ********************************************************************** */
// 자료형 이름 선언
typedef signed long int Long;
typedef unsigned long int ULong;
```

자료 명세서

번호	명칭		자료유형	구분	C 자료형
	한글	영문			
1	최대치	MAX	정수	기호상수	3
2	수들	numbers	정수 배열	입 · 출력	Long [3]
3	반복제어변수	i	정수	추가	ULong
4	반복제어변수	j	정수	추가	ULong
5	임시 기억장소	temp	정수	처리	Long

[함수 선언하기]

시스템 다이어그램을 보고, 모듈에 대해 함수를 선언해야 한다. C언어에서 함수를 선언하는 형식은 다음과 같다.

C코드

```
반환형 함수이름([매개변수 목록]);
매개변수 목록 : 자료형 매개변수이름, ...
```

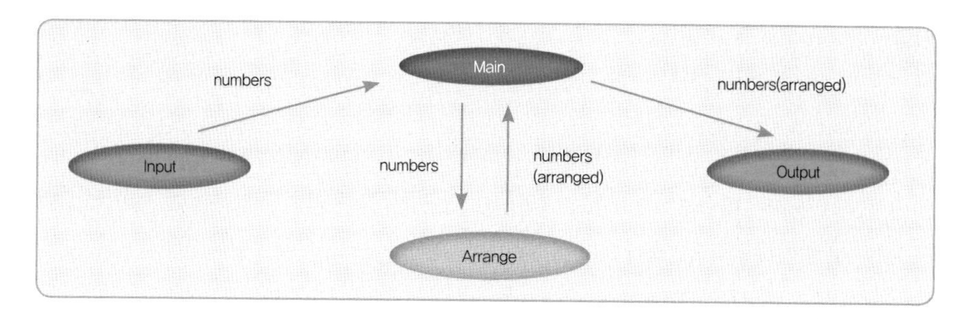

시스템 다이어그램에서 Main 모듈은 C 언어에서는 main 함수로 작성된다. C 언어에서는 main 함수는 사용자 정의 함수이지만, 운영체제에 의해서 호출되므로 따로 호출 표현을 하지 않아도 되는 함수이다. 따라서 C 언어로 작성되는 프로그램이 실행되어야 한다면 반드시 작성되어야 하는 함수이다.

main 함수는 권장하는 함수 원형을 사용하자. 따라서 main 함수를 선언한다는 것은 함수 원형을 적는 것이다. 일반적으로 main 함수는 따로 선언하지 않고 바로 정의하는 것이 관습적이다. 그러나 이 책에서는 함수를 만들어서 사용하는 절차를 여러분이 숙지하게 하려고 main함수도 함수를 만들어 사용하는 절차에 맞게 선언하도록 하자.

C코드

```
// Arrange.c
/* ****************************************************************************
 파일 명칭 : Arrange.c
 기    능 : 세 개의 수를 입력받아 내림차순으로 출력한다.
 작 성 자 : 김 석 현
 작성 일자 : 2011년 11월 30일
 **************************************************************************** */
// 자료형 이름 선언
typedef signed long int Long;
typedef unsigned long int ULong;

// 함수 원형들 : 함수 선언하기
int main ( int argc, char *argv[] );
```

시스템 다이어그램에 정리된 모듈들에서는 여러 개의 데이터가 출력된다. 여러 개 데이터가 출력되는 경우 반환형을 사용하지 않고, 포인터형 매개변수를 사용해야 한다. 포인터형 매개변수를 선언하고자 한다면, 메모리 맵을 작도한 다음 포인터 변수를 선언하는 절차에 따라 매개변수를 선언하면 된다.

따라서 Main 모듈에 대해 main 함수 스택 세그먼트를 작도하자. 주소가 높은 쪽에서 일정한 크기의 큰 사각형을 작도한다. 그리고 왼쪽에 함수 명칭 main을 적는다.

다음은 main 함수 스택 세그먼트 내부를 작도해야 한다. main 함수에서 입력데이터(들)에 대해서는 작은 사각형으로 main 함수 스택 세그먼트에 그려져야 한다. 시스템 다이어그램을 보면, Main 모듈에서 입력데이터들은 numbers이다. 그러면 자료명세서에서 numbers의 자료유형을 확인해야 한다.

자료명세서에서 자료유형에 배열이 아닌 경우, 변수이면 작은 사각형을 그리고, 적당한 위치에 변수 이름을 적으면 된다. 자료유형이 배열이면, 배열요소의 개수만큼 작은 사각형을 일렬로 그리고, 배열 이름을 적고, 배열 이름으로부터 시작하는 화살표를 그려서 첫 번째 배열요소의 시작위치를 가리키도록 작도해야 한다.

자료 명세서

번호	명칭		자료유형	구분	자료형
	한글	영문			
1	최대치	MAX	정수	기호상수	
2	수들	numbers	정수 배열	입 · 출력	Long [3]
3	반복제어변수	i	정수	추가	ULong
4	반복제어변수	j	정수	추가	ULong
5	임시 기억장소	temp	정수	처리	Long

numbers는 정수 배열이므로 일정한 크기의 작은 사각형을 연속으로 그리고, numbers를 적고, numbers로부터 시작하는 화살표를 그려 가장 왼쪽에 그려진 첫 번째 배열요소를 가리키도록 한다.

매개변수는 호출문장을, 자동변수와 배열은 선언문장을 참고하여 값을 적는다. main 함수에서 매개변수에 대해서는 정해진 값으로 적도록 하고, 배열은 초기화되지 않았으므로 배열요소에 쓰레기라는 의미로 물음표를 적도록 하자.

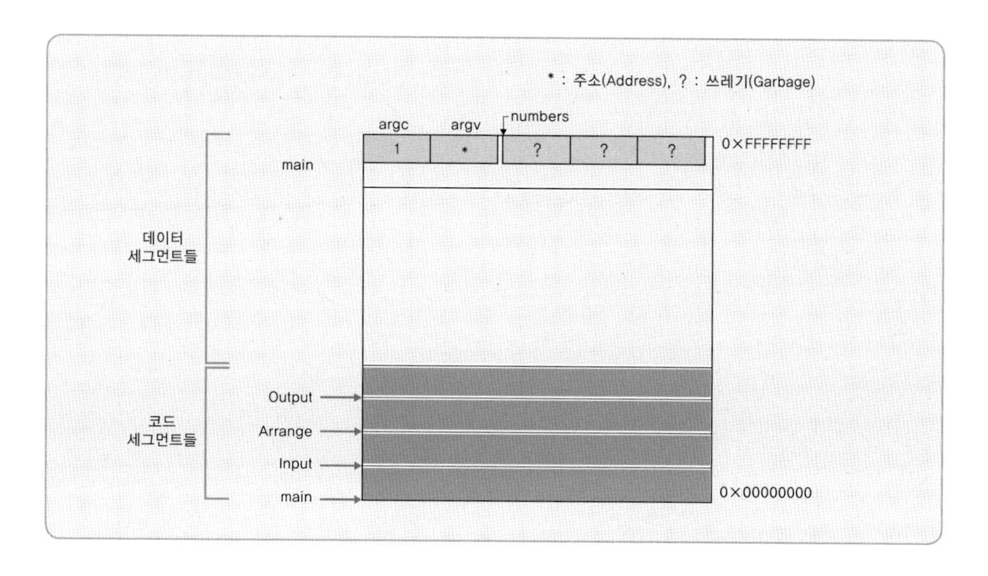

Input 모듈이 실행되면, 다시 말해서 Input 함수가 호출되어 실행되면, Input 함수 스택 세그먼트가 할당된다. 따라서 메모리 맵에서 main 함수 스택 세그먼트 바로 아래쪽에 일정한 크기의 큰 사각형을 작도한다. 그리고 왼쪽에 함수 이름 Input을 적는다.

Input 함수 스택 세그먼트에 출력데이터(들)에 대해 작은 사각형을 그린다. 적당한 위치에 이름을 적는다. 출력하는 데이터들의 개수에 따라, 한 개이면 출력하는 값을, 두 개 이상이면 사각형에는 별표를 적고, 별표로부터 시작하는 화살표로 호출한 함수 스택 세그먼트에 할당된 기억장소를 가리키도록 작도해야 한다.

Input 모듈에는 입력데이터는 없고, 출력데이터는 있다. 출력되는 numbers의 자료유형을 확인하면 배열이다. 따라서 2개 이상의 데이터가 출력되는 것이다. 따라서 numbers에 별표를 적고, 별표로부터 시작하는 화살표를 그린다. 화살표는 main 함수 스택 세그먼트에 할당된 배열의 시작 주소, 다시 말해서 왼쪽에 그려진 첫 번째 배열요소의 시작 위치를 가리키도록 작도한다.

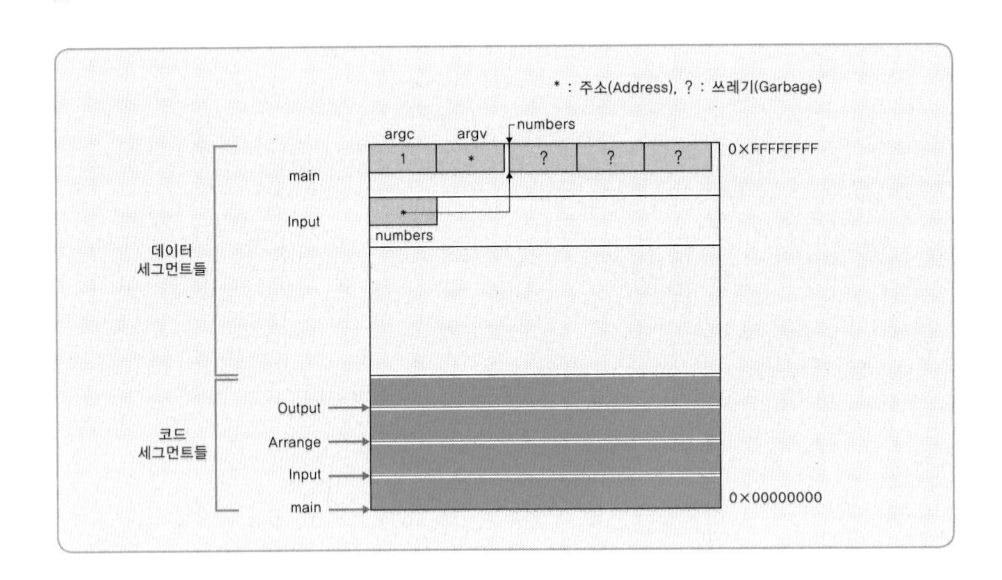

C 언어에서는 문법적으로 배열 자체를 정보 전달에 사용할 수 없다. 배열 자체를, 즉 다시 말해서 배열형을 매개변수의 자료형으로 또는 반환형으로 사용할 수 없다는 것이다. 따라서 배열의 시작주소를 이용하여야 한다. 배열의 시작주소를 저장하는 변수를 배열 포인터 변수라고 한다. 따라서 배열 포인터형의 매개변수를 이용하여야 한다.

메모리 맵을 보고 Input 함수를 선언해 보자.

(1) 출력되는 데이터들이 여러 개이므로 반환형은 void로 적어야 한다.

C코드

```
void
```

(2) 반환형 다음에 공백을 두고 모듈 이름으로 함수 이름을 적고, 소괄호를 여닫는다.

C코드

```
void Input()
```

(3) 출력을 매개변수로 해야 하므로 소괄호에 numbers 매개변수를 선언해야 한다.

C코드

```
void Input( Long (*numbers) )
```

포인터 변수이기 때문에 포인터 변수를 선언하는 절차에 맞게 해보자.

❶ 변수 이름을 적는다. numbers

❷ 변수에 주소가 저장되기 때문에 변수 이름 앞에 별표를 적는다. *numbers

❸ 변수에 저장된 값인 주소를 가지는 기억장소, 여기서는 main 함수 스택 세그먼트에 할당된 numbers 배열에서 첫 번째 배열요소이다. 첫 번째 배열요소의 자료형을 별표 앞에 한 칸 띄우고 적는다. 첫 번째 배열요소의 자료형이 Long이다. Long *numbers

❹ main 함수 스택 세그먼트에 할당된 numbers가 배열이다. 따라서 변수 이름과 변수 이름에 가장 가까운 오른쪽 별표를 소괄호로 감싼다. 이러한 포인터 변수를 배열 포인터(Pointer to Array)라고 한다. Long (*numbers)

❺ 매개변수이므로 세미콜론을 적지 않는다.

이렇게 해서 numbers 매개변수를 선언하게 된다.

(4) 또 다른 매개변수가 없으므로 선언문장을 강조하게 하도록 줄의 끝에 세미콜론을 적어 Input 함수 선언을 끝내다.

C코드

```
void Input( Long (*numbers) );
```

원시 코드 파일에 정리하면 다음과 같다.

C코드

```
// Arrange.c
/* ************************************************************************
 파일 명칭 : Arrange.c
 기    능 : 세 개의 수를 입력받아 내림차순으로 출력한다.
 작 성 자 : 김 석 현
 작성 일자 : 2011년 11월 30일
 ********************************************************************** */
// 자료형 이름 선언
typedef singed long int Long;
typedef unsigned long int ULong;

// 함수 원형들 : 함수 선언하기
int main ( int argc, char *argv[] );
void Input( Long (*numbers) );
```

다음은 Arrange 모듈에 대해 함수를 선언해 보자. Arrange 함수 스택 세그먼트에 대해 메모리 맵을 작도해 보자.

Input 함수가 호출되어 실행된 다음, 즉 Input 함수의 실행이 끝난 후 Arrange 함수가 호출되어 실행된다. 따라서 main 함수 스택 세그먼트 아래쪽에 일정한 크기의 큰 사각형을 그린다. 그리고 왼쪽에 함수 이름 Arrange를 적는다.

다음은 Arrange 함수 스택 세그먼트의 내부를 작도해야 한다. 입력데이터와 출력데이터에 대해 작은 사각형을 그린다. 그리고 적당한 위치에 이름을 적는다.

입력데이터 numbers에 대해 작은 사각형을 그린다. 출력데이터 numbers에 대해서도 작은 사각형을 그려야 하나, 입력데이터와 출력데이터에 대해 이름이 같아서 같은 데이터라는 의미이므로 한 개만을 그린다. 그리고 아래쪽에 numbers를 적는다.

다음은 작은 사각형에 값을 적어야 한다. 호출하는 쪽에서 어떠한 값을 복사하느냐에 따라 결정되는데 여기서는 main 함수에 할당된 배열 numbers이다. 앞에서 언급한 것처럼 C 언어에서는 배열 자체는 정보 전달에 사용되지 않는다. 대신에 배열의 시작주소가 복사되어 간접으로 값을 쓰고 읽도록 한다. 따라서 사각형에 별표를 적고, 별표로부터 시작하는 화살표를 그리는데, main 함수 스택 세그먼트에 할당된 배열을 가리키도록 해야 한다.

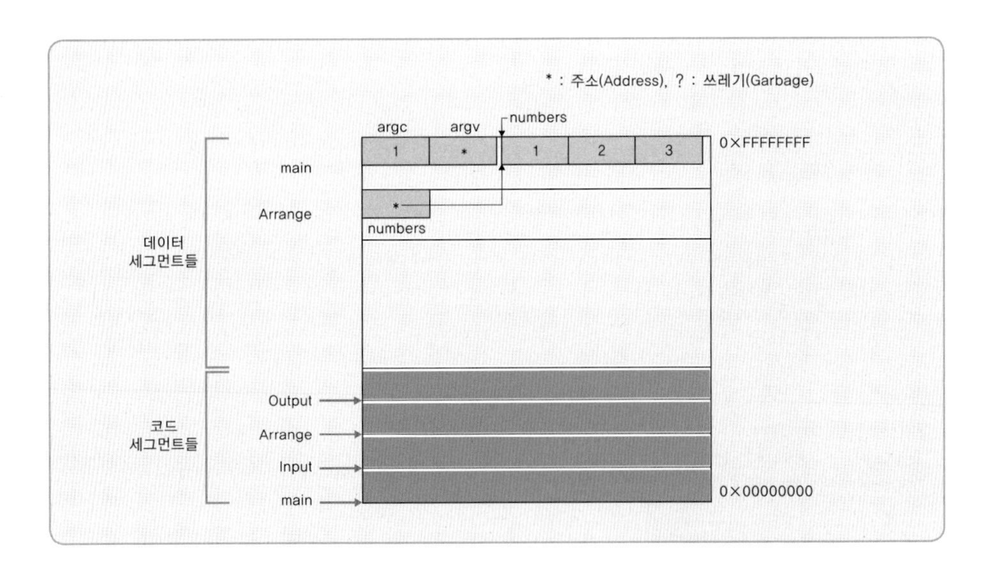

메모리 맵을 보고, 여러분이 직접 Arrange 함수에 대해 선언해 보자.

선언된 Arrange 함수를 원시 코드 파일에 정리하면 다음과 같다.

C코드

```
// Arrange.c
/* ******************************************************************************
 파일 명칭 : Arrange.c
 기    능 : 세 개의 수를 입력받아 내림차순으로 출력한다.
 작 성 자 : 김 석 현
 작성 일자 : 2011년 11월 30일
 *************************************************************************** */
// 자료형 이름 선언
typedef singed long int Long;
typedef unsigned long int ULong;

// 함수 원형들 : 함수 선언하기
int main ( int argc, char *argv[] );
void Input( Long (*numbers) );
void Arrange ( Long (*numbers) );
```

다음은 Output 모듈에 대해 함수를 선언해 보자. 여러분이 다음과 같은 절차에 따라 해보도록 하자.

- **Output 함수 스택 세그먼트를 여러분이 직접 작도하자.**
- **메모리 맵 보고 Output 함수를 여러분이 직접 선언하자.**

Output 함수까지 선언된 원시 코드 파일은 다음과 같다.

C코드

```
// Arrange.c
/* ******************************************************************************
 파일 명칭 : Arrange.c
 기    능 : 세 개의 수를 입력받아 내림차순으로 출력한다.
 작 성 자 : 김 석 현
 작성 일자 : 2011년 11월 30일
 *************************************************************************** */
// 자료형 이름 선언
typedef signed long int Long;
typedef unsigned long int ULong;

// 함수 원형들 : 함수 선언하기
int main ( int argc, char *argv[] );
void Input( Long (*numbers) );
void Arrange ( Long (*numbers) );
void Output ( Long (*numbers) );
```

[함수 정의하기]

이렇게 해서 시스템 다이어그램에서 정리된 모듈들에 대해 함수들을 모두 선언했다. 다음은 선언된 함수들에 대해 정의해야 한다. C언어에서 함수를 정의하는 형식은 다음과 같다.

C코드

```
[반환형] 함수이름( [매개변수 목록] ) // 함수 헤더(Function Header)
{ // 함수 몸체(Function Body) 시작
      [자동변수 및 배열 선언문;]
      [제어 구조]
      [return 값;]
} // 함수 몸체(Function Body) 끝
```

시스템 다이어그램에 정리된 순서대로 정의하자. main 함수부터 정의하자. 시스템 다이어그램에서 보면, main 함수는 Input, Arrange 그리고 Output 함수를 사용하면 된다. 다시 말해서 함수들을 호출하자. 함수들을 호출해야 하는 main 함수를 정의해 보자.

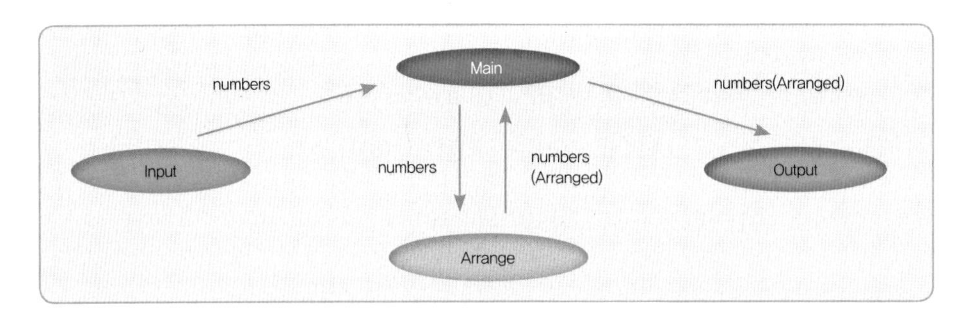

시스템 다이어그램을 보면, main 함수에 의해서 왼쪽에서 오른쪽으로, 즉 Input 함수, Arrange 함수 그리고 Output 함수가 호출되어야 한다.

권장하는 main 함수 원형을 적고 세미콜론을 지워 함수 머리를 만든다.

C코드

```
int main ( int argc, char *argv[] )
```

함수 머리의 끝에 여는 중괄호를 적고 다음 줄에 닫는 중괄호를 적어 함수 블록을 만든다.

C코드

```
int main ( int argc, char *argv[] ) {
}
```

배열을 선언해야 한다. 배열을 선언할 때 배열크기는 기호상수로 사용하도록 했다. 자료명세서에서 배열 크기를 정할 때 사용되는 기호상수 MAX에 대해 C언어로 먼저 구현해 보

자. 기호상수 MAX는 C언어로 구현할 때는 #define 전처리기 지시자를 사용하여 매크로(Macro)로 작성해야 한다. 매크로 형식은 다음과 같다.

C코드

```
#define 매크로명칭 치환목록
```

반드시 한 줄에 하나씩 작성되어야 한다. 매크로 명칭은 기호상수로, 치환목록은 상수인 값으로 대응되도록 기술하면 된다. 주석 단락 다음에 작성하면 된다. 전처리기 단락이라고 한다.

C코드

```
// Arrange.c
/* ***********************************************************************
  파일 명칭 : Arrange.c
  기    능 : 세 개의 수를 입력받아 내림차순으로 출력한다.
  작 성 자 : 김 석 현
  작성 일자 : 2011년 11월 30일
  ******************************************************************** */
// 매크로(Macro)
#define MAX 3

// 자료형 이름 선언
typedef signed long int Long;
typedef unsigned long int ULong;

// 함수 선언 : 함수 원형들
int main ( int argc, char *argv[] );
void Input( Long (*numbers) );
void Arrange ( Long (*numbers) );
void Output ( Long (*numbers) );

// 함수 정의
int main ( int argc, char *argv[] ) {
}
```

main 함수에 대해 입력데이터(들)에 대해 자동변수 또는 배열로 선인 및 정의해야 한다. numbers가 시스템 다이어그램에 보면 main 함수에 대해 입력데이터이다. 따라서 main 함수에 numbers에 대해 선언 및 정의를 해야 한다.

자료 명세서

번호	명칭		자료유형	구분	자료형
	한글	영문			
1	최대치	MAX	정수	기호상수	
2	수들	numbers	정수 배열	입 · 출력	Long [3]
3	반복제어변수	i	정수	추가	ULong
4	반복제어변수	j	정수	추가	ULong
5	임시 기억장소	temp	정수	처리	Long

자료명세서를 보면, numbers의 자료형이 정수 배열이다. 그러면 C 언어에서 배열형을 어떻게 선언 및 정의하는지 알아보자. 배열을 선언 및 정의하는 절차는 다음과 같다.

(1) 배열 이름을 적는다. numbers
(2) 배열형을 강조하기 위해 배열 이름 뒤에 대괄호를 적는다. numbers[]
(3) 배열요소의 자료형을 배열 이름 앞에 공백 문자를 두고 적는다. 자료명세서에서 정수 배열이라 정리되어 있으므로 배열요소의 자료형은 Long이다. Long numbers[]
(4) 대괄호에 배열요소의 개수, 다른 말로는 배열 크기를 의미하는 상수를 적는다. Long numbers[MAX]
(5) 선언문(장)임을 강조하기 위해 마지막에 세미콜론을 적는다. Long numbers[MAX];

이렇게 배열 선언문을 작성하게 된다.

C코드

```
int main ( int argc, char *argv[] ) {
     Long numbers[MAX];
}
```

다음은 시스템 다이어그램에서 Main 모듈과 Input, Arrange, Ouput 모듈 간의 관계를 함수 호출 문장으로 차례로 구현하자.

함수 호출 문장은 기본적으로 두 개의 식, 치환식과 함수 호출식으로 구성된다. 값을 구하는 호출식과 함수에 의해서 구해진 값을 저장하는 치환식이다. 따라서 함수 호출 문장의 형식은 다음과 같다.

C코드

```
(1) 치환식 : 변수 =
(2) 호출식 : 함수이름([인수, ...])

[변수 = ]함수명칭([인수, ...]);
```

반환형이 void가 아니면, 위쪽에 제시된 완전한 형식을 따라야 한다. 그러나 void이면 호출식으로만 함수 호출 문장을 작성하면 된다.

Input 함수를 호출하는 문장을 만들어 보자. 먼저 함수 원형을 확인해 보자.

C코드
```
void Input ( Long (*numbers) );
```

반환형이 void이다. 따라서 함수 호출식만으로 구성되어야 한다. 함수 호출식은 함수 이름을 적고, 소괄호를 여닫아야 한다. 그리고 소괄호에 매개변수(들)에 대해 값을 지정한다. 한 개의 매개변수가 있고, 메모리 맵에서 볼 수 있듯이 1차원 정수 배열의 시작주소를 저장해야 한다. 배열 이름이 배열의 시작주소이므로 배열 이름을 적으면 된다. main 함수에 선언 및 정의된 배열 이름은 numbers이다. 따라서 다음과 같이 작성되어야 한다.

C코드
```
Input( numbers )
```

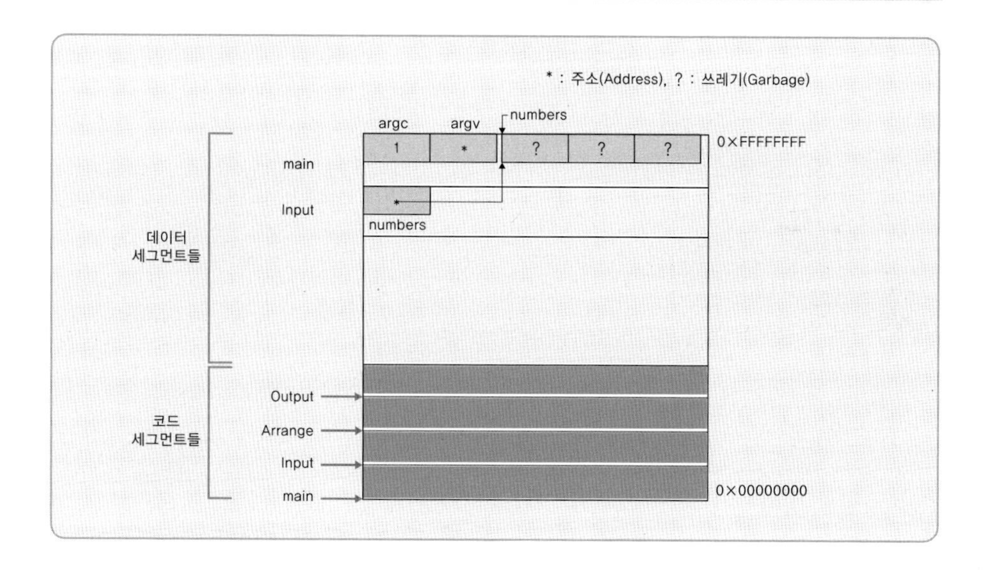

문장으로 처리해야 하므로 줄의 끝에 세미콜론을 적으면 된다.

C코드
```
int main ( int argc, char *argv[] ) {
    Long numbers[MAX];

    // 세 개의 수를 입력받는다.
    Input( numbers );
}
```

Arrange 함수와 Output 함수를 호출하는 문장을 여러분이 직접 작성해 보자. 반환형이

void이고, 배열의 시작주소를 인수로 지정해야 한다. 따라서 다음과 같이 작성되어야 한다.

C코드

```
int main ( int argc, char *argv[] ) {
     Long numbers[MAX];

     // 세 개의 수를 입력받는다.
     Input( numbers );
     // 정렬하다.
     Arrange( numbers );
     // 정리된 수들을 출력한다.
     Output( numbers );
}
```

수들 입력받아 정렬해서 출력한 후에 정상적으로 프로그램이 종료되어야 한다. 따라서 main 함수에서는 운영체제로 0을 반환해야 한다. 따라서 마지막 문장으로 return 문장을 작성해야 한다.

C코드

```
int main ( int argc, char *argv[] ) {
     Long numbers[MAX];

     // 세 개의 수를 입력받는다.
     Input( numbers );
     // 정렬하다.
     Arrange( numbers );
     // 정리된 수들을 출력한다.
     Output( numbers );

     return 0;
}
```

[Input 함수 정의하기]

다음은 Input 함수를 정의해야 한다. printf와 scanf 함수를 사용하여 간단한 메시지를 출력하고, 키보드로 세 개의 수를 입력받도록 하는 기능의 Input 함수를 정의해 보자.

먼저 함수에 대해 설명을 달자. 함수 이름, 기능, 입력, 출력을 적도록 하자.

C코드

```
/* ************************************************************************
 함수 이름 : Input
 기    능 : 간단한 메시지를 출력하고 키보드로 세 개의 수를 입력받는다.
 입    력 : 없음
 출    력 : 수들
 ********************************************************************** */
```

C 언어에서는 모니터에 정보를 출력하고, 키보드로 데이터를 입력받는 기능을 제공하지 않는다. 그러면 어떻게 할까? C 컴파일러 개발자에 의해서 작성되어 제공되는 함수를 사용해야 한다. 이러한 함수를 라이브러리 함수(Library Function) 혹은 내장 함수(Built-in Function)라고 한다.

따라서 라이브러리 함수를 사용하는 방법에 대해서 알아야 한다.

(1) 라이브러리 함수 설명서에서 필요한 기능을 갖는 라이브러리 함수를 찾아야 한다. 모니터에 출력하는 기능을 갖는 함수들에서 가장 많이 사용하는 함수는 printf이다. 그리고 키보드로 데이터를 입력받는 기능을 갖는 함수들에서 가장 많이 사용하는 함수는 scanf이다.

(2) C 언어에서는 반드시 함수를 사용하기 전에, 다시 말해서 함수 호출식을 작성하는 곳보다 앞에 사용할 함수를 선언해야 한다.

간단하게 하는 방식은 사용하고자 하는 라이브러리 함수의 함수 원형(Prototype)을 라이브러리 함수 설명서에서 확인하고, 옮겨 적으면 된다. 그러나 사용하는 라이브러리 함수들이 많은 경우 번거로운 작업이다. 이러한 번거로운 작업도 프로그램으로 처리할 수 있다. 이때 사용되는 프로그램이 전처리기(Preprocessor)라고 한다.

라이브러리 개발자는 자신이 작성한 라이브러리 함수 원형을 디스크 파일(Disk File)에 정리해서 제공한다. 라이브러리 함수 원형(들)을 저장한 디스크 파일을 헤더 파일(Header File)이라고 한다.

전처리기로 헤더 파일에 정리된 함수 원형을 원시 코드 파일에 옮겨 적도록 지시하면 된다. 그래서 옮겨 적고자 하는 위치에 전처리기 지시자 #include로 매크로를 작성한다. 매크로로 사용해야 하는 헤더 파일 이름과 헤더 파일이 저장된 위치, 즉 경로(Path)를 정해주면 된다. #include 전처리기 지시자의 사용법은 다음과 같다.

C코드

```
#include <헤더파일이름.h>
```

라이브러리 설명서에서 printf와 scanf 함수를 찾아보면, 헤더 파일을 확인할 수 있다. 헤더 파일은 stdio.h이다. include 폴더(혹은 디렉토리)에 저장되어 있기 때문에 각진 괄호에 헤더 파일 이름을 적으면 된다.

관습적으로 라이브러리 함수를 사용하는 경우 전처리기 지시자 #include를 적는 위치는 프로그램에 대해 설명하는 글귀가 적힌 주석 단락과 #define 전처리기 지시자로 매크로를 작성한 전처리기 단락 사이이다.

C코드

```
// Arrange.c
/* ***********************************************************************
 파일 명칭 : Arrange.c
 기    능 : 세 개의 수를 입력받아 내림차순으로 출력한다.
 작 성 자 : 김 석 현
 작성 일자 : 2011년 11월 30일
 ********************************************************************** */
// 매크로
#include  <stdio.h> // printf, scanf 함수 원형 복사 지시 매크로

#define MAX 3 // MAX에 대해 상수  3으로 대체 지시 매크로

// 자료형 이름 선언
typedef signed long int Long;
typedef unsigned long int ULong;

// 함수 선언 : 함수 원형들
int main ( int argc, char *argv[] );
void Input( Long (*numbers) );
void Arrange ( Long (*numbers) );
void Output ( Long (*numbers) );

// 함수 정의
int main ( int argc, char *argv[] ) {
    Long numbers[MAX];

    // 세 개의 수를 입력받는다.
    Input( numbers );
    // 정렬하다.
    Arrange( numbers );
    // 정리된 수들을 출력한다.
    Output( numbers );

    return 0;
}
```

(3) 함수 원형을 참고하여 함수 호출문장을 작성해야 한다. printf 함수와 scanf 함수에 대해 함수 원형들은 다음과 같다.

C코드

```
int printf( const char *format [, argument]... );
int scanf( const char *format [,argument]... );
```

서식 형식(format)은 출력 혹은 입력할 데이터의 개수와 출력 혹은 입력하는 데이터의 자료형을 지정하는 문자열 리터럴(상수) 이어야 한다. 데이터의 개수는 % 기호를 개수만큼 적어야 한다. 데이터의 자료형은 % 기호 바로 뒤에 붙여서 형 변환문자로 설정하면 된다.

번호	자료형	형 변환 문자
1	정수	d
2	실수	f
3	문자	c
4	문자열	s

인수(argument)는 출력할 데이터인 경우 출력할 값을 지정한다. 입력하는 데이터인 경우는 반드시 입력하는 데이터를 저장할 변수의 주소를 값으로 지정해야 한다. 인수의 개수는 % 기호의 개수만큼, 쉼표로 구분하여 적어야 하는데, 반드시 자료형을 맞추어야 한다.

"세 번 수를 입력하십시오." 라는 문자열을 출력하고자 한다면 서식형식은 다음과 같이 작성되어야 합니다.

(1) 출력할 데이터 개수가 한 개이므로 % 기호를 한 개 적어야 한다. "%"

(2) 출력할 데이터의 자료형이 문자열이므로 % 기호 뒤에 바로 s를 적어야 한다. "%s"

그러면 printf 함수 호출식을 작성해 보자. 출력한 후 줄 바꿈도 하도록 하자. 줄 바꿈은 엔터 키(Enter)를 출력하도록 하는 것이다. 엔터 키는 제어키이므루 엔터 키를 출력할 때는 특수 문자를 이용해야 한다. 이때 사용되는 특수 문자를 확장 열(Escape Sequence)이라고 한다. 엔터 키에 대한 확장 열은 '₩n'이다. 이러한 확장 열은 scanf 함수에서는 절대 사용할 수 없고, printf 함수에서는 사용할 수 있다. 따라서 다음과 같이 함수 호출식이 작성될 것이다.

C코드

```
printf( "%s", "세 번 수를 입력하십시오.\n" );
```

출력되는 값이 상수인 경우에는 반드시 서식 문자열에서 자료형 변환 문자를 사용할 필요가 없이 바로 서식 문자열에 출력할 값을 적으면 된다. 다음과 같이 하는 것이 더 효율적이다.

C코드

```
printf( "세 번 수를 입력하십시오.\n" );
```

메시지에 의하면 수를 한 개씩 입력받는데 세 번 입력받도록 하라는 것이다. 수 하나를 입력받는 scanf 함수 호출식부터 작성해 보자.

(1) 입력할 데이터 개수가 한 개이므로 % 기호를 한 개 적어야 한다. "%"

(2) 출력할 데이터의 자료형이 정수이므로 % 기호 뒤에 바로 d를 적어야 한다. "%d"

Input 함수에서 입력받는 데이터를 저장할 기억장소는 배열요소이다. 따라서 배열요소의 주소를 구해서 인수로 지정해야 한다.

그러면 배열요소의 주소를 구하는 형식에 대해서 정리하면 다음과 같다.

정리

배열을 선언할 때 배열형을 강조하는 대괄호([])를 사용한 개수에 따라
(1) 1개이면 1차원 배열인데 여러 개의 열로 구성된 배열이기 때문에 배열요소는 열의 주소이다.
　　배열이름(혹은 배열 포인터 변수이름) + 첨자 (열의 주소)
(2) 2개이면 2차원 배열인데 여러 개의 행으로 구성된 배열이다. 기본적으로 행은 한 개 이상의 열로 구성된다. 따라서 배열요소는 행이 될 수도 있고, 열이 될 수도 있다.
　　배열이름(혹은 배열 포인터 변수이름)[첨자] (행의 주소)
　　배열이름(혹은 배열 포인터 변수이름)[첨자] + 첨자 (열의 주소)
(3) 3개이면 3차원 배열인데 여러 개의 면으로 구성된 배열이다. 기본적으로 하나의 면은 한 개 이상의 행으로 구성되고, 행은 또한, 한 개 이상의 열로 구성된다. 따라서 배열요소는 면, 행 그리고 열이 될 수 있다.
　　배열이름(혹은 배열 포인터 변수이름)[첨자] (면의 주소)
　　배열이름(혹은 배열 포인터 변수이름)[첨자][첨자] (행의 주소)
　　배열이름(혹은 배열 포인터 변수이름)[첨자][첨자] + 첨자 (열의 주소)
결론적으로 차원의 개수보다 하나 적은 대괄호([])와 + 그리고 첨자로 배열요소의 주소를 구하면 된다.
2차원과 3차원 배열에 대해서도 같이 설명되었다. 이 책에서는 2차원과 3차원 배열을 다루지 않으므로 2차원과 3차원 배열에 대한 내용은 설명되었다 정도로만 이해하도록 하자. 이 책에서는 1차원 배열만을 다루므로 1차원 배열만 집중하도록 하자.

Input 함수에서 사용하는 배열은 1차원 배열이다. 따라서 1차원이므로 대괄호 없이 포인터 산술 연산자 +와 첨자로 배열요소의 주소를 구할 수 있다. C언어에서 첨자는 0부터 시작한다는 것도 기억하자.

C코드

```
numbers + 0 // 첫 번째 배열요소의 주소
numbers + 1 // 두 번째 배열요소의 주소
numbers + 2 // 세 번째 배열요소의 주소
```

첨자가 바뀌어야 하므로 변수를 사용하자. 따라서 scanf 함수 호출식은 다음과 같이 작성된다.

C코드

```
scanf( "%d", numbers + i );
```

첨자를 바꾸면서 scanf 함수 호출식을 작성하면 반복문으로 표현할 수 있다. 여기까지 설명된 내용을 가지고 Input 함수를 정의하자.

함수 머리를 만들어야 한다. 함수 머리는 함수 원형을 그대로 옮겨 적고, 마지막에 적힌 세미콜론을 지운다.

C코드

```
/* ****************************************************************************
 함수 이름 : Input
 기    능 : 간단한 메시지를 출력하고 키보드로 세 개의 수를 입력받는다.
 입    력 : 없음
 출    력 : 수들
 *************************************************************************** */
void Input( Long (*numbers) )
```

함수 몸체를 만들어야 한다. 함수 머리에서 닫는 소괄호 뒤에 여는 중괄호를 적고, 다음 줄에 닫는 중괄호를 적는다.

C코드

```
/* ****************************************************************************
 함수 이름 : Input
 기    능 : 간단한 메시지를 출력하고 키보드로 세 개의 수를 입력받는다.
 입    력 : 없음
 출    력 : 수들
 *************************************************************************** */
void Input( Long (*numbers) ) {
}
```

자동변수로 반복제어변수 i를 선언한다. 한 개씩 세 번 입력받아야 한다. 따라서 scanf 함수 호출문장을 세 번 실행시켜야 하기 때문이다.

C코드

```
/* ****************************************************************************
 함수 이름 : Input
 기    능 : 간단한 메시지를 출력하고 키보드로 세 개의 수를 입력받는다.
 입    력 : 없음
 출    력 : 수들
 ************************************************************************** */
void Input( Long (*numbers) ) {
     ULong i; // 반복제어변수
}
```

간단한 메시지를 출력하는 printf 함수 호출식을 적고 세미콜론을 적어 문장을 작성하자.

C코드

```
/* ****************************************************************************
 함수 이름 : Input
 기    능 : 간단한 메시지를 출력하고 키보드로 세 개의 수를 입력받는다.
 입    력 : 없음
 출    력 : 수들
 ************************************************************************** */
void Input( Long (*numbers) ) {
     ULong i; // 반복제어변수

     printf( "세 번 수를 입력하십시오.\n" );
}
```

입력하는 횟수가 세 번이므로 반복횟수가 정해진 경우이므로 for 반복문을 작성하자. C언어에서 for 반복문의 형식은 다음과 같다.

C코드

```
for(초기식; 조건식; 변경식) {
     // 반복해야 하는 단문 혹은 복문
}
```

for 키워드를 적고 소괄호를 여닫아야 한다. 소괄호에 초기식, 조건식 그리고 변경식을 차례로 세미콜론으로 구분하여 적는다. 반복제어변수를 배열의 첨자로 사용할 것이다. 그래서 C 언어에서는 첨자가 0부터 시작하기 때문에 초기식에서 0으로 설정하면 된다. 초기식은 i = 0이다. 조건식은 세 번 반복해야 하므로 i가 배열 크기 MAX보다 작은지(<)에 관한 관계식이어야 한다. 그리고 변경식은 반복제어변수에 저장된 값이 하나씩 증가하는 식이어야 한다. 하나씩 증가하는 변경식은 증가 연산자를 사용하여 관습적으로 i++이다.

for 반복문에 대해 제어블록을 설정하자. 닫는 소괄호 뒤에 여는 중괄호를 적고 다음 줄에 닫는 중괄호를 적자. 제어블록에 반복해서 처리해야 하는 내용을 C언어의 문장(들)으로 작성하면 된다. 이때 문장(들)은 들여쓰기하도록 하자.

C코드

```
/* ***************************************************************************
 함수 이름 : Input
 기    능 : 간단한 메시지를 출력하고 키보드로 세 개의 수를 입력받는다.
 입    력 : 없음
 출    력 : 수들
 ************************************************************************* */
void Input( Long (*numbers) ) {
     ULong i; // 반복제어변수

     printf( "세 번 수를 입력하십시오.\n" );
     for( i = 0; i < MAX ; i++ ) {
     }
}
```

반복해서 처리해야 하는 문장을 for 반복 제어블록에 적어야 한다. 반복해서 처리해야 하는 문장은 scanf 함수 호출문장이다. scanf 함수 호출문장은 scanf 함수 호출식을 적고 마지막에 세미콜론을 적으면 된다. C 언어에서는 줄의 마지막에 세미콜론을 적으면 문장으로 처리된다.

C코드

```
/* ***************************************************************************
 함수 이름 : Input
 기    능 : 간단한 메시지를 출력하고 키보드로 세 개의 수를 입력받는다.
 입    력 : 없음
 출    력 : 수들
 ************************************************************************* */
void Input( Long (*numbers) ) {
     ULong i; // 반복제어변수

     printf( "세 번 수를 입력하십시오.\n" );
     for( i = 0; i < MAX ; i++ ) {
        scanf("%d", numbers + i );
     }
}
```

이렇게 해서 Input 함수에 대해 정의가 끝났다. 다음은 순서대로 Arrange 함수를 정의하자.

[Arrange 함수 정의하기]

여기서는 Arrange 함수에 대해 모듈기술서와 나씨-슈나이더만 다이어그램을 참고하여 어떻게 정의하는지에 집중해서 설명하도록 하겠다. 먼저 함수에 대해 설명을 달도록 하자.

C코드

```
/* ****************************************************************************
 함수 이름 : Arrange
 기    능 : 세 개의 수를 입력받아 내림차순으로 정렬하다.
 입    력 : 수들
 출    력 : 정렬된 수들
 ************************************************************************** */
```

함수를 정의하는 것은 크게 함수 머리를 만드는 작업과 함수 몸체를 만드는 작업으로 이루어진다.

함수 머리를 먼저 만들어야 한다. 가장 간단하게 하는 방법은 함수 원형을 한 번 더 적고, 마지막에 적힌 세미콜론을 지운다. 따라서 함수를 정의하면 한 번의 선언이 포함된다는 개념이 성립된다.

C코드

```
/* ****************************************************************************
 함수 이름 : Arrange
 기    능 : 세 개의 수를 입력받아 내림차순으로 정렬하다.
 입    력 : 수들
 출    력 : 정렬된 수들
 ************************************************************************** */
void Arrange ( Long (*numbers) )
```

다음은 함수 몸체를 만들어야 한다. 처리 과정에서는 "4. 끝내다."와 나씨-슈나이더만 다이어그램에서는 start가 적힌 순차 구조 기호와 stop이 적힌 순차 구조 기호에 대해 C 언어로 구현하는 것이다.

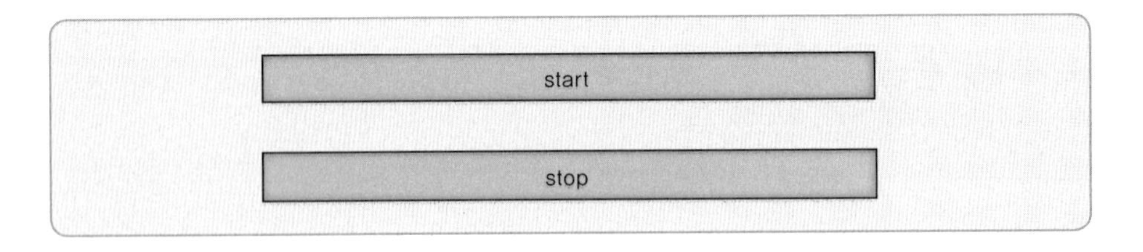

start가 적힌 순차 구조 기호에 대해 여는 중괄호({)를 함수 머리의 끝에 적고, 다음 줄에 stop이 적힌 순차 구조 기호에 대해 닫는 중괄호(})를 적는다. 그러면 "함수 블록을 설정한다"고 하고, 함수 몸체가 작성된다.

C코드

```
/* ***************************************************************************
 함수 이름 : Arrange
 기    능 : 세 개의 수를 입력받아 내림차순으로 정렬하다.
 입    력 : 수들
 출    력 : 정렬된 수들
 ************************************************************************** */
void Arrange ( Long (*numbers) ) {
}
```

다음은 함수 몸체에 변수와 배열을 선언하는 순차 구조 기호와 자료명세서를 참고하여 변수(들)와 배열을 선언, 정의 그리고 초기화한다.

MAX = 3, numbers(MAX), i, j, temp

자료 명세서

번호	명칭		자료유형	구분	비고	C 언어 자료형
	한글	영문				
1	최대치	MAX	정수	기호상수	3	int
2	수들	numbers	정수 배열	입 · 출력		Long [3]
3	반복제어변수	i	정수	추가		ULong
4	반복제어변수	j	정수	추가		ULong
5	임시 기억장소	temp	정수	처리		Long

자동변수는 선언과 정의를 분리할 수 없다. 그래서 대개는 "자동변수를 선언한다"고 하면, 정의도 이루어진다는 것도 이해하도록 하자. 자동변수를 선언하는 형식은 다음과 같다.

C코드

```
[auto] 자료형 변수명칭[= 초기값];
```

자료명세서에서 정리된 자료유형을 보고, C 언어에서 제공하는 자료형을 정리해야 한다. 앞에서 이미 정리했다.

[기호상수 매크로 작성하기]

자동변수를 선언하기 전에 기호상수에 대해 C언어로 어떻게 구현되는지부터 정리하자. 이미 앞에서 간단히 언급했지만 여기서 자세히 설명하도록 하겠다. 기호상수는 매크로(Macro)로 구현해야 한다. 컴파일러에 의해서 처리되는 것이 아니라 전처리기(Preprocessor)로 처리되는 기능이다. 매크로 형식은 다음과 같다.

C코드

```
#define 매크로명칭 치환문자열
```

반드시 한 줄에 하나씩 구현돼야 한다. 줄의 처음에 #define 전처리기 지시자를 적는다.

C코드

```
#define
```

그리고 스페이스 문자, 탭 문자를 이용하여 공백문자를 두고 기호상수를 매크로 명칭으로 적는다.

C코드

```
#define MAX
```

다시 스페이스 문자, 탭 문자를 이용하여 공백문자를 두고 치환 문자열로 정수형 상수 3을 적는다.

C코드

```
#define MAX 3
```

이렇게 하면 매크로 하나를 작성하게 된다. 여러 개의 기호상수가 있으면 줄을 바꾸어서 매크로를 작성하면 된다. 원시 코드 파일에서 구현되는 위치는 관습적으로는 프로그램을 설명하는 주석 다음에 함수 원형들 앞에 구현한다. #include로 작성된 매크로보다 뒤에 작성한다. 원시 코드 파일에 정리한다면 다음과 같다.

C코드

```
// Arrange.c
/************************************************************************
 파일 명칭 : Arrange.c
 기    능 : 세 개의 수를 입력받아 내림차순으로 출력한다.
 작 성 자 : 김 석 현
 작성 일자 : 2011년 11월 30일
 ***********************************************************************/
// 매크로
#include  <stdio.h> // printf, scanf 함수 원형 복사 지시 매크로

#define MAX 3 // MAX에 대해 상수 3으로 대체 지시 매크로

// 자료형 이름 선언
typedef signed long int Long;
typedef unsigned long int ULong;

// 함수 선언 : 함수 원형들
int main ( int argc, char *argv[] );
void Input( Long (*numbers) );
```

```
void Arrange ( Long (*numbers) );
void Output ( Long (*numbers) );

// 함수 정의
int main ( int argc, char *argv[] ) {
     Long numbers[MAX];

     // 세 개의 수를 입력받는다.
     Input( numbers );
     // 정렬하다.
     Arrange( numbers );
     // 정리된 수들을 출력한다.
     Output( numbers );

     return 0;
}

/* ************************************************************************
 함수 이름 : Input
 기    능 : 간단한 메시지를 출력하고 키보드로 세 개의 수를 입력받는다.
 입    력 : 없음
 출    력 : 수들
 ********************************************************************** */
void Input( Long (*numbers) ) {
     ULong i; // 반복제어변수

     printf( "세 번 수를 입력하십시오.\n" );
     for( i = 0; i < MAX ; i++ ) {
        scanf("%d", numbers + i );
     }
}

/* ************************************************************************
 함수 이름 : Arrange
 기    능 : 세 개의 수를 입력받아 내림차순으로 정렬하다.
 입    력 : 수들
 출    력 : 정렬된 수들
 ********************************************************************** */
void Arrange ( Long (*numbers) ) {
}
```

다시 Arrange 함수를 정의하는 것으로 돌아와서, 자동변수들을 선언해 보자.

numbers는 매개변수로 선언되었기 때문에 다시 numbers로 배열을 선언하면 되지 않는다. 따라서 자동변수로 선언해야 하는 것들은 i, j, 그리고 temp이다. 그러면 차례대로 i부터 선언해 보자.

C언어에서 자동변수를 선언하는 형식은 다음과 같다.

C코드

```
[auto] 자료형 변수이름[=초깃값];
```

자동변수도 한 줄에 하나씩 선언하도록 하자. 탭 키를 눌러 들여쓰기를 하자. 그리고 자동변수를 선언하는 형식에 따라 자료형을 먼저 적는다.

C코드

```
/* ************************************************************************
 함수 이름 : Arrange
 기    능 : 세 개의 수를 입력받아 내림차순으로 정렬하다.
 입    력 : 수들
 출    력 : 정렬된 수들
 ********************************************************************** */
void Arrange ( Long (*numbers) ) {
    ULong
}
```

다음은 한 칸 띄우고 변수 이름을 적는다.

C코드

```
/* ************************************************************************
 함수 이름 : Arrange
 기    능 : 세 개의 수를 입력받아 내림차순으로 정렬하다.
 입    력 : 수들
 출    력 : 정렬된 수들
 ********************************************************************** */
void Arrange ( Long (*numbers) ) {
    ULong i
}
```

초기화가 되지 않기 때문에 마지막에 세미콜론을 적어 문장으로 처리되도록 한다.

C코드

```
/* ************************************************************************
 함수 이름 : Arrange
 기    능 : 세 개의 수를 입력받아 내림차순으로 정렬하다.
 입    력 : 수들
 출    력 : 정렬된 수들
 ********************************************************************** */
void Arrange ( Long (*numbers) ) {
    ULong i;
}
```

이러한 문장을 변수 선언문이라고 한다.

C코드

```
/* ***************************************************************************
 함수 이름 : Arrange
 기    능 : 세 개의 수를 입력받아 내림차순으로 정렬하다.
 입    력 : 수들
 출    력 : 정렬된 수들
 ************************************************************************** */
void Arrange ( Long (*numbers) ) {
     // 선언문들
     ULong i;
}
```

같은 방식으로 j와 temp에 대해 여러분이 선언해 보자.

C코드

```
/* ***************************************************************************
 함수 이름 : Arrange
 기    능 : 세 개의 수를 입력받아 내림차순으로 정렬하다.
 입    력 : 수들
 출    력 : 정렬된 수들
 ************************************************************************** */
void Arrange ( Long (*numbers) ) {
     // 선언문들
     ULong i;
     ULong j;
     Long temp;
}
```

다음은 모듈 기술서에 정리된 처리 과정을 한 줄 주석(// 로 시작하는 글귀)으로 원시 코드에 대해 설명을 달도록 하자.

처리 과정

1. 수들을 입력받는다.
2. 입력받은 수들의 개수보다 하나 작은 만큼 반복한다.
  2.1. 다음 번째부터 마지막 번째까지 반복한다.
    2.1.1. 두 개의 수를 비교한다.
      2.1.1.1. 두 개의 수를 비교한 결과에 따라 두 개의 수를 교환한다.
3. 정리된 수들을 출력한다.
4. 끝내다.

C코드

```
/* ***************************************************************************
 함수 이름 : Arrange
 기    능 : 세 개의 수를 입력받아 내림차순으로 정렬하다.
 입    력 : 수들
 출    력 : 정렬된 수들
 ************************************************************************** */
void Arrange ( Long (*numbers) ) {
```

```
    // 선언문들
    ULong i;
    ULong j;
    Long temp;

    // 1. 수들을 입력받는다.
    // 2. 입력받은 수들의 개수보다 하나 작은 만큼 반복한다.
        // 2.1. 다음 번째부터 마지막 번째까지 반복한다.
            // 2.1.1. 두 개의 수를 비교한다.
                // 2.1.1.1. 두 개의 수를 비교한 결과에 따라 두 개의 수를 교환한다.
    // 3. 정리된 수들을 출력한다.
    // 4. 끝내다.
}
```

다음은 처리 과정을 참고하여 처리단계마다 집중하여 어떻게 할 것인지를 생각하여 구현하도록 하자. 첫 번째로 “1. 수들을 입력받는다.” 처리단계에 대해 read가 적힌 순차 구조 기호를 구현해 보자.

read numbers

main 함수에서 Arrange 함수 호출식이다. Input 함수에 의해서 입력된 수들을 저장하는 배열의 시작주소를 복사하여 매개변수에 저장하도록 구현된다. 왜냐하면, C 언어에서는 배열 자체를 정보 전달에 사용할 수 없기 때문이다. 따라서 Arrange 함수에서는 따로 구현되지 않는다.

“2. 입력받은 수들의 개수보다 하나 작은 만큼 반복한다.” 처리단계에 대해 반복 구조 기호를 구현해 보자.

for (i = 1, MAX - 1, 1)

for 반복구조이다. C 언어에서는 for 반복문을 제공한다. 형식은 다음과 같다.

C코드

```
for ( 초기식 ; 조건식 ; 변경식 ) {
    // 단문 혹은 복문
}
```

for 키워드를 적고 소괄호를 여닫아야 한다. 그리고 소괄호에 초기식, 조건식 그리고 변경식을 순서대로 작성하여 세미콜론으로 구분하여 적어야 한다. 반복해서 처리해야 하는 문장(들)을 중괄호로 제어블록을 설정한 다음 작성한다. 반복해서 처리해야 하는 문장이 한 개인 경우, 즉 단문이면 제어블록을 반드시 설정할 필요는 없다. 그렇지만 반복해서 처리해야 하는 문장이 추가될 경우나 코드를 이해하기 쉽도록 하기 위해서는 단문이라도 제어블록을 설정하도록 하자.

반복 구조 기호에 대해 for 키워드를 적고 소괄호를 여닫고, 중괄호를 여닫아 제어블록을 설정한다.

소괄호에 첫 번째로 초기식을 적는다. 반복제어변수가 첨자로 사용된다면, 이때 초깃값에 대해서 고민을 해야 한다. i가 첨자로 사용되는데, 나씨-슈나이더만 다이어그램에서는 1부터 시작하고, C 언어에서는 0부터 시작하기 때문에 1 대신에 0으로 고쳐 그대로 옮겨 적는다.

다음은 조건식을 적는다. 조건식은 관계식으로 적어야 한다. 나씨-슈나이더만 다이어그램에서는 i가 MAX - 1보다 작거나 같은지(<=) 관계식이다. C 언어에서는 0부터 시작하기 때문에 i가 MAX - 1보다 작은지(<) 관계식으로 작성하여 적으면 된다.

마지막으로 변경식을 적는다. 변경식은 산술식과 치환식으로 누적이다. C 언어에서는 다양한 누적 관련 연산자들을 제공하기 때문에 다음과 같이 작성될 수 있다.

C코드

```
(1) i = i + 1
(2) i += 1
(3) ++i
(4) i++
```

1씩 증가하는 누적에서 가장 많이 사용되는 식은 (4)이다. 이렇게 작성된 식들은 for 키워드 다음에 적힌 소괄호에 세미콜론으로 구분하여 적으면 된다.

C코드

```
/* ************************************************************************
 함수 이름 : Arrange
 기    능 : 세 개의 수를 입력받아 내림차순으로 정렬하다.
 입    력 : 수들
 출    력 : 정렬된 수들
 ************************************************************************ */
void Arrange ( Long (*numbers) ) {
     // 선언문들
```

```
    ULong i;
    ULong j;
    Long temp;

    // 1. 수들을 입력받는다.
    // 2. 입력받은 수들의 개수보다 하나 작은 만큼 반복한다.
    for ( i = 0 ; i < MAX - 1; i++ ) {
        // 2.1. 다음 번째부터 마지막 번째까지 반복한다.
            // 2.1.1. 두 개의 수를 비교한다.
                // 2.1.1.1. 두 개의 수를 비교한 결과에 따라 두 개의 수를 교환한다.
    }
    // 3. 정리된 수들을 출력한다.
    // 4. 끝내다.
}
```

"2.1. 다음 번째부터 마지막 번째까지 반복한다." 처리단계에 대해 반복구조 기호를 구현하자.

```
for ( i = 1, MAX - 1, 1 )
    for ( j = i + 1, MAX, 1 )
```

처리단계의 번호로 보면 앞에서 작성된 for 반복문에서 처리되는 문장이다. 따라서 for 반복문의 제어블록에 for 문장이 작성되어야 한다. 들여쓰기하여 코드를 읽기 쉽도록 하자. 방식은 앞에서 이미 설명했기 때문에 생략한다. 여러분이 직접 작성해 보자.

C코드

```
/* ************************************************************************
 함수 이름 : Arrange
 기    능 : 세 개의 수를 입력받아 내림차순으로 정렬한다.
 입    력 : 수들
 출    력 : 정렬된 수들
 ********************************************************************** */
void Arrange ( Long (*numbers) ) {
    // 선언문들
    ULong i;
    ULong j;
    Long temp;

    // 1. 수들을 입력받는다.
    // 2. 입력받은 수들의 개수보다 하나 작은 만큼 반복한다.
    for ( i = 0 ; i < MAX - 1; i++ ) {
        // 2.1. 다음 번째부터 마지막 번째까지 반복한다.
        for ( j = i + 1 ; j < MAX ; j++ ) {
            // 2.1.1. 두 개의 수를 비교한다.
                // 2.1.1.1. 두 개의 수를 비교한 결과에 따라 두 개의 수를 교환한다.
        }
```

```
    }
    // 3. 정리된 수들을 출력한다.
    // 4. 끝내다.
}
```

"2.1.1. 두 개의 수를 비교한다." 처리단계에 대해 선택구조 기호를 구현하자.

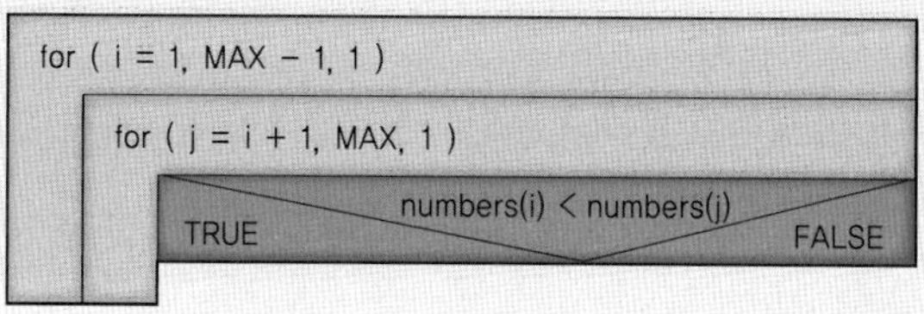

```
for ( i = 1, MAX - 1, 1 )
    for ( j = i + 1, MAX, 1 )
        numbers(i) < numbers(j)
        TRUE                         FALSE
```

처리단계의 번호 "2.1.1."을 보나, 나씨-슈나이더만 다이어그램을 보더라도 두 번째 for 반복문의 제어블록에 구현되어야 한다.

C 언어에서는 양자 선택 구조에 대해 if 문과 else 절을 제공한다. 형식은 다음과 같다.

C코드

```
if ( 조건식) {
    // 단문 혹은 복문
}
else {
    // 단문 혹은 복문
}
```

if 키워드를 적고 소괄호를 여닫는다. 소괄호에 조건식을 적는다. 조건식을 평가했을 때 참이면 처리하는 문장(들)을 구현하기 위해서 닫는 소괄호 뒤에 중괄호를 열고 다음 줄에 중괄호를 닫아 제어블록을 설정한다.

조건식을 평가했을 때 거짓일 때 처리를 위해 else 키워드를 적고 중괄호 열고 다음 줄에 중괄호를 닫아 제어블록을 설정한다. 제어블록에 거짓일 때 처리해야 하는 문장(들)을 구현한다. 거짓일 때 처리할 내용이 없으면 else 절을 생략한다.

선택 구조 기호를 구현하면, if 키워드를 적고 소괄호를 여닫는다. 소괄호에 가운데 삼각형에 적힌 관계식을 그대로 옮겨 적는다. 이때 첨자 연산자는 C 언어에서는 대괄호([])이기 때문에 소괄호 대신에 대괄호로 바꾼다.

닫는 소괄호 뒤에 중괄호를 열고 다음 줄에 중괄호를 닫아, 조건식을 평가했을 때 참이면 처리해야 하는 문장들을 구현할 수 있도록 제어블록을 설정한다.

C코드

```
/* ***********************************************************************
 함수 이름 : Arrange
 기    능 : 세 개의 수를 입력받아 내림차순으로 정렬하다.
 입    력 : 수들
 출    력 : 정렬된 수들
 ********************************************************************** */
void Arrange ( Long (*numbers) ) {
     // 선언문들
     ULong i;
     ULong j;
     Long temp;

     // 1. 수들을 입력받는다.
     // 2. 입력받은 수들의 개수보다 하나 작은 만큼 반복한다.
     for ( i = 0 ; i < MAX - 1; i++ ) {
        // 2.1. 다음 번째부터 마지막 번째까지 반복한다.
        for ( j = i + 1 ; j < MAX ; j++ ) {
           // 2.1.1. 두 개의 수를 비교한다.
           if ( numbers[i] < numbers[j] ) {
              // 2.1.1.1. 두 개의 수를 비교한 결과에 따라 두 개의 수를 교환한다.
           }
        }
     }
     // 3. 정리된 수들을 출력한다.
     // 4. 끝내다.
}
```

"2.1.1.1. 두 개의 수를 비교한 결과에 따라 두 개의 수를 교환한다." 처리단계에 대해 조건식을 평가했을 때 참인 경우 나씨-슈나이더만 다이어그램을 구현하자.

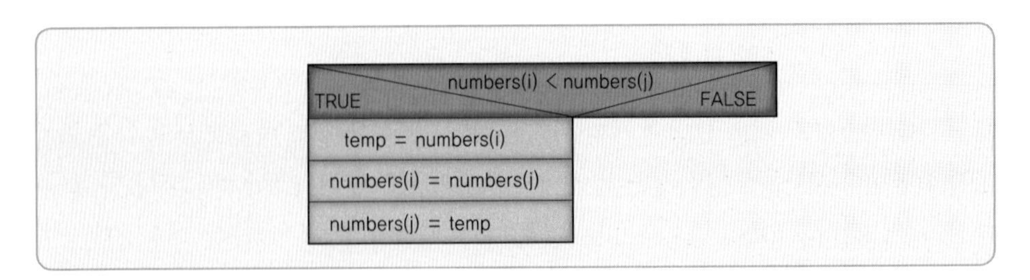

치환식이 적힌 순차 구조 기호는 적힌 식을 그대로 옮겨 적고 마지막에 세미콜론을 적어 문장으로 처리하도록 하면 된다. 물론 이때 첨자 연산자는 대괄호로 바꾸어 적으면 된다.

처리단계의 번호 "2.1.1.1."과 나씨-슈나이더만 다이어그램을 보면, if 문장의 제어블록에 구현해야 한다. 소괄호인 첨자 연산자를 대괄호로 바꾸고 치환식을 적고 마지막에 세미콜론을 적으면 된다.

C코드

```
/* ***************************************************************************
 함수 이름 : Arrange
 기    능 : 세 개의 수를 입력받아 내림차순으로 정렬하다.
 입    력 : 수들
 출    력 : 정렬된 수들
 ************************************************************************** */
void Arrange ( Long (*numbers) ) {
     // 선언문들
     ULong i;
     ULong j;
     Long temp;

     // 1. 수들을 입력받는다.
     // 2. 입력받은 수들의 개수보다 하나 작은 만큼 반복한다.
     for ( i = 0 ; i < MAX - 1; i++ ) {
        // 2.1. 다음 번째부터 마지막 번째까지 반복한다.
        for ( j = i + 1 ; j < MAX ; j++ ) {
           // 2.1.1. 두 개의 수를 비교한다.
           if ( numbers[i] < numbers[j] ) {
              // 2.1.1.1. 두 개의 수를 비교한 결과에 따라 두 개의 수를 교환한다.
                  temp = numbers[i];
                  numbers[i] = numbers[j];
                  numbers[j] = temp;
           }
        }
     }
     // 3. 정리된 수들을 출력한다.
     // 4. 끝내다.
}
```

다음은 조건식을 평가했을 때 거짓일 때 처리를 구현해야 한다. else 키워드를 적고 중괄호를 여닫아 제어블록을 설정하고, 제어블록에 문장을 구현하면 된다.

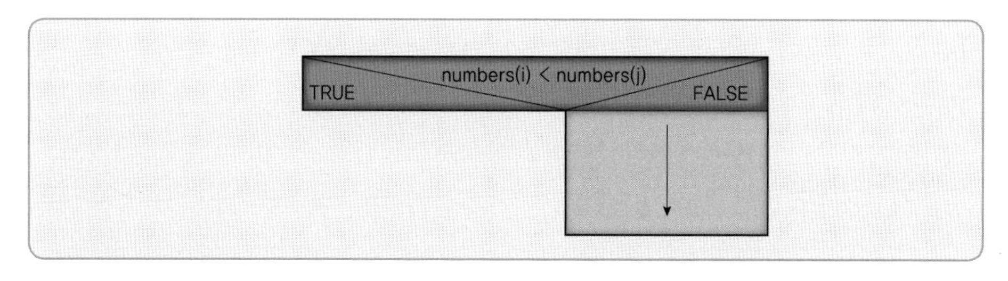

여기서는 나씨-슈나이더만 다이어그램을 보면, 아래쪽으로 향하는 화살표만 그려져 있다. 이것은 처리할 내용이 없다는 것이다. 따라서 else 절을 생략하면 된다.

다음은 "3. 정리된 수들을 출력한다." 처리단계에 대한 순차 구조 기호에 대해 구현하자.

print numbers

"3. 정리된 수들을 출력한다." 처리단계에 대해서는 이미 구현되었다. 배열 포인터에 의해서 값을 읽고 쓰게 되었다. 배열은 main 함수 스택 세그먼트에 할당되어 있다. 따라서 앞에서 했던 모든 처리에 관한 결과는 이미 main 함수 스택 세그먼트에 할당된 배열에 반영되어 있기 때문이다. Arrange 함수 스택 세그먼트가 할당 해제되고, main 함수가 실행제어를 가지게 될 때 main 함수 스택 세그먼트에 할당된 배열에는 입력된 수들에 대해 내림차순으로 정렬되어 있다는 것이다.

"4. 끝내다." 처리단계에 대해서는 나씨-슈나이더만 다이어그램을 그리기 시작할 때 이미 구현되었다. 함수 블록에 대해 닫는 중괄호이다. 이렇게 해서 모듈기술서와 나씨-슈나이더만 다이어그램으로 정리된 알고리듬에 대해 C언어로 구현이 마무리된다. Arrange 함수가 정의되었다. 다음은 순서대로 Output 함수를 정의하자.

먼저 Output 함수에 대해 설명을 달도록 하자. 한 개씩 줄을 바꾸면서 첫 번째 배열요소부터 마지막 배열요소까지 저장된 값을 출력하는 Output 함수를 정의하자.

C코드

```
/* ************************************************************************
 함수 이름 : Output
 기    능 : 정렬된 수들을 모니터에 출력한다.
 입    력 : 수들
 출    력 : 없음
 ********************************************************************** */
```

함수 머리를 만들자. 함수 원형을 그대로 옮겨 적고 세미콜론을 지우자.

C코드

```
/* ************************************************************************
 함수 이름 : Output
 기    능 : 정렬된 수들을 모니터에 출력한다.
 입    력 : 수들
 출    력 : 없음
 ********************************************************************** */
void Output ( Long (*numbers) )
```

함수 머리가 적힌 줄의 마지막에 중괄호를 열고 다음 줄에 중괄호를 닫아 함수 몸체를 만들자.

C코드

```
/* ************************************************************************
 함수 이름 : Output
 기    능 : 정렬된 수들을 모니터에 출력한다.
 입    력 : 수들
 출    력 : 없음
 ********************************************************************** */
void Output ( Long (*numbers) ) {
}
```

한 개씩 출력한다면 세 번 해야 하므로 for 반복문장을 만들어야 한다. 따라서 반복제어변수를 자동변수로 선언해야 한다.

C코드

```
/* ************************************************************************
 함수 이름 : Output
 기    능 : 정렬된 수들을 모니터에 출력한다.
 입    력 : 수들
 출    력 : 없음
 ********************************************************************** */
void Output ( Long (*numbers) ) {
     ULong i;
}
```

for 키워드를 적고, 소괄호를 여닫아야 한다. 소괄호에 초기식, 조건식 그리고 변경식을 차례로 적는데, 세미콜론을 적어 구분해야 한다. 반복제어변수를 첨자로 사용하기 때문에 초기식에서 0으로 설정해야 한다. C 언어에서는 첨자가 0부터 시작하기 때문이다.

닫는 소괄호 뒤에 중괄호를 열고 줄의 바꾸어 중괄호를 닫아 제어블록을 만든다.

C코드

```
/* ************************************************************************
 함수 이름 : Output
 기    능 : 정렬된 수들을 모니터에 출력한다.
 입    력 : 수들
 출    력 : 없음
 ********************************************************************** */
void Output ( Long (*numbers) ) {
     ULong i;

     for ( i = 0 ; i < MAX ; i++ ) {
     }
}
```

반복해야 하는 내용은 printf 함수 호출문장이다. 따라서 printf 함수 호출식을 작성해 보자.

printf 함수 호출식에서 첫 번째 인수로 지정해야 하는 서식 문자열을 만들어 보자.

(1) 출력할 데이터 개수가 한 개다. “%”

(2) 출력할 데이터의 자료형이 정수이다. “%d”

(3) 줄을 바꾸는 개행 문자도 출력하도록 하자. “%d₩n”

인수는 출력하고자 하는 값을 지정해야 한다. 배열요소에 저장된 값이다. 따라서 배열요소에 저장된 값을 구하는 형식을 정리해야 한다.

정리

배열을 선언할 때 배열형을 강조하는 대괄호([])를 사용한 개수만큼 배열 이름 뒤에 적고, 대괄호에 첨자를 적으면 배열요소에 저장된 값을 구할 수 있다.

(1) 1차원 배열이면 1개이므로

배열이름(혹은 배열 포인터 변수이름)[첨자]

(2) 2차원 배열이면 2개이므로

배열이름(혹은 배열 포인터 변수이름)[첨자][첨자]

(3) 3차원 배열이면 3개이므로

배열이름(혹은 배열 포인터 변수이름)[첨자][첨자][첨자]

결론적으로 차원의 개수만큼 대괄호([])와 대괄호에 적히는 첨자로 배열요소에 저장된 값(내용)을 구하면 된다.

1차원 배열이기 때문에 각 배열요소에 저장된 값을 구하는 식은 다음과 같다.

C코드

```
numbers[0] // 첫 번째 배열요소의 내용
numbers[1] // 두 번째 배열요소의 내용
numbers[2] // 세 번째 배열요소의 내용
```

printf 함수 호출식은 다음과 같다.

C코드

```
printf(“%d\n”, numbers[0])
printf(“%d\n”, numbers[1])
printf(“%d\n”, numbers[2])
```

for 제어블록에 함수 호출식을 적고, 마지막에 세미콜론을 적어 문장으로 처리되도록 한다. 반복제어변수를 첨자로 이용하자. 따라서 적히는 printf 함수 호출문장은 다음과 같다.

C코드

```
printf(“%d\n”, numbers[i]);
```

C코드

```
/* ***********************************************************************
 함수 이름 : Output
 기    능 : 정렬된 수들을 모니터에 출력한다.
 입    력 : 수들
 출    력 : 없음
 *********************************************************************** */
void Output ( Long (*numbers) ) {
     Long i;

     for ( i = 0 ; i < MAX ; i++ ) {
        printf( "%d\n", numbers[i] );
     }
}
```

이렇게 해서 C 언어로 시스템 다이어그램에 정리된 모듈들에 대해 함수들을 선언 및 정의했다. 정의된 함수들을 원시 코드 파일에서 정리해 보자. Main 모듈에 대해 main 함수, Input 모듈에 대해 Input 함수, Arrange 모듈에 Arrange 함수 그리고 Output 모듈에 Output 함수 순으로 정리하자.

C코드

```
// Arrange.c
/************************************************************************
 파일 명칭 : Arrange.c
 기    능 : 세 개의 수를 입력받아 내림차순으로 출력한다.
 작 성 자 : 김 석 현
 작성 일자 : 2011년 11월 30일
 ************************************************************************/
// 매크로
#include  <stdio.h> // printf, scanf 함수 원형 복사 지시 매크로

#define MAX 3 // MAX에 대해 상수 3으로 대체 지시 매크로

// 자료형 이름 선언
typedef signed long int Long;
typedef unsigned long int ULong;

// 함수 선언 : 함수 원형들
int main ( int argc, char *argv[] );
void Input( Long (*numbers) );
void Arrange ( Long (*numbers) );
void Output ( Long (*numbers) );

// 함수 정의하기
int main ( int argc, char *argv[] ) {
     Long numbers[MAX];

     // 세 개의 수를 입력받는다.
     Input( numbers );
```

```
    // 정렬하다.
    Arrange( numbers );
    // 정리된 수들을 출력한다.
    Output( numbers );

    return 0;
}

/* ************************************************************************
 함수 이름 : Input
 기    능 : 간단한 메시지를 출력하고 키보드로 세 개의 수를 입력받는다.
 입    력 : 없음
 출    력 : 수들
 ********************************************************************** */
void Input( Long (*numbers) ) {
    ULong i; // 반복제어변수

    printf( "세 번 수를 입력하십시오.\n" );
    for( i = 0; i < MAX ; i++ ) {
       scanf("%d", numbers + i );
    }
}

/* ************************************************************************
 함수 이름 : Arrange
 기    능 : 세 개의 수를 입력받아 내림차순으로 정렬하다.
 입    력 : 수들
 출    력 : 정렬된 수들
 ********************************************************************** */
void Arrange ( Long (*numbers) ) {
    // 선언문들
    ULong i;
    ULong j;
    Long temp;

    // 1. 수들을 입력받는다.
    // 2. 입력받은 수들의 개수보다 하나 작은 만큼 반복한다.
    for ( i = 0 ; i < MAX - 1; i++ ) {
       // 2.1. 다음 번째부터 마지막 번째까지 반복한다.
       for ( j = i + 1 ; j < MAX ; j++ ) {
          // 2.1.1. 두 개의 수를 비교한다.
          if ( numbers[i] < numbers[j] ) {
             // 2.1.1.1. 두 개의 수를 비교한 결과에 따라 두 개의 수를 교환한다.
                temp = numbers[i];
                numbers[i] = numbers[j];
                numbers[j] = temp;
          }
       }
    }
    // 3. 정리된 수들을 출력한다.
    // 4. 끝내다.
```

```
}

/* ***********************************************************************
 함수 이름 : Output
 기     능 : 정렬된 수들을 모니터에 출력한다.
 입     력 : 수들
 출     력 : 없음
 *********************************************************************** */
void Output ( Long (*numbers) ) {
     ULong i;

     for ( i = 0 ; i < MAX ; i++ ) {
        printf( "%d\n", numbers[i] );
     }
}
```

함수를 만들어 사용하는 절차에 의하면, 함수가 선언 및 정의되었으므로 다음은 함수를 호출해야 한다. 그러나 Input, Arrange 그리고 Output 함수는 main 함수를 정의할 때 이미 호출되었다. main 함수는 Input, Arrange 그리고 Output 함수의 호출문장들로 정의되어야 한다. 그리고 main 함수는 운영체제에 의해서 호출되므로 따로 호출 문장을 작성하지 않는다.

이렇게 해서 편집이 끝났다. 컴파일하고, 링크를 시켜 실행 파일을 만들어야 한다. 만들어진 실행 파일은 보조기억장치에 저장되어 있을 것이다. 이 상태에서는 프로그램이 실행되지 않는다. 따라서 프로그램을 실행시키기 위해서 실행 파일을 주기억장치에 복사해야 한다. 이를 "적재한다"고 한다. 그러면, 여러분이 만든 프로그램이 컴퓨터에 의해서 실행될 것이다.

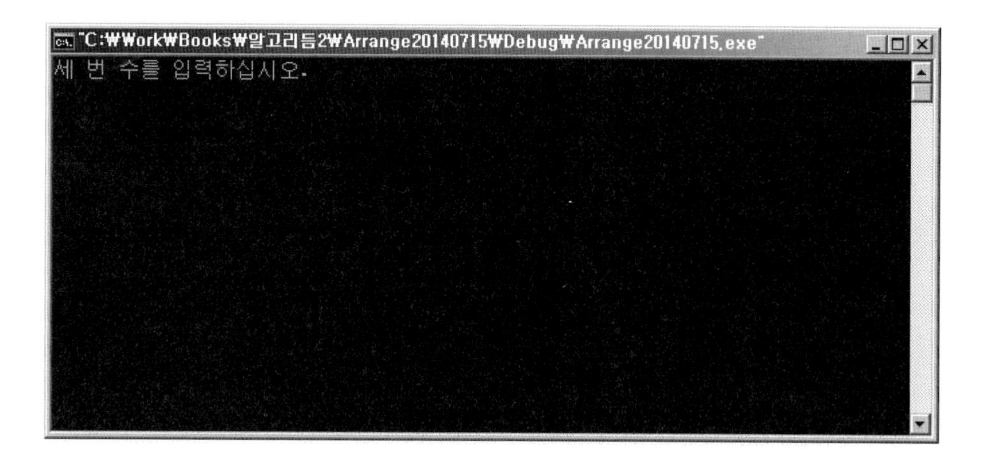

여러분이 직접 입력해 보자. 10을 입력하고 엔터키를 누르고, 20을 입력하고 엔터키를 누르고, 30을 입력하고 엔터키를 눌러 세 개의 수를 입력해 보자. 정상적으로 작동하는 것을 확인할 수 있을 것이다.

프로그램이 실행된 상태에서는 여러분이 간여할 수 없다. 따라서 정확하게 명령어를 처리하도록 하지 않는다면 프로그램이 정상적으로 작동할 수 없을 것이다. 이러면 논리 오류가 발생한 것이다. 논리 오류가 발생하며 어디에서 발생했는지를 확인해야 한다. 따라서 디버깅을 해야 한다.

3.6. 디버깅

디버깅을 위해 준비해 보자. 원시 코드 파일에 줄 단위로 번호를 매겨 실행 제어를 쉽게 추적할 수 있도록 하자.

C코드

```
01 : // Arrange.c
02 : /* ************************************************************************
03 :   파일 명칭 : Arrange.c
04 :   기     능 : 세 개의 수를 입력받아 내림차순으로 출력한다.
05 :   작 성 자 : 김 석 현
06 :   작성 일자 : 2011년 11월 30일
07 :   ********************************************************************** */
08 : // 매크로
09 : #include  <stdio.h> // printf, scanf 함수 원형 복사 지시 매크로
10 :
11 : #define MAX 3 // MAX에 대해 상수 3으로 대체 지시 매크로
12 :
13 : // 자료형 이름 선언
14 : typedef signed long int Long;
15 : typedef unsigned long int ULong;
16 :
17 : // 함수 선언 : 함수 원형들
18 : int main ( int argc, char *argv[] );
19 : void Input( Long (*numbers) );
20 : void Arrange ( Long (*numbers) );
21 : void Output ( Long (*numbers) );
22 :
23 : // 함수 정의하기
24 : int main ( int argc, char *argv[] ) {
25 :   Long numbers[MAX];
26 :
27 :   // 세 개의 수를 입력받는다.
28 :   Input( numbers );
29 :   // 정렬하다.
```

```
30 :    Arrange( numbers );
31 :    // 정리된 수들을 출력한다.
32 :    Output( numbers );
33 :
34 :    return 0;
35 : }
36 :
37 : /* ******************************************************************
38 :   함수 이름 : Input
39 :   기    능 : 간단한 메시지를 출력하고 키보드로 세 개의 수를 입력받는다.
40 :   입    력 : 없음
41 :   출    력 : 수들
42 :   ****************************************************************** */
43 : void Input( Long (*numbers) ) {
44 :    ULong i; // 반복제어변수
45 :
46 :    printf( "세 번 수를 입력하십시오.\n" );
47 :    for( i = 0; i < MAX ; i++ ) {
48 :        scanf("%d", numbers + i );
49 :    }
50 : }
51 :
52 : /* ******************************************************************
53 :   함수 이름 : Arrange
54 :   기    능 : 세 개의 수를 입력받아 내림차순으로 정렬하다.
55 :   입    력 : 수들
56 :   출    력 : 정렬된 수들
57 :   ****************************************************************** */
58 : void Arrange ( Long (*numbers) ) {
59 :    // 선언문들
60 :    ULong i;
61 :    ULong j;
62 :    Long temp;
63 :
64 :    // 1. 수들을 입력받는다.
65 :    // 2. 입력받은 수들의 개수보다 하나 작은 만큼 반복한다.
66 :    for ( i = 0 ; i < MAX - 1; i++ ) {
67 :       // 2.1. 다음 번째부터 마지막 번째까지 반복한다.
68 :       for ( j = i + 1 ; j < MAX ; j++ ) {
69 :          // 2.1.1. 두 개의 수를 비교한다.
70 :          if ( numbers[i] < numbers[j] ) {
71 :             // 2.1.1.1. 두 개의 수를 비교한 결과에 따라 두 개의 수를 교환한다.
72 :                 temp = numbers[i];
73 :                 numbers[i] = numbers[j];
74 :                 numbers[j] = temp;
75 :          }
76 :       }
77 :    }
78 :    // 3. 정리된 수들을 출력한다.
79 :    // 4. 끝내다.
80 : }
```

```
81 :
82 : /* ********************************************************************
83 :   함수 이름 : Output
84 :   기    능 : 정렬된 수들을 모니터에 출력한다.
85 :   입    력 : 수들
86 :   출    력 : 없음
87 :   ******************************************************************** */
88 : void Output ( Long (*numbers) ) {
89 :    ULong i;
90 :
91 :    for ( i = 0 ; i < MAX ; i++ ) {
92 :        printf( "%d\n", numbers[i] );
93 :    }
94 : }
```

다음은 입력 데이터들을 설계하자. 모델 구축에서 사용된 입력 데이터들을 그대로 사용하면 된다.

번호	입력데이터들	번호	입력데이터들
1	10 20 30	3	20 30 10
2	10 30 20	4	30 20 10

프로그램을 실행해 보자. 프로그램이 실행되면, 코드 세그먼트들이 할당되고, 명령어들이 복사되게 된다. 문자열 리터럴에 대해 DATA 데이터 세그먼트가 할당되고, 문자배열이 할당되고, 문자열 리터럴이 복사되어 저장된다. 반드시 문자열 리터럴의 마지막에는 널 문자가 저장된다. 메모리 맵을 작도하자.

- **코드 세그먼트들과 DATA 데이터 세그먼트를 여러분이 직접 작도해 보자.**

그리고 main 함수가 호출되어 실행된다. 따라서 main 함수 스택 세그먼트가 할당되고, numbers 배열이 main 함수 스택 세그먼트에 할당된다.

C코드

```
24 : int main ( int argc, char *argv[] ) {
25 :    Long numbers[MAX];
```

main 함수 스택 세그먼트에 대해 일정한 크기의 큰 사각형을 그린다. 왼쪽에 함수 이름 main을 적는다. argc와 argv에 대해서 설명하지 않겠다. 25번째 줄에 배열이 선언되어 있다. 배열 크기만큼, 세 개의 작은 사각형을 일렬로 그린다. 그리고 위쪽에 배열 이름을 적고, 배열 이름으로부터 시작하여 화살표를 그려 첫 번째 작은 사각형으로 향하도록 작도한다.

배열 이름으로부터 시작하여 화살표가 그려진다는 것은 배열 이름이 주소라는 것이다. 주소를 저장하는 기억장소가 할당되지 않는다.그래서 바뀌지 않는 주소이다. 따라서 상수이다. 그래서 배열 이름을 주소 상소 혹은 포인터 상수라고 한다. 초기화되지 않았기 때문에 쓰레기이므로 사각형들에 물음표를 적어야 한다.

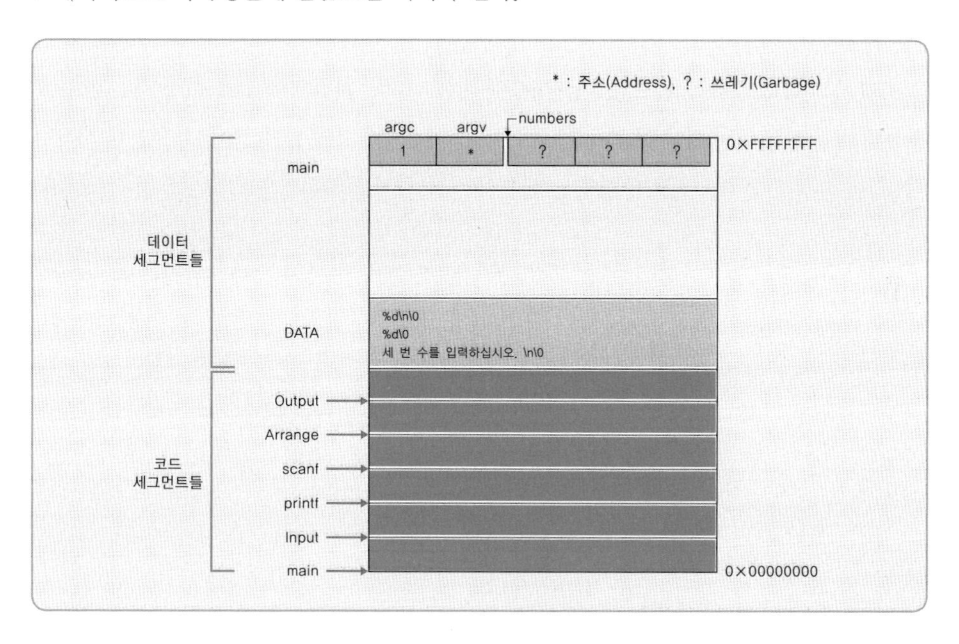

다음은 실행제어가 28번째 줄, Input 함수를 호출하는 문장으로 이동한다.

C코드

```
27 :    // 세 개의 수를 입력받는다.
28 :    Input( numbers );
```

Input 함수가 호출되어 실행되면, Input 함수 스택 세그먼트가 main 함수 스택 세그먼트 아래쪽에 할당된다. 그리고 매개변수와 자동변수에 대해 기억장소를 할당한다. 매개변수에 대해서는 함수 호출식에서 지정한 값으로 복사되어 저장되고, 자동변수는 초기화로 값이 설정된다. 초기화되지 않은 자동변수면 쓰레기를 가진다.

main 함수 스택 세그먼트 아래쪽에 일정한 크기의 큰 사각형을 그리고, 왼쪽에 Input 함수 이름을 적는다. Input 함수를 정의하는 영역에서 함수 머리와 자동변수 선언문(들)을 참조하여 Input 함수 스택 세그먼트의 내부를 작도해야 한다.

매개변수 numbers와 자동변수 i에 대해 작은 사각형을 그리고, 아래쪽에 이름을 적는다.

C코드

```
43 : void Input( Long (*numbers) ) {
44 :     ULong i; // 반복제어변수
```

28번째 줄의 함수 호출식을 보고, 매개변수에 대해 그려진 사각형에 값을 설정한다. 함수 호출식에서 적힌 인수는 배열 이름이다. 주소이다. 사각형에 별표를 적고, 별표로부터 시작하여 main 함수 스택 세그먼트에 할당된 배열의 시작 위치를 가리키도록 화살표를 작도한다.

자동변수 i는 초기화되지 않았다. 따라서 쓰레기를 저장하고 있기 때문에 물음표를 적는다.

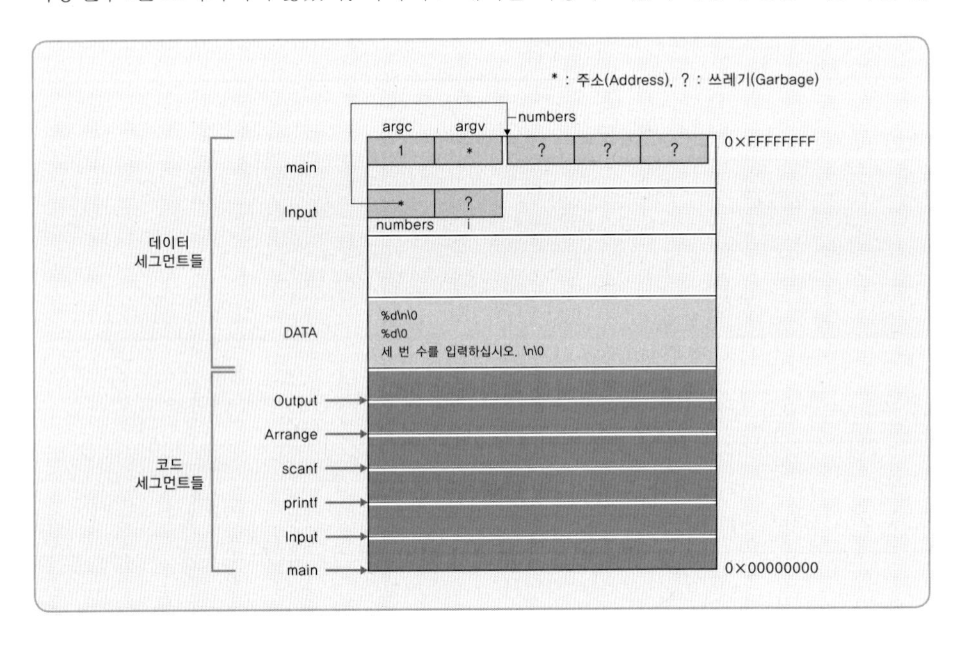

다음은 모니터에 메시지를 출력하는 printf 함수 호출문장으로 이동한다.

C코드

```
46 :     printf( "세 번 수를 입력하십시오.\n" );
```

"세 번 수를 입력하십시오."가 모니터에 출력되고, 줄을 바꾸어 프롬프트가 다음 줄에 출력된다. 물론 Input 함수 스택 세그먼트 아래쪽에 printf 함수 스택 세그먼트가 할당되고, 실행하는 동안은 함수 스택 세그먼트가 할당된 채로 유지되고, 모니터에 메시지를 출력한다.

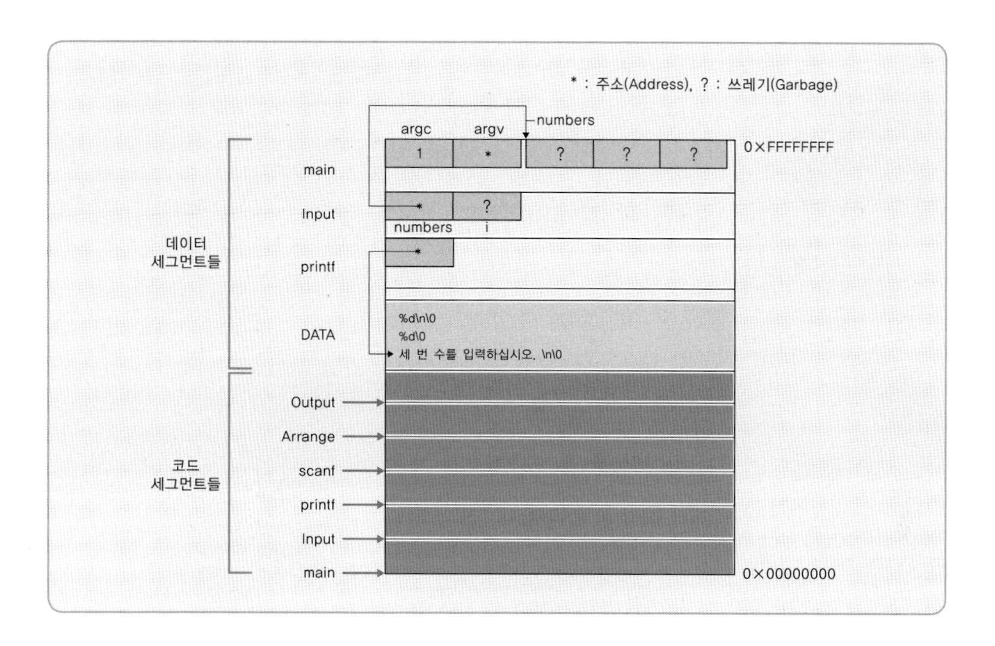

모니터에 메시지를 출력한 후 할당 해제되어, 실행제어가 다시 Input 함수로 이동하게 될 것이다. 그러면 47번째 줄, for 반복문으로 실행제어가 이동한다.

C코드

```
47 :    for( i = 0; i < MAX ; i++ ) {
48 :       scanf("%d", numbers + i );
49 :    }
```

반복제어변수의 초기식에 의해서 i에 0을 저장하게 된다. i에 저장된 쓰레기가 0으로 덮어 쓰인다.

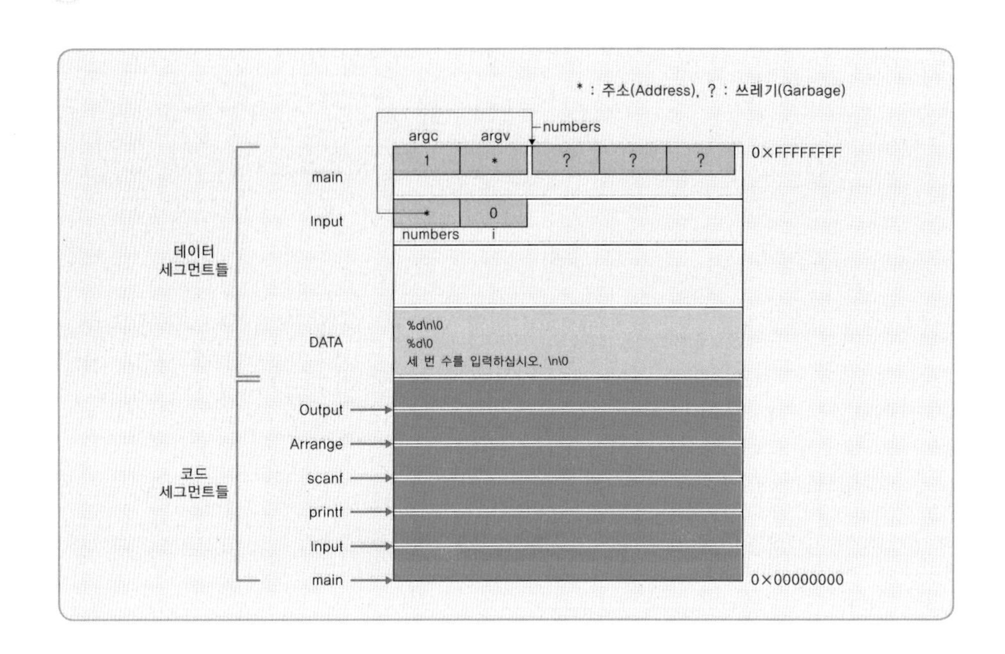

그리고 i 〈 MAX 조건식을 평가하게 된다. i에 저장된 값 0과 MAX 3을 읽어 0이 3보다 작은지에 대해 참인지 거짓인지를 결정하여야 한다. for 반복문은 조건식을 평가했을 때 참이면 반복을 해야 하므로 48번째 줄로 이동한다. scanf 함수 호출문장이다. scanf 함수가 호출되어 실행되면, Input 함수 스택 세그먼트 아래쪽에 scanf 함수 스택 세그먼트가 할당된다.

scanf 함수 호출 문장을 참고하면, 실인수가 두 개 적혀 있으므로, scanf 함수 스택 세그먼트에 두 개의 기억장소가 할당되어야 한다. 작은 사각형을 두 개 그린다. scanf 함수는 라이브러리 함수이므로 스택 내부 구조는 알 수 없으므로, 이름을 적지 않도록 하자.

다음은 사각형에 값을 적어야 하는데, 첫 번째 사각형은 scanf 함수 호출 문장에 의하면, 문자열 리터럴이 적혀 있으므로 문자열 리터럴이 저장된 DATA 데이터 세그먼트에 할당된 배열의 시작주소를 저장하게 된다. 따라서 별표를 적고 화살표를 그려 DATA 데이터 세그먼트의 '%'를 가리키도록 해야 한다.

두 번째 사각형에도 별표를 적고, 화살표를 그려 main 함수에 할당된 배열의 첫 번째 배열요소를 가리키도록 해야 한다. 두 번째 인수로 적힌 numbers + i는 배열요소의 주소를 구하는 식으로 i에 저장된 값 0이므로 첫 번째 배열요소의 주소이기 때문이다.

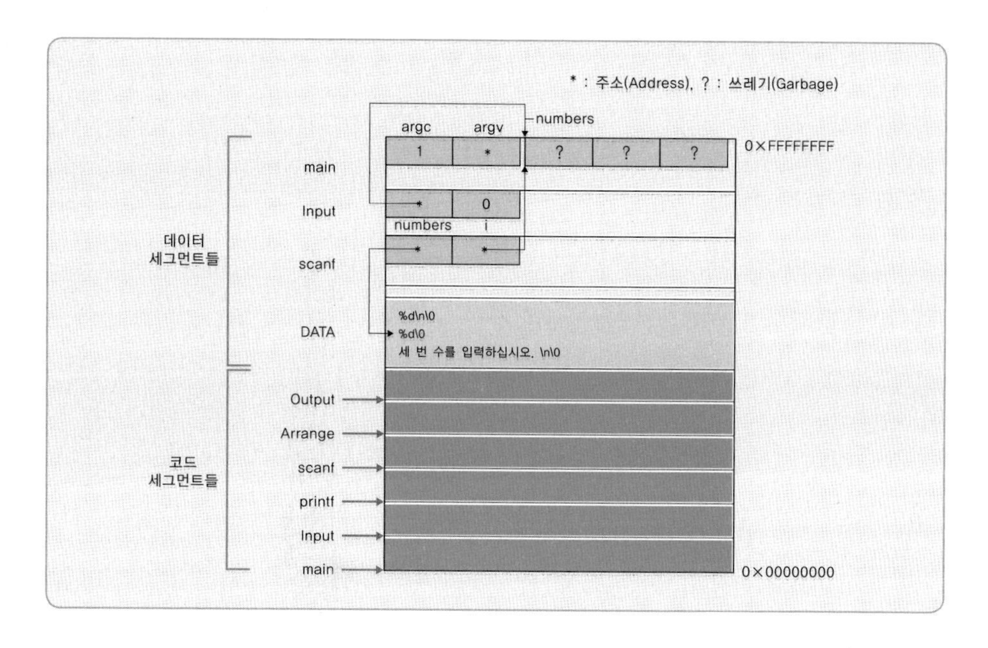

이 상태에서 사용자가 키보드로 10을 입력하면, main 함수 스택에 할당된 배열의 첫 번째 배열요소의 주소이므로 첫 번째 배열요소에 10이 저장된다.

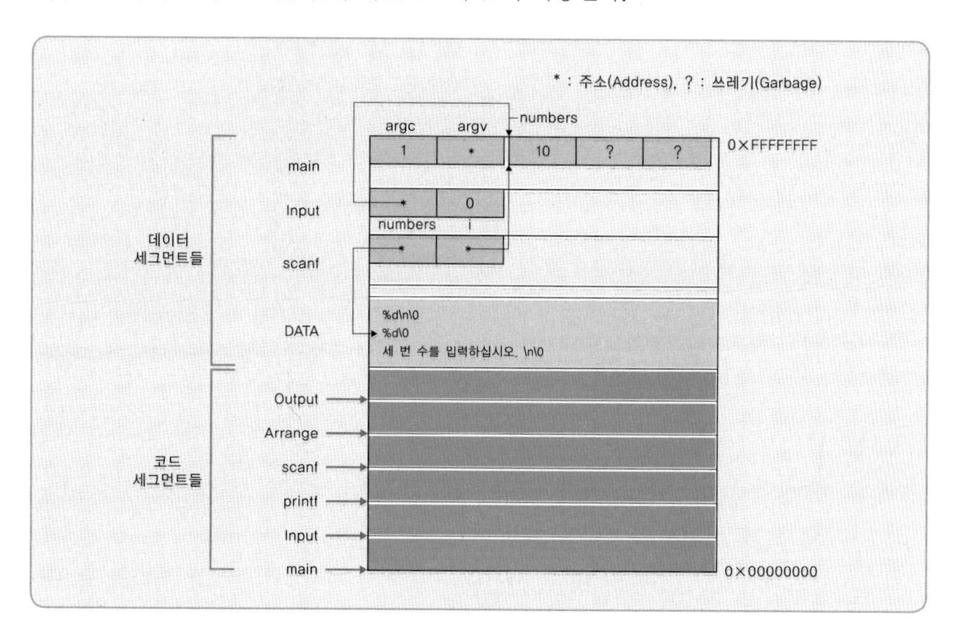

그리고 scanf 함수가 끝나기 때문에 scanf 함수 스택 세그먼트가 할당 해제된다. 그러면 다시 Input 함수로 실행제어가 이동된다. 그러면 49번째 줄로 이동하여 for 반복문의 제어블록의 끝을 나타내는 닫는 중괄호를 만나게 되는 데 따라서 실행제어는 47번째 줄로 이동한다.

C코드

```
47 :    for( i = 0; i < MAX ; i++ ) {
48 :        scanf("%d", numbers + i );
49 :    }
```

47번째 줄에서 변경식 i++ 에 의해서 반복제어변수에 저장된 값을 바꾼다. i에 저장된 값 0을 읽어 1을 더하여 구한 값인 1을 저장한다.

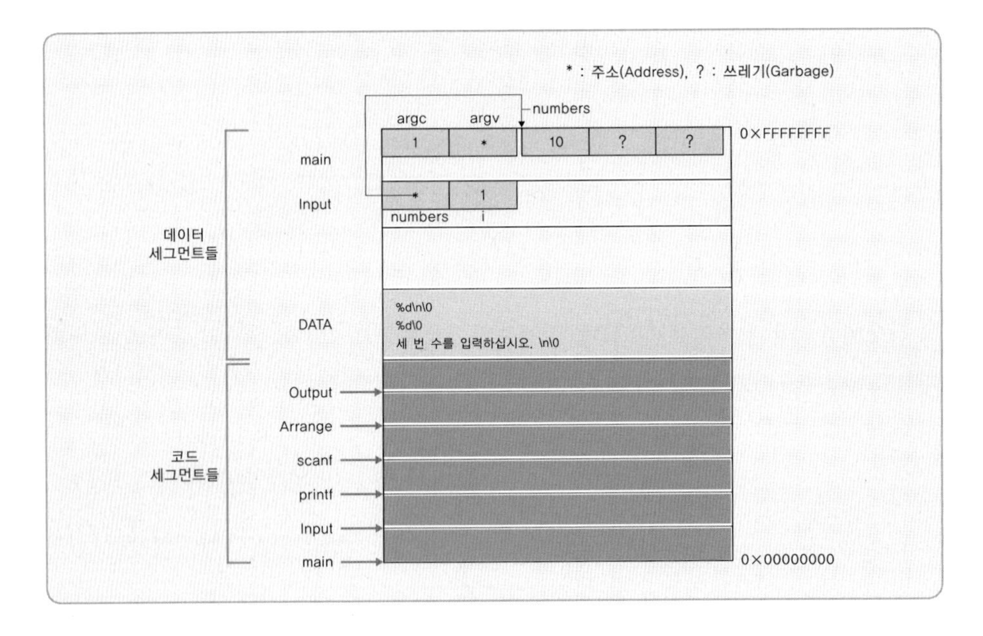

그리고 i 〈 MAX 관계식을 평가해야 한다. i에 저장된 값 1을 읽고, MAX 3을 읽어 1이 3보다 작은지에 대해 참인지 거짓인지를 결정해야 한다. 참이다. 이렇게 반복문을 계속할지 말지는 조건식을 평가했을 때 결정되기 때문에 제어 흐름이 위쪽으로 이동하게 되는 것이다.

조건식을 평가해서 구한 값이 참이므로 for 반복문이 계속 실행되어야 한다. 따라서 48번째 줄로 이동한다. scanf 함수 호출문장이다. Input 함수 스택 세그먼트 아래쪽에 scanf 함수 스택 세그먼트가 할당될 것이다. 또한, 두 번째 인수로 적힌 numbers + i 식에 의해서 main 함수 스택 세그먼트에 할당된 배열에서 두 번째 배열요소의 주소를 구해 복사해서 scanf 함수 스택 세그먼트에 할당된 기억장소에 저장하게 할 것이다. i에 저장된 값이 1이다. C 언어에서는 첨자가 0부터 시작하기 때문에 두 번째이다.

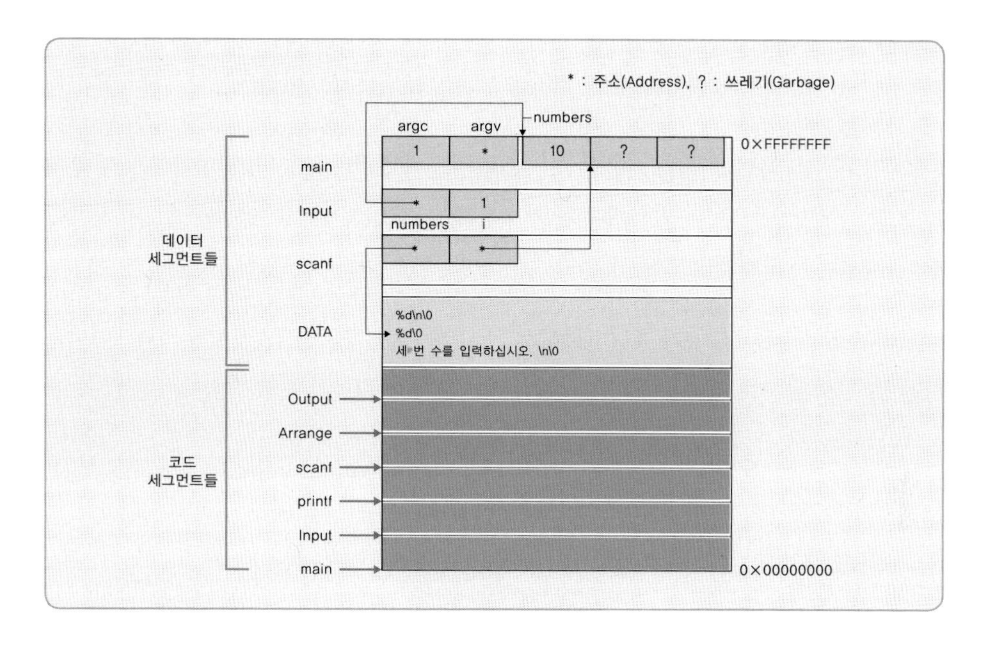

따라서 사용자가 키보드로 20을 입력하면, main 함수 스택 세그먼트에 할당된 배열의 두 번째 요소에 20이 저장된다.

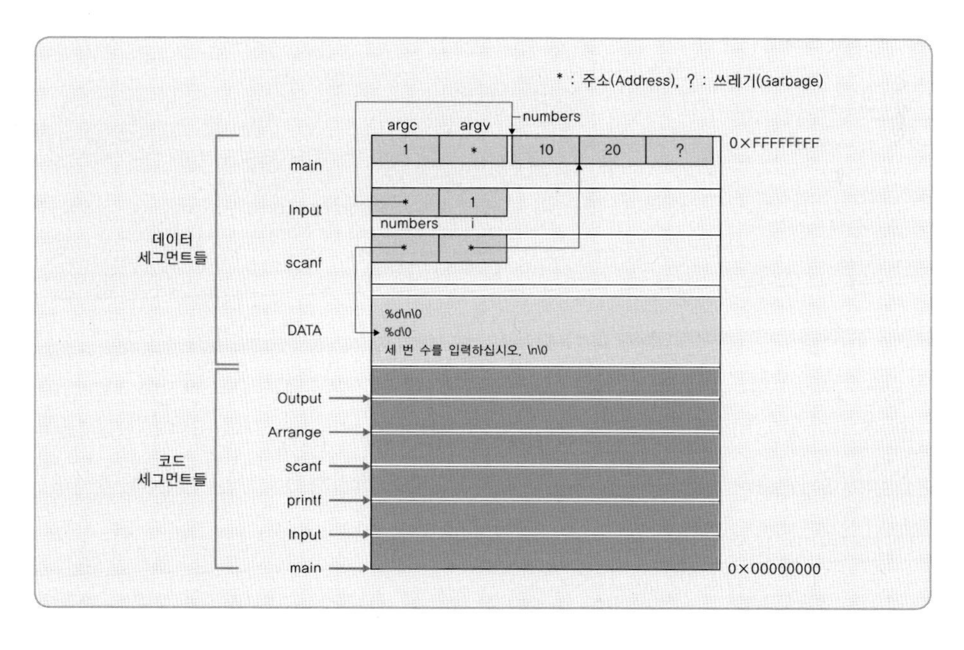

그리고 scanf 함수가 끝나기 때문에 scanf 함수 스택 세그먼트가 할당 해제된다. 그러면 다시 Input 함수로 실행제어가 이동된다. 그러면 49번째 줄로 이동하여 for 반복문의 제어블록의 끝을 나타내는 닫는 중괄호를 만나게 된다. 따라서 실행제어는 47번째 줄로 이동한다. 같은 방식으로 반복제어변수 i에 저장되는 값을 바꾸게 될 것이다.

i에 저장되는 값은 얼마일까? 다음은 조건식을 평가해야 한다. 조건식을 평가했을 때 구해지는 값은 무엇일까? 참이면 48번째 줄로 이동해야 하고, 거짓이면 50번째 줄로 이동해야 한다. 여러분이 직접 해보도록 하자.

실행되고 있는 Input 함수가 끝날 때 메모리 맵은 어떻게 작도될까? 설계된 입력데이터들에서 첫 번째 경우에 대해 입력했다고 하면 메모리 맵은 다음과 같을 것이다.

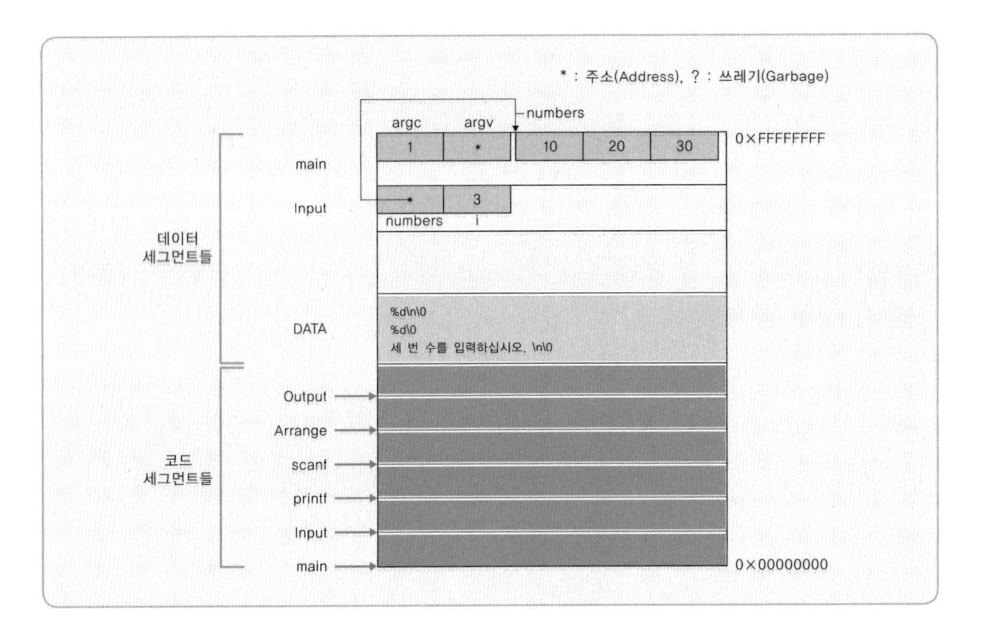

main 함수에 할당된 배열에는 첫 번째 요소, 두 번째 요소 그리고 세 번째 요소에 저장된 값들은 각각 10, 20, 30이다. 그리고 Input 함수 스택 세그먼트에 할당된 반복제어변수 i에 저장된 값이 3일 것이다. 그러면 조건식 i 〈 MAX를 평가했을 때, i에 저장된 값 3과 MAX 3을 읽어 3이 3보다 작은지에 대해 참인지 거짓인지를 결정하는데, 거짓이다. 따라서 for 반복문은 선 검사 반복구조이므로 거짓이면 반복을 탈출해야 한다.

그러면 50번째 줄로 이동하게 된다. Input 함수의 제어블록의 끝을 나타내는 닫는 중괄호를 만나게 되고, Input 함수가 끝난다는 것인데, 따라서 Input 함수 스택 세그먼트가 할당 해제된다.

C코드

```
43 : void Input( Long (*numbers) ) {
44 :    ULong i; // 반복제어변수
45 :
46 :    printf( "세 번 수를 입력하십시오.\n" );
47 :    for( i = 0; i < MAX ; i++ ) {
48 :        scanf("%d", numbers + i );
49 :    }
50 : }
```

따라서 main 함수로 실행제어가 이동된다. 28번째 줄에서 Input 함수가 호출되어 실행되어, 키보드로 수들을 입력받고 난 후 Input 함수 스택 세그먼트가 할당 해제되었으므로, 30번째 줄로 이동해야 한다.

C코드

```
29 :    // 정렬하다.
30 :    Arrange( numbers );
```

Arrange 함수 호출 문장이다. 따라서 Arrange 함수가 실행된다. Arrange 함수 스택 세그먼트가 main 함수 스택 세그먼트 아래쪽에 할당된다. 그리고 함수 호출식에 적힌 배열 이름, 즉 배열의 시작주소를 복사하여 Arrange 함수 스택 세그먼트에 매개변수로 할당된 기억장소에 저장하게 된다. 그러면 실행제어는 Arrange 함수 머리로, 즉 58번째 줄로 이동하게 된다.

C코드

```
58 : void Arrange ( Long (*numbers) ) {
59 :    // 선언문들
60 :    ULong i;
61 :    ULong j;
62 :    Long temp;
63 :
64 :    // 1. 수들을 입력받는다.
65 :    // 2. 입력받은 수들의 개수보다 하나 작은 만큼 반복한다.
66 :    for ( i = 0 ; i < MAX - 1; i++ ) {
67 :        // 2.1. 다음 번째부터 마지막 번째까지 반복한다.
68 :        for ( j = i + 1 ; j < MAX ; j++ ) {
69 :            // 2.1.1. 두 개의 수를 비교한다.
70 :            if ( numbers[i] < numbers[j] ) {
71 :                // 2.1.1.1. 두 개의 수를 비교한 결과에 따라 두 개의 수를 교환한다.
72 :                temp = numbers[i];
73 :                numbers[i] = numbers[j];
74 :                numbers[j] = temp;
75 :            }
76 :        }
```

```
77 :    }
78 :    // 3. 정리된 수들을 출력한다.
79 :    // 4. 끝내다.
80 : }
```

메모리 맵을 작도해 보자. main 함수 스택 세그먼트 아래쪽에 일정한 크기의 큰 사각형을 그린다. 왼쪽에 함수 이름 Arrange를 적는다. Arrange 함수를 정의하는 영역을 참고하여 매개변수와 자동변수에 대해 작은 사각형을 Arrange 함수 스택 세그먼트에 그린다. 그리고 매개변수에 대해서는 함수 호출식, 자동변수에 대해서는 초깃값으로 사각형에 값을 적는다. 30번째 줄의 함수 호출식에 의하면 배열의 시작주소를 복사하여 저장한다. Arrange 함수 스택 세그먼트에 할당된 numbers에 별표를 적고, 별표로부터 시작하여 main 함수 스택 세그먼트에 할당된 배열의 시작 위치를 가리키도록 화살표를 작도한다. 자동변수 i, j, temp는 초기화되어 있지 않아 저장된 값이 쓰레기이므로 물음표를 적는다.

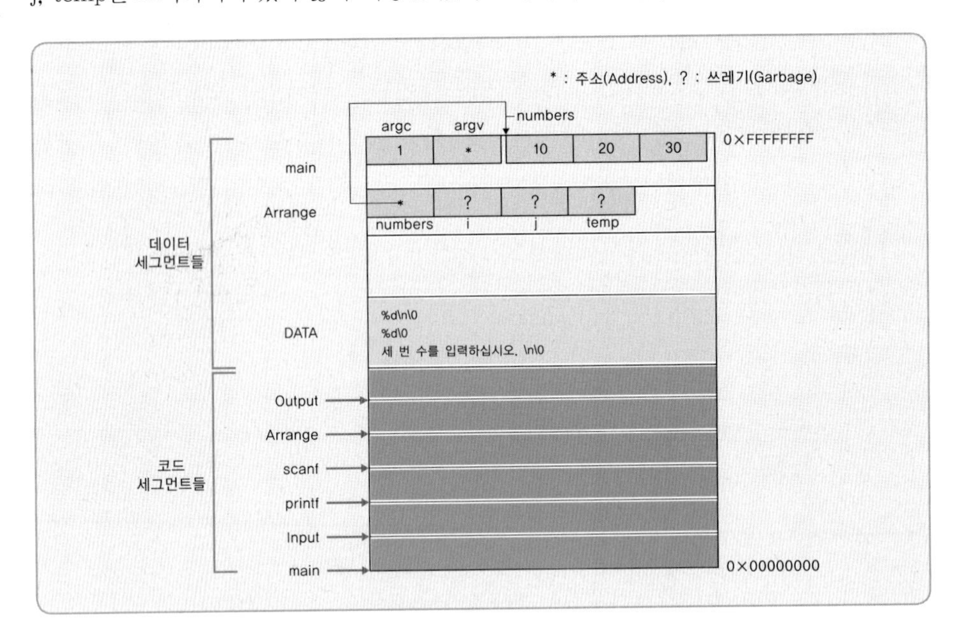

실행제어가 66번째 줄로 이동하게 된다. "1. 수들을 입력받는다." 처리단계는 메모리 맵에서도 매개변수로 할당된 기억장소에 저장된 값인 main 함수 스택 세그먼트에 할당된 배열의 시작주소이기 때문에 Arrange 함수에서 제어구조는 따로 구현되지 않았다. main 함수에서 Arrange 호출문장으로 구현된 것이다.

C코드

```
65 :    // 2. 입력받은 수들의 개수보다 하나 작은 만큼 반복한다.
66 :    for ( i = 0 ; i < MAX - 1; i++ ) {
```

for 반복문이다. 따라서 초기식 i = 0에 의해서 i에 0이 저장된다. 메모리 맵에서는 물음표를 지우고 0을 적어야 한다.

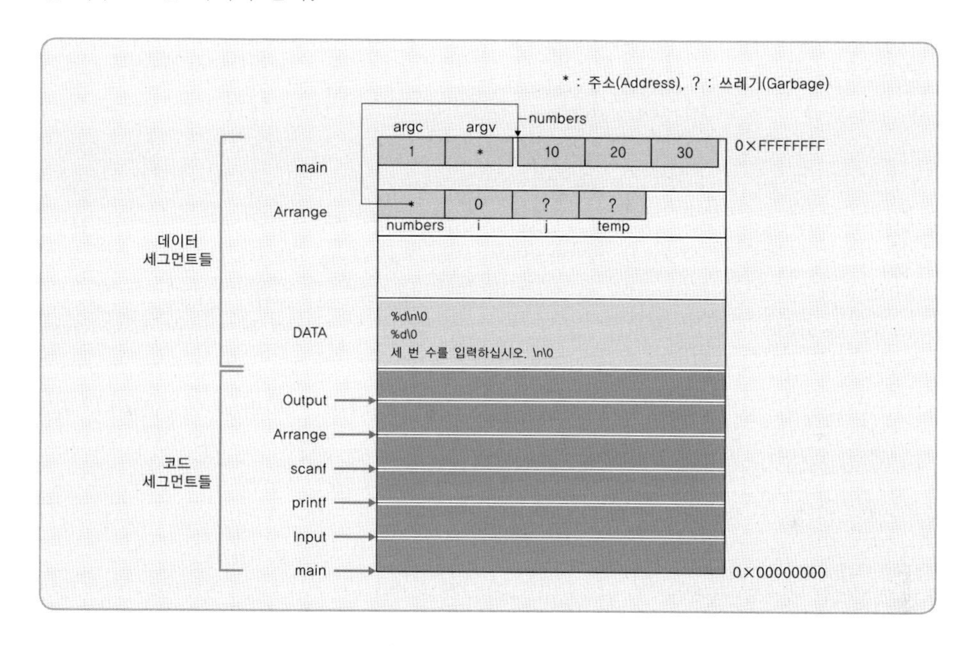

다음은 i < MAX – 1 조건식을 평가해야 한다. MAX 3을 읽어 1을 빼고 구한 값 2와 i에 저장된 값 0을 읽어 0이 2보다 작은지에 대해 평가를 해야 한다. 참이다. for 반복문은 조건식을 평가했을 때 참이면 실행되는 선 검사 반복구조이기 때문에 반복문이 실행된다. 다시 말해서 for 반복문의 제어블록으로 실행제어가 이동한다. 따라서 68번째 줄로 이동하게 된다.

C코드

```
67 :        // 2.1. 다음 번째부터 마지막 번째까지 반복한다.
68 :        for ( j = i + 1 ; j < MAX ; j++ ) {
```

for 반복문이다. 따라서 j = i + 1 초기식을 평가해야 한다. i에 저장된 값 0을 읽어 1을 더하여 구한 값 1을 j에 저장한다. 따라서 메모리 맵에서는 j에 저장된 값인 쓰레기를 지우고, 1을 적는다.

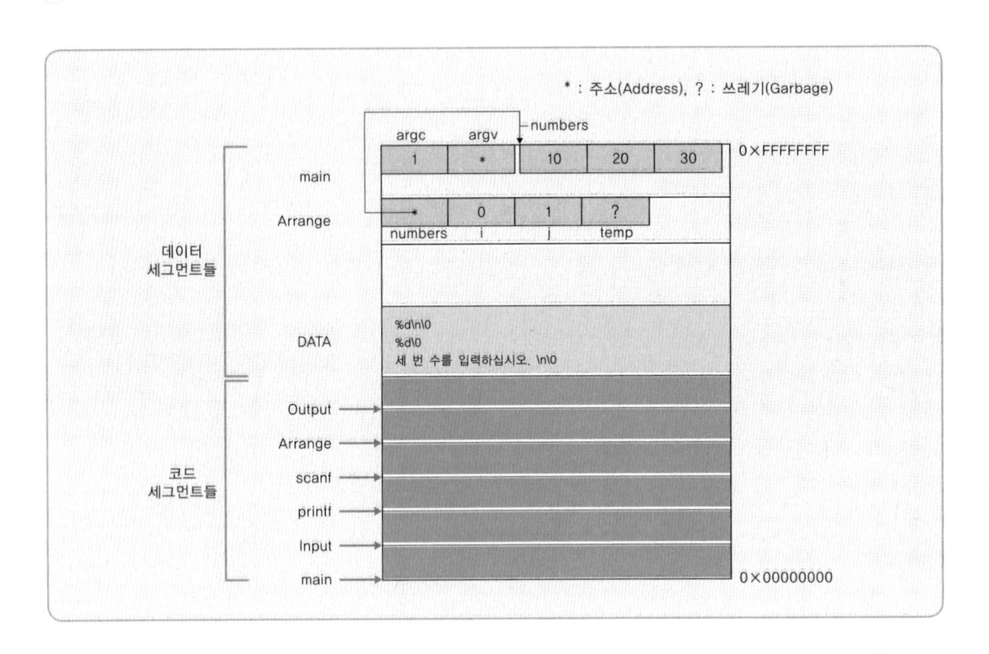

다음은 조건식을 평가해야 한다. j < MAX 관계식이 조건식이다. 따라서 j에 저장된 값 1과 MAX 3을 읽어 1이 3보다 작은지에 대해 논릿값을 구한다. 참이다. 따라서 for 반복문을 실행해야 한다. 실행제어가 70번째 줄로 이동해야 한다.

C코드

```
69 :            // 2.1.1. 두 개의 수를 비교한다.
70 :            if ( numbers[i] < numbers[j] ) {
```

if 선택문이다. 조건식을 평가해서 참이면 제어블록으로 이동하여 72번째 줄로 이동한다. 거짓이면 70번째 줄에서부터 75번째 줄까지 if 선택문의 제어블록을 건너뛰어, 76번째 줄로 이동한다.

C코드

```
70 :            if ( numbers[i] < numbers[j] ) {
71 :                // 2.1.1.1. 두 개의 수를 비교한 결과에 따라 두 개의 수를 교환한다.
72 :                temp = numbers[i];
73 :                numbers[i] = numbers[j];
74 :                numbers[j] = temp;
75 :            }
```

따라서 조건식을 먼저 평가해야 한다. 배열 포인터도 배열 이름처럼 배열의 시작주소이므로 배열처럼 사용할 수 있다. 따라서 numbers 뒤에 대괄호는 첨자 연산자이다. 배열요소에 저장된 값을 의미한다. i에 저장된 값 0을 읽어 배열의 첨자로 사용하여 첫 번째 배열요소에 저장된 값 10을 읽는다. j에 저장된 값 1을 읽어 배열의 첨자로 사용하여 두 번째 배열요소에 저장된 값 20을 읽는다. 배열요소에서 각각 읽은 10과 20로 10이 20보다 작은지에 대해 참인지 거짓인지를 결정한다. 참이다. 따라서 if 문의 제어블록으로 이동하여 두 개의 배열요소에 저장된 값들을 교환해야 한다.

72번째 줄로 이동한다. i에 저장된 값이 0이므로 첫 번째 배열요소에 저장된 값을 읽어 temp에 저장한다. i에 저장된 값이 0이므로 첫 번째 배열요소에 저장된 값 10을 읽어 temp에 저장한다. 따라서 메모리 맵에서 temp에 적힌 물음표를 지우고, 10을 적는다.

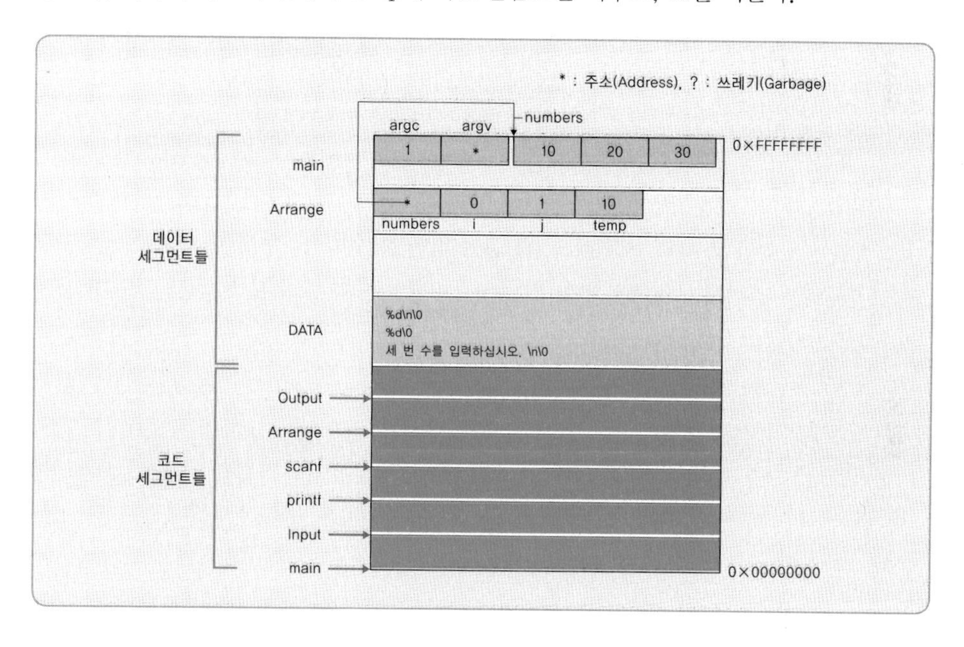

73번째 줄로 이동한다. 첫 번째 배열요소에 저장된 값을 temp에 저장했기 때문에 j에 저장된 값이 1이므로 두 번째 배열요소에 저장된 값을 i에 저장된 값이 0이므로 첫 번째 배열요소에 저장하면 된다. j에 저장된 값은 1이다. 따라서 두 번째 배열요소에 저장된 값 20을 첫 번째 배열요소에 저장한다. 따라서 메모리 맵에서는 첫 번째 배열요소에 적힌 10을 지우고 20을 적는다.

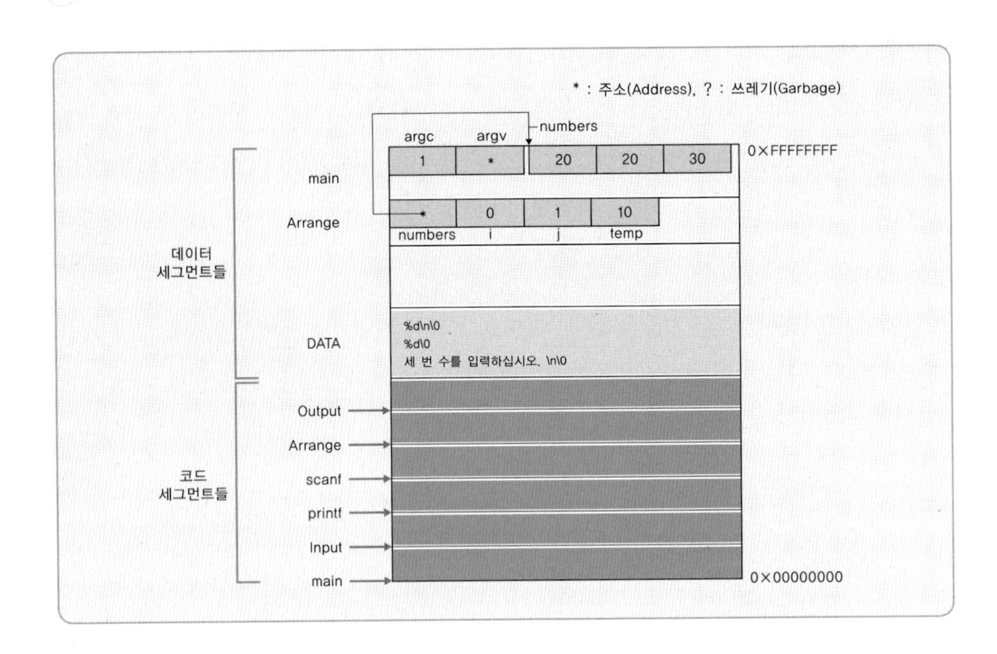

74번째 줄로 이동한다. temp에 저장된 값 10을 읽어 j가 i이므로 두 번째 배열요소에 저장하게 된다. 따라서 메모리 맵에서 두 번째 배열요소에 저장된 값 20을 지우고, 10을 적는다.

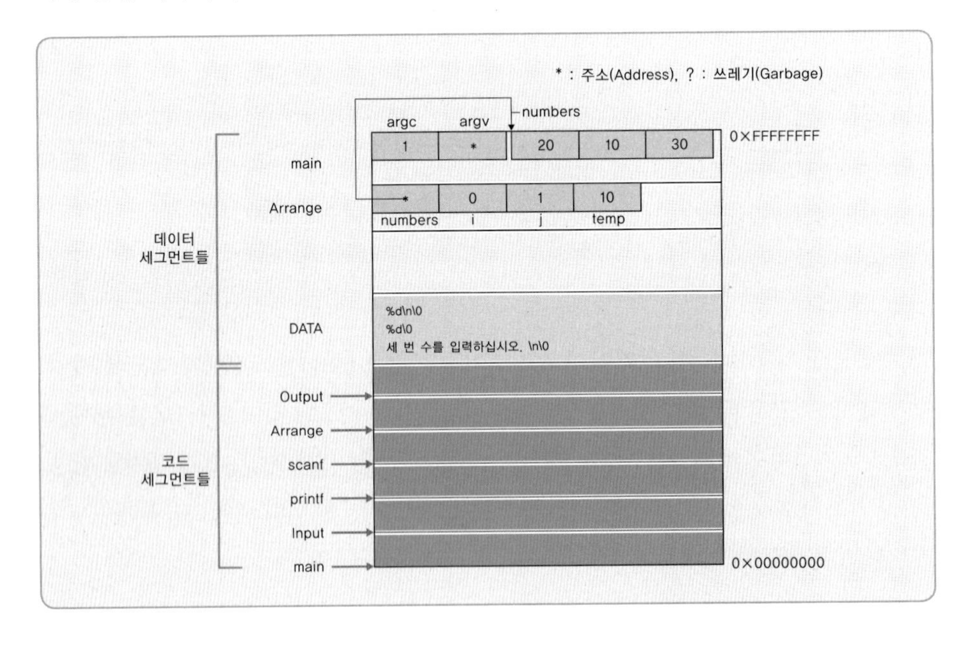

메모리 맵을 보고, 첫 번째 배열요소와 두 번째 배열요소에 저장되었던 값들이 교환되었음을 알 수 있다.

75번째 줄로 이동한다. 75번째 줄의 닫는 중괄호는 if 선택문의 제어블록이 끝남을 의미한다. 따라서 if 선택문이 끝난다.

76번째 줄로 이동한다. 76번째 줄의 닫는 중괄호는 안쪽 for 반복문의 제어블록이 끝남을 나타낸다. 따라서 68번째 줄로 이동하여 j++ 변경식과 j 〈 MAX 조건식을 평가해야 한다.

C코드

```
67 :        // 2.1. 다음 번째부터 마지막 번째까지 반복한다.
68 :        for ( j = i + 1 ; j < MAX ; j++ ) {
69 :           // 2.1.1. 두 개의 수를 비교한다.
70 :           if ( numbers[i] < numbers[j] ) {
71 :              // 2.1.1.1. 두 개의 수를 비교한 결과에 따라 두 개의 수를 교환한다.
72 :              temp = numbers[i];
73 :              numbers[i] = numbers[j];
74 :              numbers[j] = temp;
75 :           }
76 :        }
```

j++ 변경식을 먼저 평가해야 한다. j에 저장된 값 1을 읽어 1을 더해 구한 값 2를 j에 저장한다. 따라서 메모리 맵에서 j에 적힌 1을 지우고, 2를 적는다.

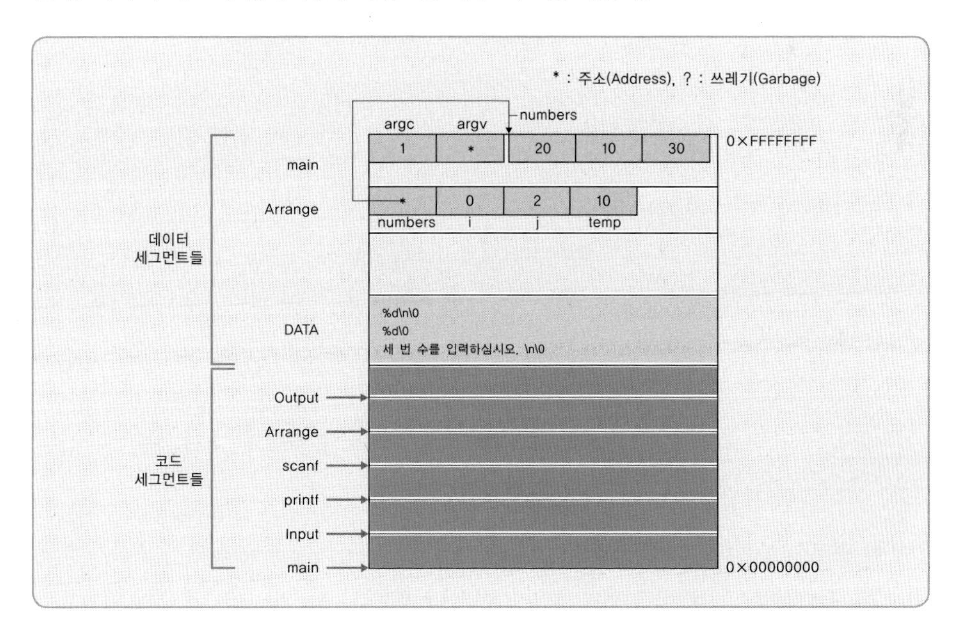

다음은 조건식을 평가해서 참이면 for 반복문을 계속 실행하고, 거짓이면 탈출해야 한다. j에 저장된 값 2를 읽고, MAX 3을 읽어 2가 3보다 작은지에 대해 논리형 값을 구하면 참이

다. 따라서 다시 for 반복문의 제어블록으로 이동하여 70번째 줄로 이동한다.

C코드

```
69 :          // 2.1.1. 두 개의 수를 비교한다.
70 :          if ( numbers[i] < numbers[j] ) {
```

if 선택문이다. 따라서 조건식을 평가해서 제어블록으로 이동할지 아니면 if 선택문을 끝낼지를 결정해야 한다. i에 저장된 값 0을 읽어 첨자로 사용하기 때문에 첨자 연산자에 의해서 첫 번째 배열요소에 저장된 값 20을 읽는다. j에 저장된 값 2를 읽어 첨자로 사용하기 때문에 첨자 연산자에 의해서 세 번째 배열요소에 저장된 값 30을 읽는다. 읽힌 값 20이 30보다 작은지에 대해 논릿값을 구한다. 참이다. 따라서 if 선택문의 제어블록으로 이동한다. 72번째 줄로 이동한다. i에 저장된 값 0을 읽어 첨자로 사용하기 때문에 첨자 연산자에 의해서 첫 번째 배열요소에 저장된 값 20을 읽어 temp에 저장한다. 따라서 메모리 맵에서 temp에 적힌 10을 지우고 20을 적는다.

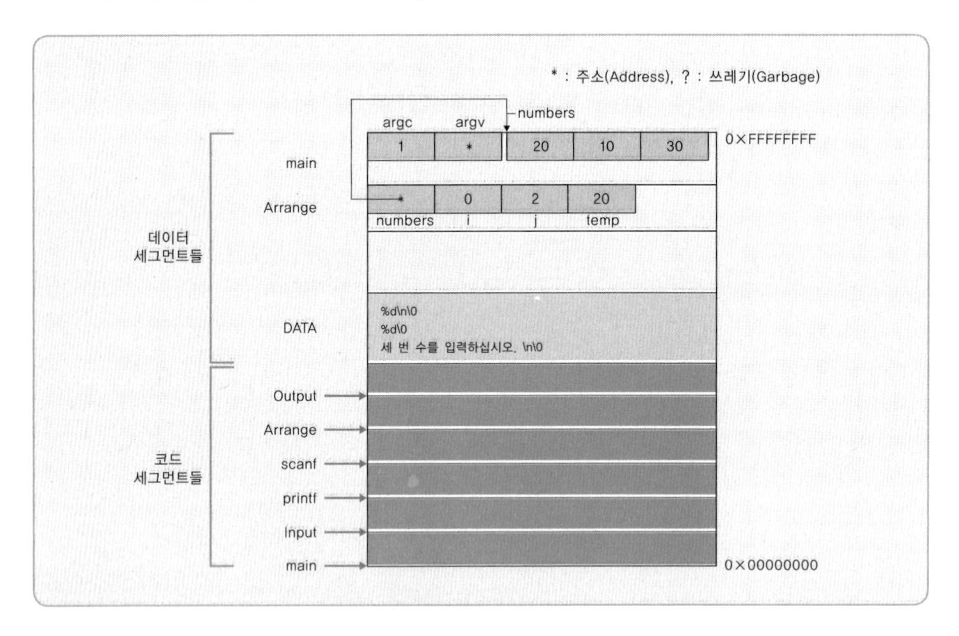

73번째 줄로 이동한다. j에 저장된 값 2를 읽어 첨자로 사용하기 때문에 첨자 연산자에 의해서 세 번째 배열요소에 저장된 값 30을 읽어, i에 저장된 값이 0이므로 첫 번째 배열요소에 저장한다. 따라서 메모리 맵에서는 첫 번째 배열요소에 적힌 20을 지우고, 30을 적는다.

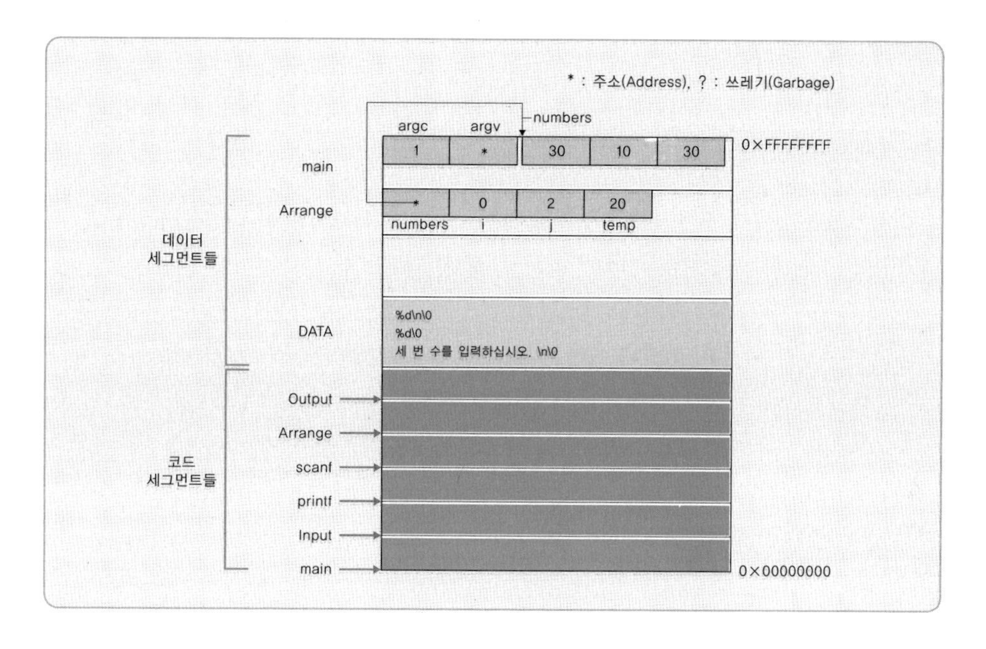

74번째 줄로 이동한다. temp에 저장된 값 20을 읽어 j에 저장된 값이 2이므로 세 번째 배열요소에 저장한다. 메모리 맵에서 세 번째 배열요소에 적힌 값 30을 지우고, 20을 적는다.

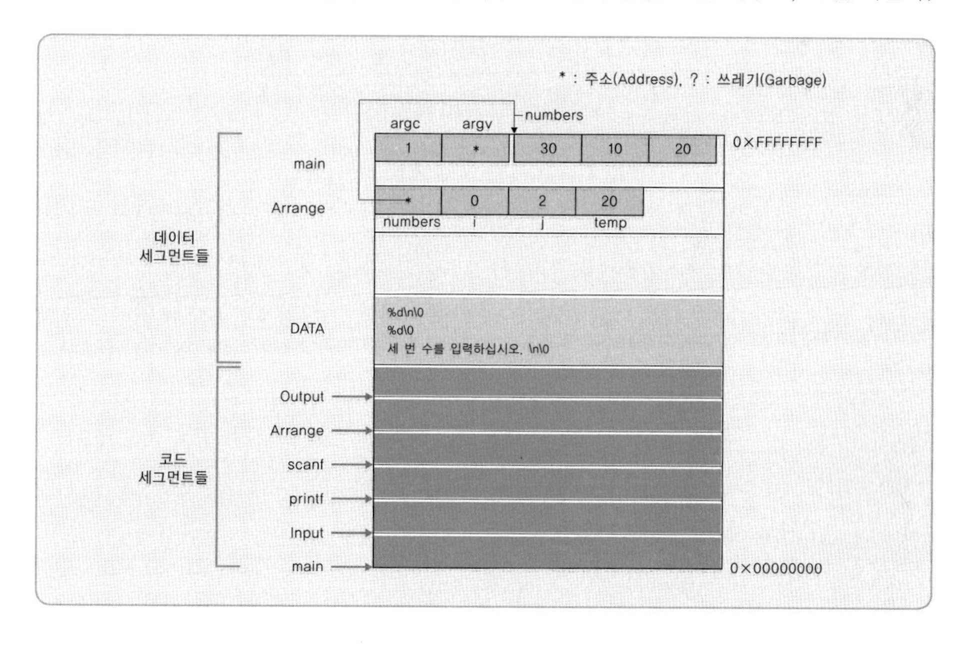

75번째 줄로 이동한다. 75번째 줄에 만나는 닫는 중괄호는 if 선택문의 제어블록의 끝을 나타내는 것이므로 if 선택문이 끝난다.

76번째 줄로 이동한다. 76번째 줄에 만나는 닫는 중괄호는 안쪽 for 반복문의 제어블록의 끝을 나타내는 것이므로 68번째 줄로 이동하여야 한다. 그래서 j++ 변경식과 j 〈 MAX 조건식을 평가해야 한다.

j++ 변경식을 평가해 보자. j에 저장된 값 2를 읽어 1을 더해서 구한 값 3을 저장한다. 따라서 메모리 맵에서 j에 적힌 값 2를 지우고 3을 적는다.

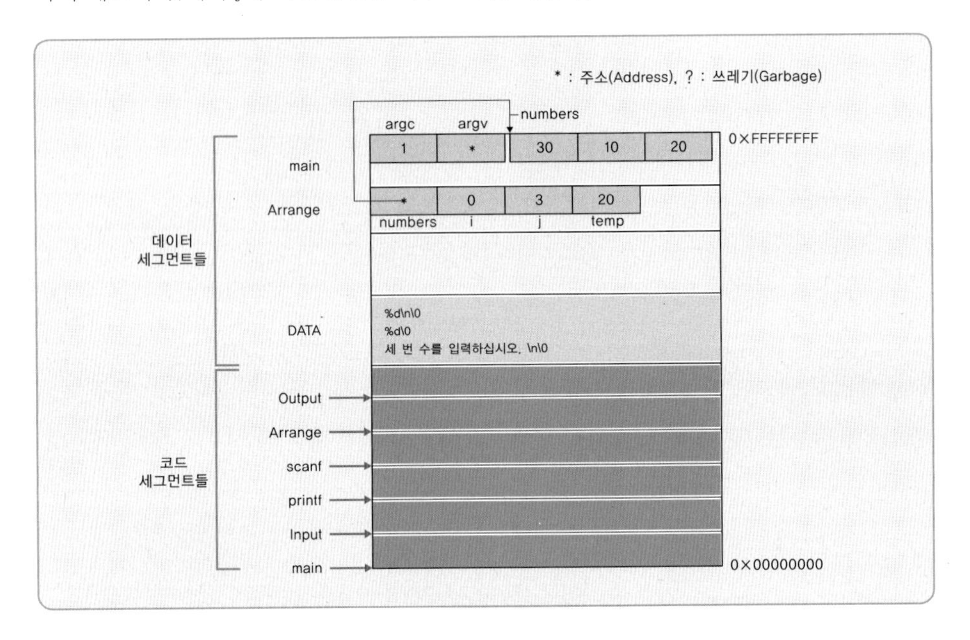

j 〈 MAX 조건식을 평가해 보자. j에 저장된 값 3을 읽고, MAX 3을 읽어 3이 3보다 작은지에 대해 논릿값을 구한다. 거짓이다. 참이 동안 for 반복문을 계속 해야 하고, 거짓이면 탈출해야 한다. 따라서 for 반복문을 끝내다. 68번째 줄부터 76번째 줄까지 for 반복문의 제어블록을 건너뛰어, 77번째 줄로 이동하게 된다.

C코드

```
65 :    // 2. 입력받은 수들의 개수보다 하나 작은 만큼 반복한다.
66 :    for ( i = 0 ; i < MAX - 1; i++ ) {
67 :        // 2.1. 다음 번째부터 마지막 번째까지 반복한다.
68 :        for ( j = i + 1 ; j < MAX ; j++ ) {
69 :            // 2.1.1. 두 개의 수를 비교한다.
70 :            if ( numbers[i] < numbers[j] ) {
71 :                // 2.1.1.1. 두 개의 수를 비교한 결과에 따라 두 개의 수를 교환한다.
72 :                temp = numbers[i];
73 :                numbers[i] = numbers[j];
74 :                numbers[j] = temp;
75 :            }
```

```
76 :        }
77 :    }
```

바깥쪽 for 반복문장의 제어블록의 끝을 만나게 된다. 따라서 66번째 줄로 이동하여, i++ 변경식과 i 〈 MAX - 1 조건식을 평가해야 한다.

i++ 변경식을 평가해 보자. i에 저장된 값 0을 읽어 1을 더하여 구한 값 1을 저장한다. 메모리 맵에서 i에 적힌 값 0을 지우고 1을 적는다.

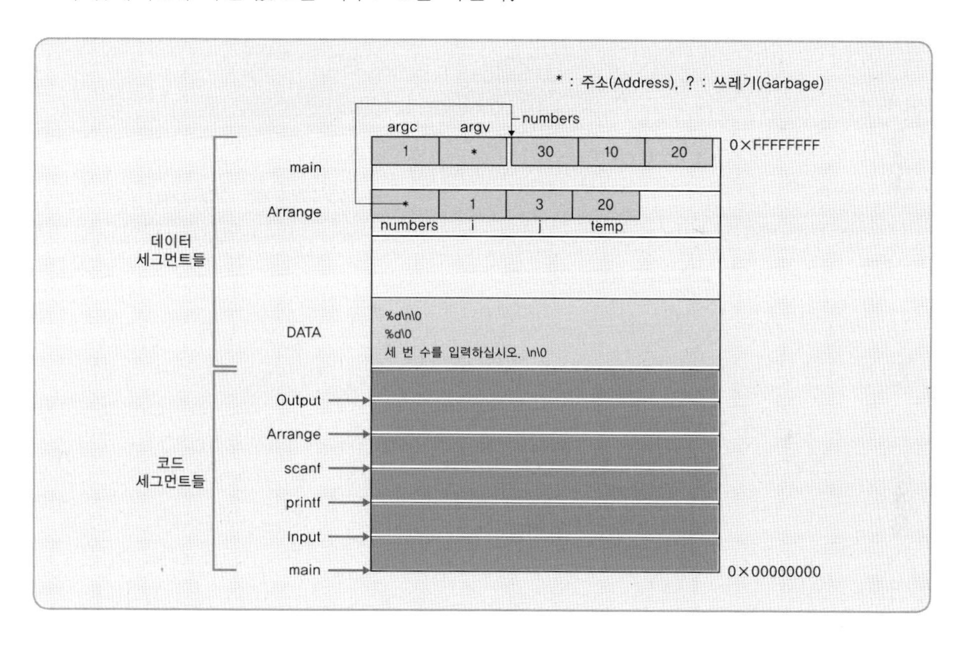

조건식을 평가해 보자. i에 저장된 값 1을 읽고, MAX 3에서 1을 뺀 값 2를 가지고, 1이 2보다 작은지에 대해 논릿값을 구하는데, 참이다. 따라서 for 반복문의 제어블록으로 이동한다. 따라서 68번째 줄로 이동한다.

for 반복문이다. j = i + 1 초기식을 평가해야 한다. i에 저장된 값 1을 읽어 1을 더해서 구한 값 2를 j에 저장한다. 따라서 메모리 맵에서 j에 저장된 값 3을 지우고, 2를 적는다.

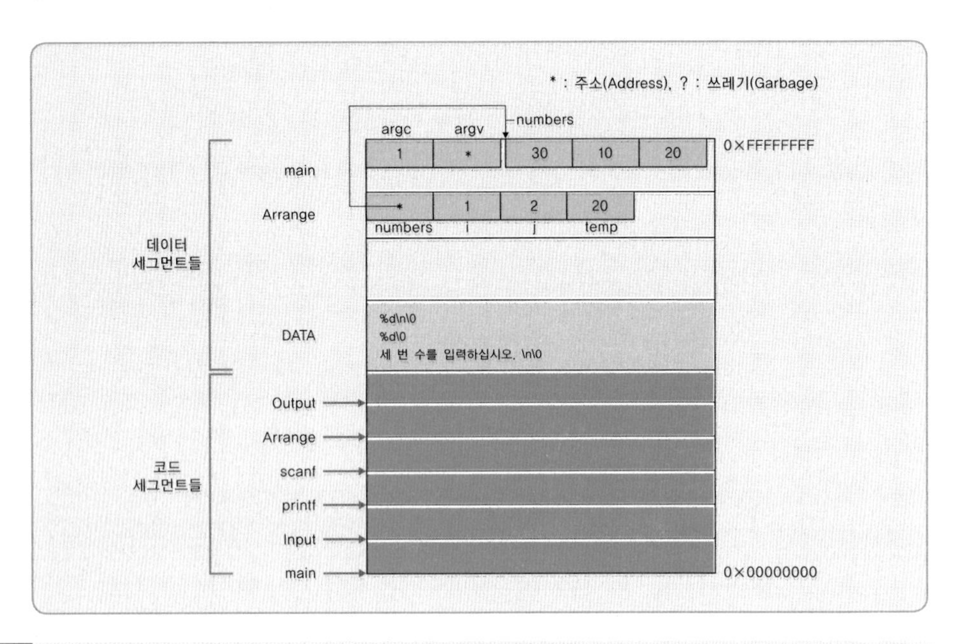

C코드

```
67 :        // 2.1. 다음 번째부터 마지막 번째까지 반복한다.
68 :        for ( j = i + 1 ; j < MAX ; j++ ) {
69 :           // 2.1.1. 두 개의 수를 비교한다.
70 :           if ( numbers[i] < numbers[j] ) {
71 :              // 2.1.1.1. 두 개의 수를 비교한 결과에 따라 두 개의 수를 교환한다.
72 :              temp = numbers[i];
73 :              numbers[i] = numbers[j];
74 :              numbers[j] = temp;
75 :           }
76 :        }
```

조건식 j 〈 MAX 을 평가하여 for 반복문이 계속해서 실행될지를 결정한다. j에 저장된 값 2를 읽고 3보다 작은지에 대해 논릿값을 구한다. 참이다. 따라서 for 반복문의 제어블록으로 이동한다. 70번째 줄로 이동한다.

if 선택문이다. numbers[i] 〈 numbers[j] 조건식을 평가해서 참이면 if 선택문의 제어블록으로 이동하게 하고, 거짓이면 if 선택문의 제어블록을 벗어나게 한다.

i에 저장된 값 1을 읽어 첨자로 사용하여 첨자 연산자에 의해서 두 번째 배열요소에 저장된 값 10을 읽는다. j에 저장된 값 2를 읽어 첨자로 사용하여 첨자 연산자에 의해서 세 번째 배열요소에 저장된 값 20을 읽는다. 그리고 10이 20보다 작은지에 대한 관계식을 평가한다. 참이다. 따라서 if 선택문의 제어블록으로 이동한다.

72번째 줄로 이동한다. i에 저장된 값 1을 읽어 첨자로 사용하여 첨자 연산자에 의해서 두 번째 배열요소에 저장된 값 10을 읽어 temp에 저장한다. temp에 적힌 20을 지우고 10을 적는다.

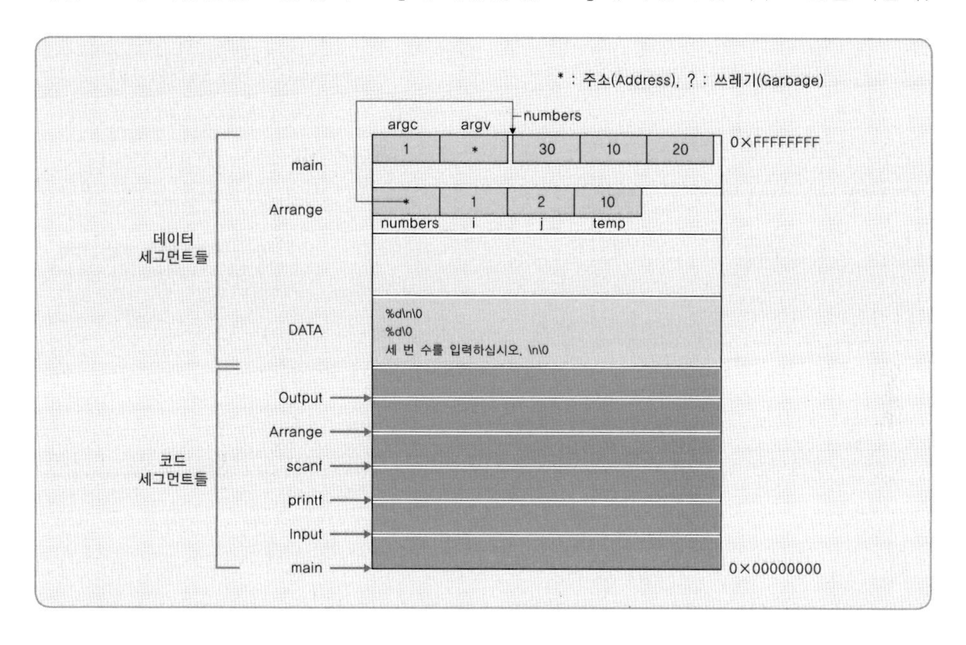

73번째 줄로 이동한다. j에 저장된 값 2를 읽어 첨자로 사용하여 첨자 연산자에 의해서 세 번째 배열요소에 저장된 값 20을 읽어 i에 저장된 값 1을 첨자로 하는 두 번째 배열요소에 저장한다. 두 번째 배열요소에 적힌 10을 지우고, 20을 적는다.

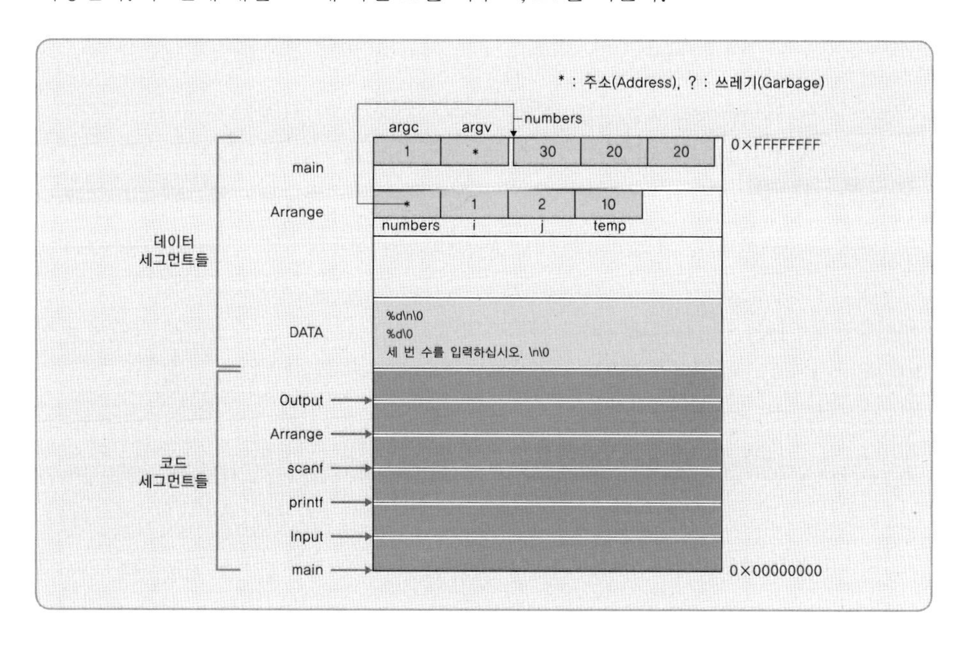

74번째 줄로 이동한다. temp에 저장된 값 10을 읽어, j에 저장된 값 2를 첨자로 하여 세 번째 배열요소에 저장한다. 세 번째 배열요소에 적힌 20을 지우고, 10을 적는다.

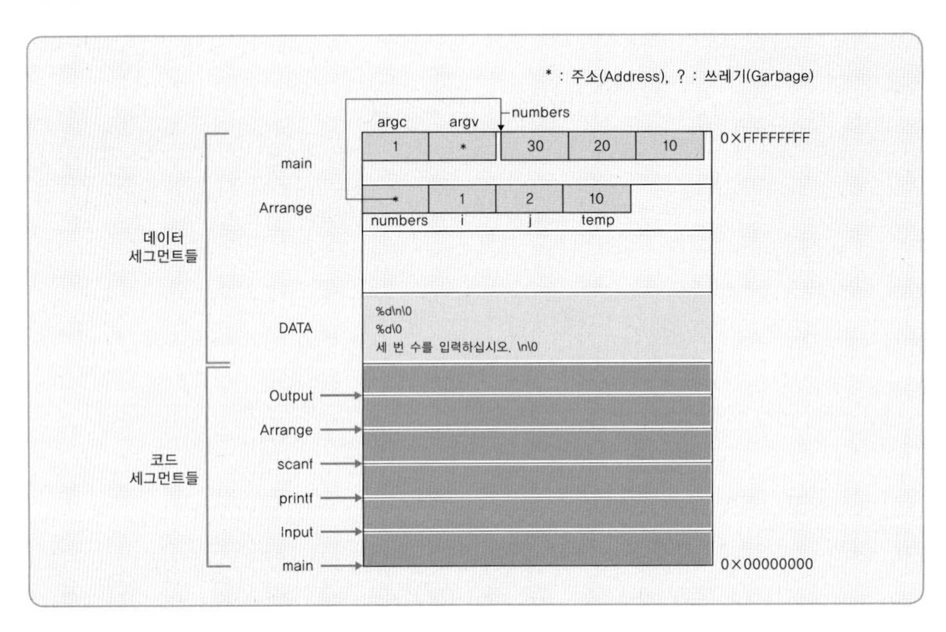

C코드

```
65 :    // 2. 입력받은 수들의 개수보다 하나 작은 만큼 반복한다.
66 :    for ( i = 0 ; i < MAX - 1; i++ ) {
67 :       // 2.1. 다음 번째부터 마지막 번째까지 반복한다.
68 :       for ( j = i + 1 ; j < MAX ; j++ ) {
69 :          // 2.1.1. 두 개의 수를 비교한다.
70 :          if ( numbers[i] < numbers[j] ) {
71 :             // 2.1.1.1. 두 개의 수를 비교한 결과에 따라 두 개의 수를 교환한다.
72 :             temp = numbers[i];
73 :             numbers[i] = numbers[j];
74 :             numbers[j] = temp;
75 :          }
76 :       }
77 :    }
```

75번째 줄로 이동한다. if 선택문의 제어블록의 끝을 나타내는 닫는 중괄호를 만나서 if 선택문이 끝난다.

76번째 줄로 이동한다. 안쪽 for 반복문의 제어블록의 끝을 나타내는 닫는 중괄호이기 때문에 68번째 줄로 이동하여 j++ 변경식과 j < MAX 조건식을 평가해야 한다.

j++ 변경식을 평가하면, j에 저장된 값 2를 읽어 1을 더해서 구한 값 3을 저장한다. 따라서

메모리 맵에서 j에 적힌 2를 지우고 3을 적는다.

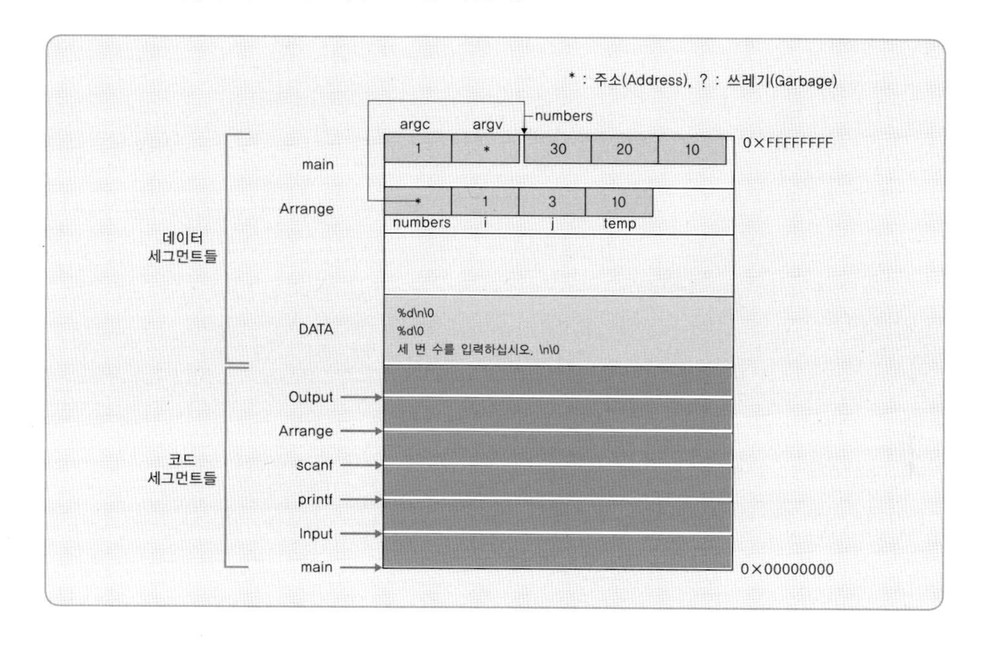

j 〈 MAX 조건식을 평가하면 j에 저장된 값 3을 읽어 3보다 작은지에 대해 논릿값을 구하는데, 거짓이다. 따라서 for 반복문을 끝내다. 68번째 줄부터 76번째 줄까지 for 반복문의 제어블록을 건너뛰게 되어 따라서 77번째 줄로 이동한다.

77번째 줄에서 만나는 닫는 중괄호는 바깥쪽 for 반복문의 제어블록의 끝을 의미한다. 따라서 66번째 줄로 이동하여야 한다. 66번째 줄에서 i++ 변경식과 i 〈 MAX – 1 조건식을 평가해야 한다.

변경식부터 평가해 보자. i에 저장된 값 1을 읽어 1을 더하여 구한 값 2를 i에 다시 저장한다. 메모리 맵에서 i에 적힌 1을 지우고 2를 적는다.

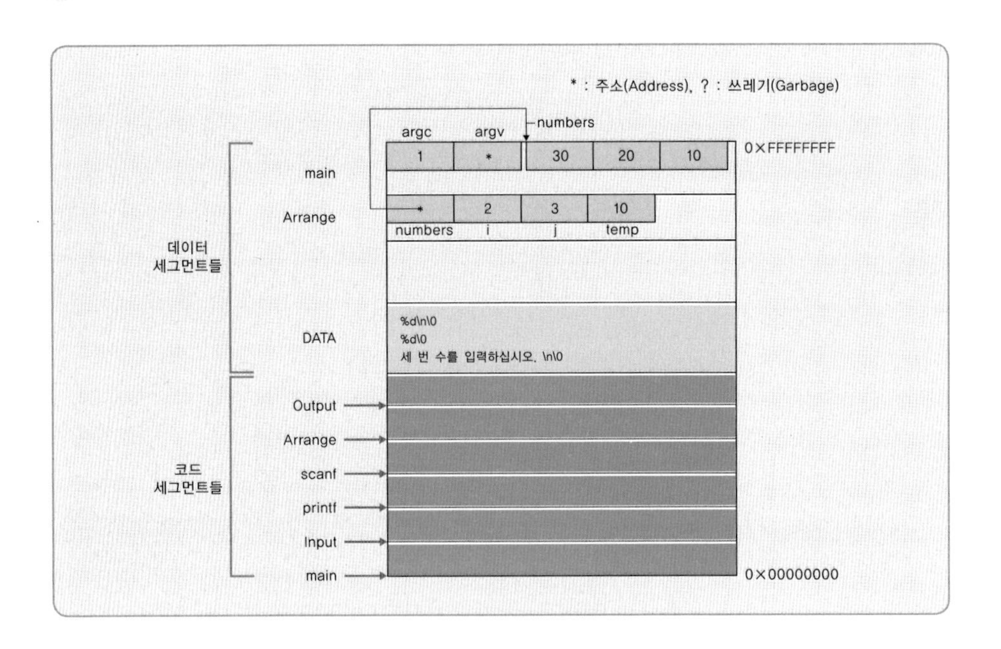

다음은 조건식을 평가한다. i에 저장된 값 2를 읽어 MAX 3에서 1을 빼서 구한 값 2와 작은지에 대한 관계식을 평가한다. 2가 2보다 작지 않기 때문에 거짓이다. 조건식을 평가했는데 거짓이기 때문에 반복문을 끝내야 한다. 66번째 줄부터 77번째 줄까지 바깥쪽 for 반복문의 제어블록을 건너뛰어 벗어나야 한다. 따라서 80번째 줄로 이동한다.

C코드

```
58 : void Arrange ( Long (*numbers) ) {
59 :    // 선언문들
60 :    ULong i;
61 :    ULong j;
62 :    Long temp;
63 :
64 :    // 1. 수들을 입력받는다.
65 :    // 2. 입력받은 수들의 개수보다 하나 작은 만큼 반복한다.
66 :    for ( i = 0 ; i < MAX - 1; i++ ) {
67 :       // 2.1. 다음 번째부터 마지막 번째까지 반복한다.
68 :       for ( j = i + 1 ; j < MAX ; j++ ) {
69 :          // 2.1.1. 두 개의 수를 비교한다.
70 :          if ( numbers[i] < numbers[j] ) {
71 :             // 2.1.1.1. 두 개의 수를 비교한 결과에 따라 두 개의 수를 교환한다.
72 :             temp = numbers[i];
73 :             numbers[i] = numbers[j];
74 :             numbers[j] = temp;
75 :          }
76 :       }
77 :    }
```

```
78 :     // 3. 정리된 수들을 출력한다.
79 :     // 4. 끝내다.
80 : }
```

80번째 줄에서 만나는 닫는 중괄호는 Arrange 함수 블록의 끝을 나타내는 것이다. 따라서 Arrange 함수의 실행이 끝나는 것이다. 따라서 Arrange 함수 스택 세그먼트가 할당 해제된다.

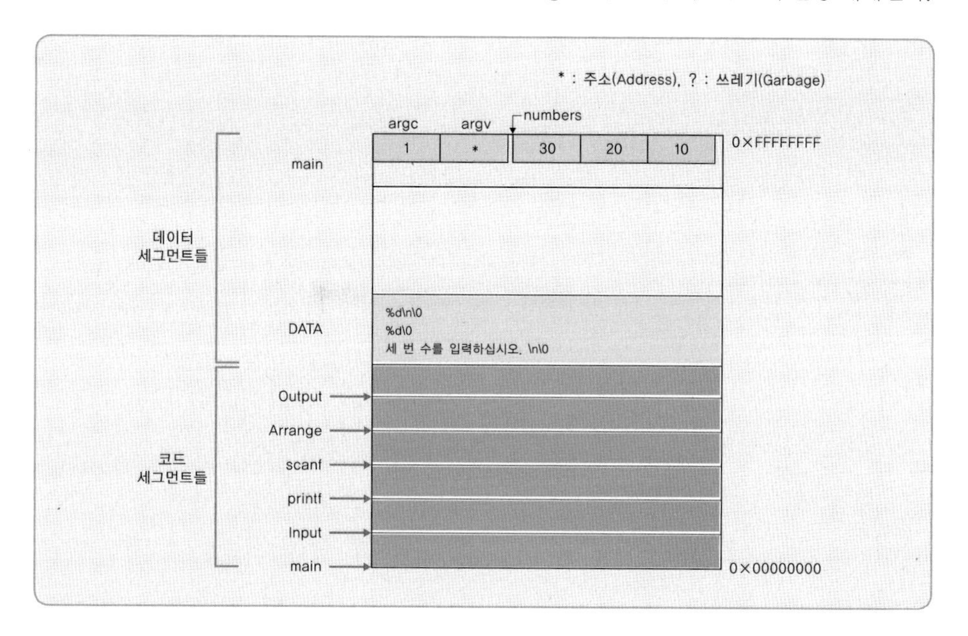

따라서 실행제어가 다시 main 함수로 이동하여 32번째 줄로 이동한다.

C코드

```
31 :     // 정리된 수들을 출력한다.
32 :     Output( numbers );
```

32번째 줄은 Output 함수 호출문장이다. Output 함수가 호출되어 실행된다. 따라서 Output 함수 스택 세그먼트가 main 함수 스택 세그먼트 아래쪽에 할당된다. Output 함수 스택 세그먼트에 매개변수 numbers와 자동변수 i에 대해 기억장소가 할당된다. 그리고 함수 호출식에서 적힌 배열 이름에 대해 매개변수 numbers에 관한 기억장소에 main 함수 스택 세그먼트에 할당된 배열의 시작주소를 저장하게 된다. 자동변수 i에 대해서도 Output 함수 스택 세그먼트에 기억장소가 할당되고, 쓰레기를 저장하게 된다.

C코드

```
88 : void Output ( Long (*numbers) ) {
89 :    ULong i;
90 :
91 :    for ( i = 0 ; i < MAX ; i++ ) {
92 :       printf( "%d\n", numbers[i] );
93 :    }
94 : }
```

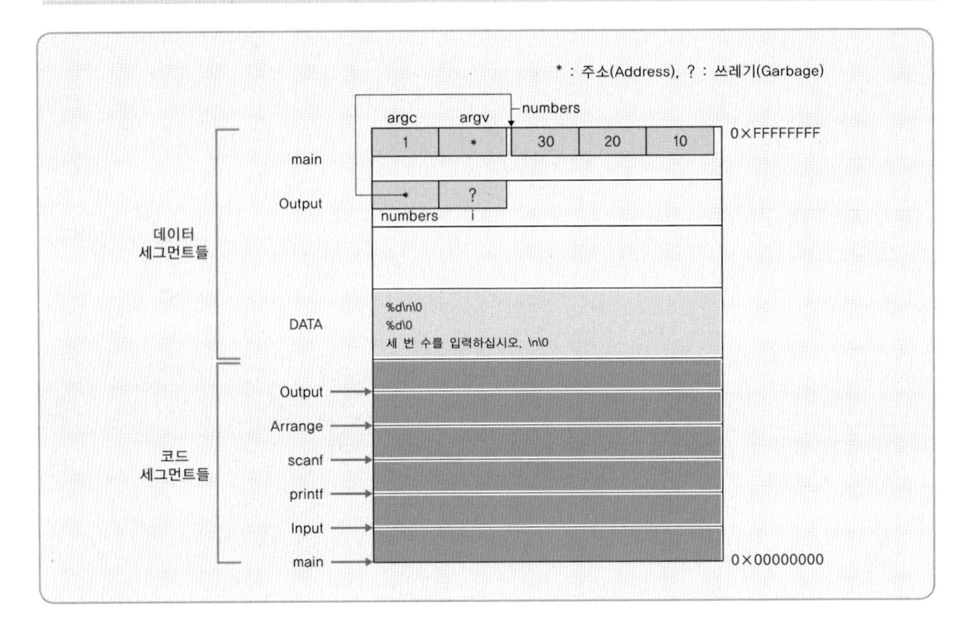

91번째 줄에서 for 반복문으로 이동한다. 초기식 i = 0에 의해서 i에 0을 저장한다.

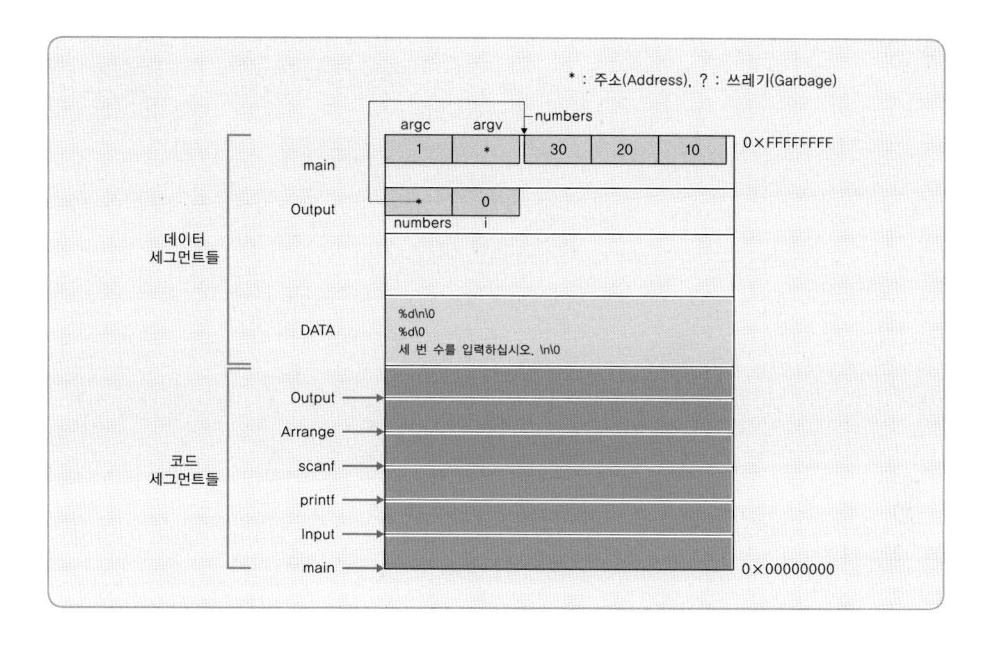

다음은 i 〈 MAX 관계식을 평가하여 제어 흐름을 결정해야 한다. i에 저장된 값 0을 읽고 MAX 3보다 작은지에 대해 결과를 구한다. 참이다. 따라서 92번째 줄로 이동하여 printf 함수 호출문장이 실행된다. Output 함수 스택 세그먼트 아래쪽에 printf 함수 스택 세그먼트를 그린다. 함수 스택 세그먼트에는 printf 함수 호출식에서 두 개의 값이 복사되므로, 작은 사각형 두 개를 그린다. 라이브러리 함수이므로 이름은 적지 않고, 함수 호출식을 보고, 사각형에 값을 적는다. 첫 번째 사각형에는 DATA 데이터 세그먼트에 저장된 문자열 리터럴에 대해 주소를 저장해야 하므로, 별표를 적고, 화살표를 그려 "%d₩n" 문자열 리터럴의 첫 번째 글자 % 기호를 가리키도록 한다. 두 번째 사각형에는 printf 함수를 호출할 때 i에 저장된 값 0을 읽어 첨자로 사용하여 첨자 연산자로 첫 번째 배열요소에 저장된 값을 읽으면, 30을 읽어 복사하게 된다.

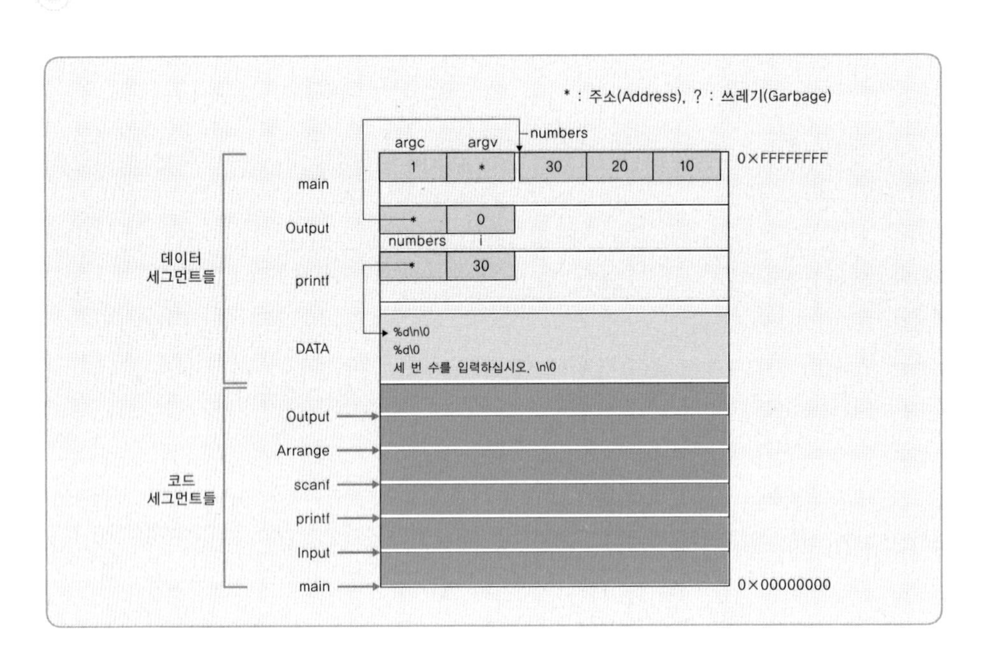

C코드

```
88 : void Output ( Long (*numbers) ) {
89 :    ULong i;
90 :
91 :    for ( i = 0 ; i < MAX ; i++ ) {
92 :        printf( "%d\n", numbers[i] );
93 :    }
94 : }
```

그러면 printf 함수에서 모니터에 30을 출력하고 끝나게 된다. 그러면 93번째 줄로 이동하는데, for 반복문의 제어블록의 끝인 닫는 중괄호를 만나게 되어 91번째 줄로 이동한다. i++ 변경식과 i 〈 MAX 조건식을 평가하여 for 반복문을 계속해서 실행할지 말지를 결정하게 된다.

i++ 변경식을 평가해 보자. i에 저장된 값 0을 읽어 1을 더하여 구한 값 1을 저장한다. 메모리 맵에서 i에 적힌 값 0을 지우고 1을 적는다.

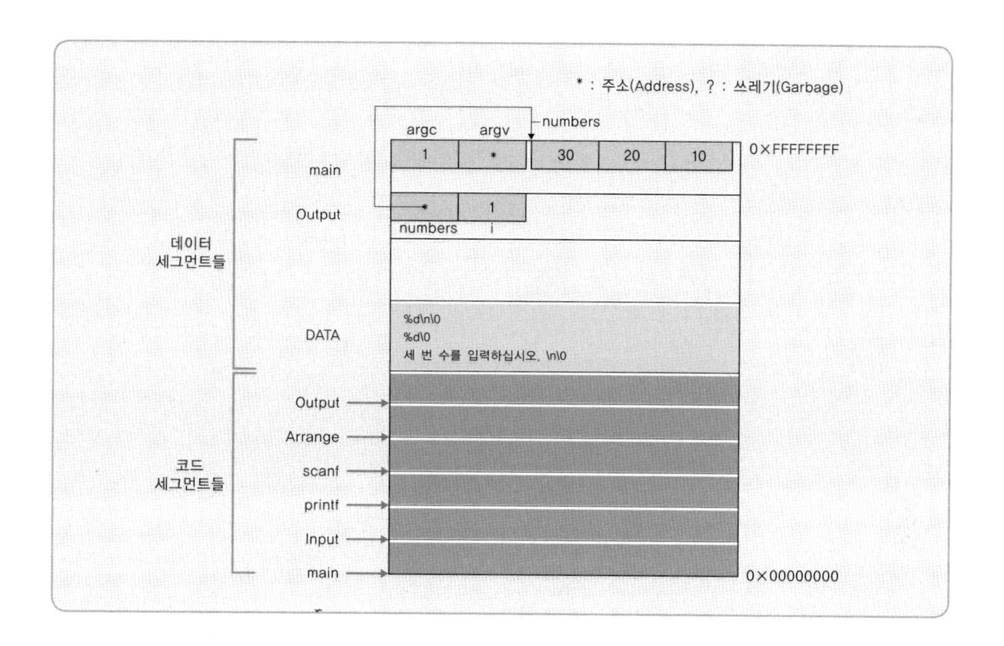

다음은 i 〈 MAX 조건식을 평가해 보자. i에 저장된 값 1을 읽고, MAX 3보다 작은지에 대해 논릿값을 구하는데, 참이다. 따라서 for 반복문의 제어블록으로 이동한다. 따라서 92번째 줄로 이동한다. printf 함수 호출문장이 실행된다.

● printf 함수 스택 세그먼트는 여러분이 직접 작도해 보자.

printf 함수를 호출할 때 i에 저장된 값 1을 읽어 첨자로 사용하여 첨자 연산자로 두 번째 배열요소에 저장된 값을 읽으면, 20을 읽어 복사하게 된다.

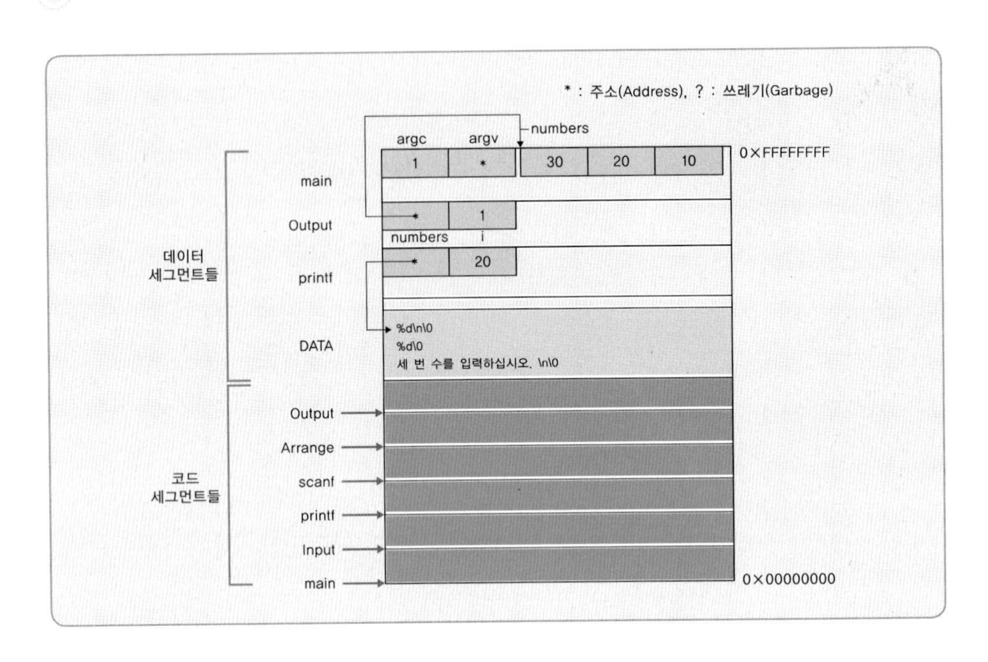

그러면 printf 함수에서 모니터에 20을 출력하고 끝나게 된다. 그러면 93번째 줄로 이동하는데, for 반복문의 제어블록의 끝인 닫는 중괄호를 만나게 되어 91번째 줄로 이동한다. i++ 변경식과 i < MAX 조건식을 평가하여 for 반복문을 계속해서 실행할지 말지를 결정하게 된다.

i++ 변경식을 평가해 보자. i에 저장된 값 1을 읽어 1을 더하여 구한 값 2를 저장한다. 메모리 맵에서 i에 적힌 값 1을 지우고 2를 적는다.

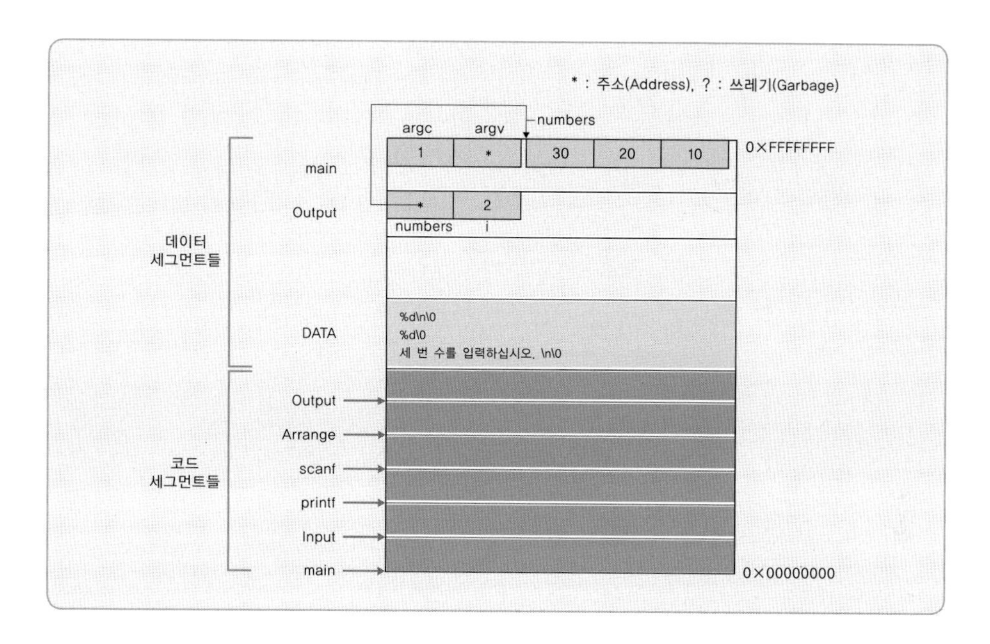

다음은 i 〈 MAX 조건식을 평가해 보자. i에 저장된 값 2를 읽고, MAX 3보다 작은지에 대해 논릿값을 구하는데, 참이다. 따라서 for 반복문의 제어블록으로 이동한다. 따라서 92번째 줄로 이동한다. printf 함수 호출문장이 실행된다.

● printf 함수 스택 세그먼트는 여러분이 직접 작도해 보자.

printf 함수를 호출할 때 i에 저장된 값 2를 읽어 첨자로 사용하여 첨자 연산자로 세 번째 배열요소에 저장된 값을 읽으면, 10을 읽어 복사하게 된다.

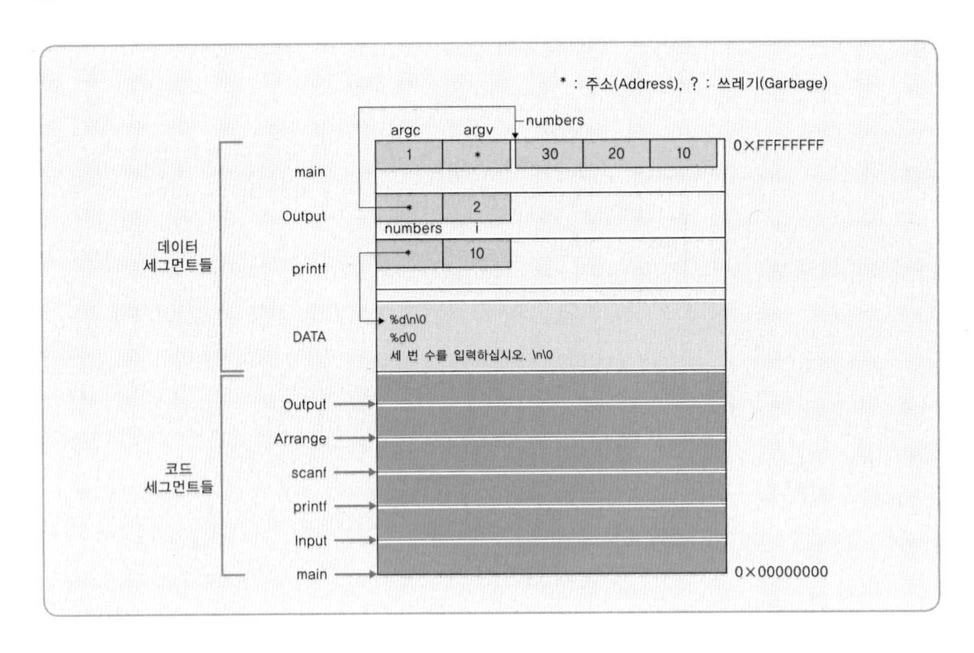

그러면 printf 함수에서 모니터에 10을 출력하고 끝나게 된다. 그러면 93번째 줄로 이동하는데, for 반복문의 제어블록의 끝인 닫는 중괄호를 만나게 되어 91번째 줄로 이동한다. i++ 변경식과 i < MAX 조건식을 평가하여 for 반복문을 계속해서 실행할지 말지를 결정하게 된다.

i++ 변경식을 평가해 보자. i에 저장된 값 2를 읽어 1을 더하여 구한 값 3을 저장한다. 메모리 맵에서 i에 적힌 값 2를 지우고 3을 적는다.

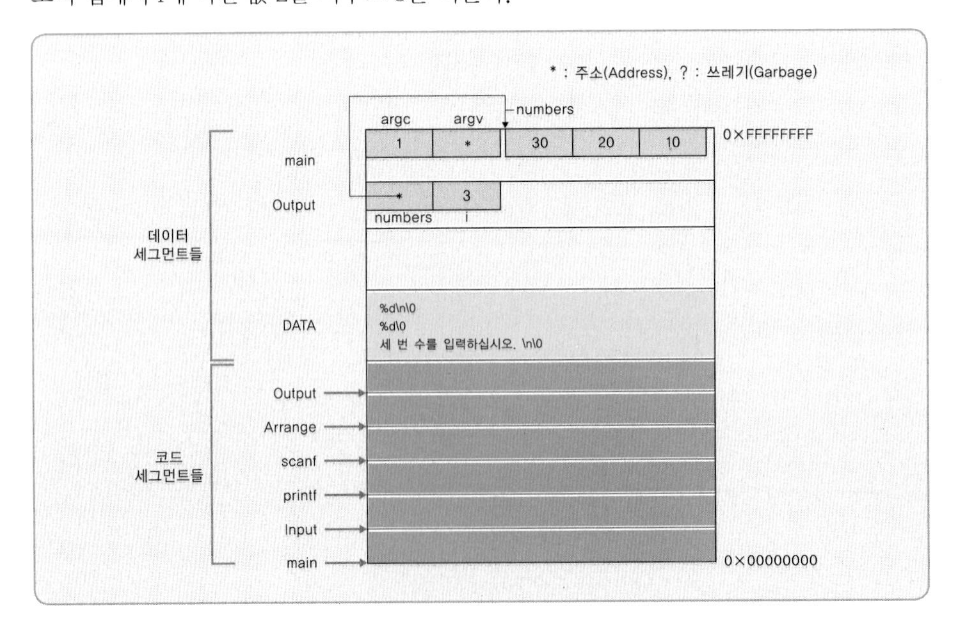

다음은 i 〈 MAX 조건식을 평가해 보자. i에 저장된 값 3을 읽고, MAX 3보다 작은지에 대해 논릿값을 구하는데, 거짓이다. 조건식을 평가했는데 거짓이기 때문에 반복문을 끝내야 한다. 91번째 줄부터 93번째 줄까지 for 반복문의 제어블록을 건너뛰어 벗어나야 한다. 따라서 94번째 줄로 이동한다. 닫는 중괄호는 Output 함수 제어블록의 끝을 나타낸다. 따라서 Output 함수가 끝나게 된다. 그러면 Output 함수 스택 세그먼트가 할당 해제된다. 다시 main 함수로 실행제어가 이동된다.

C코드

```
34 :    return 0;
35 : }
```

34번째 줄로 이동하게 된다. return 문장에 의해서 레지스터에 0을 복사하여 저장한다. 그리고 35번째 줄로 이동하게 되는데, 35번째 줄에서 만나는 닫는 중괄호는 main 함수 블록의 끝은 의미한다. 따라서 main 함수가 끝나는 것이다. 따라서 main 함수 스택 세그먼트가 할당 해제된다. 프로그램이 끝나게 되는 것이다. 물론 코드 세그먼트들과 DATA 데이터 세그먼트도 할당 해제된다.

[평가]

이렇게 해서 올바른 입력에 정확한 결과를 내는 알고리듬을 작성했다. 배열을 사용하지 않는 정렬 모델과 비교하면 배열을 사용한 정렬 모델은 단순성이 좋다. 다시 말해서 이해하기가 쉽다.

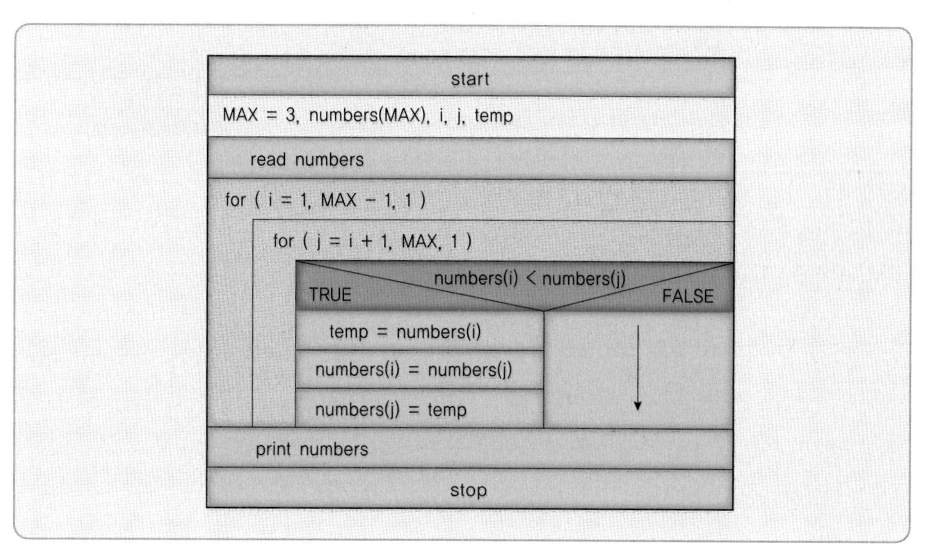

배열을 사용한 정렬 모델에서 입력되는 수를 하나 더 추가되었을 때 알고리듬이 어떻게 정리될까? 즉 네 개의 수가 입력될 때, 가장 큰 수, 큰 수, 중간 수, 그리고 작은 수 순으로 출력하는 알고리듬을 작성해보자. 위에 작성된 나씨-슈나이더만 다이어그램에다 추가해서 알고리듬을 작성해보자. 10분은 너무 길다. 1분 동안 작성해 보자. 1분도 길다. 1초 동안 작성해 보자. 아마 충분히 알고리듬을 작성할 수 있을 것이다. 작성했는가? 어떻게 하면 되는가? 아래쪽 나씨-슈나이더만 다이어그램을 보자. 기호상수의 값을 3에서 4로 고치기만 하면 된다.

여기서 또한 기억할 것은 기호상수의 역할이다. 기호상수를 사용하지 않으면 배열 크기, 두 개의 반복구조 조건식에서 최대반복횟수를 고쳐야 할 것이다. 그렇지만 기호상수를 사용하면 기호상수에 대해서만 고치면 되기 때문에 매우 효율적이다는 것이다. 따라서 배열 크기에 대해서는 앞으로 무조건 기호상수로 표현하도록 하자.

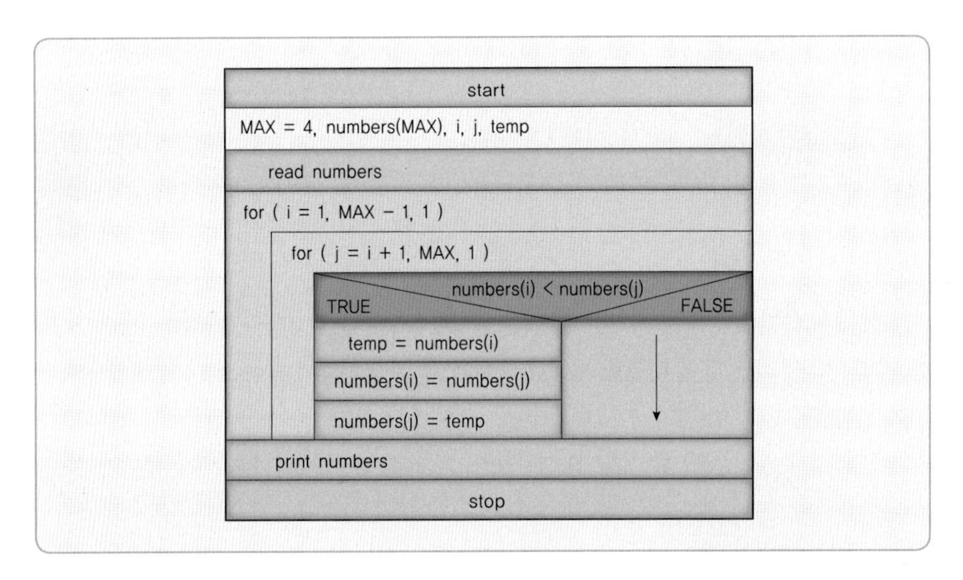

어떠한가? 쉽게 알고리듬이 작성되는가? 그렇다. 배열을 사용하지 않은 정렬 모델보다는 배열을 사용한 정렬 모델이 더욱더 쉽게 알고리듬을 고칠 수 있다. 이럴 때 알고리듬을 평가하는 기준인 단순성에서 좋은 평가를 얻게 된다.

단순성이란 이해하기 쉬운 알고리듬인지에 대한 평가 기준이다. 따라서 쉽게 고칠 수 있느냐에 대한 평가 기준이다. 이해하기 쉬운 알고리듬을 작성하는 데 있어 답만을 구하기 위한 방법적인 모델보다는 문제의 본질에 집중하는 개념적인 모델에 집중하도록 하자. 그러면 이러한 단순성이 좋은 알고리듬을 만들 수 있다.

여기서 몇 가지를 생각해 보자. 프로그래머라면 반드시 알아야 하는 것들이다.

(1) 어떻게 지식에 가치가 매겨지는가?

(2) 알고리듬을 어떻게 배우는 것이 효율적일까?

(3) 프로그래머가 하는 일은 무엇일까?

세 개의 모델로 세 개의 수를 입력받아 내림차순으로 출력하는 알고리듬과 프로그램을 만들어 보았다. 단순성을 이해하기 위해서 단지 수 하나를 더 입력받을 때, 다시 말해서 네 개의 수를 입력받아 내림차순으로 출력하는 알고리듬을 만드는 일을 해 보았다. 여기서 우리는 어떻게 아이디어를 가치로 바꾸는지를 알아야 한다. 다시 말해서 어떻게 생각에 가치가 매겨지는지를 이해해야 한다.

변수들을 이용하고 대소 비교의 경우의 수 모델을 이용할 때 네 개의 수를 입력받아 내림차순으로 출력하는 알고리듬을 만들 때는 많은 시간과 노력이 필요할 것이다. 몇 시간은 소요될 것이다. 최소 6시간 이상은 소요될 것이다. 물론 집중력이 있는 사람에 한해서다. 한 번 끝까지 도전해 보는 것도 좋을 듯하다. 집중력이 없는 사람이면 문제를 다르게 풀어야 한다.

소요된 시간에 대해 최저임금을 곱해 보자. 2014년도 최저 임금은 5,210원이다. 최소 6시간이라 하면, 6 * 5,210이므로 31,260원이다. 지식에 가치가 매겨지는 예이다. 사용자가 원하는 기능을 제공하기 위해서 31,260원 비용이 더 든다는 것이다.

그렇지만, 변수들을 이용한 정렬 모델 그리고 배열을 이용한 정렬 모델로 알고리듬을 만들 때는 단 몇 분이나 몇 초면 알고리듬을 만들 수 있었다. 비용이 적게 든다는 것이다.

비용이 적게 들고 비싸게 팔 수 있는 알고리듬이나 프로그램은 우리에게 많은 가치를 주게 될 것이다. 여기서 우리는 아이디어를 정리하여 알고리듬이나 프로그램을 만들 때 가능하면, 비용이 적게 들고 비싼 알고리듬이나 프로그램을 만들려고 노력해야 한다는 것이다. 이제부터는 답만 구하는 알고리듬이나 프로그램을 만들지 않도록 하자.

그러나 비용이 적게 들고, 비싸게 팔 수 있는 알고리듬이나 프로그램, 다시 말해서 효율적인 알고리듬이나 프로그램은 한 번에 만들어지는 것이 아니라, 이 책에서 보여준 것처럼 혁신으로 점차 만들어진다는 것도 이해하도록 하자. 그래서 아이디어가 있으면 먼저 효율성을 따지지 말고 생각한 대로 행동으로 옮겨 알고리듬이나 프로그램을 만들도록 하자. 그렇게 만들어진 알고리듬이나 프로그램의 비효율적인 부분을 찾아 개선하여 효율성이 있는 알고리듬이나 프로그램을 만들도록 하자. 이러한 과정을 반복하다 보면, 훌륭한 알고리듬이나 프로그램을 만들 수 있을 것이다.

다음은 알고리듬은 외우는 것이 아니라 만드는 것이라는 점이다. 시중에 출간된 알고리듬 책들은 알고리듬을 어떻게 만드는지를 설명하기보다는 이미 만들어진 알고리듬을 설명하는 방식이다. 그러다 보니, 알고리듬은 외우는 것으로 착각하는 경향이 있다. 그렇지 않다는 것이다. 알고리듬은 만드는 것이다. 제시된 문제를 푸는 데 효율성을 생각하다 보니, 배열을 사용하여 정렬 알고리듬을 만들었다. 이렇게 만들어져서 이 책에 실린 정렬 알고리듬을 선택 정렬(Selection Sort)이라고 한다.

이러한 방식으로 알고리듬을 배우게 되면, 재미있게 배우고, 바로 문제 해결에 적용할 수 있는 능력을 갖출 수 있어 소프트웨어를 개발할 때 많은 도움이 된다.

다음은 프로그래머가 어떠한 일을 하는지를 정확히 이해해야 한다. 지금까지 무엇을 배웠는가? 나프잘 1, 2, 3, 4권으로 알고리듬을 만드는 방법을 배웠다. 그리고 5권으로 보다 효율적인 알고리듬을 만들고자 한다면 자료구조를 만들어야 한다는 것을 배웠다. 문제를 풀어 효율적인 자료구조와 알고리듬을 만들어 보다 혁신적인 프로그램을 만드는 일을 하는 사람을 프로그래머라고 한다. 프로그래머는 알고리듬과 자료구조를 만드는 사람이다.

따라서 프로그래머는 스스로 문제를 풀어 자료구조와 알고리듬을 만드는 사람이지, C언어나 JAVA 언어 같은 프로그래밍 언어, 라이브러리와 개발 도구 사용법만을 배워 구글링으로 남이 만든 코드를 구해서 Ctrl+N(새로운 파일 만들기), Ctrl+A(전체 선택하기), Ctrl+C(복사하기), Ctrl+V(붙이기) 같은 키보드 조작으로 시키는 일만 하는 코더가 아니라는 것이다.

알고리듬이나 자료구조를 만들 수 없는 사람을 프로그래머라고 할 수 있는가? 코더는 프로그래머가 아니다. 프로그래머가 아니면서, 프로그래머의 대우를 요구한다. 미국 같은 소프트웨어 선진국 프로그래머의 대우에 미치지 못하자 프로그래머인 양 인터넷에서 "프로그래머의 현실"이라는 잘못된 정보를 퍼트리고 있다. 이러한 잘못된 정보가 인터넷에 노출되어 프로그래머의 꿈을 갖는 사람들이 좌절과 포기를 하는 것을 보면 매우 안타깝다.

이 책으로 프로그래밍의 의미와 프로그래머의 역할을 알게 된 여러분도 빨리 잘못된 상황을 바로 잡는데 동참해 주었으면 한다. 그리하여 체계적이고 전문적으로 프로그래밍을 배워 프로그래머의 꿈을 이룰 수 있는 환경을 만들도록 하자.

다음에 출간되는 권에서 배열을 자세히 공부하겠지만, 다음은 배열을 이해하기 위해 배열을 사용하여 문제를 풀어 보도록 하자.

연습문제

1. 수의 개수를 세자.
   100개의 정수가 입력될 때, 그 정수를 읽어 양의 정수 개수, 음의 정수 개수를 구하고, 양의 정수 중, 짝수 개수, 홀수 개수도 구하여 출력하자.
   [입력]
   100개의 정수가 입력된다.
   [출력]
   양의 정수 개수, 음의 정수 개수, 짝수의 개수, 홀수의 개수가 출력된다.
   [예시] : 6개의 정수일 경우
   1, −5, 0, 2, 6, 9 Enter↵
   양의 정수 개수: 4
   음의 정수 개수: 1
   짝수의 개수: 2
   홀수의 개수: 2

2. 야구 게임해보자.
   이것은 네 개의 수를 맞추는 게임이다. 적당한 수들을 입력시키면 자리 수와 숫자가 맞으면 「Hit」로 간주하며 그 개수가 출력되고, 숫자가 맞더라도 자릿수가 다르다면 「Blow」라는 표시와 그 개수를 출력하자. 수들은 직접 입력할 수 있게 하여 처리하도록 하자.
   [입력]
   입력 숫자는 0~9까지의 수이다. 단, 각 자리 수의 숫자는 겹치지 않도록 한다.
   [출력]
   Hit와 Blow의 카운트가 출력된다.
   [예시]
   1 2 3 4 Enter↵
   1 2 4 5 Enter↵
   2hit 1blow

3. 수를 찾아보자.
   10개의 정수가 입력되어 있을 때, 찾고자 하는 값을 입력받아 그 정수의 위치를 출력하고 값이 없을 때에는 적당한 메시지를 출력하자.
   [입력]
   10개의 정수를 입력받고, 찾고자 하는 값(key)을 입력받는다.
   [출력]
   찾고자 하는 값이 저장된 방의 번호(들)를 출력하고, 찾고자 하는 값이 존재하지 않을 경우는 적당한 메시지를 출력한다.
   [예시]

1, 5, 0, 2, 6, 9, 10, 1, 7, 1 Enter↵
1 Enter↵
1, 8, 10

1, 5, 0, 2, 6, 9, 10, 1, 7, 1 Enter↵
8 Enter↵
찾고자 하는 값이 없습니다

4. 수들을 뒤집어 보자.

수들을 입력으로 받아 입력받은 수들을 거꾸로 출력하자.

[입력]

입력의 첫수는 수의 개수 n이다. (1 <= n <= 1000)

다음 줄에는 수들이 입력으로 주어진다. 각 수의 범위는 −10000 < n < 10000이다.

[출력]

한 줄에 입력받은 수를 거꾸로 출력한다.

[예시]

4 Enter↵
−9 1 2 3 Enter↵
3 2 1 −9

5. 눈금의 경우의 수를 구하자.

주사위 두 개를 가지고 있다. 이 주사위 두 개를 던질 때 나오는 눈의 합의 조합이 어떤 종류가 있는지 알아보자.

합이 9가 되는 경우는 3 6 4 5 5 4 6 3이다.

[입력]

12 이하 자연수가 주어진다.

[출력]

두 개의 수가 출력된다. 각각 첫 번째, 두 번째 주사위의 눈이다. 출력은 첫수가 작은 수부터 먼저 출력한다.

[예시]

9 Enter↵
3 6 4 5 5 4 6 3

6. 중복되지 않은 수들을 걸러내자.

열 개의 숫자를 입력받아 중복된 숫자를 제외한 수(들)를 출력하자.

[입력]

열 개의 수가 입력으로 주어진다. 각 수는 −10 이상 10 이하의 정수이다.

[출력]

단 한 번만 쓰인 숫자를 입력받은 순서대로 출력한다.

[예시]

1 2 3 3 5 2 7 1 8 9 Enter↵
5 7 8 9
1 1 5 1 2 1 1 1 3 2 Enter↵
5 3

7. 홀수들의 합과 최소 홀수를 구하자.

7개의 자연수가 주어질 때, 이들 중 홀수인 자연수들을 모두 골라 그 합을 구하고, 고른 홀수 중 최솟값을 찾도록 하자.

예를 들어, 7개의 자연수 12, 77, 38, 41, 53, 92, 85가 주어지면 이들 중 홀수는 77, 41, 53, 85이므로 그 합은 77 + 41 + 53 + 85 = 256 이 되고, 41 〈 53 〈 77 〈 85이므로 홀수 중 최솟값은 41 이 된다.

[입력]

한 줄에 7개의 자연수가 입력된다. 주어지는 자연수는 100 이하이다.

[출력]

홀수가 존재하지 않는 경우에는 한 줄에 –1을 출력한다. 홀수가 존재하는 경우 한 줄에 홀수들의 합과 홀수 중 최솟값을 출력한다.

[예시]

12 77 38 41 53 92 85 Enter ↵

256 41

8. 3, 6, 9 게임을 해보자.

자연수 N을 입력받아 1부터 N 사이의 숫자를 출력하십시오. 단, 1부터 N 사이의 숫자 중에서 3의 배수와 3이 들어가는 숫자에 대해서는 해당 숫자 대신에 "Clap"이라는 문자가 출력되도록 하자.

[입력]

입력받을 숫자의 개수와 해당하는 개수의 숫자(들)를 입력받는다.

입력받을 숫자의 범위는 1 이상 1000 이하의 자연수이다.

[출력]

위의 조건에 해당하지 않는 숫자는 숫자 자체를, 해당하는 숫자는 "Clap"을 출력한다.

숫자 사이에는 공간이 한 칸씩 들어간다.

[예시]

13 Enter ↵

1 2 Clap 4 5 Clap 7 8 Clap 10 11 Clap Clap

9. 마리오 게임을 해보자.

마리오 앞에 10개의 버섯이 줄지어 있다. 각각의 버섯엔 집었을 때 얻을 수 있는 점수가 있다. 마리오는 버섯을 맨 앞의 버섯부터 순서대로 집어야 하며, 그의 목표는 가능한 100점에 가까운 점수를 얻는 것이다. 어떤 경우에는 두 가지의 답이 나올 수 있는데(예를 들면 98,102), 이 경우 마리오는 더 높은 점수를 택할 것이다(예의 경우 102).

당신은 마리오를 도와 그가 얻어야 할 섬수를 알려주어라.

[입력]

버섯에 할당된 점수를 뜻하는 100 이하 양의 정수가 한 줄에 10개 입력된다.

[출력]

한 줄에 걸쳐 마리오가 얻게 되는 점수를 출력한다.

[예시]

10 20 30 40 50 60 70 80 90 100 Enter ↵

100

1 2 3 5 8 13 21 34 55 89 Enter ↵

87

40 40 40 40 40 40 40 40 40 40 Enter ↵

120

이렇게 하면 나도 프로그램을 잘 만들 수 있다

| 알고리듬 II |

발행일 | 2015. 1. 5
발행인 | 김석현
발행처 | 나아
서울 서초구 서초3동 1554-14 영웅빌딩
Tel. (02)587-9424 Fax. (02)587-9464
http://www.parkcom.co.kr

편집 · 인쇄 | 진프린트
Tel. 02)598-3244 Fax. 02)598-3245
E-mail : jinprint3244@naver.com

ISBN 979-11-952948-2-4
979-11-952948-0-0(세트)
CIP 2015000394
값 27,000원